Zecharia Sitchin wurde in der damaligen UdSSR geboren und wuchs in Palästina auf, wo er Alt- und Neuhebräisch, weitere semitische und europäische Sprachen lernte, das Alte Testament sowie die Geschichte und Archäologie des Nahen Ostens studierte. Nach einem Studium an der London School of Economics war er viele Jahre als einer der führenden Journalisten in Israel tätig. Heute lebt und arbeitet er als anerkannter Altertumsforscher in den USA.

Von Zecharia Sitchin sind außerdem erschienen:

Stufen zum Kosmos (Band 3946)
Der zwölfte Planet (Band 3947)
Die Kriege der Menschen und Götter (Band 4805)
Am Anfang war der Fortschritt (Band 4828)
Versunkene Reiche (Band 4827)

Dieses Buch wurde auf chlor- und säurefreiem Papier gedruckt.

Deutsche Erstausgabe August 1994
© 1994 für die deutschsprachige Ausgabe
Droemersche Verlagsanstalt Th. Knaur Nachf., München
Das Werk einschließlich aller seiner Teile ist urheberrechtlich geschützt.
Jede Verwertung außerhalb der engen Grenzen des Urheberrechts-
gesetzes ist ohne Zustimmung des Verlages unzulässig und strafbar.
Das gilt insbesondere für Vervielfältigungen, Übersetzungen,
Mikroverfilmungen und die Einspeicherung und Verarbeitung
in elektronischen Systemen.
Titel der Originalausgabe »When Time Began«
© 1993 Zecharia Sitchin
Originalverlag Avon Books, New York
Umschlaggestaltung Manfred Waller, Reinbek
Umschlagabbildung Avon Books
Satz und Reproduktion MPM, Wasserburg
Druck und Bindung Ebner Ulm
Printed in Germany
ISBN 3-426-77108-X

2   4   5   3   1

Zecharia Sitchin

Das erste Zeitalter

Wie die Annunaki die Entwicklung
des Menschen beeinflußten
und wie sie uns noch heute lenken

Aus dem Amerikanischen von
Maria Bernd-Jacobs

Inhalt

Vorwort

Seit frühester Zeit haben die Erdlinge zum Himmel empor-
geblickt. Ehrfürchtig und fasziniert erlernten sie die »Himmelswege«: die Positionen der Sterne, die Bahnen des Mondes und der Sonne, die Drehung der Erde mit ihrer geneigten
Rotationsachse. Wie begann das alles, wie wird es enden –
und was wird in der Zwischenzeit geschehen?
Himmel und Erde begegnen sich am Horizont. Seit Jahrtau-
senden haben die Erdlinge beobachtet, wie die Sterne der
Nacht an diesem Treffpunkt den Sonnenstrahlen weichen,
und als Bezugspunkt wählten sie den Augenblick, an dem
Tag und Nacht gleich lang sind, das Äquinoktium, d. h. die
Tagundnachtgleiche. Die Menschen haben mit Hilfe des
Kalenders die Erdzeit von diesem Punkt an gezählt.
Um den Sternenhimmel zu bestimmen, teilten sie ihn in
zwölf Abschnitte ein, in die zwölf Häuser des Tierkreises.
Doch als die Jahrtausende vergingen, schienen die »Fixster-
ne« keineswegs fest am Himmel zu stehen, denn es stellte
sich heraus, daß sie am Tag des Äquinoktiums, am Tag des
»Neuen Jahres«, offenbar in ein anderes Tierkreishaus rück-
ten, und der »Erdzeit« wurde die »Himmelszeit« hinzugefügt
– der Beginn eines neuen Zeitalters.
Da wir wiederum an der Schwelle eines neuen Zeitalters
stehen – es naht nämlich der Tag des Frühlingsäquinoktiums,
an dem die Sonne nicht mehr wie in den vergangenen 2000
Jahren im Tierkreiszeichen der Fische, sondern in dem des
Wassermanns aufgehen wird –, fragen sich viele, was die
Veränderung wohl bedeuten mag, Gutes oder Schlechtes,
einen neuen Anfang oder ein Ende – oder überhaupt keinen
Wechsel?

Um die Zukunft zu verstehen, müssen wir die Vergangenheit erforschen; die Menschheit hat nämlich, seit sie die Erdzeit zu zählen begann, bereits mit dem Maß der Himmelszeit Erfahrungen gemacht und das Kommen neuer Zeitalter erlebt. Was einem solchen neuen Zeitalter vorausgegangen und was nach ihm gekommen ist, daraus können wir für unsere gegenwärtige Stellung im Lauf der Zeit viel lernen.

1

Die Zeitzyklen

Augustinus von Hippo (354–430), Bischof im römischen Karthago, der größte Denker der frühchristlichen Kirche, der die Religion des Neuen Testaments mit der platonischen Tradition der griechischen Philosophie verband, soll einmal gefragt worden sein: »Was ist die Zeit?« Seine Antwort lautete: »Wenn mich niemand danach fragt, weiß ich, was sie ist; wenn ich demjenigen, der mich fragt, erklären möchte, was sie für ihn bedeutet, weiß ich es nicht.«

Die Zeit ist von wesentlicher Bedeutung für die Erde und alles, was es darauf gibt, und für jeden von uns als Einzelwesen; denn wie wir aus unseren eigenen Erlebnissen und Beobachtungen wissen, ist Zeit das, was uns vom Augenblick unserer Geburt und von dem Augenblick, in dem wir zu leben aufhören, trennt.

Obwohl wir nicht wissen, was Zeit ist, haben wir Möglichkeiten gefunden, um sie zu messen. Wir zählen unsere Lebenszeit nach Jahren, was – wenn man es bedenkt – nur eine andere Ausdrucksweise für »Umläufe« ist; denn ein »Jahr« ist auf der Erde die Zeit, die unser Planet braucht, um seine Umlaufbahn um unseren Stern, die Sonne, einmal zu bewältigen. Wir wissen nicht, was Zeit ist, aber die Art und Weise, wie wir sie messen, legt die Frage nahe: Würden wir länger leben, würde unser Lebenszyklus anders sein, wenn wir auf einem anderen Planeten lebten, dessen »Jahr« länger ist? Wären wir »unsterblich«, wenn wir uns auf einem Planeten befänden, der Millionen Jahre für seinen Umlauf benötigt? Tatsächlich glaubten die ägyptischen Pharaonen, daß ihnen ein ewiges Leben beschieden wäre, sobald sie zu den Göttern auf diesem »Planeten von Millionen Jahren« gelangten.

Es gibt ja »dort draußen« andere Planeten und sogar Planeten, auf denen sich Leben, wie wir es kennen, entwickelt
haben könnte. Oder ist unser Planetensystem etwa einzigartig, ist das Leben auf der Erde einmalig, so daß wir, die
Menschen, ganz allein sind? Oder wußten die Pharaonen am
Ende, wovon sie in ihren Pyramidentexten sprachen?
»Sieh zum Himmel hinauf, und zähl die Sterne, wenn du sie
zählen kannst«, sprach Jahwe zu Abraham, als er den Bund
mit ihm schloß. Seit undenklichen Zeiten blickt der Mensch
zum Himmel empor und fragt sich, ob es dort oben, auf
anderen Erden, wohl andere Wesen als uns gibt. Logik und
mathematische Wahrscheinlichkeit schreiben ein Ja als Antwort vor; aber erst 1991 haben Astronomen zum erstenmal
andere Planeten entdeckt, die anderswo im Universum um
andere Sonnen kreisen.
Die erste Entdeckung, im Juli 1991, war, wie sich herausstellte, nicht ganz korrekt. Eine Gruppe britischer Astronomen verkündete nach fünfjähriger Beobachtung, der schnell
rotierende Pulsar 1829-10 habe einen »planetengroßen Begleiter«, ungefähr zehnmal so groß wie die Erde. Man nimmt
an, daß es sich bei Pulsaren um außerordentlich dichte Kerne
von Sternen handelt, die aus irgendeinem Grund in sich
zusammengestürzt sind. Sie drehen sich wahnsinnig schnell
um ihre Achse und geben in regelmäßigen Stößen, viele
Male in einer Sekunde, Radiostrahlung ab. Solche Pulse
lassen sich mit Hilfe von Radioteleskopen erfassen. Die
britischen Forscher entdeckten eine zyklische Schwankung
und vermuteten, daß ein Planet, der den Pulsar 1829-10
umkreist, alle sechs Monate diese Schwankung verursachen
und erklären könne.
Mehrere Monate später gaben sie zu, ihre Berechnungen
seien ungenau; deshalb könnten sie nicht an ihrer Schlußfolgerung festhalten, daß der etwa 30 000 Lichtjahre entfernte
Pulsar einen planetaren Begleiter besitze. Inzwischen hatte
jedoch eine amerikanische Forschergruppe eine ähnliche
Entdeckung bei dem viel näheren Pulsar PSR 1257+12

gemacht, einem Stern, der in nur 1300 Lichtjahren Entfernung von uns kollabiert war. Ihrer Schätzung nach explodierte er erst vor etwa einer Milliarde Jahren. Diese ehemalige Sonne hat definitiv zwei, vielleicht sogar drei Planeten, die sie umkreisen. Die beiden gesicherten sind von ihrer Sonne ungefähr so weit entfernt wie der Merkur von unserer Sonne; die Umlaufbahn des möglichen dritten Planeten befindet sich ungefähr in der gleichen Entfernung, in der die Erde unsere Sonne umläuft.

»Die Entdeckung führte zu Spekulationen, daß Planetensysteme nicht nur recht alltägliche Erscheinungen seien, sondern auch unter verschiedenen Umständen zustande kommen könnten«, schrieb John Noble Wilford am 9. Januar 1992 in »The New York Times«. »Wissenschaftler hielten es für höchst unwahrscheinlich, daß es auf Planeten, die Pulsare umkreisen, Leben geben könne, aber die Ergebnisse ermutigten die Astronomen, in diesem Herbst damit zu beginnen, den Himmel systematisch nach intelligentem außerirdischem Leben abzusuchen.«

Hatten die Pharaonen demnach recht?

Lange vor den Pharaonen und den Pyramidentexten verfügte eine alte Zivilisation – die erste in der Menschheitsgeschichte bekannte – über eine hochentwickelte Kosmogonie. Vor 6000 Jahren wußte man im alten Sumer bereits das, was die Astronomen in den neunziger Jahren unseres Jahrhunderts entdeckt haben. Die Sumerer kannten nicht nur die wahre Natur und Zusammensetzung unseres Sonnensystems (sogar die am weitesten entfernten äußeren Planeten), sondern wußten auch, daß es noch andere Sonnensysteme im Weltall gibt, daß Sterne (ihre »Sonnen«) in sich zusammenstürzen oder explodieren und ihre Planeten aus der Bahn geworfen werden können, ja, daß Leben von einem Sternensystem zu einem anderen getragen werden kann. Es war eine detaillierte Weltentstehungslehre, die schriftlich dargelegt war.

Ein langer Text auf sieben Tafeln hat uns in seiner späteren babylonischen Fassung erreicht. Dieses »Schöpfungsgedicht« wird nach seinen einleitenden Worten »Enuma elisch« genannt. Er wurde beim Neujahrsfest, das am ersten Tag des Monats Nissan, d. h. am ersten Frühlingstag, begann, öffentlich vorgelesen.

Dieser Text beschreibt die Entstehung unseres Sonnensystems: Zur Sonne (»Apsu«) und ihrem Boten Merkur (»Mummu«) kam zuerst ein alter Planet namens Tiamat hinzu; dann bildeten sich zwischen Sonne und Tiamat zwei Planeten, Venus und Mars (»Lahamu« und »Lahmu«). Jenseits von Tiamat entstanden zwei weitere Paare, nämlich Jupiter und Saturn (»Kischar« und »Anschar«) sowie Uranus und Neptun (»Anu« und »Nudimmud«). Die beiden letztgenannten Planeten wurden von den modernen Astronomen erst 1781 und 1846 entdeckt, aber die Sumerer kannten und beschrieben sie schon Jahrtausende früher. Da diese neuentstandenen »Himmelsgötter« einander anzogen und abstießen, entsprossen einigen davon Satelliten, kleine Monde. Tiamat, inmitten dieser instabilen Planetenfamilie gelegen, brachte elf Satelliten hervor, von denen »Kingu« so groß wurde, daß er selbst das Aussehen eines »Himmelsgottes«, d. h. eines Planeten, annahm. Die Astronomen der Neuzeit hatten keine Ahnung davon, daß ein Planet mehrere Monde haben konnte, bis Galilei im Jahre 1609 mit Hilfe eines Teleskops die vier größten Monde des Jupiters entdeckte. Aber die Sumerer wußten dies schon vor Jahrtausenden.

In dieses instabile Sonnensystem drang laut dem jahrtausendealten »Schöpfungsgedicht« ein anderer Planet aus dem Weltraum ein, der nicht zu Apsus Familie, sondern zur Familie eines anderen Sterns gehörte und in das Weltall hinausgeschleudert worden war. Jahrtausende bevor die moderne Astronomie von Pulsaren und kollabierenden Sternen erfuhr, kannte die sumerische Kosmogonie schon andere Planetensysteme; außerdem wußten die Sumerer, daß es in sich zusammenstürzende und explodierende Sterne gab, die ihre Planeten in das Weltall wegschleuderten. Ein solcher

verstoßener Planet, der den Randbereich unseres Sonnensystems erreichte, wurde allmählich hineingezogen (Abb. 1).
Als er an den äußeren Planeten vorbeiflog, bewirkte er Veränderungen, die viele der Rätsel erklären, die die moderne Astronomie noch immer verwirren, wie etwa die Ursache dafür, daß Uranus so stark geneigt ist, warum die Umlaufbahn von Triton, dem größten Mond Neptuns, rückläufig ist, oder was Pluto aus seiner Bahn als kleiner Satellit warf, so daß er selbst zu einem Planeten mit einer merkwürdigen Umlaufbahn wurde. Je stärker der Eindringling zum Zentrum des Sonnensystems gezogen wurde, desto mehr drohte ein Zusammenstoß mit Tiamat, so daß es schließlich zur »Himmelsschlacht« kam. Bei den Kollisionen mit den Satelliten des Eindringlings wurde Tiamat in zwei Teile gespalten. Die eine Hälfte davon zerfiel in Trümmer und Bruchstücke, aus denen der Planetoidengürtel (zwischen Mars und Jupiter) und verschiedene Kometen entstanden. Die andere Hälfte, die zwar beschädigt war, aber in einem Stück blieb, wurde in eine neue Umlaufbahn geschleudert und zu dem Planeten, den wir Erde nennen (auf sumerisch »Ki«). Losgerissen

Abb. 1

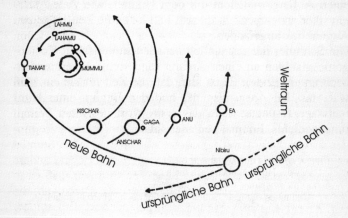

wurde auch Tiamats größter Satellit, der zum Mond der Erde wurde. Der Eindringling selbst wurde in eine dauerhafte Umlaufbahn um die Sonne gezwungen, als zwölftes Mitglied unseres Sonnensystems (Sonne, Mond und zehn Planeten). Die Sumerer nannten ihn »Nibiru«, »Planet der Kreuzung«, während ihn die Babylonier zu Ehren ihres obersten Gottes in »Marduk« umtauften. Während der Himmelsschlacht wurde laut dem alten Epos der »Same des Lebens«, den Nibiru von anderswo mitgebracht hatte, an die Erde weiter-gegeben.

Die Philosophen und Naturwissenschaftler, die über das Universum nachdenken und moderne Weltentstehungslehren ersinnen, gelangen am Ende immer zu einer Erörterung des Phänomens Zeit. Ist die Zeit eine eigene Dimension oder vielleicht die einzige wirkliche Dimension im Universum? Fließt die Zeit nur vorwärts? Oder kann sie auch rückwärts fließen? Ist die Gegenwart ein Teil der Vergangenheit oder der Beginn der Zukunft? Und hatte die Zeit – keineswegs das unwichtigste Problem – einen Anfang? Wenn dem so ist, wird sie dann ein Ende haben? Falls das Universum immer existiert, ohne Anfang und ohne Ende, hat dann auch die Zeit weder Anfang noch Ende? Oder hatte das Weltall doch einen Anfang, vielleicht mit dem Urknall, wie viele Astro-physiker annehmen? In diesem Fall hätte die Zeit im selben Augenblick angefangen.

Die Schöpfer der erstaunlich genauen sumerischen Kosmo-gonie glaubten an einen Anfang (und somit unvermeidlich auch an ein Ende). Es ist klar, daß die Zeit für sie ein Maß war, das den Ausgangspunkt und den Beginn einer Him-melssage festlegte; denn das erste Wort des alten Schöp-fungsgedichts, Enuma, bedeutet »als«:

Enuma elisch la nabu schamamu
　　Als der Himmel oben noch nicht benannt war
Schaplitu ammatum schuma la zakrat
　　Und unten der feste Boden (die Erde) noch keinen Namen trug.

Es muß scharfes wissenschaftliches Denken erfordert haben, eine Anfangsphase anzunehmen, als »es noch nichts gab außer Apsu, ihrem Erzeuger, Mummu und Tiamat«, als die Erde noch nicht entstanden war, und zu erkennen, daß für die Erde und alles darauf nicht der »Urknall« der Augenblick war, in dem das Universum oder gar das Sonnensystem entstand, sondern das Ereignis der Himmelsschlacht. Damals, in diesem Augenblick begann für die Erde die Zeit, zu dem Zeitpunkt, als die Erde von der Hälfte Tiamats, die zum Planetoidengürtel (»Himmel«) wurde, getrennt und in ihre eigene neue Umlaufbahn geschleudert wurde, so daß man damit beginnen konnte, die Jahre, Monate, Tage und Nächte zu zählen, d. h. die Zeit zu messen.

Diese wissenschaftliche Anschauung, die von zentraler Bedeutung für die alte Kosmogonie, Religion und Mathematik ist, fand nicht nur im »Schöpfungsgedicht« ihren Ausdruck, sondern auch noch in vielen anderen sumerischen Texten. Ein Text, der von den Gelehrten als »Mythos« von »Enki und der Weltordnung« bezeichnet wird, ist in Wirklichkeit die autobiographische Erzählung Enkis, des sumerischen Gottes der Naturwissenschaft, und beschreibt den Augenblick, als die Zeit für die Erde begann:

> Vormals, in den Tagen,
> als der Himmel von der Erde getrennt wurde,
> vormals, in den Nächten,
> als der Himmel von der Erde getrennt wurde ...

Ein anderer Text, dessen Worte auf sumerischen Tontafeln oft zu lesen waren, stellt den Begriff des Anfangs dar, indem die vielen Aspekte der Entwicklung und Kultur aufgezählt werden, die es vor diesem einschneidenden Ereignis noch nicht gegeben hat. Damals, heißt es, habe der Mensch noch keinen Namen gehabt, und viele nützliche Dinge seien noch nicht geschaffen gewesen. Alle diese Entwicklungen fanden erst statt, »nachdem der Himmel

von der Erde entfernt worden war, nachdem die Erde vom
Himmel getrennt worden war«.

Es ist nicht verwunderlich, daß dieselbe Vorstellung vom
Zeitbeginn auch bei den Ägyptern herrschte, deren Kultur
sich nach den Sumerern entwickelte. In den Pyramidentexten
(Abschnitt 1466) wird der »Anfang der Dinge« folgendermaßen beschrieben:

> Als der Himmel noch nicht entstanden war,
> Als die Menschen noch nicht vorhanden waren,
> Als die Götter noch nicht geboren waren,
> Als es den Tod noch nicht gab ...

Dieses Wissen, das im Altertum allgemein verbreitet war
und der sumerischen Kosmogonie entstammt, klingt in den
allerersten Versen der Genesis, des ersten Buches der hebräischen Bibel nach:

> Im Anfang schuf *Elohim* Himmel und Erde;
> die Erde aber war wüst und wirr,
> Finsternis lag über der Oberfläche von *Tehom,*
> Und der Wind Gottes schwebte über dem Wasser.

Es ist heute erwiesen, daß die biblische Schöpfungsgeschichte auf mesopotamischen Texten wie dem »Enuma elisch«
beruht. Unter »Tehom« ist Tiamat zu verstehen, während der
»Wind« im Sumerischen Satelliten bedeutet und der als
»gehämmertes Armband« beschriebene »Himmel« für den
Planetoidengürtel steht. Die Bibel ist zwar klarer, soweit es
den Augenblick der Entstehung der Erde betrifft, aber sie
übernimmt die mesopotamische Kosmogonie erst von dem
Punkt an, wo sich die Erde vom »Schama'im«, dem »gehäm-
merten Himmelsband«, infolge der Zertrümmerung von Tiamat getrennt hat.

Für die Erde begann die Zeit mit der Himmelsschlacht.

Die mesopotamische Schöpfungsgeschichte beginnt mit der
Bildung unseres Sonnensystems und dem Erscheinen von
Nibiru bzw. Marduk zu einem Zeitpunkt, als die Umlaufbah-

nen der Planeten noch nicht festgelegt und stabil waren. Sie endet damit, daß sie Nibiru bzw. Marduk die jetzige Form unseres Sonnensystems zuschreibt, worin jeder Planet (»Himmelsgott«) seinen angewiesenen Platz (»Standort«), seine Umlaufbahn (»Geschick«), seine Rotation und sogar seine Monde hat. Als großer Planet, der auf seinem Umlauf alle anderen Planeten umschließt, der »die Himmel durchquert und die Regionen überwacht«, galt er sogar als derjenige, der das Sonnensystem stabilisiert hat:

> Er setzte Nibirus Standort fest,
> und bestimmte ihre Himmelsbänder,
> daß keiner übertreten oder zu kurz kommen möge ...

> Er setzte die heiligen Himmel
> für die Planeten fest.
> Er fesselt sie an ihre Bahnen,
> bestimmt ihren Lauf.

Im »Enuma elisch« (Tafel V, Zeile 65) heißt es: »Er schuf den Himmel und die Erde.« Das sind fast genau dieselben Worte, mit denen die Bibel beginnt.

Die Himmelsschlacht löschte Tiamat als Mitglied des alten Sonnensystems aus und schleuderte eine Hälfte davon in eine neue Umlaufbahn, so daß daraus der Planet Erde wurde. Der Mond blieb ein wichtiger Bestandteil des neuen Sonnensystems, während Pluto eine eigene Umlaufbahn erhielt. Nibiru kam als zwölftes Mitglied der neuen Himmelsordnung hinzu. Für die Erde und ihre Bewohner sollten dies die Elemente werden, die die Zeit bestimmten.

Bis zum heutigen Tage hat uns die Schlüsselrolle, die die Zahl Zwölf in der Wissenschaft und im Alltagsleben der Sumerer spielte, durch die Jahrtausende hindurch begleitet. Sie teilten den »Tag« (von einem Sonnenuntergang bis zum anderen) in zwölf »Doppelstunden« ein, die sich in der Zwölfstundenuhr und im vierundzwanzigstündigen Tag erhalten haben. Auch die zwölf Monate des Jahres sowie die zwölf Häuser des Tierkreises haben wir immer noch. Diese

himmlische Zahl fand viele andere Ausdrucksformen, wie
etwa in den zwölf Stämmen Israels und in den zwölf
Aposteln Jesu.

Das sumerische Zahlensystem wird sexagesimal genannt,
weil es auf der Zahl 60 basiert, im Gegensatz zu unserem
metrischen System, dessen Grundzahl 100 ist. Zu den Vor-
teilen des Sexagesimalsystems gehörte seine Teilbarkeit
durch 12. Das Sexagesimalsystem funktionierte, indem man
abwechselnd 6 und 10 multiplizierte: Mit 6 beginnend,
vervielfachte man die Zahl mit 10 (6 × 10 = 60) und dann
mit 6, so daß man 360 erhielt, die Zahl, die von den
Sumerern dem Kreis zugeschrieben wurde und die heute
noch in der Geometrie und der Astronomie verwendet wird.
Diese wurde wiederum mit 10 multipliziert, so daß man den
Sar (»Herrscher, Herr«), die Zahl 3600, erhielt, die einem
Großkreis eingeschrieben wurde, usw.

Der Sar, 3600 Erdjahre, war die Umlaufperiode des Planeten
Nibiru um die Sonne, aber auf dem Nibiru entsprach diese
Zeitspanne gerade einem Nibiru-Jahr. Für die Sumerer gab
es nämlich auf dem Nibiru andere intelligente Wesen, die
sich dort lange vor den Hominiden auf der Erde entwickelt
hatten. Die Sumerer nannten sie Anunnaki, wörtlich übersetzt »die vom Himmel auf die Erde kamen«. In den
sumerischen Texten wird wiederholt behauptet, daß die
Anunnaki in ferner Vergangenheit vom Nibiru auf die Erde
gekommen waren und die Zeit damals nicht nach irdischen
Maßstäben, sondern nach der Umlaufperiode Nibirus berechneten. Die Einheit dieser »göttlichen Zeit«, ein Jahr der
Götter, war der Sar.

Die sogenannten sumerischen Königslisten, die die ersten
Niederlassungen der Anunnaki auf der Erde beschreiben,
verzeichnen die Regierungszeiten der ersten zehn Anunnaki-
Herrscher vor der Sintflut in Sar, d. h. in Zeitspannen von
3600 Erdjahren. Von der ersten Landung bis zur Sintflut
waren laut diesen Texten 120 Sar vergangen: Nibiru umkrei-
ste in dieser Zeit die Sonne 120mal, was 432 000 Erdjahren

entspricht. Beim 120. Mal war die Anziehungskraft des Nibiru so stark, daß die Eisschicht über der Antarktis in die Südmeere rutschte; dadurch entstand eine ungeheure Flutwelle, die die Erde überschwemmte – die Sintflut, die in der Bibel nach viel früheren und detaillierteren sumerischen Quellen geschildert wird.

Sagen und Mythen verliehen der Zahl 432 000 weit über das Land Sumer hinaus zyklische Bedeutung. In ihrem Buch »Hamlet's Mill« kamen Giorgio de Santillana und Hertha von Dechend auf ihrer Suche nach »einem Punkt, an dem sich Mythos und Wissenschaft begegnen«, zu dem Schluß, daß »432 000 von alters her eine bedeutungsvolle Zahl« sei. Unter den von ihnen angeführten Beispielen findet sich die germanische und nordische Sage von Walhall, dem mythischen Aufenthaltsort für die in der Schlacht gefallenen Krieger, die bei der Götterdämmerung durch die Tore der Halle marschieren werden, um an der Seite Wotans gegen die Riesen zu kämpfen. Sie werden durch Walhalls 540 Tore hinausziehen; bei jedem Tor werden es 800 Krieger sein. Die Gesamtzahl der Kriegshelden beträgt somit 432 000. »Diese Zahl«, schreiben die Autoren, »muß eine sehr alte Bedeutung haben; denn es ist auch die Zahl der Silben im *Rigveda,* der wichtigsten Hymnensammlung der Sanskritliteratur, der die indoeuropäischen Götter- und Heldensagen enthält. Sie beruht auf der Grundzahl 10 800, der Anzahl der Strophen im Rigveda, von denen jede aus 40 Silben besteht (10 800 x 40 = 432 000).«

Die hinduistischen Überlieferungen verbinden die Zahl 432 000 eindeutig mit den *Jugas* oder Weltaltern, die die Erde und die Menschheit erlebt haben. Jedes *Katarjuga* (»großes Juga«) wurde in vier Jugas oder Zeitalter eingeteilt, deren immer kürzere Dauer durch ein Vielfaches von 432 000 angegeben wurde: zunächst das Vierfache Zeitalter (4 x 432 000 = 1 728 000 Jahre), das das Goldene Zeitalter war, dann das Dreifache Zeitalter des Wissens (3 x 432 000 = 1 296 000 Jahre), danach das Zweifache Zeitalter des

Opfers (2 x 432 000 = 864 000 Jahre) und schließlich unsere
heutige Ära, das Zeitalter der Zwietracht, das nur mehr
432 000 Jahre dauern wird. Insgesamt rechnen die hinduistischen Überlieferungen mit zehn Zeitaltern, was eine Parallele zu den zehn sumerischen Herrschern in der Zeit vor der
Sintflut darstellt, aber sie erweitern die Gesamtzeit auf
4 320 000 Jahre.

Solche astronomischen Zahlen, die auf 432 000 basieren,
wurden in der hinduistischen Religion und Tradition auch
auf den *Kalpa,* den »Tag« des Gottes Brahma, angewendet.
Er war als ein Weltalter definiert, das aus zwölf Millionen
Devas (Gottesjahren) bestand. Jedes Gottesjahr wiederum
entsprach 360 Erdjahren. Also ist ein »Tag des Gottes
Brahma« gleich 4 320 000 000 Erdjahren, eine Zeitspanne,
die weitgehend modernen Schätzungen des Alters unseres
Sonnensystems gleichkommt. Zu dieser Zahl gelangt man,
indem man 360 und 12 multipliziert.

4 320 000 000 sind 1000 große Jugas – eine Tatsache, auf
die der arabische Mathematiker Abu Rayhan al-Biruni im
11. Jahrhundert hinwies; er erklärte, daß ein Kalpa aus
1000 Zyklen von Katarjugas bestehe. Man könnte also die
Mathematik des hinduistischen Himmelskalenders folgendermaßen erläutern: Für den Gott Brahma sind 1000 Zyklen nur ein Tag. Das erinnert an die rätselhaften Worte
im Buch der Psalmen (90,4), die sich auf den göttlichen
Tag des biblischen Herrn beziehen:

> Denn tausend Jahre sind vor deinen Augen,
> wie ein Tag, der verging ...

Diese Aussage ist traditionell lediglich als Symbol für die
Ewigkeit Gottes betrachtet worden. Doch angesichts der
zahlreichen Spuren von sumerischen Angaben sowohl in den
Psalmen als auch in anderen Büchern der Bibel kann durchaus eine genaue mathematische Formel dahinter stecken, und
zwar eine, die auch in der hinduistischen Tradition anklingt.
Die hinduistischen Überlieferungen wurden durch »arische«

Auswanderer vom Kaspischen Meer auf den indischen Sub-
kontinent gebracht, durch Verwandte der Indoeuropäer, nämlich die Hethiter aus Kleinasien (der heutigen Türkei) und
die Churriter vom oberen Euphrat, über die das Wissen und
die religiösen Anschauungen der Sumerer an die indoeuropäischen Völker weitergegeben wurden. Diese Wanderbewe-
gungen sollen im 2. Jahrtausend v. Chr. stattgefunden haben.
Die Vedas seien, so glaubte man, nicht menschlichen Ursprungs, sondern von den Göttern selbst in einem früheren
Zeitalter verfaßt worden. Mit der Zeit wurden die Vedas und
die zusätzliche, von ihnen abgeleitete Literatur (Mantras,
Brahmanas etc.) um die nichtvedischen *Puranas* und die
großen epischen Dichtungen *Mahabharata* und *Ramajana*
erweitert. Auch in ihnen herrschen Zeitalter vor, die auf
einem Vielfachen von 3600 beruhen. Beispielsweise heißt es
im *Vischnu-Purana:* »Der Tag, an dem Krischna die Erde
verläßt, wird der erste Tag des Zeitalters der Göttin Kali sein;
es wird 360 000 Jahre von Sterblichen andauern.« Dies ist
ein Hinweis auf die Vorstellung, daß der »Kalijuga«, das
jetzige Zeitalter, in eine »Morgendämmerung« von 100
göttlichen Jahren, die 36 000 Erdjahren (Jahre von Sterblichen) entsprechen, das Zeitalter selbst (1000 göttliche Jahre
= 360 000 Erdjahre) und eine »Abenddämmerung« von 100
göttlichen Jahren (36 000 Erdjahre) eingeteilt ist. Das ergibt
1200 göttliche oder 432 000 irdische Jahre.

Die Tiefgründigkeit eines solchen weitverbreiteten Glaubens
an einen göttlichen Zyklus von 432 000 Jahren, der 120
jeweils 3600 Erdjahre dauernden Umläufen des Planeten
Nibiru entspricht, führt uns zu der Frage, ob es sich hier nur
um einen arithmetischen Taschenspielertrick oder um eine
grundlegende Naturerscheinung oder ein astronomisches
Phänomen handelt, das die Anunnaki in uralter Zeit erkannt
hatten. In meinem ersten Buch, »Der zwölfte Planet«, habe
ich gezeigt, daß die Sintflut eine weltweite Katastrophe war,
mit der die Anunnaki gerechnet hatten, weil sie wußten, daß
sich der Planet Nibiru der Erde näherte und mit seiner

Anziehungskraft die instabile Eisschicht über der Antarktis
zum Kippen bringen würde. Das Ereignis bereitete der
letzten Eiszeit vor etwa 13 000 Jahren ein jähes Ende, was
sich in den Zyklen der Erde als große geologische und
klimatische Veränderung niederschlug.
Derartige Veränderungen von denen die längsten die geologischen Zeitalter sind, wurden durch Untersuchungen der
Erdoberfläche und der Meeresablagerungen nachgewiesen.
Die jüngste geologische Formation, das Pleistozän, begann
vor etwa 2 500 000 Jahren und endete mit der Sintflut.
Während dieses Zeitraums entwickelten sich die Hominiden; die Anunnaki kamen auf die Erde, und es entstand
der Mensch, der Homo sapiens. Auf dem Meeresboden hat
man Ablagerungen gefunden, die aus dem Pleistozän stammen und auf einen Zyklus von ungefähr 430 000 Jahren
Dauer hindeuten. Laut einer Reihe von Studien, die Geologenteams unter Leitung von Madeleine Briskin von der
Universität Cincinnati durchführten, zeigen Veränderungen
des Meeresspiegels und Temperaturschwankungen in der
Tiefsee »eine beinahe periodische Zyklizität von 430 000
Jahren«. Eine solche zyklische Periode stimmt mit der
astronomischen Theorie von klimatischen Schwankungen
überein, die Veränderungen infolge der Schiefe (Neigung
der Erdachse), der Präzession (leichte Retardation des Umlaufs) und ihre Exzentrizität (Form ihrer elliptischen Umlaufbahn) berücksichtigt. Milutin Milankowitsch, der diese
Theorie in den zwanziger Jahren aufgestellt hat, schätzt die
sich daraus ergebende Großperiode auf 413 000 Jahre. Sowohl sein Zyklus als auch der neuere von Briskin stimmen
fast mit dem sumerischen Zyklus von 432 000 Erdjahren
überein, der den Auswirkungen Nibirus, dem Zusammentreffen von Umlaufbahnen und Störungen sowie Klimazyklen, zugeschrieben wurde.
Der »Mythos« von göttlichen Zeitaltern scheint demnach auf
wissenschaftlichen Tatsachen zu beruhen.
Das Element der Zeit kommt in den alten Aufzeichnungen,

in den sumerischen ebenso wie in den biblischen, nicht nur als ein Anfang (»als«) vor. Der Vorgang der Schöpfung ist gleichzeitig mit dem *Messen* der Zeit verbunden, das seinerseits mit bestimmbaren Himmelsbewegungen verknüpft ist. Die Zerstörung Tiamats und die nachfolgende Entstehung des Planetoidengürtels und der Erde erforderten laut den mesopotamischen Texten die zweimalige Rückkehr des Himmelsherrn (des Eindringlings Nibiru bzw. Marduk). In der biblischen Fassung brauchte der Herr zwei »Tage«, um das Werk zu vollenden. Sogar Fundamentalisten werden jetzt hoffentlich zustimmen, daß es sich dabei nicht um zwei Tage in unserem Sinne gehandelt haben kann; denn diese beiden »Tage« spielten sich ab, bevor die Erde entstanden war. Außerdem sei daran erinnert, daß in dem oben erwähnten Psalm gesagt wird, für Gott sei ein Tag gleich tausend Jahren. In der mesopotamischen Fassung wird die Schöpfungszeit – die göttliche Zeit – nach den Durchgängen des Planeten Nibiru gemessen, dessen Umlaufzeit 3600 Erdjahren entsprach.

Bevor die alte Schöpfungsgeschichte von der neuentstandenen Erde und der Entwicklung darauf erzählt, ist sie eine Erzählung über Sterne, Planeten und Umläufe von Himmelskörpern; die Zeit, von der dabei gesprochen wird, ist deshalb eine *göttliche Zeit*. Doch sobald von der Erde und schließlich von der Menschheit die Rede ist, ändert sich der Maßstab für die Zeit: Das Zeitmaß verschiebt sich nicht nur zum Heimatplaneten des Menschen, sondern auch zu etwas, das der Mensch begreifen und messen kann: Tag, Monat, Jahr. Selbst wenn wir diese vertrauten Elemente der Erdzeit betrachten, dürfen wir nicht vergessen, daß auch sie der Ausdruck von Himmelsbewegungen, zyklischen Bewegungen, sind, die eine komplexe Wechselbeziehung zwischen Erde, Mond und Sonne beinhalten. Wie wir jetzt wissen, rührt die tägliche Abfolge von Helligkeit und Dunkelheit, die wir als einen Tag (von vierundzwanzig Stunden) bezeichnen, von der Tatsache her, daß die Erde sich um ihre Achse dreht, so daß sie auf

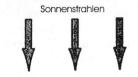

Sonnenstrahlen

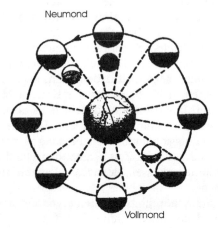

Neumond

Vollmond

Abb. 2

der einen Seite von den Strahlen der Sonne erhellt wird, während die andere Seite in Dunkelheit gehüllt ist. Wir wissen ferner, daß der Mond stets da ist, auch wenn er nicht zu sehen ist, und daß er zu- und abnimmt, nicht weil er verschwindet, sondern weil er je nach der Stellung Erde–Mond–Sonne von den Sonnenstrahlen völlig erhellt oder vom Erdschatten völlig verdunkelt wird oder sich in einer Phase dazwischen befindet (Abb.2).

Diese dreifache Beziehung dehnt die tatsächliche Umlaufzeit des Mondes um die Erde von etwa 27,3 Tagen (»siderischer Monat«, gemessen an den Sternen) zum beobachteten Zyklus von etwa 29,53 Tagen (»synodischer Monat«, von Neumond zu Neumond) aus und schiebt das

Wiederauftauchen des Mondes hinaus. Das Jahr (»Sonnen-jahr«), das wir heute kennen, ist der Zeitraum, den die Erde benötigt, um einen Umlauf um die Sonne zu voll-enden.

Aber diese grundlegenden Tatsachen in bezug auf die irdi-schen Zyklen von Tag, Monat und Jahr sind nicht selbstver-ständlich; vielmehr erforderte es fortgeschrittene wissen-schaftliche Kenntnisse, um sie herauszufinden. Fast 1500 Jahre lang glaubte man beispielsweise, der Wechsel von Tag und Nacht rühre davon her, daß sich die Sonne um die Erde drehe; denn ab der Zeit von Claudius Ptolemäus (um 85–160 n. Chr.) bis zur »Kopernikanischen Wende« im Jahr 1543 hielt man unerschütterlich an der Ansicht fest, die Erde sei der Mittelpunkt des Weltalls und werde von der Sonne, dem Mond und den sichtbaren Planeten umkreist. Die Vorstellung des Astronomen Nikolaus Kopernikus, die Sonne befinde sich im Mittelpunkt und die Erde sei nur ein weiterer Himmelskörper, der sie so wie jeder andere Planet umkreise, war in wissenschaftlicher Hinsicht so revolutionär und in religiöser Hinsicht so ketzerisch, daß er selbst zögerte, sein Hauptwerk »De revolutionibus coelestium, libri VI« (»Sechs Bücher über die Umläufe der Himmelskörper«) herauszuge-ben; es erschien deshalb erst am 24. Mai 1543, dem Todestag des Verfassers.

Es ist jedoch offensichtlich, daß die sumerischen Kenntnisse in viel früherer Zeit das Wissen um die dreifache Beziehung Erde–Mond–Sonne mit einschlossen. Im Text des »Enuma elisch«, der die vier Mondphasen beschreibt, werden diese eindeutig im Hinblick auf die Stellung des Mondes zur Sonne erklärt, wenn der Mond die Erde umkreist: ein Vollmond um die Mitte des Monats, »wenn er der Sonne genau gegenüberstand«, und sein Abnehmen am Ende des Monats, »wenn er schräg zur Sonne stand«. Diese Bewegun-gen wurden den »Geschicken« (Umläufen) zugeschrieben, die der Himmelsherr (Nibiru) der Erde und dem Mond als Folge der Himmelsschlacht auferlegt hatte:

Den Mond hieß er scheinen,
die Nacht vertraute er ihm an.
Er wies ihn an, des Nachts
die Tage anzukündigen,
jeden Monat, unaufhörlich,
mit einer Krone Formen zu bilden.

Am Anfang des Monats sollst du über der Erde aufsteigen,
sollst tragen leuchtende Hörner, sechs Tage anzuzeigen,
am siebten Tag eine Sichel sein.
Mitte des Monats stehe still der Sonne gegenüber;
sie wird dich überholen am Horizont.
Dann vermindere deine Krone und nimm an Helligkeit ab,
zu der Zeit, wenn du dich der Sonne näherst;
und am dreißigsten Tag sollst du schräg zur Sonne stehen.
Ich habe dir ein Geschick zugeteilt; folge seinem Pfad.

Der alte Text schließt mit den Worten: »So berief der
Himmelsherr die Tage und setzte die Bereiche von Tag und
Nacht ein.«
(Es ist bemerkenswert, daß für die Juden nach alter Überlie-
ferung der vierundzwanzigstündige Tag bei Sonnenunter-
gang des Vorabends beginnt, getreu dem biblischen Wort:
»Es wurde Abend, und es wurde Morgen: erster Tag.« Wie
es im mesopotamischen Text heißt: Der Mond solle den Tag
ankündigen.)
Sogar im Alten Testament (Genesis 1,14) wird, wenn auch
in knapper Form, auf die Dreierbeziehung zwischen Erde–
Mond–Sonne hingewiesen, aus der sich der Zyklus von
Tagen, Monaten und Jahren ergibt:

Dann sprach der Herr:
Lichter sollen am Himmelsgewölbe sein,
um Tag und Nacht zu scheiden.
Sie sollen Zeichen sein
und zur Bestimmung von Monaten, von Tagen und Jahren dienen ...

Das hebräische Wort *Mo' edim,* das hier für »Monate« verwendet wird und die rituelle Versammlung am Abend des
Neumonds bezeichnet, ist ein Beweis dafür, daß die Umlaufperiode und die Phasen des Mondes von Anfang an feste

Bestandteile des mesopotamisch-hebräischen Kalenders waren. Indem die beiden »Lichter« (Sonne und Mond) als verantwortlich für die Monate, Tage und Jahre bezeichnet werden, zeigt sich auch der komplexe lunisolare Charakter des Alters dieses Kalenders. Jahrtausendelang versuchten die Menschen, die Zeit anhand eines Kalenders zu messen. Manche benutzten dabei nur die Mondzyklen (wie die Moslems noch heute); andere (schon die alten Ägypter) stützen sich auf das in Monate unterteilte Sonnenjahr. Aber der Kalender, der vor etwa 5800 Jahren in Nippur, dem religiösen Zentrum von Sumer, erfunden und von den Juden beibehalten worden ist, beruht auf der Umlaufbeziehung zwischen der Erde und den beiden Lichtern Sonne und Mond. Die Tatsache, daß die Erde die Sonne umkreist, wurde mit dem Wort *Schanah* für Jahr ausgedrückt, das vom sumerischen *Schatu* abstammt, einer astronomischen Bezeichnung, die »laufen, umkreisen« bedeutet. Der vollständige Ausdruck *Tekufath ha-Schanah* (Umkreisung oder jährlicher Umlauf) bedeutete das Durchlaufen eines ganzen Jahres.

Die Gelehrten haben sich darüber gewundert, wieso der *Sohar* (Buch des Glanzes), eine aramäisch-hebräische Zusammenstellung, die das Hauptwerk in der Literatur der als *Kabbala* bezeichneten jüdischen Geheimlehre darstellt, im 13. Jahrhundert unserer Zeitrechnung unmißverständlich behaupten konnte, die Ursache für den Wechsel von Tag und Nacht sei die Rotation der Erde um ihre Achse. Etwa 250 Jahre *vor* Kopernikus hieß es im Sohar: »Die ganze Erde dreht sich wie eine Kugel. Wenn ein Teil unten ist, so ist der andere oben. Wenn es auf der einen Seite hell ist, dann ist es auf der anderen dunkel. Wenn es für die eine Seite Tag ist, so ist es auf der anderen Nacht.« Die Quelle dieser Ausführungen war der im 3. Jahrhundert lebende Rabbi Hamnuna!

Die wenigsten wissen, welche Rolle die jüdischen Gelehrten im Mittelalter bei der Übermittlung des astronomischen Wissens an das christliche Europa gespielt haben; sie wird

jedoch überzeugend durch in hebräischer Sprache geschriebene astronomische Bücher dokumentiert. Sie enthalten eindeutige Illustrationen wie die hier abgebildete, die einem im
12. Jahrhundert in Spanien veröffentlichten Buch entstammt
(Abb. 3). Ja, das Hauptwerk des Astronomen Ptolemäus, das
in der westlichen Welt den Titel »Almagest« trägt, wurde im
8. Jahrhundert zuerst von den arabischen Eroberern Ägyptens verwahrt und für die Europäer erst durch die Übersetzung jüdischer Gelehrter zugänglich. Bedeutsamerweise enthielten einige dieser Übersetzungen Kommentare, die die
Richtigkeit der geozentrischen Theorien des Ptolemäus in
Zweifel zogen, und das Jahrhunderte vor Kopernikus. Weitere Übersetzungen arabischer und griechischer Astronomie-
bücher sowie selbständige Abhandlungen bildeten die
Hauptquelle für das Studium der Astronomie im mittelalter-

Abb. 3

lichen Europa. Im 9. und 10. Jahrhundert schrieben jüdische Astronomen über die Bewegungen des Mondes und der Planeten und berechneten die Bahn der Sonne und die Positionen der Konstellationen. Tatsächlich war das Zusammenstellen von astronomischen Tabellen, ob für europäische Könige oder moslemische Kalifen, eine Spezialität der jüdischen Hofastronomen.

Solch fortschrittliches Wissen, das anscheinend seiner Zeit voraus war, läßt sich nur mit der Bewahrung des früheren gelehrten Wissens erklären, von dem die Bibel und ihre älteren sumerischen Quellen durchdrungen sind.

Kabbala bedeutet nämlich wörtlich »Empfangenes«, d. h. ein früheres geheimes Wissen, das von Generation zu Generation weitergegeben wurde. Das Wissen der jüdischen Gelehrten im Mittelalter kann direkt bis zu den Akademien in Judäa und Babylonien zurückverfolgt werden, die biblische Angaben kommentierten und bewahrten. Der *Talmud,* der solche Angaben und Kommentare von ungefähr 300 v. Chr. bis 500 n. Chr. aufzeichnete, ist voll von astronomischen Hinweisen. So steht etwa darin, daß Rabbi Samuel »die Himmelswege kannte«, als ob es sich um die Straßen seiner Stadt handelte. Rabbi Joschua ben-Sakai spricht von »einem Stern, der alle siebzig Jahre erscheint und die Seeleute verwirrt« – ein Hinweis auf den Halleyschen Kometen, dessen periodische Wiederkehr alle 75 Jahre erst im 18. Jahrhundert von Edmund Halley festgestellt werden sollte. Rabbi Gamliel von Jabneh besaß ein röhrenförmiges optisches Instrument, mit dem er die Gestirne und Planeten beobachtete – fünfzehn Jahrhunderte vor der »offiziellen« Erfindung des Teleskops. Die Notwendigkeit, die Geheimnisse des Himmels zu kennen, hing mit dem lunisolaren Charakter des jüdischen (ursprünglich nippurischen) Kalenders zusammen, der einen komplizierten Ausgleich zwischen dem Sonnen- und dem Mondjahr erforderte; denn das Mondjahr ist um 10 Tage, 21 Stunden, 6 Minuten und 45,5 Sekunden kürzer als das Sonnenjahr. Dieser Unterschied entspricht $^7/_{19}$ eines synodischen Monats, so daß ein Mondjahr mit dem Sonnenjahr in Übereinstimmung gebracht werden kann, wenn man alle neunzehn Sonnenjahre sieben Mondmonate hinzufügt. Die astronomischen Lehrbücher schreiben die Entdeckung dieses neunzehnjährigen Zyklus dem athenischen Astronomen Meton (um 430 v. Chr.) zu (der Zyklus ist sogar nach ihm benannt), aber in Wirklichkeit reicht dieses Wissen Jahrtausende, bis ins alte Mesopotamien, zurück.

Die Gelehrten wunderten sich darüber, daß im sumerisch-mesopotamischen Pantheon der Sonnengott Schamasch als Sohn des Mondgottes Sin dargestellt wurde, also in der Hierarchie von geringerer Stellung und nicht in der umgekehrten Reihenfolge. Die Erklärung dürfte in den Ursprüngen des Kalenders zu suchen sein, denn die Aufzeichnung der Mondzyklen ging der Messung des Sonnenzyklus voraus. Alexander Marshak äußerte in seinem Buch »The Roots of Civilization« die Vermutung, daß die Markierungen auf Knochen- und Steinwerkzeugen aus der Zeit der Neandertaler keine Verzierungen, sondern primitive Mondkalender seien.

In einem reinen Mondkalender, wie er bei den Moslems heute noch in Gebrauch ist, verschieben sich die Feiertage alle drei Jahre um ungefähr einen Monat nach hinten. Der nippurische Kalender, der erfunden wurde, um die Verbindung der Feste mit den Jahreszeiten zu bewahren, durfte eine solche fortwährende Verschiebung nicht zulassen; das neue Jahr z. B. mußte immer am ersten Frühlingstag beginnen. Das erforderte von den allerersten Anfängen der sumerischen Kultur an eine genaue Kenntnis der Bewegungen von Erde und Mond, ihrer Wechselbeziehung zur Sonne und der Geheimnisse der Einschaltungen. Außerdem mußte man verstehen, wie die Jahreszeiten zustande kamen.

Wie wir heute wissen, rührt die jährliche Bewegung der Sonne von Norden nach Süden und zurück, die die Jahreszeiten bewirkt, daher, daß die Erdachse nicht senkrecht

auf der Ebene ihrer Umlaufbahn um die Sonne steht,
sondern etwa 23,5° gegen sie geneigt ist. Die entferntesten
Punkte, die die Sonne im Norden und Süden erreicht, wo
sie zu verharren scheint, ehe sie umkehrt, heißen Solstitien
(wörtlich »Sonnenstillstände«), auch Sonnenwenden genannt. Das ereignet sich jeweils am 21. Juni und am 22.
Dezember. Die Entdeckung der Solstitien wurde Meton und
seinem Kollegen, dem athenischen Astronomen Euktemon,
zugeschrieben. Aber in Wirklichkeit geht dieses Wissen in
viel frühere Zeiten zurück. Das reiche astronomische Vo-
kabular des Talmuds verwendete bereits den Begriff *Ne-
ti'jah* (abgeleitet vom Verb *natoh,* das »sich neigen, seit-
wärts drehen«), entsprechend unserem modernen Ausdruck
»Inklination«. Ein Jahrtausend vorher kannte die Bibel
schon den Begriff der Erdachse, indem sie den Tag-und-
Nacht-Zyklus einer durch die Erde gezogenen Linie zu-
schrieb (Psalm 19,5). Bei der Beschreibung der Entstehung
der Erde und ihrer Geheimnisse weist das Buch Hiob dem
Herrn die Erschaffung einer schrägen Achse für die Erde
zu (38,5°); im Vers 26,7 bezieht es sich mittels des Ausdrucks *Natoh* auf die schräge Erdachse und den Nordpol,
wenn es dort heißt:

> Er stellte den Norden über den Leeren schräg,
> hängt die Erde auf am Nichts.

Psalm 74,16-17 kannte nicht nur die Wechselbeziehung
zwischen Erde, Mond und Sonne sowie die Drehung der
Erde um ihre Achse als Ursache von Tag, Nacht und
Jahreszeiten, sondern auch die äußersten Punkte, die Wende-
punkte der scheinbaren jahreszeitlichen Bewegung der Sonne, die wir als Solstitien bezeichnen:

> Dein ist der Tag,
> dein auch die Nacht,
> hineingestellt hast du Sonne und Mond.
> Du hast die Grenzen der Erde festgesetzt,
> hast Sommer und Winter geschaffen.

Wenn man bei jeder Sonnenwende zwischen den Punkten, an dem die Sonne auf und an dem sie untergeht, eine Linie zieht, schneiden sich die beiden Linien über dem Kopf des Betrachters und bilden ein riesiges X, das die Erde und den Himmel darüber in vier Abschnitte zerteilt. Diese Einteilung wurde schon im Altertum erkannt; sie ist auch gemeint, wenn in der Bibel von den »vier Ecken der Erde« und von den »vier Ecken des Himmels« die Rede ist. Da die daraus resultierende Einteilung des Erd- und Himmelskreises vier Bereiche ergibt, die wie an der Basis abgerundete Dreiecke aussehen, kam bei den Völkern des Altertums die Vorstellung von »Flügeln« auf. Infolgedessen sprach die Bibel auch von den »vier Flügeln der Erde« und den »vier Flügeln des Himmels«.

Eine babylonische Karte der Erde aus dem 1. Jahrtausend v. Chr. illustriert diese Vorstellung von den »vier Ecken der Erde«, denn auf der Zeichnung hat die runde Erde tatsächlich vier »Flügel«. (Abb. 4).

Abb. 4

Die scheinbare Bewegung der Sonne von Norden nach Süden und zurück führt nicht nur zu den zwei deutlich gegensätzlichen Jahreszeiten Sommer und Winter, sondern auch zu den dazwischenliegenden Jahreszeiten Herbst und Frühling. Letztere wurden mit den Tagundnachtgleichen verbunden, wenn die Sonne den Äquator der Erde überschritt (hin und zurück) – Zeitpunkte, an denen Tag und Nacht gleich lang sind. Im alten Mesopotamien begann das neue Jahr am Tag des Frühlingsäquinoktiums, am ersten Tag des ersten Monats *Nisannu* (»wenn das Zeichen gegeben wird«). Im dritten Buch Mose (Leviticus 23) wird der Befehl erteilt, das Neujahrsfest am Tag des Herbstäquinoktiums zu feiern; im Monat Tischri, der als siebter Monat bezeichnet wird. Demnach wurde Nisannu als erster Monat anerkannt. In beiden Fällen reicht die Kenntnis der Tagundnachtgleichen, die durch die Neujahrstage belegt wird, eindeutig in sumerische Zeiten zurück.

Die Vierteilung des Sonnenjahres (zwei Sonnenwenden, zwei Tagundnachtgleichen) wurde im Altertum mit den Mondbewegungen verbunden, um den ersten förmlichen Kalender zu schaffen, nämlich den Lunisolarkalender von Nippur. Er wurde von den Akkadern, Babyloniern, Assyrern und anderen Völkern nach ihnen benutzt und ist bis zum heutigen Tag als jüdischer Kalender in Gebrauch.

Für die Menschheit begann die »Erdzeit« im Jahr 3760 v. Chr. Wir kennen das genaue Datum, weil der jüdische Kalender für das Jahr 1994 unserer Zeitrechnung das Jahr 5754 anzeigt.

Zwischen der irdischen und der göttlichen Zeit gibt es die Himmelszeit.

Von dem Augenblick an, als Noah die Arche verließ und der Zusicherung bedurfte, daß es nicht nochmals zu einer Sintflut kommen würde, um alles Leben zu vernichten, hat die Menschheit in der Angst – oder ist es eine Erinnerung? – von Zyklen bzw. Zeitaltern der Zerstörung und des Neuanfangs gelebt und den Himmel nach Zeichen abgesucht, Vorzeichen für das Gute oder das Schlechte, das kommen würde.

Die hebräische Sprache hat von ihren mesopotamischen Wurzeln den Ausdruck *Masal* bewahrt, der »Glück« bedeutet. Kaum jemand weiß, daß Masal ein mit dem Himmel verbundener Begriff ist, der das Haus des Tierkreises bezeichnet und aus der Zeit stammt, als Astronomie und Astrologie ein und dasselbe waren und die Priester auf den Tempeltürmen die Bewegungen der Himmelsgötter verfolgten, um zu sehen, in welchem Haus des Tierkreises – *Manzalu* auf akkadisch – sie in dieser Nacht gerade standen.

Es waren jedoch nicht die Menschen, die als erste die Myriaden von Gestirnen in erkennbare Konstellationen zusammenfaßten, diejenigen bestimmten und benannten, die die Ekliptik umspannten, und sie in die zwölf Häuser des Tierkreises einteilten. Das waren die Anunnaki, die sie für ihre eigenen Zwecke benutzten. Der Mensch übernahm sie als seine Verbindung, als sein Mittel, um von der Sterblichkeit des Lebens auf der Erde zum Himmel aufzusteigen.

Für jemanden, der vom Nibiru mit seiner ungeheuer langen Umlaufzeit auf einen die Sonne schnell umkreisenden Planeten (die Erde, den »siebten Planeten«, wie die Anunnaki ihn nannten) kam, dessen Jahr $1/3600$ ihres Jahres lang war, muß die Zeitmessung ein großes Problem dargestellt haben. Aus den sumerischen Königslisten und anderen Texten, die sich mit den Anunnaki befassen, geht hervor, daß sie den *Sar,* die 3600 Erdjahre Nibirus, als göttliche Zeiteinheit lange beibehielten, sicherlich bis zur Sintflut. Aber was konnten sie tun, um ein vernünftigeres Verhältnis als 1 : 3600 zwischen der göttlichen und der irdischen Zeit herzustellen?

Die Lösung lieferte das als Präzession bezeichnete Phänomen. Aufgrund seiner Taumelbewegung verzögert sich der Umlauf der Erde um die Sonne jedes Jahr ein wenig; diese Verzögerung oder Präzession beträgt in 72 Jahren 1°. Indem die Anunnaki die Ekliptik (Ebene der Planetenbahnen) in zwölf Abschnitte teilten, damit sie den zwölf Mitgliedern des

Sonnensystems entsprachen, erfanden sie die zwölf Häuser des Tierkreises; dabei wurden jedem Haus 30° zugemessen, so daß die Verzögerung je Haus 2160 Jahre (72 x 30 = 2160) und der gesamte Präzessionszyklus bzw. das »platonische Jahr« zu 25 920 Jahre (2160 x 12 = 25 920) ausmachte. In einem früheren Buch habe ich die These aufgestellt, daß die Anunnaki, indem sie 2160 auf 3600 bezogen, zu dem vorteilhaften Verhältnis 6 : 10 und – was noch wichtiger ist – zum Sexagesimalsystem gelangten, das abwechselnd 6 mit 10 multipliziert.

»Es grenzt an ein Wunder, das meiner Kenntnis nach noch niemand gedeutet hat«, schreibt der Mythologe Joseph Campbell in seinem Buch »The Masks of God: Oriental Mythology« (1962), »wie sehr das Rechensystem, das in Sumer schon um 3200 v. Chr., ob durch Zufall oder durch intuitive Herleitung, entwickelt wurde, mit der Himmelsordnung übereinstimmte, so es selbst eine Offenbarung war.« Das »Wunder« wurde, wie wir seitdem aufgezeigt haben, von der fortgeschrittenen Kenntnis der Anunnaki geliefert. Sowohl die moderne Astronomie als auch die exakten Wissenschaften haben den Sumerern viele »Erstkenntnisse« zu verdanken. Die grundlegendste ist die Einteilung des Himmels und aller anderen Kreise in 360 gleiche Teile (»Grade«). Der deutsche Orientalist Hugo Winckler, der zusammen mit nur wenigen anderen Gelehrten um die Jahrhundertwende die Kenntnis der Assyriologie mit astronomischen Kenntnissen in sich vereinte, erkannte, daß die Zahl 72 ein grundlegendes Verbindungsglied zwischen Himmel, Kalender und Mythos bildete. In seinem Buch »Altorientalische Forschungen« schreibt er, auf die fundamentale Zahl 360 sei man durch den *Hameschtu,* den »Fünfermultiplikator«, gekommen, indem man die Himmelszahl 72 (die Verschiebung aufgrund der Präzession um 1°) mit der »menschlichen« Zahl Fünf (Zahl der Finger an einer Hand der Erdlinge) multiplizierte. Welche Rolle die Anunnaki, deren Wissen ja Voraussetzung war, um die Verzögerung der Umlaufbewegung der

Erde zu kennen, dabei spielten, konnte Winckler verständlicherweise nicht ahnen.

Von den Tausenden von Rechentabellen, die in Mesopotamien gefunden worden sind, beginnen viele, die als ge-
brauchsfertige Divisionstabellen dienten, mit der astronomischen Zahl 12 960 000 und enden mit 60, dem 216 000sten
Teil davon. H. V. Hilprecht (»The Babylonian Expedition of
the University of Pennsylvania«) studierte Tausende von
Rechentabellen aus der Bibliothek des assyrischen Königs
Assurbanipal in Ninive und gelangte zu dem Schluß,
12 960 000 sei wirklich eine astronomische Zahl, die von
einem rätselhaften »Großen Zyklus« von 500 platonischen
Jahren vollständiger Verschiebungen aufgrund der Präzession herrühre (500 x 25 920 = 12 960 000). Er und andere
Wissenschaftler zweifelten nicht daran, daß das Phänomen
der Präzession, das vermutlich erstmals von dem Griechen
Hipparchos im 2. Jahrhundert v. Chr. erwähnt wurde, schon
zur Zeit der Sumerer bekannt war und studiert wurde. Diese
Zahl erscheint, um 10 auf 1 296 000 gekürzt, wie bereits
erwähnt, in der Überlieferung der Hindus als die Dauer des
Zeitalters des Wissens, als das Dreifache des Zyklus von
432 000 Jahren. Die Zyklen innerhalb von Zyklen, die mit
6 und 12 (die 72 Jahre der Verschiebung des Tierkreises
um 1°), 6 und 10 (das Verhältnis von 2160 zu 3600) und
432 000 zu 12 960 000 operieren, spiegeln somit vielleicht
kleine und große kosmische und astronomische Zyklen
wider, deren Geheimnisse noch entschleiert werden müssen,
da die sumerischen Zahlen nur einen flüchtigen Einblick
bieten.

Daß das neue Jahr am Tag des Frühlingsäquinoktiums (bzw.
des Herbstäquinoktiums) begann, war keine zufällige Wahl;
denn aufgrund der Erdschiefe geht genau an diesen beiden
Tagen die Sonne an den Punkten auf, wo sich der Himmelsäquator und die Ekliptik schneiden. Infolge der Präzession
verschiebt sich das Haus des Tierkreises, in dem diese
Überschneidung stattfindet, alle 72 Jahre um 1° in rückläufi-

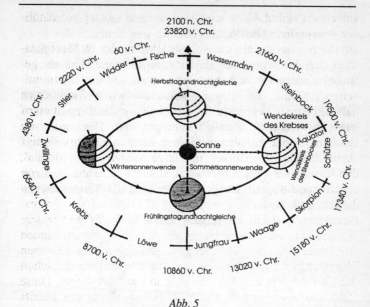

2100 n. Chr.
23820 v. Chr.

60 v. Chr.

2220 v. Chr.   Widder   Fische   Wassermann   21660 v. Chr.

Stier   Steinbock

4380 v. Chr.   Herbsttagundnachtgleiche

Zwillinge   Wendekreis
                                               des Krebses

6540 v. Chr.   Äquator   19500 v. Chr.

Krebs   Wintersonnenwende   Sonne   Sommersonnenwende   Wendekreis des Steinbockes   Schütze

8700 v. Chr.   Skorpion   17340 v. Chr.

Löwe   Frühlingstagundnachtgleiche   Jungfrau   Waage   15180 v. Chr.

10860 v. Chr.   13020 v. Chr.

Abb. 5

ger Richtung. Obwohl dieser Punkt noch immer auf den
Widder als Anfangspunkt bezogen wird, befinden wir uns in
Wirklichkeit seit etwa 60 v. Chr. im »Zeitalter« (bzw. Tier-
kreiszeichen) der Fische, und langsam, aber sicher treten wir
bald in das Zeitalter des Wassermanns ein (Abb. 5). Eine
solche Verschiebung wird auch als »neues Zeitalter« bezeichnet.
Die Menschen sehen dieser Veränderung gespannt entgegen.
Viele fragen sich, was sie mit sich bringen wird: Gutes oder
Schlechtes, Glück oder Unglück, ein Ende oder einen neuen
Anfang? Das Ende der alten Ordnung auf der Erde oder eine
neue Ordnung, vielleicht die Wiederkehr des Himmelreichs
auf Erden?
Fließt die Zeit nur vorwärts, oder kann sie auch rückwärts
fließen, haben sich die Philosophen gefragt. In Wirklichkeit

verschiebt sich die Zeit nach hinten, denn das ist das Wesen
der Präzession: Die Verlangsamung des Umlaufs der Erde
um die Sonne, die etwa alle 2160 Jahre zu der Beobachtung
führt, daß der Sonnenaufgang nicht im nächsten Tierkreiszeichen, sondern im vorhergehenden (*präcedere* = vorherge-
hen) stattfindet, die »Himmelszeit«, wie wir sie bezeichnet
haben, bewegt sich nicht in der Richtung der Erdzeit (und
jeder Planetenzeit), nämlich entgegen dem Uhrzeigersinn,
sondern in der entgegengesetzten Richtung fort, entsprechend der Umlaufrichtung (im Uhrzeigersinn) von Nibiru.
Die Himmelszeit fließt rückwärts, soweit es uns auf der Erde
betrifft, und deshalb ist für den Tierkreis die Vergangenheit
die Zukunft.
Betrachten wir also die Vergangenheit.

2

Ein Computer aus Stein

Die Idee oder Erinnerung, daß zyklische Zeitalter eine Wirkung auf die Erde und die Menschheit haben, war nicht auf die Alte Welt beschränkt. Als Hernando Cortez vom Aztekenkönig Montezuma als wiederkehrender Gott begrüßt wurde, schenkte man ihm eine riesige goldene Scheibe mit eingravierten Symbolen der zyklischen Zeitalter, an die die Azteken und ihre Vorläufer in Mexiko glaubten. Das kostbare Artefakt ist für immer verloren, weil es die Spanier sofort einschmolzen, aber man hat steinerne Repliken davon gefunden (Abb. 6). Die eingemeißelten Bildzeichen stellen den Zyklus der »Sonnen« oder Zeitalter dar, von denen das

Abb. 6

jetzige das fünfte ist. Die vier vorhergehenden endeten alle
mit einer Naturkatastrophe: Überschwemmung, Wind, Erdbeben und Stürme sowie wilde Tiere. Das erste Weltalter war
das Zeitalter der weißhaarigen Riesen, das zweite das Goldene Zeitalter, das dritte das Zeitalter der rothaarigen Menschen (die der Sage nach als erste mit Schiffen nach Amerika
kamen) und das vierte das Zeitalter der schwarzhaarigen
Menschen, mit denen der oberste Gott der Mexikaner,
Quetzalcoatl, angekommen war.
Weit unten im Süden, im vorkolumbischen Peru, sprachen
die Andenvölker ebenfalls von fünf »Sonnen« oder Weltaltern. Das erste war das Zeitalter der *Viracochas,* der
weißen, bärtigen Götter, das zweite das Zeitalter der Riesen,
auf das das Zeitalter des Urmenschen folgte. Das vierte war
das Zeitalter der Helden. Danach kam das fünfte oder
gegenwärtige, das Zeitalter der Könige, von denen die
Inkakönige die letzten waren. Die Dauer dieser Zeitalter
wurde in Jahrtausenden und nicht in zehn- oder hunderttau-
send Jahren gerechnet. Die Bauwerke und Gräber der Mayas
waren mit »Himmelsbändern« geschmückt, deren Glyphen,
wie man herausgefunden hat, die Einteilung des Himmels in
den Tierkreis darstellten; Artefakte, die man in Maya-Ruinen
und in der Inka-Hauptstadt Cuzco entdeckt hat, sind als
Tierkreiskalender identifiziert worden. Die Stadt Cuzco war
anscheinend, wie es S. Hagar auf dem 14. Kongreß der
Amerikanisten formulierte, »ein in Stein gehauener Beweis«
dafür, daß die Südamerikaner den Tierkreis mit seinen zwölf
Häusern kannten. Die unvermeidliche Schlußfolgerung daraus ist, daß die Bewohner der sogenannten Neuen Welt
schon vor Jahrtausenden die Tierkreiseinteilung der Ekliptik
kannten und die Weltalter in 2160 Jahre langen Einheiten
maßen.
Die Vorstellung, daß Kalender aus Stein hergestellt werden
könnten, mag uns vielleicht sonderbar erscheinen, war jedoch im Altertum durchaus logisch. Ein solcher Kalender,
der viele Rätsel aufgibt, wird *Stonehenge* genannt. Heute

sind von ihm nur noch gewaltige Steinblöcke übriggeblieben, die stumm auf der Heide nördlich von Salisbury stehen, etwa 120 Kilometer südwestlich von London. Die rätselhaften Überreste haben die Neugier und Vorstellungskraft von Generationen gereizt und Historiker, Archäologen und Astronomen herausgefordert. Das Geheimnis dieser vorgeschichtlichen Megalithen verliert sich im Nebel der Vorzeit. Und »Zeit« ist, wie ich meine, der Schlüssel zu seiner Entschleierung.

Man hat Stonehenge als »das wichtigste vorgeschichtliche Monument von ganz Britannien« bezeichnet, was allein schon die Aufmerksamkeit rechtfertigt, die man ihm über Jahrhunderte hinweg und besonders in jüngster Zeit geschenkt hat. Zumindest von britischen Autoren ist es als einzigartig beschrieben worden, denn »es gibt nichts Derartiges auf der ganzen Welt« (R. J. C. Atkinson, »Stonehenge and Neighbouring Monuments«); das mag auch erklären, warum ein Manuskript aus dem 18. Jahrhundert in seinem Katalog alter Bauwerke in Westeuropa mehr als 600 Werke über Stonehenge aufführte. Stonehenge ist tatsächlich der größte und am sorgfältigsten durchdachte von über 900 alten, aus Stein, Holz und Erde errichteten »Kreisen« in Großbritannien wie auch der größte und komplizierteste in Europa.

Doch diese Einzigartigkeit ist meines Erachtens nicht der wichtigste Aspekt von Stonehenge. Die Ähnlichkeit mit Monumenten in anderen Erdteilen, der Zweck des Bauwerks und die Zeit, in der es entstanden ist, machen es zu einem Teil der Geschichte, die ich als »Erdchroniken« bezeichnet habe. In einem solchen größeren Rahmen läßt sich, wie ich glaube, eine einleuchtende Erklärung für das Rätsel finden.

Selbst diejenigen, die Stonehenge nie besucht haben, müssen von Abbildungen oder Filmen her die auffälligsten Eigenheiten dieser alten Anlage kennen: die Paare von riesigenn aufrecht stehenden Steinblöcken, jeder etwa 4 m hoch, die oben durch ebenso wuchtige Steine als Stürze verbunden sind und auf diese Weise freistehende »Trilithen« bilden. Diese sind in einem Halbkreis errichtet und ihrerseits von einem gewaltigen Kreis aus ähnlichen Riesensteinen umgeben; die Querblöcke, die sie oben verbinden, wurden sorgfältig bearbeitet, so daß sie einen fortlaufenden Ring um die paarweise aufrecht stehenden Blöcke bildeten. Auch wenn einige der Steinblöcke in diesen Trilithen und in diesem Kreis aus Sandsteinblöcken (sog. *Sarsen Circle*) fehlen und andere umgestürzt sind, prägen sie das Bild, das man mit »Stonehenge« (»hängende Steine«) verbindet (Abb. 7).

Innerhalb dieses gewaltigen Steinrings wurden andere, kleinere Steine (sog. Blausteine) so aufgestellt, daß sie außerhalb der Trilithen einen eigenen Kreis (sog. *Bluestone Circle*) und innerhalb des Trilithenhalbkreises einen weiteren Halbkreis (auch »Hufeisen« genannt) bildeten. Wie bei den großen Sandsteinblöcken stehen auch nicht mehr alle der Blausteinblöcke, die zusammen diese Kreise und Halbkreise bildeten, an Ort und Stelle. Einige fehlen ganz, während andere wie

Abb. 7

niedergestürzte Riesen am Boden liegen. Zu der unheimlichen Atmosphäre der Stätte tragen noch andere riesige Steine bei, die herumliegen und deren Beinamen (unsicheren Ursprungs) das Rätselhafte weiter vermehren; dazu gehört der »Altarstein«, ein 5 m langer, behauener Block aus blaugrauem Sandstein, dessen Überreste halb unter einem Träger und dem Querbalken eines der Trilithen begraben sind. Trotz umfangreicher Restaurierungsarbeiten hat das Bauwerk viel von seinem einstigen Glanz verloren. Dennoch konnten die Archäologen aus allen verfügbaren Zeugnissen rekonstruieren, wie dieses bemerkenswerte Steinbauwerk ursprünglich aussah.

Sie haben erschlossen, daß der Außenring, gebildet von Pfeilern, die durch gewölbte Querbalken verbunden sind, aus 30 Sandsteinträgern bestand, von denen 17 erhalten geblieben sind. Innerhalb dieses Kreises befand sich der Kreis kleinerer Blöcke (aus Blausteinen), von denen noch 29 vorhanden sind. Innerhalb dieses zweiten Kreises standen fünf Trilithenpaare, die einen hufeisenförmigen Halbkreis, aus zehn Sandsteinblöcken bestehend, bildeten; in graphischen Darstellungen sind sie gewöhnlich als 51–60 numeriert (die zugehörigen Steinblöcke besitzen eigene Nummern, die die Zahl hinzufügen, so daß der Querblock, der die Träger 51 und 52 verbindet, die Zahl 152 trägt).

Der innerste Halbkreis bestand aus 19 Blausteinen; einige davon sind als 61–72 numeriert; darin, genau auf der Achse der gesamten Stonehenge-Anlage, stand der sogenannte Altarstein, so daß diese Kreise innerhalb von Kreisen die in Abb. 8a dargestellte Anordnung hatten.

Als solle die Bedeutung der ohnehin schon offensichtlichen Kreisform noch zusätzlich betont werden, sind die Steinringe ihrerseits von einem Kreis umgeben. Ein tiefer, breiter Graben, dessen ausgehobenes Erdreich verwendet wurde, um seine Wälle höher zu machen, bildet einen Ring mit einem Durchmesser von fast 100 m, der den gesamten Komplex vollkommen einfaßt. Etwa die Hälfte des Graben-

rings hat man in diesem Jahrhundert ausgehoben und dann
wieder teilweise aufgefüllt; die anderen Teile und die Bö-
schungen zeigen die Abnutzungserscheinungen, die sie im
Laufe der Jahrtausende durch die Natur und den Menschen
davongetragen haben.

Diese Anordnung von Kreisen innerhalb von Kreisen wiederholt sich noch auf andere Weise. Unweit des inneren
Grabenwalls gibt es einen Kreis aus 56 Vertiefungen, die
in den Boden hineingegraben sind und nach ihrem Ent-
decker im 17. Jahrhundert, John Aubrey, als »Aubrey-Löcher« bezeichnet werden. Archäologen haben die Löcher
freigelegt, weil sie hofften, die Schuttanhäufungen könnten
vielleicht Hinweise auf den Zweck der Stätte und auf ihre
Erbauer liefern, und sie deshalb mit weißen Zementplatten
verschlossen, so daß dieser kreisrunde Kreis deutlich zu
erkennen ist, vor allem aus der Luft. Außerdem wurden in
unbekannter Zeit unförmigere und unregelmäßigere Löcher
gegraben, die in zwei Kreisen um die Steinkreise herum
angeordnet sind; sie werden als X- und Y-Löcher bezeichnet.

Zwei völlig andere Steine hat man auf entgegengesetzten
Seiten der inneren Grabenböschung gefunden, etwas unterhalb der Aubrey-Löcher (aber offensichtlich nicht zu ihnen
gehörend). In gleicher Entfernung von den beiden Steinen
befinden sich zwei runde Aufschüttungen mit Löchern darin.
Die Forscher sind überzeugt, daß auch diese Löcher ähnliche
Steinblöcke wie die beiden ersten enthielten und daß die vier
– sie werden »Stationssteine« genannt (heute als 91–94
numeriert) – einem bestimmten Zweck dienten, zumal sie,
wenn man sie durch Linien verbindet, ein vollkommenes
Rechteck bilden, das wahrscheinlich eine astronomische
Bedeutung hat. Ein weiterer mächtiger Steinblock, der den
Beinamen »Schlächterstein« erhalten hat, liegt an der Stelle,
wo der Graben eine breite Lücke aufweist, die offenbar als
Eingang (oder Ausgang) zu den konzentrischen Ringen aus
Steinen, Löchern und Gräben diente. Vermutlich liegt er

nicht genau dort, wo er einst stand, und war wahrscheinlich nicht allein, wie Löcher im Boden annehmen lassen.

Die Öffnung im Graben ist genau nach Nordosten ausgerichtet. Sie führt zu einem Weg, der »Avenue« genannt wird. Zwei parallele Gräben mit Wällen begrenzen diesen 10 m breiten Weg. Er verläuft über 500 m weit in gerader Richtung und zweigt dann in nördlicher Richtung zu einem großen, länglichen Bodenmonument ab, das »Cursus« genannt wird und in einem Winkel zu dem der Avenue ausgerichtet ist. Die andere Abzweigung führt zum Fluß Avon.

Die konzentrischen Kreise von Stonehenge und die nach

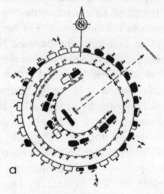

Abb. 8a und 8b

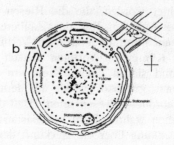

Nordosten führende Avenue (Abb. 8b) liefern einen wichtigen Hinweis auf den Zweck, zu dem die Anlage errichtet wurde. Daß die präzise Ausrichtung der Avenue nach Nordosten kein Zufall war, wird klar, wenn man erkennt, daß eine durch die Mitte der Avenue gezogene Linie durch den Mittelpunkt der Stein- und Löcherkreise verläuft und die Achse der Anlage bildet (Abb. 8a). Die Ausrichtung dieser Achse war wohlüberlegt; darauf deutet eine Reihe von Löchern hin, die anzeigen, daß entlang der Achse einmal Markierungssteine standen. Einer von ihnen, der sogenannte Fersenstein (Heel Stone), steht immer noch als stummer Zeuge für die Absicht der Erbauer und den Zweck der Stätte da; zweifellos besaß er eine astronomische Funktion.

Die Vorstellung, daß Stonehenge ein sorgfältig geplantes Observatorium war und keine heidnische Kult- oder okkulte Stätte (ein Gedanke, der beispielsweise darin zum Ausdruck kommt, daß man einen umgestürzten Steinblock als »Schlächterstein« bezeichnet, was Menschenopfer impliziert), wurde nicht so leicht akzeptiert. Tatsächlich nahmen die Schwierigkeiten zu und nicht ab, je gründlicher Stonehenge erforscht wurde und der Zeitpunkt seiner Errichtung sich weiter in die Vergangenheit verschob.

Gaufrid (oder Geoffrey von Monmouth), ein mittelalterlicher Schriftsteller, erzählt in seinem Hauptwerk »Historia regum Britanniae« (um 1136), den »Ring der Riesen« sei eine Steinanhäufung, die kein Mensch jener Zeit hätte errichten können; das Bauwerk sei zuerst in Irland aus Steinen errichtet worden, die die Riesen aus Afrika gebracht hätten. Auf den Rat des Zauberers Merlin (den Artus-Sagen auch mit dem Gral in Verbindung bringen) hin habe der König von Vortigen danach die Steine herangeschafft und sie in einem Kreis um eine Grabstätte wiederaufgebaut, genauso wie sie auf dem Berg Killaraus in Irland angeordnet gewesen seien. (Daß diese mittelalterliche Sage einen wahren Kern hat, bestätigte in moderner Zeit die Entdeckung über die Herkunft der in Stonehenge verwendeten Blausteine. Die Steine stammten aus dem Prescelly-Gebirge im Südwesten von Wales und wurden irgendwie zu Lande und zu Wasser über eine Entfernung von rund 400 km zuerst zu einer Stelle transportiert, die etwa 20 km von Stonehenge entfernt war; dort wurden sie möglicherweise in einem früheren Kreis aufgebaut, bevor man sie nach Stonehenge selbst brachte.)

Im 17. und 18. Jahrhundert wurde der Steintempel den Römern, den Griechen, den Phöniziern oder den Druiden zugeschrieben. Gemeinsam war diesen Entstehungstheorien, daß sie alle die Bauzeit vom Mittelalter nach rückwärts verlegten, zum Beginn der christlichen Zeitrechnung und noch früher, und somit das Alter des Bauwerks beträchtlich erhöhten. Von diesen verschiedenen Theorien gewann diejenige, die die Druiden als Urheber annahm, damals die meisten Anhänger, nicht zuletzt aufgrund der Forschungen und Schriften von William Stukeley, insbesondere seines 1740 erschienenen Werkes »Stonehenge, A Temple Restor'd To The British Druids«. Die Druiden waren die gelehrte Priesterkaste der keltischen Völker in Gallien und Britannien. Laut Julius Cäsar, der die Hauptquelle für Informationen über sie darstellt, versammelten sie sich einmal im Jahr an einem heiligen Ort für geheime Riten. Sie brachten Menschenopfer dar; zu den Dingen, die sie die keltischen Adligen lehrten, gehörte »die Macht der Götter«, die Naturwissenschaften und die Astronomie. Die Archäologen haben in Stonehenge zwar nichts gefunden, das auf eine Verbindung zu den Druiden in vorchristlicher Zeit hinweist, aber die Kelten hatten damals bereits dieses Gebiet erreicht; es gibt deshalb andererseits auch keinen Beweis dafür, daß sich die Druiden nicht in diesem »Sonnentempel« versammelt hätten, selbst wenn sie mit seinen viel älteren Erbauern nichts zu tun hatten.

Obwohl römische Legionen in der Nähe der Stätte ihr Lager aufschlugen, fand man keine Hinweise darauf, um Stonehenge mit den Römern in Zusammenhang zu bringen. Eine

Verbindung zu den Griechen und den Phöniziern erscheint
jedoch vielversprechender. Der griechische Geschichtsschreiber Diodorus Siculus, ein Zeitgenosse von Julius Cäsar, der Ägypten bereist hatte, verfaßte eine Universalge-
schichte des Altertums in 40 Bänden. In den ersten Bänden
behandelte er die Frühgeschichte der Ägypter, Assyrer,
Äthiopier und Griechen, die sogenannte mythische Zeit,
wobei er sich auf ältere Quellen stützte. Er zitiert aus einem
(heute verschollenen) Buch von Hekataios von Abdera (darin hatte letzterer um 300 v. Chr. behauptet, auf einer von den
Hyperboreern bewohnten Insel gebe es ein prächtiges Heiligtum des Apollon und einen bemerkenswerten runden Tempel. Der Name bezeichnete im Griechischen ein sagenhaftes
Volk im fernen Norden, woher der Nordwind (»Boreas«)
wehte. Sie beteten den griechischen (später römischen) Gott
Apollo(n) an. In die Sagen über die Hyperboreer mischen
sich deshalb die Mythen von Apollon und seiner Zwillingsschwester Artemis. Der Vater der Zwillinge war Zeus, die
Mutter Leto, eine Titanin. Von Zeus geschwängert, irrte sie
über die Erde, auf der Suche nach einem Ort, wo sie in
Frieden und sicher vor dem Zorn Heras, der Gemahlin von
Zeus, ihre Kinder zur Welt bringen konnte. So wurde Apollo
mit dem fernen Norden in Verbindung gebracht. Die Griechen und Römer betrachteten ihn als Gott der Weissagung;
in seinem Wagen umrundete er den Tierkreis.
Obwohl die Archäologen einer solchen sagenhaften oder
mythologischen Verbindung mit Griechenland keinerlei wissenschaftlichen Wert beimaßen, scheinen sie im Gebiet von
Stonehenge, wo es viele vorgeschichtliche Erdbauten, Bauwerke und Gräber gibt, im Rahmen ihrer Entdeckungen
trotzdem einen derartigen Zusammenhang gefunden zu haben. Zu diesen alten Bauwerken gehören der große Steinkreis in Avebury, einem Dorf in der Grafschaft Wiltshire, der
in der schematischen Darstellung von William Stukeley
einem modernen Uhrwerk (Abb. 9a) oder gar den Zahnrädern des Maya-Kalenders (Abb. 9b) ähnelt, die als *Cursus*

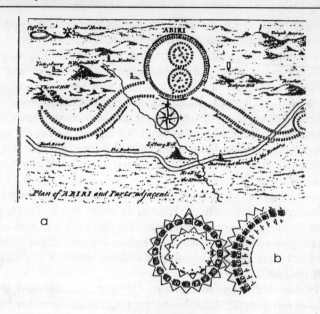

Abb. 9a und 9b

(»Bahn«) bezeichnete kilometerlange Anlage, die durch zwei parallele Erddämme und zwei Gräben begrenzt wird, eine Art Kreis namens »Woodhenge«, der aus Holzpflöcken und nicht aus Steinen besteht, und der überragende Silbury Hill, ein künstlicher, kegelförmiger Hügel, der kreisrund ist und einen Durchmesser von 160 m besitzt. Er ist der größte seiner Art in Europa (manche finden es bedeutungsvoll, daß er genau sechs angebliche »megalithische Meilen« von Stonehenge entfernt liegt).

Die wichtigsten Funde in diesem Gebiet (ähnlich wie anderswo) sind unter archäologischen Gesichtspunkten in Gräbern gemacht worden, die über die ganze Gegend von Stonehenge verstreut sind. Darin hat man Dolche, Äxte und Keulen aus Bronze, Goldschmuck, verzierte Tonwaren und polierte Steine gefunden. Viele dieser Funde bestärkten die Archäologen in ihrer Ansicht, daß die Art und Weise, wie die Steine in Stonehenge geschliffen, bearbeitet und sorgfältig geformt wurden, »Einflüsse« der minoischen (auf der Insel Kreta) und der mykenischen Kultur (auf dem griechischen Festland) verrieten. Man stellte auch fest, daß die Verbindungszapfen, die in Stonehenge verwendet wurden, um Steinblöcke zusammenzuhalten, Ähnlichkeit mit den bei den Steintoren von Mykene benutzten Verbindungszapfen haben. All dies weist nach der Ansicht vieler Archäologen auf eine Verbindung zum antiken Griechenland hin.

Eine führende Vertreterin dieser Auffassung war Jacquetta Hawkes, die nicht umhin konnte, in ihrem Buch »Dawn of the Gods«, das von den minoischen und mykenischen Ursprüngen der griechischen Zivilisation handelt, einen Großteil des Kapitels über »Gräber und Königreiche« Stonehenge zu widmen.

Mykene liegt im südwestlichen Teil von Griechenland, der Peloponnes heißt (und heute vom restlichen griechischen Festland durch den Kanal von Korinth getrennt ist), und fungierte einst als Brücke zwischen der älteren minoischen Kultur auf Kreta und der späteren klassischen griechischen Kultur. Mykene hatte seine Blütezeit ab dem 16. Jahrhundert v. Chr. Die Schätze, die in den dortigen Königsgräbern gefunden wurden, verraten Kontakte mit fremden Ländern, zu denen zweifellos Britannien gehörte. »Gerade zu der Zeit, als die mykenischen Könige zu neuem Reichtum und Macht aufstiegen«, schreibt Jacquetta Hawkes, »vollzog sich ein ähnlicher Fortschritt, wenn auch in geringerem Umfang, in Südengland. Dort herrschte ebenfalls eine Kriegeraristokratie über Bauern und Hirten und begann erfolgreich mit dem Handel; ihre Angehörigen wurden mit gebührendem Prunk bestattet. Unter den mit ihnen begrabenen Besitztümern befanden sich einige Gegenstände, die beweisen, daß diese Häuptlinge mit der mykenischen Welt Kontakt gehabt hatten.« Solche Dinge seien nicht von großer Bedeutung, fügte sie hinzu, und könnten auch nur die Ergebnisse von Handel oder Nachahmung sein, »gäbe es da nicht das einzigartige Ereignis: den Bau des großen Steinkreises von Stonehenge mit seinen Sandsteinblöcken und Trilithen«.

Aber nicht alle archäologischen Funde zeigten solche frühgriechischen »Einflüsse«. Unter den Funden in den Gräbern um Stonehenge herum waren z. B. verzierte Perlen und Bernsteinscheiben, die auf eine Art und Weise mit Gold verarbeitet waren, wie sie in Ägypten und nicht in Griechenland entwickelt worden war. Solche Funde deuteten die Möglichkeit an, daß all diese Artefakte irgendwie nach Südostengland gebracht worden waren, weder von Griechen noch von Ägyptern, sondern von Handelsvölkern aus dem östlichen Mittelmeerraum. Die naheliegendsten Kandidaten waren die Phönizier, das in der Antike berühmte Volk von seefahrenden Kaufleuten.

Es ist eine verbürgte Tatsache, daß die Phönizier von ihren Häfen am Mittelmeer aus nach Cornwall im südwestlichen Winkel von England, ganz in der Nähe von Stonehenge, segelten, auf der Suche nach Zinn, mit dessen Hilfe man aus weichem Kupfer härtere Bronzelegierungen herstellte. Aber war von diesem Volk, dessen Handelsverbindungen zwischen 1500 und 500 v. Chr. florierten, irgend jemand für die Planung und den Bau von Stonehenge verantwortlich? Waren die Phönizier überhaupt jemals dort? Eine Teilantwort würde selbstverständlich davon abhängen, wann Stonehenge selbst ersonnen und erbaut wurde oder wer anderer dort war, um es zu errichten.

Da es weder schriftliche Aufzeichnungen noch Steinbildnisse der mediterranen Götter gibt (Artefakte, wie man sie anderswo in minoischen, mykenischen und phönizischen Ruinen gefunden hat), läßt sich diese Frage nicht mit Gewißheit beantworten. Aber die Frage selbst wurde strittig, als die Archäologen in Stonehenge Überreste organischen Ursprungs wie etwa bearbeitete Geweihe ausgruben. Die Altersbestimmung mit Hilfe der Radiokarbonmethode ergab

bei den im Graben gefundenen Überresten ein Datum zwischen 2900 und 2600 v. Chr., also mindestens 1000 und
wahrscheinlich viel mehr Jahre vor der möglichen Ankunft
der Seefahrer aus dem Mittelmeer. Bei einem aus einem
Geweih angefertigten Pickel, der in der Nähe eines der
Trilithen gefunden wurde, reicht das ermittelte Alter in die
Zeit zwischen 2280 und 2060 v. Chr. zurück; bei einem
Kohlestück aus einem Aubrey-Loch ergab sich eine Datierung von 2200 v. Chr. und bei Funden in der Avenue
zwischen 2245 und 2085 v. Chr.

Wer war zu einem so frühen Zeitpunkt dort und hätte das
prachtvolle Bauwerk planen und ausführen können? Nach
Ansicht der Gelehrten war die Gegend bis etwa 3000 v. Chr.
nur spärlich von kleinen Gruppen früher Bauern und Hirten
bevölkert, die Steinwerkzeuge benutzten. Nach 2500 v. Chr.
kamen neue Gruppen vom europäischen Festland, die schon
Metalle (Kupfer und Gold) kannten, Keramik herstellten und
ihre Toten in runden Erdhügeln bestatteten. Nach der Form
ihrer Trinkgefäße wurden sie Becher-Kultur genannt. Um
2000 v. Chr. erschien in dem Gebiet zusammen mit der
Bronze eine wohlhabendere und zahlenmäßig größere Popu-
lation, die zur sogenannten Wessex-Kultur gehörte und Vieh
züchtete, Metallwerkzeuge benutzte und mit West- und Mit-
teleuropa wie auch mit dem Mittelmeerraum Handel trieb.
Um 1500 v. Chr. erlebte diese Zeit des Wohlstands einen
plötzlichen Niedergang, der fast ein Jahrtausend andauerte
und auch Stonehenge betroffen haben muß.

Waren die jungsteinzeitlichen Bauern und Hirten, die Vertreter der Becher-Kultur oder die Vertreter der frühbronzezeitli-
chen Wessex-Kultur fähig, Stonehenge zu schaffen? Oder
lieferten sie nur die Arbeitskräfte, um einen komplizierten
Steinmechanismus zu konstruieren, der von der fortgeschrittenen wissenschaftlichen Kenntnis anderer ersonnen worden
war?

Selbst eine so ausgesprochene Befürworterin einer Verbindung zu Mykene wie Jacquetta Hawkes mußte zugeben, daß

Stonehenge, »dieses Heiligtum, das aus kolossalen, aber sorgfältig geformten Blöcken besteht, neben denen die Zyklopenmauern von Mykene wie Bauklötze von Kindern wirken, mit nichts im ganzen vorgeschichtlichen Europa zu vergleichen ist«. Um eine Verbindung zwischen Mykene und den frühzeitlichen Engländern herzustellen, erfand sie die folgende Theorie: »Einige der lokalen Fürsten, die die Weiden in der Ebene von Salisbury kontrollierten und vielleicht, ähnlich wie Odysseus, zwölf Viehherden besaßen, könnten über genügend Reichtum und Autorität verfügt haben, um aus einem ursprünglich bescheidenen Heiligtum steinzeitlicher Herkunft ein prächtiges und unvergleichbares Werk megalithischer Architektur zu machen. Es hat immer den Anschein gehabt, ein einzelner müsse den Anstoß dazu gegeben haben, aus pompösem Ehrgeiz oder religiöser Besessenheit, aber da der ganze Entwurf und die Bauweise allem, was auf der Insel vorher bekannt war, so weit voraus ist, dürfte es wahrscheinlicher sein, daß Ideen einer kulturell weiterentwickelten Tradition beteiligt waren.«

Doch was für eine »Tradition« war es, die dieses Bauwerk hervorbrachte, das sich mit nichts im vorgeschichtlichen Europa vergleichen ließ? Die Antwort muß von der richtigen Datierung der Errichtung abhängen, und wenn Stonehenge, worauf wissenschaftliche Daten hindeuten, 1000 bis 2000 Jahre älter als die Mykener und die Phönizier ist, dann muß eine frühere Quelle dieser »kulturell weiterentwickelten Tradition« gesucht werden. Wenn Stonehenge aus dem 3. Jahrtausend v. Chr. stammt, dann sind Sumer und Ägypten die einzigen möglichen Kandidaten. Als Stonehenge entstand, gab es die sumerische Kultur mit ihren Städten, hoch aufragenden Tempelsternwarten, ihrer Literatur und ihren wissenschaftlichen Kenntnissen schon tausend Jahre, und in Ägypten blühte das Königtum bereits seit vielen Jahrhunderten.

Um eine genauere Antwort zu finden, müssen wir die bisher ermittelten Erkenntnisse hinsichtlich der verschiedenen Phasen, in denen Stonehenge nach jüngsten Forschungen entstand, zusammenstellen.

Stonehenge begann nicht mit irgendwelchen Steinen. Es fing, darin sind sich alle einig, mit dem Graben und seiner Aufböschung an, einem großen, durch Erdarbeiten geschaffenen Kreis, der einen Umfang von etwa 320 m hat und über 3,5 m breit und bis zu knapp 2 m tief ist. Deshalb war es erforderlich, eine beträchtliche Menge des Bodens (kreidehaltiges Erdreich) auszuheben und auf beiden Seiten des Grabens Erdwälle aufzutürmen. Innerhalb dieses äußeren Kreises wurde der Kreis der 56 Aubrey-Löcher angelegt.

Der nordöstliche Abschnitt des Ringgrabens wurde nicht vertieft, so daß ein Zugang zur Mitte des Rings frei blieb. Dort flankierten diesen Zugang als Einfassung zwei »Torsteine«, die nicht mehr vorhanden sind. Sie dienten auch als Ausrichtungspunkte für den »Fersenstein«, der auf der sich daraus ergebenden Achse errichtet wurde. Dieser wuchtige, naturbelassene Block ragt fast 5 m hoch auf und steckt über 1 m tief im Boden; er ist schräg aufgestellt, in einem Neigungswinkel von 24°. Eine Reihe von Löchern beim Zugang war vielleicht dazu bestimmt, bewegliche Markierungspfosten aufzunehmen; sie heißen deshalb »Pfahllöcher«. die vier abgerundeten Stationssteine wurden so aufgestellt, daß sie ein vollkommenes Rechteck bildeten. All dies, der Graben, die Aubrey-Löcher, die Eingangsachse, sieben Steine und einige Holzpfosten, war »Stonehenge I«.

Organische Überreste und Steinwerkzeuge, die mit dieser Phase in Verbindung gebracht werden, legen nahe, daß Stonehenge I irgendwann zwischen 2900 und 2600 v. Chr. erbaut wurde. Offiziell entschied man sich für 2800 v. Chr. als Datierung.

Wer auch immer Stonehenge I errichtete und zu was für einem Zweck es auch gewesen sein mag, die Erbauer hielten es mehrere Jahrhunderte lang für ausreichend. Während der gesamten Zeit, als Vertreter der Becher-Kultur das Gebiet besiedelten, gab es keine Anzeichen für ein Bedürfnis, die

Anordnung von Erdbauten und Steinen zu verändern oder zu verbessern. Dann, um 2100 v. Chr., kurz vor oder vielleicht auch zeitgleich mit der Ankunft von neuen Siedlern der Wessex-Kultur brach eine außergewöhnliche Aktivität aus. Am wichtigsten war dabei die Einführung der Blöcke aus Blausteinen, wodurch »Stonehenge II« erstmals ein *Stein*kreis wurde.

Es war keine geringe Leistung, die Blausteine, von denen jeder vier Tonnen wog, zu Land und zu Wasser über eine Entfernung von rund 400 km heranzuschleppen. Bis zum heutigen Tag weiß man nicht, warum gerade dieses Doleritgestein gewählt und warum so große Anstrengungen unternommen wurden, um die Steine direkt oder mit einer kurzen Unterbrechung an einer Zwischenstation zu der Stätte zu transportieren. Ungeachtet des genauen Transportweges vermutet man, daß die Steine schließlich flußaufwärts auf dem Avon in die Nähe von Stonehenge gebracht wurden. Das erklärt auch, warum die Avenue damals um etwa 3 km verlängert wurde, um Stonehenge mit dem Fluß zu verbinden.

Mindestens 80 (nach einigen Schätzungen 82) Blausteine wurden herangeschafft. Man nimmt an, daß 76 für die Löcher bestimmt waren, die die beiden konzentrischen Kreise Q und R bildeten, 38 für jeden Kreis. Die Kreise scheinen auf der Westseite eine Öffnung gehabt zu haben.

Zur selben Zeit wurde ein einzelner größerer Steinblock, der sogenannte Altarstein, innerhalb der Kreise genau auf der Achse von Stonehenge aufgestellt, so daß er nach Nordosten zum »Fersenstein« blickt. Doch als die Forscher die Anordnung und den Standort der Außensteine überprüften, entdeckten sie zu ihrer Überraschung, daß der »Fersenstein« in dieser zweiten Phase etwas nach Osten verschoben worden war (nach rechts, vom Zentrum der Anlage aus gesehen). Gleichzeitig wurden zwei andere Steine in einer Reihe vor dem Fersenstein errichtet, als solle die neue Visierlinie betont werden. Um diese Veränderung anzugleichen, wurde

der Zugang auf der rechten Seite (Ostseite) erweitert, indem
man ein Stück des Grabens auffüllte; die Avenue wurde
ebenfalls verbreitert.

Die Forscher stellten unerwarteterweise fest, daß die wichtigste Neuerung von Stonehenge II nicht die Einführung der
Blausteinblöcke, sondern die Einführung einer neuen Achse
war, die etwas östlicher als die frühere verläuft.

Anders als zwischen der ersten und zweiten Phase, als etwa
700 Jahre nichts unternommen wurde, folgte die dritte Phase
innerhalb von Jahrzehnten. Wer auch immer der Baumeister
war, beschloß, der Anlage Monumentalität und Dauerhaftig-
keit zu verleihen. Damals wurden die riesigen Sandsteinblöcke (sog. Sarsen), von denen jeder 40 bis 50 Tonnen wog,
aus den 30 km entfernten Marlboro-Bergen nach Stonehenge
geschafft. Nach allgemeiner Vermutung wurden 77 Steine
herangeschleppt. So mühselig der Transport dieser Blöcke
mit einem Gesamtgewicht von mehreren tausend Tonnen
auch gewesen sein mag, noch schwieriger muß es gewesen
sein, sie aufzustellen. Die Steinblöcke wurden sorgfältig
bearbeitet, bis sie die gewünschte Form hatten. Die Querblöcke erhielten eine genaue Wölbung und (auf irgendeine
Weise) Zapfen, so daß sie genau in die herausgemeißelten
Löcher paßten, wo Stein mit Stein verbunden war. Dann
wurden alle Steine im Kreis oder paarweise aufgestellt,
bevor die sie zusammenhaltenden Querblöcke hinaufgezo-
gen und oben befestigt wurden. Wie diese Aufgabe bewältigt
wurde, noch dazu auf leicht abschüssigem Boden, ist nicht
bekannt.

Damals wurde auch der neu ausgerichteten Achse Dauerhaf-
tigkeit verliehen, indem zwei neue wuchtige Torsteine errichtet wurden, die die früheren ersetzten. Der umgestürzte
Schlächterstein könnte einer der beiden neuen Torsteine
gewesen sein.

Um Platz für den Sarsen Circle und das hufeisenförmige
Oval der Trilithen zu schaffen, mußten die beiden in Phase
II aus Blausteinblöcken errichteten Kreise vollständig abge-

baut werden. Neunzehn davon wurden verwendet, um das innere »Hufeisen« zu bilden (das heute als offenes Oval zu erkennen ist), während 59, wie man vermutet, dazu bestimmt waren, in zwei neuen Kreisen aus Löchern (Y und Z) aufgestellt zu werden, die den Sarsen Circle umgaben. Y bestand wahrscheinlich aus 30 Steinen, Z aus 29. Einige andere der ursprünglich 82 Steine sollten möglicherweise als Querbalken dienen oder (wie John E. Wood, »Sun, Moon and Standing Stones«, glaubt) das Oval abschließen. Die Y- und Z-Kreise jedoch wurden nie errichtet; statt dessen wurden die Blöcke aus Blaubasalt in einem größeren Kreis, dem Bluestone Circle, angeordnet, wobei die Zahl dieser Blöcke unbestimmt ist (einige vermuten 60). Ebenfalls ungewiß ist der Zeitpunkt, an dem dieser Kreis errichtet wurde: direkt danach oder ein bis zwei Jahrhunderte später. Die zusätzlichen Arbeiten, vor allem an der Avenue, sollen um 1100 v. Chr. durchgeführt worden sein.

Das Stonehenge, das wir heute sehen, wurde jedenfalls 2100 v. Chr. geplant, im darauffolgenden Jahrhundert erbaut und um 1900 v. Chr. fertiggestellt. Moderne wissenschaftliche Forschungsmethoden haben so die (für die damalige Zeit erstaunlichen) Ergebnisse des namhaften Archäologen und Ägyptologen Sir Flinders Petrie, der schon 1880 erklärte, Stonehenge stamme aus der Zeit um 2000 v. Chr. (Petrie erfand übrigens das noch heute gebräuchliche Numerierungssystem der Steine.)

Üblicherweise sind bei der Erforschung alter Stätten die Archäologen als erste zur Stelle; ihnen folgen andere Wissenschaftler nach, Anthropologen, Metallurgen, Historiker, Linguisten und weitere Experten. Im Falle von Stonehenge gingen die Astronomen voraus. Nicht nur deshalb, weil die Ruinen oberirdisch zu sehen waren und nicht erst ausgegraben werden mußten, sondern auch, weil es von Anfang an fast selbstverständlich erschien, daß die Achse vom Mittelpunkt über die Avenue zum »Fersenstein« wies, »nach Nordosten, wo ungefähr die Sonne aufgeht, wenn die Tage am längsten sind« (wie William Stukeley 1740 schrieb), also zu dem Punkt am Himmel, wo die Sonne zur Sommersonnenwende (am 21. Juni) aufgeht. Stonehenge war ein Instrument, um den Ablauf der Zeit zu messen!

Nach zweieinhalb Jahrhunderten wissenschaftlichen Fortschritts hat diese Schlußfolgerung immer noch Gültigkeit. Alle sind sich einig, daß Stonehenge weder eine Wohn- noch eine Begräbnisstätte war. Es war kein Palast oder Grabmal, sondern ein Tempelobservatorium wie die Stufenpyramiden in Mesopotamien und im alten Amerika. Und da das Bauwerk zur Sonne hin ausgerichtet ist, wenn sie zur Sommersonnenwende aufgeht, könnte man es als »Sonnentempel« bezeichnen.

Da diese grundlegende Tatsache unbestritten ist, verwundert es auch nicht, daß die Astronomen bei der weiteren Erforschung von Stonehenge die führende Rolle spielten. Besonders wichtig war dabei Sir Norman Lockyer, der 1901 eine

Abb. 10

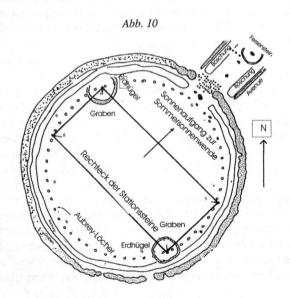

umfassende Vermessung von Stonehenge durchführte und in seinem beeindruckenden Werk »Stonehenge and Other British Stone Monuments« die Ausrichtung zur Sommersonnenwende hin bestätigte. Diese Ausrichtung wird jedoch nur durch die Achse erfüllt, so daß sich spätere Forscher überlegten, ob die übrige komplizierte Anlage, die verschiedenen Kreise, Ovale, Rechtecke und Markierungen, nicht vielleicht bedeutete, daß in Stonehenge noch andere Himmelserscheinungen und Zeitzyklen beobachtet wurden.

Dazu gab es mehrere Hypothesen in älteren Abhandlungen über Stonehenge. Aber erst 1963 entdeckte Cecil A. Newham Ausrichtungen, die darauf hinweisen, daß möglicherweise auch Äquinoktien beobachtet und sogar vorausgesagt wurden. Dies ließ sich auch wissenschaftlich untermauern.

Am sensationellsten war seine Theorie (zuerst in Artikeln, dann 1964 in seinem Buch »The Enigma of Stonehenge«), Stonehenge müsse auch ein *Mond*observatorium gewesen sein. Seine Schlußfolgerung beruhte auf der Untersuchung der vier Stationssteine und des von ihnen gebildeten Rechtecks (Abb. 10). Er zeigte auch, daß diejenigen, die Stonehenge die Möglichkeit dazu geben wollten, genau wußten, an welcher Stelle es errichtet werden mußte, denn das Rechteck und seine Absteckungslinien mußten sich exakt dort befinden, wo Stonehenge liegt.

All dies wurde zuerst mit großem Zweifel und Hochmut aufgenommen, weil Mondbeobachtungen komplizierter als Sonnenbeobachtungen sind. Die Bewegung des Mondes (um die Erde und zusammen mit ihr um die Sonne) wiederholt sich nicht alljährlich, denn der Mond umkreist die Erde mit einer leichten Neigung zur Umlaufbahn der Erde um die Sonne. Der vollständige Zyklus, der knapp 19 Jahre benötigt, enthält acht Punkte, die von den Astronomen als »Mondstillstand« bezeichnet werden, vier Haupt- und vier Nebenpunkte. Die Annahme, Stonehenge I (das bereits die von Newham herausgestellte Ausrichtung besaß) sei erbaut worden, um diese acht Punkte bestimmen oder gar voraussagen zu können, erschien lächerlich ange-

sichts der Tatsache, daß die Bewohner Britanniens zu dieser
Zeit gerade erst dem Steinzeitalter entwuchsen. Dies ist natürlich ein stichhaltiges Argument, so daß diejenigen, die dennoch
mehr Beweise für die erstaunlichen astronomischen Leistungen in Stonehenge fanden, noch den Widerspruch lösen müssen, wie ein kompliziertes Mondobservatorium mitten unter
Steinzeitmenschen möglich war!

Zu den Astronomen, die mit ihren Untersuchungen die
unglaublichen Fähigkeiten von Stonehenge bestätigten, gehört Gerald S. Hawkins von der Universität Boston. In
angesehenen Fachzeitschriften beschrieb er 1963, 1964 und
1965 seine weitreichenden Schlußfolgerungen, wobei er
seine Untersuchungen »Stonehenge entschlüsselt«, »Stonehenge: ein neolithischer Computer« und »Sonne, Mond und
Sterne« betitelte; es folgten die Bücher »Stonehenge De-
coded« und »Beyond Stonehenge«. Mit Hilfe der Computer
seiner Universität analysierte er Hunderte von Visierlinien in
Stonehenge und bezog sie auf die Positionen der Sonne, des
Mondes und größerer Sterne im Altertum. Er gelangte dabei
zu dem Ergebnis, daß die sich daraus ergebenden Ausrichtungen nicht bloß zufällig gewesen sein konnten.

Er maß den vier Stationssteinen und dem vollkommenen
Rechteck, das sie bilden, große Bedeutung zu und zeigte,
wie die Linien, die gegenüberstehende Steine verbinden (91
mit 94 und 92 mit 93), auf die Hauptpunkte der Mondstillstände ausgerichtet waren, während sich die diagonalen
Verbindungslinien zwischen den Steinen nach den Neben-
punkten der Mondstillstände (wenn der Mond auf- und
unterging) orientierten. Nimmt man die vier Punkte der
Sonnenbewegung hinzu, so ermöglicht Stonehenge (laut
Hawkins) die Beobachtung und Vorhersage aller zwölf
Punkte, die die Bewegung von Sonne und Mond beschreiben. Vor allem faszinierte ihn die Zahl 19, die in den Steinen
und Löchern in den verschiedenen Kreisen zum Ausdruck
kommt: Die beiden Kreise aus 38 Blausteinblöcken (Stonehenge II) lassen sich als zwei Halbkreise aus 19 Steinen

auffassen, und das ovale »Hufeisen« (Stonehenge III) hatte genau 19 Steine. Dies war ein unmißverständlicher Hinweis auf eine lunare Beziehung, denn die Zahl 19 bezeichnete den Mondzyklus, der wiederum Einschaltungen bestimmt.

Professor Hawkins ging sogar noch weiter: Er kam zu der Schlußfolgerung, daß die Zahlen, die sich in den Steinen und Löchern der verschiedenen Kreise artikulieren, von der Fähigkeit zeugen, Mond- und Sonnenfinsternisse vorherzusagen. Da sich die Umlaufbahn des Mondes nicht genau in der gleichen Ebene wie die Umlaufbahn der Erde um die Sonne befindet (sondern etwas über 5° zu ihr geneigt ist), schneidet der Mond jedes Jahr die Bahn der Erde an zwei Punkten. Die beiden Schnittpunkte (»Knoten«) werden normalerweise in astronomischen Tafeln als auf- und absteigende Mondknoten angegeben; bei einer solchen Stellung treten Mondfinsternisse auf. Aber wegen der unregelmäßigen Form und der Verzögerung des Umlaufs der Erde um die Sonne kehren diese Mondknoten nicht in jedem Jahr am gleichen Punkt am Himmel wieder, sondern vielmehr in einem Zyklus von 18,61 Jahren. Hawkins stellte die Theorie auf, das Prinzip hinter diesem Zyklus sei deshalb, daß der Zyklus im 19. Jahr geendet bzw. wieder begonnen habe. Die 56 Aubrey-Löcher hätten den Zweck einer Angleichung gehabt, indem drei Markierungssteine gleichzeitig innerhalb dieses Kreises versetzt wurden, denn $18\frac{2}{3} \times 3 = 56$. So war es seiner Meinung nach möglich, sowohl Mond- als auch Sonnenfinsternisse vorauszusagen. Seine Schlußfolgerung lautete deshalb, daß die Vorhersage von solchen Finsternissen der Hauptzweck des Entwurfs und Baus von Stonehenge gewesen sei. Stonehenge, verkündete er, sei eigentlich »ein hervorragender astronomischer Computer aus Stein«.

Die Auffassung, Stonehenge sei nicht nur ein »Sonnentempel«, sondern auch ein Mondobservatorium gewesen, stieß zuerst auf entschiedene Ablehnung. Zu den Wissenschaftlern, die eine solche Theorie verwarfen und der Meinung waren, daß viele der Ausrichtungen auf den Mond hin nur

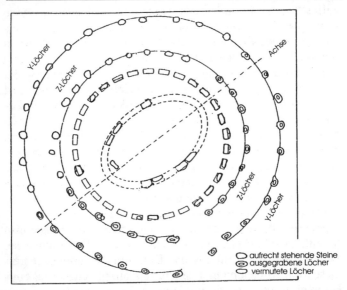

Abb. 11

Zufall seien, gehörte vor allem Richard J. C. Atkinson von
der Universität Cardiff, der einige der umfangreichsten Ausgrabungen in Stonehenge geleitet hatte. Gerade der archäologische Beweis für das hohe Alter des Bauwerks war der
Grund dafür, daß er die Theorie eines für Mondbeobachtungen bestimmten Observatoriums und neolithischen Computers ablehnte, denn seiner Ansicht nach waren die Menschen
der Jungsteinzeit in Britannien einfach nicht zu derartigen
Leistungen fähig. Seine Verachtung und sein Hohn kamen in
den Titeln seiner Artikel in »Antiquity«, etwa »Moonshine
on Stonehenge«,* und in seinem Buch »Stonehenge« zum
Ausdruck, bevor er aufgrund der Untersuchungen von Alex-

---

* »Moonshine« bedeutet im Englischen nicht nur »Mondschein«, sondern
  auch »Schwindel, Unsinn, Gefasel«; Anm. d. Übers.

ander Thom in Stonehenge (»Megalithic Lunar Observations«) diese Theorie widerwillig unterstützte. Thom, Professor für Ingenieurwesen an der Universität Oxford, hatte in Stonehenge die genauesten Messungen durchgeführt und wies darauf hin, daß die »hufeisenförmige« Anordnung der Sandsteinblöcke tatsächlich ein Oval darstellte (Abb. 11), also eine elliptische Form, die die Umlaufbahnen der Planeten richtiger als ein Kreis wiedergibt. Er stimmte mit Newham darin überein, daß Stonehenge I in erster Linie ein Mond- und nicht nur ein Sonnenobservatorium gewesen sei, und bestätigte, daß es genau an der Stelle errichtet wurde, wo es steht, weil die acht Mondbeobachtungen nur dort präzise entlang den Linien, die die vier Stationssteine verbinden und ein Rechteck bilden, vorgenommen werden konnten.

Die heftige Debatte, die in wichtigen Fachzeitschriften und in direkter Konfrontation auf Konferenzen geführt wurde, faßte C. A. Newham (»Supplement to the Enigma of Stonehenge and its Astronomical and Geometric Significance«) mit den Worten zusammen: »Mit Ausnahme der fünf Trilithen scheinen praktisch alle übrigen Elemente mit dem Mond zusammenzuhängen. Er stimmte auch zu, daß die 56 Aubrey-Löcher entsprechend den acht Hauptausrichtungen des Mondauf- und -untergangs ›rotierten‹.« Danach gab sogar Atkinson zu, er sei »ausreichend überzeugt worden, daß die herkömmliche archäologische Auffassung einer drastischen Revision« bedürfe, was den Zweck und die Funktionen von Stonehenge betreffe.

Zu diesen Schlußfolgerungen hatte in nicht unbedeutendem Maße ein namhafter Wissenschaftler beigetragen, der sich Ende der sechziger und in den siebziger Jahren zu der wachsenden Schar von Forschern gesellt hatte, Sir Fred Hoyle, ein, Astronom und Mathematiker. Er war zwar der Ansicht, die von Hawkins aufgeführten Ausrichtungen auf verschiedene Gestirne und Konstellationen seien eher Zufall als Absicht, stimmte aber völlig den lunaren Bezügen von Stonehenge I zu, insbesondere der Rolle der 56 Aubrey-

Löcher und der rechteckigen Anordnung der Stationssteine
(»Stonehenge – An Eclipse Predictor« in »Nature« und »On
Stonehenge«).

Doch indem Hoyle damit einverstanden war, daß der Au-
brey-Kreis als »Rechner« für die Vorhersage von Finsternissen fungieren konnte (nach seiner Meinung geschah dies
durch die Versetzung von vier Markierungen), warf er ein
anderes Problem auf. Wer immer diesem Rechner – Hawkins
bezeichnet ihn als Computer – entworfen hatte, mußte die
genaue Dauer des Sonnenjahres, der Umlaufperiode des
Mondes und des Zyklus von 18,61 Jahren *im voraus* gekannt
haben, und ein solches Wissen besaßen die jungsteinzeitlichen Bewohner Britanniens einfach nicht.

Um eine Erklärung dafür zu liefern, wie die fortgeschrittenen
Kenntnisse auf dem Gebiet der Astronomie und der Mathematik in das neolithische Britannien gelangt waren, griff
Hawkins auf antike Aufzeichnungen der Völker im Mittelmeerraum vor. Neben Diodor und Hekataios erwähnte er
(in »Isis and Osiris«) Plutarchs Zitat des griechischen Astronomen und Mathematikers Eudoxos von Knidos, der im
4. Jahrhundert v. Chr. den »dämonischen Gott der Finsternisse« mit der Zahl 56 in Verbindung gebracht hatte.

Mangels einer Antwort seitens des Menschen ein Blick auf
den Übermenschen?

Hoyle gelangte jedenfalls zu der Überzeugung, daß Stonehenge kein bloßes Observatorium war, kein Ort, an dem man
nur sehen konnte, was am Himmel vor sich ging. Er bezeichnete es als »Vorhersager«, als Instrument, mit dem man
Geschehnisse am Himmel voraussagen konnte, und als Anlage, um sie an dem vorausberechneten Zeitpunkt festzustel-
len. Er stimmte zu, daß »eine solche intellektuelle Leistung
die Fähigkeit der hier ansässigen neolithischen Bauern und
Hirten überstieg«, und glaubte, das Rechteck der Stationssteine und alles, was dadurch impliziert wurde, deuteten
darauf hin, »daß die Erbauer von Stonehenge I möglicherweise von außerhalb zu den britischen Inseln kamen, in der

Absicht, nach jener rechteckigen Anordnung zu suchen« (die
auf der nördlichen Erdhalbkugel genau dort möglich ist, wo
sich Stonehenge befindet), »gerade so, wie die modernen
Astronomen oft fern der Heimat nach Plätzen suchen, wo sie
ihre Teleskope aufstellen können«.

»Ein wahrer Newton oder Einstein muß in Stonehenge tätig
gewesen sein«, überlegte Hoyle weiter. Doch selbst wenn
es so war, wo war dann die Universität, an der er Mathematik und Astronomie studiert hatte? Wo waren die Schriften, ohne die angehäuftes Wissen nicht weitergegeben und
gelehrt werden konnte? Und wie konnte ein einzelnes
Genie ein solches Vorhersageinstrument für Himmelserscheinungen planen, verwirklichen und den Bau überwachen, wenn allein Phase II ein Jahrhundert in Anspruch
genommen hatte? »Die Geschichte umfaßt etwa 200 Generationen, die Vorgeschichte bis zu 10 000«, erklärte
Hoyle und fragte sich, ob all dies zum »Verschwinden der
Götter« gehörte, zum Übergang von einer Zeit, als die
Menschen einen tatsächlichen Sonnengott und einen tatsächlichen Mondgott anbeteten, »aus denen der unsichtbare
Gott des Propheten Jesaja wurde«.

Ohne seine eigenen Überlegungen explizit offenzulegen, gab
Hoyle eine Antwort darauf, indem er den gesamten Abschnitt von Hekataios (bei Diodor) zitierte, der über die
Hyperboreer geht; dort heißt es gegen Ende, nachdem sich
die Griechen und Hyperboreer gegenseitig besuchten.

> »Sie behaupten auch, der Mond scheine, von dieser Insel aus gesehen,
> nicht weit von der Erde entfernt zu sein und auffällige Stellen zu
> besitzen, die ähnlich wie die der Erde seien und die man mit bloßem
> Auge erkennen könne.
> Ferner heißt es, der Gott besuche die Insel alle neunzehn Jahre, dem
> Zeitraum, nach dem die Sterne an dieselbe Stelle am Himmel zurück-
> kehren; aus diesem Grunde werde die neunzehnjährige Periode von den
> Griechen als metonisches Jahr bezeichnet.«

Daß man in so ferner Zeit nicht nur den neunzehnjährigen
Zyklus des Mondes, sondern auch »auffällige Stellen« ähn-

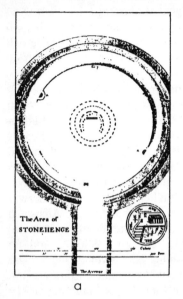

Abb. 12a und 12b

lich wie auf der Erde – Oberflächenstrukturen wie Berge und
Ebenen – kannte, ist wirklich erstaunlich.

Die Tatsache, daß griechische Historiker das runde Gebilde
in Hyperborea dem Mondzyklus zuordneten, der in Griechenland erstmals von dem Athener Meton beschrieben
wurde, verlegt die Frage »Wer hat Stonehenge erbaut?« in
den Vorderen Orient der Antike. Dies tun auch die Schlußfolgerungen und Überlegungen der obigen Astronomen.

Aber schon über zwei Jahrhunderte früher hatte William
Stukeley die Antworten in die gleiche Richtung gewiesen, in
den alten Vorderen Orient. Seiner Skizze von Stonehenge
fügte er eine Darstellung an, die er auf einer alten Münze aus
dem östlichen Mittelmeerraum gesehen hatte (Abb. 12a): Sie
zeigt einen Tempel, der auf einem steinernen Fundament

steht. Diese Darstellung erscheint auch, deutlicher erkennbar, auf einer anderen alten Münze, die aus der Stadt Byblos im gleichen Raum stammt und die in meinem ersten Buch abgebildet ist. Sie zeigt, daß der alte Tempel eine Einfassung besaß, in der eine Rakete auf einer Abschußrampe stand (Abb. 12b). Ich habe diesen Ort als den »Landeplatz« aus der sumerischen Sage identifiziert, als den Platz, wo der sumerische König Gilgamesch den Start eines Raketenschiffs beobachtete. Den Platz gibt es immer noch; er bildet heute eine große steinerne Plattform in den Bergen des Libanon, in Baalbek, wo noch die Ruinen des größten je errichteten römischen Tempels stehen. Dort sind auch drei kolossale Steinblöcke zu sehen, die seit der Antike als »Trilith« bekannt sind.

Die Lösung für das Rätsel von Stonehenge sollte somit an weit entfernten Orten gesucht werden, aber in einem Zeitrahmen, der mit seiner Errichtung eng verbunden ist. Der Zeitpunkt des Baus enthält meiner Meinung nach den Schlüssel nicht nur zu der Frage, wer Stonehenge I errichtet hat, sondern auch, warum Stonehenge II und III erbaut worden sind.

Denn der eilige Um- und Ausbau in der Zeit zwischen 2100 und 2000 v. Chr. hing, wie wir sehen werden, mit dem Heraufkommen eines neuen Zeitalters zusammen, des ersten historisch verzeichneten neuen Zeitalters der Menschheit.

3

Die zum Himmel ausgerichteten Tempel

Je mehr wir dank der modernen Wissenschaft über Stonehenge erfahren, desto unglaublicher wird Stonehenge. Gäbe es nicht den sichtbaren Beweis der Megalithen und Gräben, wären sie irgendwie verschwunden wie so viele alte Bauwerke aufgrund natürlicher Verwitterung oder Zerstörung durch den Menschen, so würde die ganze Geschichte von Steinen, die Finsternisse voraussagen und die Bahn der Sonne und des Mondes bestimmen konnten, für das Britannien der Steinzeit so unwahrscheinlich klingen, daß man sie für einen Mythos gehalten hätte.

Das hohe Alter von Stonehenge, das sich immer mehr erhöhte, je weiter die wissenschaftliche Kenntnis darüber voranschritt, macht den Forschern natürlich am meisten zu schaffen. Vor allem die für den Bau von Stonehenge I, II und III gesicherten Daten haben Archäologen dazu gebracht, nach Besuchern aus dem Mittelmeerraum zu suchen, während hervorragende Gelehrte auf die alten Götter als einzig mögliche Erklärung für das Rätsel verwiesen.

Von den vielen beunruhigenden Fragen, wie etwa nach dem Wer und dem Warum, ist die nach dem Zeitpunkt der Errichtung am befriedigendsten beantwortet worden. Die Archäologie und die Physik (mit ihren modernen Methoden der Altersbestimmung wie etwa der Radiokarbonmethode) wurden in der *Archäoastronomie* vereint, die zu folgenden Daten gelangte: 2900–2800 v. Chr. für Stonehenge I und 2100–2000 v. Chr. für Stonehenge II und III.

Der Vater der Archäoastronomie – die er selbst zwar lieber »Astroarchäologie« nannte, weil diese Bezeichnung besser zum Ausdruck bringt, was er im Sinn hatte – war zweifellos

Sir Norman Lockyer. Es ist bezeichnend, wie lange die
etablierte Wissenschaft braucht, um eine neue Erkenntnis
gelten zu lassen, denn seit der Veröffentlichung von
Lockyers Hauptwerk »The Dawn of Astronomy« im Jahre
1894 ist ein volles Jahrhundert vergangen. Nachdem er 1890
den Orient bereist hatte, wurde ihm klar, daß es für die
frühen Hochkulturen in Indien und China wenige Bauwerke,
aber viele schriftliche Aufzeichnungen gab, aus denen ihr
Alter hervorging, während in Ägypten und Babylonien das
Gegenteil der Fall war: Diese waren »zwei Hochkulturen
von unbestimmtem Alter«, in denen es zahlreiche Bauwerke
gab, aber deren Alter ließ sich (als Lockyer sein Buch
schrieb) nicht genau bestimmen.
Es verblüffte ihn, daß in Babylonien »seit Anbeginn der
Dinge das Zeichen für Gott ein Stern war« und daß in
Ägypten in ähnlicher Weise drei Sterne in den Hieroglyphen-
texten den Plural »Götter« bedeuteten. Die babylonischen
Aufzeichnungen auf Tontafeln und gebrannten Ziegeln
schienen regelmäßige Zyklen von »Mond- und Planetenposi-
tionen« zu beschreiben. Planeten, Sterne und die Konstella-
tionen des Tierkreises sind an den Wänden der ägyptischen
Gräber und auf Papyrusrollen dargestellt. Im hinduistischen
Pantheon finden wir die Anbetung der Sonne und der
Morgendämmerung: Der Name des Gottes Indra bedeutet
»Der Tag, den die Sonne gebracht hat« und derjenige der
Göttin Ushas »Morgenröte«.
Kann die Astronomie die Ägyptologie unterstützen, fragte
sich Lockyer. Konnte sie helfen, das Alter der ägyptischen
und babylonischen Kultur zu bestimmen?
Wenn man den hinduistischen Rigveda und die ägyptischen
Inschriften von einem astronomischen Standpunkt aus be-
trachtete, schrieb Lockyer, »staunt man über die Tatsache,
daß in beiden die frühe Götterverehrung und alle frühen
Beobachtungen auf den Horizont bezogen waren ... Das galt
nicht nur für die Sonne, sondern auch für die Gestirne, die
über die Weite des Himmels verstreut waren.« Der Horizont

sei »die Stelle, wo der Kreis, der unsere Sicht der Erdoberfläche begrenzt, und der Himmel zusammenzutreffen scheinen«. Oder anders ausgedrückt: ein Kreis, wo sich Himmel
und Erde berühren. Dort suchten auch die Völker der Antike,
nach welchen Zeichen oder Vorzeichen ihre Beobachter auch
immer Ausschau hielten. Da die am regelmäßigsten wieder-
kehrende Erscheinung, die sich am Horizont alle Tage beobachten läßt, der Auf- und Untergang der Sonne ist, war es
nur natürlich, daß er für die antiken astronomischen Beobachtungen zur Grundlage wurde und daß andere Phänomene
(wie etwa das Erscheinen oder die Bewegung von Planeten
und sogar Sternen) auf ihren »heliakischen Aufgang« bezogen wurden, d. h. auf ihr kurzes Erscheinen in der Morgendämmerung am östlichen Horizont, wenn der Sonnenaufgang beginnt, aber der Himmel dunkel genug ist, daß man
die Sterne noch sehen kann.
Ein Beobachter im Altertum konnte leicht feststellen, daß die
Sonne stets am Osthimmel aufgeht und am Westhimmel
untergeht, aber er hätte auch bemerkt, daß sie sich im
Sommer in einem höheren Bogen über den Himmel bewegt
als im Winter und die Tage dann länger sind. Das geht, wie
die moderne Astronomie erklärt, darauf zurück, daß die
Achse, um die sich die Erde täglich dreht, nicht senkrecht
auf der Bahnebene (Ekliptik) steht, sondern gegen sie geneigt ist, heute etwa 23,5°. So kommt es zu den Jahreszeiten
und den vier Punkten der scheinbaren Bewegung der Sonne
am Himmel, nämlich den schon beschriebenen Solstitien im
Sommer und Winter und den Frühlings- und Herbstäquinok-
tien.
Als Lockyer Tempel unterschiedlicher Ausrichtung studierte,
fand er heraus, daß es zweierlei »Sonnentempel« gab: diejenigen, die entsprechend den Sonnenwenden ausgerichtet
waren, und die anderen, die auf die Tagundnachtgleichen hin
ausgerichtet waren. Die Sonne geht zwar Tag für Tag am
Osthimmel auf und am Westhimmel unter, aber nur an den
Tagen des Äquinoktiums geht sie überall auf der Erde genau

im Osten auf und im Westen unter. Deshalb schienen solche
»äquinoktialen« Tempel für Lockyer allgemeingültiger zu
sein als die Tempel, deren Achse gemäß den Sonnenwenden
ausgerichtet war; der Winkel, den das nördliche und das
südliche Solstitium (für einen Beobachter auf der nördlichen
Halbkugel Sommer- und Wintersonnenwende) hing nämlich
davon ab, wo sich der Beobachter befand, d. h. von seinem
Breitengrad. Deshalb waren die »solstitialen« Tempel unterschiedlicher, entsprechend ihrer geographischen Lage und
(oder sogar ihrer Höhe).
Als Beispiele für äquinoktiale Tempel führte Lockyer den
Zeustempel in Baalbek, den Tempel Salomons in Jerusalem
und die große Basilika der Peterskirche in Rom (Abb. 13) an,
die alle genau entlang einer Ost-West-Achse ausgerichtet
sind. Die alte Basilika der Peterskirche wurde unter Kaiser
Konstantin im 4. Jahrhundert begonnen und zu Beginn des
16. Jahrhunderts abgerissen. Lockyer zitiert aus einer Untersuchung zur Kirchenarchitektur, die beschreibt, wie am Tag
des Frühlingsäquinoktiums »die großen Portale des Vorbaus
und auch die östlichen Türen der Kirche bei Sonnenaufgang
geöffnet wurden, und wenn die Sonne aufstieg, drangen die
Sonnenstrahlen durch die äußeren und dann durch die inneren Türen ins Kirchenschiff hinein und erhellten den Hoch-
altar«. Er fügte hinzu: »Die heutige Kirche erfüllt dieselben

Abb. 13

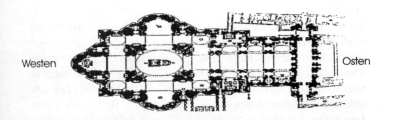

Westen   Osten

Bedingungen.« Als Beispiele für solstitiale Sonnentempel beschrieb er den bedeutendsten chinesischen Tempel, den »Tempel des Himmels« in Peking, wo die wichtigste offizielle Feier, das im Freien am Südaltar des Himmelstempels zelebrierte Opfer, am 21. Dezember, dem Tag der Wintersonnenwende, veranstaltet wurde, und Stonehenge, das auf die Sommersonnenwende hin ausgerichtet war.

All das war jedoch nur ein Vorspiel für Lockyers Forschungen in Ägypten.

In Ägypten studierte er die Ausrichtung der alten Tempel und kam zu dem Ergebnis, daß die älteren »äquinoktial« und die späteren »solstitial« waren. Wie er zu seiner Überraschung feststellte, zeigten die früher erbauten Tempel eine größere astronomische Differenziertheit als die jüngeren, denn sie dienten dazu, nicht nur den Auf- oder Untergang der Sonne, sondern auch das Erscheinen der Sterne zu beobachten und zu verehren. Außerdem deutete das früheste Heiligtum auf eine kombinierte Verehrung von Sonne und Mond hin, die sich in äquinoktialer Richtung, also zur Sonne hin, verlagerte. Dieses früheste Heiligtum, schrieb er, sei der Tempel in Heliopolis (griech. »Stadt der Sonne«), deren ägyptischer Name *Annu* als On in der Bibel vorkommt. Lockyer berechnete, daß die Kombination von Sonnenbeobachtung mit der Periode des hellen Sterns Sirius und den alljährlichen Überschwemmungen des Nils zusammen, eine dreifache Konjunktion, auf der der ägyptische Kalender beruht, etwa auf 3200 v. Chr. als Beginn der ägyptischen Zeitrechnung hinwies.

Das Heiligtum in Annu enthielt, wie man aus ägyptischen Inschriften weiß, das *Ben-Ben* (Pyramidenvogel), das das tatsächliche konische Oberteil der »Himmelsbarke« gewesen sein soll; in dieser war der Gott Re (oftmals Ra geschrieben) vom »Planeten der Millionen Jahre« auf die Erde gekommen. Diesen Gegenstand, der normalerweise im Allerheiligsten des Tempels aufbewahrt wurde, stellte man einmal im Jahr öffentlich aus, und Pilgerfahrten zu dem Schrein, um die

heilige Reliquie zu sehen und zu verehren, hielten bis in die
Zeit der Dynastien an. Das Objekt selbst ist im Laufe der
Jahrtausende verlorengegangen, aber man hat eine steinerne
Replik gefunden, auf der der große Gott durch die Tür bzw.
Luke der Kapsel zu sehen ist (Abb. 14). Die Sage von
Phönix, dem mythischen Vogel, der stirbt und nach einem
bestimmten Zeitraum wiederaufersteht, ist ebenfalls auf die-
ses Heiligtum und seine Verehrung zurückgeführt worden.
Zur Zeit des Pharaos Pianchi (um 750 v. Chr.) war das
Ben-Ben noch vorhanden, denn eine Inschrift beschreibt
seinen Besuch in dem Heiligtum. Pianchi, der das Allerheiligste betreten und den himmlischen Gegenstand sehen wollte, brachte zunächst bei Sonnenaufgang Opfer im Vorhof des
Tempels dar. Dann betrat er den eigentlichen Tempel und
verbeugte sich tief vor dem großen Gott. Die Priester beteten
danach für die Sicherheit des Königs, daß er das Allerheiligste unversehrt betreten und wieder verlassen möge. Darauf
folgten Zeremonien, die den Herrscher vorbereiten sollten,
den umschlossenen, sogenannten Sternenraum zu betreten:
Er wurde gewaschen, gereinigt und mit Weihrauch abgerie-

Abb. 14

ben. Danach erhielt er seltene Blumen, die er als Opfergabe
für den Gott vor das Ben-Ben legen sollte. Er stieg die Stufen
zum »großen Tabernakel« hinauf, der den heiligen Gegenstand enthielt. Als er die oberste Stufe erreichte, schob er den
Riegel zurück und öffnete die Türen zum Allerheiligsten:
»Und er sah seinen Ahnen Re in der Kammer des Ben-Ben.«
Er stieg dann wieder hinab, verschloß die Tür hinter sich und
versiegelte sie, indem er sein Siegel auf Ton preßte.
Zwar hat dieses Heiligtum die Jahrtausende nicht überlebt,
aber die Archäologen haben ein anderes, späteres gefunden,
das dem Schrein in Heliopolis nachgebildet war. Es handelt
sich dabei um den sogenannten Sonnentempel des Pharaos
Ne-woser-Ra, aus der V. Dynastie, die von 2494 bis 2345
v. Chr. dauerte. Er wurde an einem heute Abusir genannten
Ort errichtet, südlich von Giseh und seinen großen Pyramiden, und bestand in erster Linie aus einer großen, erhöhten
Terrasse; dort erhob sich innerhalb einer weiten Umfassungsmauer auf einer wuchtigen Plattform ein dickes, gedrunge-
nes, obeliskenähnliches Objekt (Abb. 15). Eine Rampe mit
einem überdachten Gang, den in regelmäßigen Abständen in
die Decke eingelassene Fenster erhellten, verband den kunstvoll geschmückten Eingang des Tempels mit einem monu-

Abb. 15

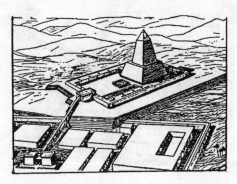

mentalen Zugangstor unten im Tal. Das abgeschrägte Fundament des obeliskenähnlichen Objekts ragte etwa 20 m über
den Hof des Tempels hinaus; der Obelisk selbst, der möglicherweise mit einer vergoldeten Kupferschicht überzogen
war, erhob sich noch einmal mehr als 35 m.

Der Tempel bildete innerhalb seiner Umfassungsmauern, die
verschiedene Kammern und Abteile enthielt, ein vollkommenes Rechteck, das 80 × 110 m maß. Er war deutlich entlang
einer Ost-West-Achse ausgerichtet (Abb. 16), d.h. zu den
Äquinoktien hin, aber der lange Korridor besaß offensichtlich
eine davon abweichende Ausrichtung und wies nach Nordosten. Daß dies eine bewußte Neuausrichtung einer Nachahmung des älteren Tempels in Heliopolis (der genau entlang der
Ost-West-Achse ausgerichtet war) darstellte, geht aus den
kunstvollen Reliefs und den Inschriften hervor, die den Korridor schmücken. Sie feierten das dreißigjährige Jubiläum der
Herrschaft des Pharaos, so daß der Korridor möglicherweise
damals entstand. Die Feier wurde nach den rätselhaften Riten

Abb. 16

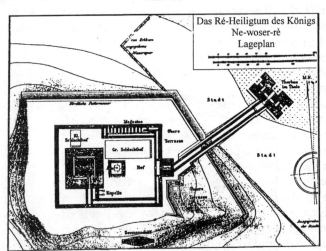

Abb. 17

des Sed-Festes zelebriert (was *Sed* bedeutet, bleibt unklar), das eine Art von »Jubiläum« bezeichnete und immer am ersten Tag des ägyptischen Kalenders begann, am ersten Tage des ersten Monats, der nach Thot benannt war. Oder anders gesagt: Das Sed-Fest war eine Art Neujahrsfest, das nicht jedes Jahr, sondern nach Ablauf einer Reihe von Jahren gefeiert wurde.

Das Vorhandensein einer äquinoktialen wie auch einer solstitialen Ausrichtung in diesem Tempel läßt darauf schließen, daß man zu dieser Zeit – im 3. Jahrtausend v. Chr. – mit der Idee der »vier Ecken« vertraut war. Bildliche Darstellungen und Inschriften, die man im Korridor gefunden hat, beschreiben den »heiligen Tanz« des Königs. Sie wurden von Ludwig Borchardt unter Mithilfe von H. Kees und Friedrich von Bissing kopiert, übersetzt und in dem Buch »Das Re-Heiligtum des Königs Ne-woser-Ra« veröffentlicht. Ihrer Ansicht nach stellte der »Tanz« den »Zyklus der Weihung der vier Ecken der Erde« dar.

Die äquinoktiale Ausrichtung des eigentlichen Tempels und die solstitiale des Korridors, die die Bewegung der Sonne zeigen, veranlaßte die Ägyptologen, das Bauwerk als »Sonnentempel« zu bezeichnen. In ihrer Auffassung wurden sie durch die Entdeckung einer »Sonnenbarke« bestätigt (teil-

weise aus dem Felsen herausgehauen und teilweise aus
getrockneten, bemalten Ziegeln gefertigt), die unter dem
Sand südlich der Tempelmauer begraben war. Aus Hierogly-
phentexten, die sich mit der Zeitmessung und dem Kalender
im alten Ägypten befassen, erfährt man, daß die Himmelskörper in Schiffen über den Himmel fuhren. Oft wurden die
Götter oder sogar die vergöttlichten Pharaonen (die sich in
ihrem Leben nach dem Tod mit den Göttern vereinten) in
solchen Schiffen dargestellt; mit diesen segelten sie über den
Himmel, der an den vier Ecken aufgehängt war (Abb. 17).
Der nächste große Tempel ahmte deutlich die Idee einer kleinen Pyramide auf einer Plattform (Abb. 18) nach dem Vorbild
des »Sonnentempels« von Pharao Ne-woser-Ra nach; doch er
war schon von Anfang an völlig auf die Solstitien hin ausgerichtet, da er entlang einer Nordwest-Südost-Achse geplant
und errichtet worden war. Er wurde auf dem Westufer des Nils
(in der Nähe des heutigen Dorfes Deir-el-Bahari) in Unterägypten als Teil des größeren Theben von Pharao Mentuhotep I. um 2100 v. Chr. erbaut. Sechs Jahrhunderte später errichteten dort Tuthmosis III. und Königin Hatschepsut aus der
XVIII. Dynastie ihre drei Tempel, die ähnlich (aber nicht
genauso) ausgerichtet waren (Abb. 19). In Theben (Karnak)

Abb. 18

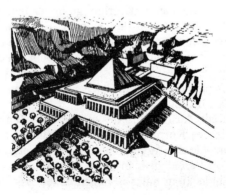

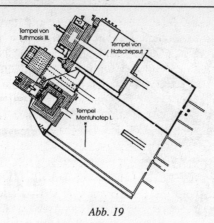

Tempel von
Tuthmosis III.

Tempel von
Hatschepsut

Tempel
Mentuhotep I.

Abb. 19

machte Lockyer seine wichtigste Entdeckung, die den Grundstein für die Archäoastronomie legte.

Die Reihenfolge der Kapitel, Fakten und Argumente in
seinem Buch »The Dawn of Astronomy« zeigt, daß
Lockyers Weg nach Karnak und zu den ägyptischen Tempeln über europäische Zeugnisse führte. Da gab es die
Ausrichtung der alten Peterskirche in Rom und die Beschreibung der Sonnenstrahlen am Morgen des Frühlingsäquinoktiums sowie den Petersplatz (von dem Lockyer einen Holz-

Abb. 20

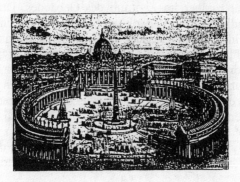

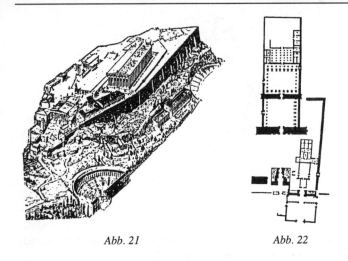

Abb. 21   *Abb. 22*

schnitt abdruckte; Abb. 20) mit seinen erstaunlichen Ähnlichkeiten zu Stonehenge.
Lockyer nahm sich Griechenlands Haupttempel, den Parthenon in Athen (Abb. 21), vor und stellte folgendes fest: »Es
gibt den alten Parthenon, ein Bauwerk, das möglicherweise
schon zur Zeit des Trojanischen Kriegs bestand, und den
neuen Parthenon mit einem Außenhof, der sehr viel Ähnlichkeit mit den ägyptischen Tempeln besaß, aber sein Heiligtum
befindet sich näher im Zentrum des Gebäudes. Durch die
unterschiedliche Richtung dieser beiden Tempel in Athen
wurde meine Aufmerksamkeit auf das Thema gelenkt.«
Er hatte Pläne von der Anlage verschiedener ägyptischer
Tempel vor sich, bei denen sich die Ausrichtung zwischen
früheren und späteren Bauwerken zu unterscheiden schien;
besonders deutlich wurde dies bei zwei dicht beieinanderste-
henden Tempeln in Medinet-Habu, einem Ort in der Nähe
von Theben (Abb. 22). Er wies auf die Ähnlichkeit zwischen
diesem ägyptischen und griechischen »Unterschied der Ausrichtung« bei Tempeln hin, die unter rein architektonischen

Gesichtspunkten parallel hätten sein und die gleiche Ausrichtung der Achse besitzen müssen.

Konnte die leicht veränderte Ausrichtung von Veränderungen in der Amplitude (des Standorts am Himmel) der Sonne
oder Gestirne herrühren, verursacht durch Veränderungen bei
der Schiefe der Erdachse? Seiner Meinung nach war die
Antwort darauf Ja.

Wie wir heute wissen, sind die Sonnenwenden eine Folge
der Tatsache, daß die Erdachse in bezug auf ihre Bahnebene
geneigt ist; die Punkte des »Stillstands« entsprechen der
Neigung der Erde. Aber die Astronomen bewiesen, daß
dieser Winkel nicht konstant ist. Die Erde taumelt wie ein
schlingerndes Schiff von einer Seite auf die andere – vielleicht infolge eines in der Vergangenheit erlittenen mächtigen Stoßes (dabei kann es sich um die Kollision handeln,
durch die sie in ihre jetzige Umlaufbahn befördert worden
ist, oder um den Aufprall eines gewaltigen Meteors, der
möglicherweise vor 65 Millionen Jahren die Dinosaurier
auslöschte). Die jetzige Neigung von 23,5° kann sich vielleicht auf knapp 21° verringern oder im Gegenteil auf über
24° erhöhen – niemand kann das mit Sicherheit sagen, da die
Veränderung um nur 1° Jahrtausende dauert (nach Lockyers
Ansicht 7000 Jahre). Solche Veränderungen der Schiefe der
Erdachse führen zu Veränderungen der Solstitien (Abb. 23a).
Das bedeutet, daß ein Tempel, der bei seinem Bau genau auf
die Sonnenwenden ausgerichtet gewesen ist, einige Jahrhunderte und mit Sicherheit mehrere Jahrtausende später nicht
mehr genau diese Ausrichtung aufweist.

Lockyer hatte einen genialen Einfall: Indem man die Ausrichtung eines Tempels und seinen geographischen Längen-
grad bestimmte, war es möglich, die Schiefe der Erdachse
zur Zeit seiner Erbauung zu berechnen. Wenn man außerdem
die Veränderung dieses Neigungswinkels im Laufe der Jahrtausende ermittelte, konnte man mit ausreichender Sicherheit
erschließen, wann der Tempel errichtet worden war.

Die in den letzten 100 Jahren verbesserte und genauer

berechnete Tabelle zur Schiefstellung der Erde zeigt, ausge-
hend vom heutigen Wert von 23°27' (etwa 23,5°), wie sich
der Neigungswinkel der Erdachsen in einem Zeitraum von
jeweils 500 Jahren verändert hat:

500 v. Chr.	ungefähr	23,75°
1000 v. Chr.	ungefähr	23,81°
1500 v. Chr.	ungefähr	23,87°
2000 v. Chr.	ungefähr	23,92°
2500 v. Chr.	ungefähr	23,97°
3000 v. Chr.	ungefähr	24,02°
3500 v. Chr.	ungefähr	24,07°
4000 v. Chr.	ungefähr	24,11°

Lockyer wandte seine Ergebnisse in erster Linie auf die umfassende Altersbestimmung des großen Amun-Re-Tempels in
Karnak an. Dieser Tempel, der von verschiedenen Pharaonen
vergrößert und erweitert worden ist, besteht aus zwei rechteckigen Hauptgebäuden, die hintereinander entlang einer
Südost-Nordwest-Achse errichtet sind, was eine solstitiale
Ausrichtung kennzeichnet. Lockyer folgerte daraus, daß es
die Ausrichtung und die Anlage des Tempels einem Sonnenstrahl ermöglichen sollten, am Tag der Sonnenwende aus einer solchen Richtung zu kommen, daß er einen langen Korridor passierte, zwischen zwei Obelisken hindurchging und das
Allerheiligste im innersten Heiligtum des Tempels mit einem
Blitz des göttlichen Lichts traf. Die Achsen der beiden Tempel
waren nicht identisch ausgerichtet, wie Lockyer feststellte:
Die neuere entsprach einer Sonnenwende, die aus einer etwas
geringeren Schiefe der Ekliptik als bei der älteren Achse resultierte (Abb. 23a). Die beiden von Lockyer bestimmten
Werte zeigen, daß der ältere Tempel um 2100 Jahre v. Chr.
und der neuere um 1200 v. Chr. erbaut wurde (Abb. 23b)
Neuere Untersuchungen, insbesondere von Gerald S. Hawkins, deuten zwar darauf hin, daß der Sonnenstrahl am Tag
der Wintersonnenwende von einem Teil der Tempel aus
gesehen werden sollte, den Hawkins »Hohen Sonnenraum«

nannte, und den Tempel nicht entlang der Achse passieren sollte, aber dies ändert nichts an Lockyers grundsätzlicher Schlußfolgerung hinsichtlich der solstitialen Ausrichtung. Tatsächlich erhärten weitere archäologische Entdeckungen in Karnak die wichtige neue Erkenntnis Lockyers, daß sich nämlich die Ausrichtung der Tempel mit der Zeit änderte und die Veränderung der Schiefe der Ekliptik widerspiegelte. Deshalb konnte die Ausrichtung helfen, die Bauzeit der Tempel zu ermitteln. Die letzten archäologischen Fortschritte bestätigten, daß der Bau des ältesten Teils mit dem Beginn des Mittleren Reichs unter der Herrschaft der XI. Dynastie um 2100 v. Chr. zusammenfiel. In den nachfolgenden Jahrhunderten nahmen Pharaonen späterer Dynastien Ausbesserungs-, Abriß- und Wiederaufbauarbeiten vor. Die beiden Obelisken wurden von Pharaonen der XVIII. Dynastie auf-

Abb. 23a und 23b

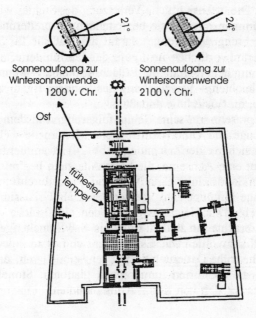

21°

24°

Sonnenaufgang zur Wintersonnenwende 1200 v. Chr.

Sonnenaufgang zur Wintersonnenwende 2100 v. Chr.

Ost

frühester Tempel

gestellt. Die endgültige Gestalt erhielt die Anlage unter dem
Pharao Seti II. aus der XIX. Dynastie, die 1216–10 v. Chr.
regierte. Alles, wie es Lockyer errechnet hatte.

Damit hat die Archäoastronomie – oder Astroarchäologie,
wie Sir Norman Lockyer sie nannte – ihren Wert und ihre
Gültigkeit bewiesen.

Zu Beginn dieses Jahrhunderts richtete Lockyer seine Aufmerksamkeit auf Stonehenge, weil er davon überzeugt war,
daß das von ihm entdeckte Phänomen auch für die Tempel-
ausrichtung in anderen Teilen der antiken Welt galt, wie etwa
beim Parthenon in Athen. In Stonehenge zeugt die Beobach-
tungsachse, die vom Mittelpunkt durch den Sarsen Circle
geht, deutlich von einer Ausrichtung zur Sommersonnenwende hin, und dementsprechend nahm Lockyer seine Messungen vor. Der »Fersenstein« zeigte, so folgerte er, den
Punkt am Horizont an, wo der erwartete Sonnenaufgang
stattfand. Die offensichtliche Versetzung des Steines wies für
ihn (zusammen mit der sie begleitenden Verbreiterung und
Neuausrichtung der Avenue) darauf hin, daß die für Stonehenge Verantwortlichen im Laufe der Jahrhunderte, als die
Veränderung der Neigung der Erdachse zu einer – wenn auch
noch so leichten – Verschiebung des Sonnenaufgangspunk-
tes führte, die Visierlinie anpaßten.

Lockyer präsentierte seine Schlußfolgerungen in dem Buch
»Stonehenge and Other British Stone Monuments« (1906);
sie lassen sich in einer Zeichnung (Abb. 24) zusammenfassen.
Sie nimmt eine Achse an, die beim Altarstein beginnt, zwischen den Sandsteinblöcken Nr. 1 und 30 hindurchführt und
die Avenue hinunter zum »Fersenstein« als Fokussierungs-
pfeiler geht. Der Neigungswinkel, den eine solche Achse
anzeigte, brachte ihn zu dem Ergebnis, daß Stonehenge 1680
v. Chr. erbaut worden war. Es erübrigt sich fast zu sagen, daß
eine solche frühe Datierung damals sensationell war, zu einer
Zeit, als die Gelehrten immer noch glaubten, Stonehenge
würde aus der Zeit von König Artus stammen.

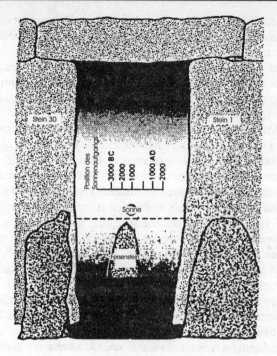

Abb. 24

Die verbesserten Untersuchungen der Schiefe der Ekliptik,
die heutige Berücksichtigung von Fehlerspannen und die Bestimmung der verschiedenen Phasen von Stonehenge haben
Lockyers grundlegenden Beitrag nicht vermindert. Stonehenge III, also im wesentlichen die Anlage, die wir heute
sehen, wird zwar nunmehr auf ca. 2000 v. Chr. datiert, aber es
wird allgemein angenommen, daß der Altarstein entfernt wurde, als der Umbau um 2100 v. Chr. mit dem zweifachen
Bluestone Circle (Stonehenge II) begann, und daß er dort, wo
er jetzt steht, erst wieder aufgestellt wurde, als die Steine aus
Blaubasalt neu gruppiert und die Y- und Z-Löcher gegraben
wurden. Diese als Stonehenge IIIb bezeichnete Phase ist noch

nicht endgültig datiert worden; sie liegt im Zeitraum zwischen 2000 v. Chr. (Stonehenge IIIa) und 1550 v. Chr. (Stonehenge IIIc), möglicherweise auch dem von Lockyer errechneten Zeitpunkt 1680 v. Chr. Wie die Abb. 24 zeigt, schloß er für die älteren Phasen von Stonehenge ein viel früheres Datum nicht aus; dies paßt auch zu der heute akzeptierten Datierung von 2900–2800 v. Chr. für Stonehenge I.

Die Archäoastronomie kombiniert auf diese Weise archäologische Funde mit der Altersbestimmung mittels Radiokarbonmethode und gelangt für den Bau der verschiedenen Phasen von Stonehenge zu den gleichen Daten, so daß sich die drei unterschiedlichen Methoden gegenseitig bestätigen. Angesichts einer so überzeugenden Altersbestimmung erhält die Frage, wer Stonehenge erbaut hat, besonderes Gewicht. Wer verfügte um 2900–2800 v. Chr. über das astronomische Wissen (gar nicht zu reden von den technischen und architektonischen Fähigkeiten), um einen solchen kalendarischen »Computer« bauen zu können, und um 2100–2000 v. Chr., um die verschiedenen Bestandteile neu anzuordnen und eine neue Ausrichtung zu erreichen? Und warum war eine solche neue Ausrichtung notwendig oder erwünscht?

Der Übergang vom Paläolithikum (Altsteinzeit), das Jahrhunderttausende dauerte, zum Mesolithikum (Mittelsteinzeit) vollzog sich im Vorderen Orient abrupt. Um 11 000 v. Chr. – meiner Berechnung nach unmittelbar nach der Sintflut – begannen Landwirtschaft und Viehzucht zu blühen. Archäologische und andere Hinweise (in jüngster Zeit durch Untersuchungen linguistischer Muster unterstützt) zeigen, daß sich die mesolithische Landwirtschaft als Folge der Wanderbewegung von Völkern, die ein solches Wissen besaßen, aus dem Vorderen Orient nach Europa ausbreitete. Sie erreichte die iberische Halbinsel zwischen 4500 und 4000 v. Chr., den westlichen Rand des heutigen Frankreich und der Niederlande zwischen 3500 und 3000 v. Chr. und die Britischen Inseln zwischen 3000 und 2500 v. Chr. Kurz danach kamen die Vertreter der Becher-Kultur, die sich auf die Herstellung von Tonwaren verstanden, in das Gebiet von Stonehenge.

Aber damals war im Vorderen Orient das Neolithikum (Jungsteinzeit) schon längst überwunden. Es hatte dort um 7400 v. Chr. begonnen und war durch den Übergang von Stein zu Ton und weiter zu Metall sowie durch das Aufkommen städtischer Ansiedlungen gekennzeichnet. Als diese Entwicklung mit der Wessex-Kultur die Britischen Inseln erreichte (nach 2000 v. Chr.), waren die sumerische Hochkultur bereits fast 2000 Jahre und die ägyptische über 1000 Jahre alt.

Falls – worin sich alle einig sind – die differenzierten wissenschaftlichen Kenntnisse, die für die Planung, Plazierung, Ausrichtung und Errichtung von Stonehenge erforderlich waren, von außerhalb der Britischen Inseln kommen mußten, so schienen die älteren Hochkulturen des Vorderen Orients damals die einzigen Quellen für ein solches Wissen zu sein.

Waren die ägyptischen Sonnentempel somit die Vorbilder für Stonehenge? Wir haben gesehen, daß es zu der Zeit, die für die verschiedenen Phasen von Stonehenge ermittelt worden ist, in Ägypten schon sorgfältig geplante Tempel gab, die astronomisch ausgerichtet waren. Der äquinoktiale Sonnentempel in Heliopolis wurde um 3100 v. Chr. erbaut, als die Pharaonenherrschaft in Ägypten begann (wenn nicht sogar früher), mehrere Jahrhunderte vor Stonehenge I. Der älteste Teil des solstitial ausgerichteten Amun-Re-Tempels in Karnak wurde um 2100 v. Chr. errichtet, zu einer Zeit, die (vielleicht nicht zufällig) mit dem Zeitpunkt der Umgestaltung von Stonehenge zusammenfällt.

Es ist also theoretisch möglich, daß Menschen aus dem Mittelmeerraum, Ägypter oder Angehörige eines anderen Volkes mit »ägyptischem« Wissen, irgendwie den Bau von Stonehenge I, II und III zu einer Zeit erklären könnten, als die dort ansässigen Bewohner nicht dazu fähig waren.

Zeitlich gesehen könnte Ägypten der Ursprung der erforder-

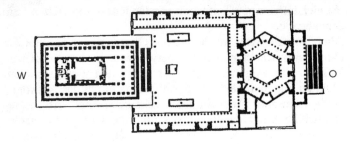

Abb. 25

lichen Kenntnisse gewesen sein, aber wir sollten einen entscheidenden Unterschied zwischen *allen* ägyptischen Tempeln und Stonehenge bedenken: Keiner der ägyptischen Tempel, gleichgültig, ob äquinoktial oder solstitial ausgerichtet, war rund, wie es Stonehenge in all seinen Phasen war. Die verschiedenartigen Pyramiden waren im Grundriß quadratisch, ebenso die Fundamente der Obelisken und kleinen Pyramiden; die zahlreichen Tempel waren alle rechteckig. Trotz aller steinernen Bauwerke Ägyptens war keiner seiner Tempel rund angelegt wie Stonehenge.

Ab dem Beginn der dynastischen Zeit in Ägypten, mit der das Aufkommen einer eigenen ägyptischen Hochkultur verbunden ist, beauftragten die Pharaonen die Baumeister und Handwerker, die Priester und Gelehrten und entschieden über die Planung und den Bau der herrlichen Steinmonumente im alten Ägypten. Doch keiner von ihnen scheint einen Rundtempel entworfen, ausgerichtet und gebaut zu haben.

Und was ist mit jenen gerühmten Seefahrern, den Phöniziern? Sie erreichten die Britischen Inseln (hauptsächlich auf der Suche nach Zinn) nicht nur zu spät, um Stonehenge I, sondern auch um Stonehenge II oder Stonehenge III erbauen zu können. Außerdem hatte die Bauweise ihrer Tempel keinerlei Ähnlichkeit mit der betont runden Anlage von

Stonehenge. Auf der Münze aus Byblos (Abb. 12) ist ein phönizischer Tempel zu sehen. Auf der großen steinernen Plattform von Baalbek in den Bergen des Libanon hat ein Volk nach dem anderen, ein Eroberer nach dem anderen seine Tempel genau auf den Ruinen und entsprechend der Anlage der vorangegangenen Tempel erbaut. Es handelte sich dabei stets, wie die jüngsten erhaltenen Überreste aus römischer Zeit zeigen (Abb. 25), um einen rechteckigen Tempel (schwarz umrandeter Sektor) mit einem quadratischen Vorhof (der sechseckige Eingangspavillon ist eine rein römische Hinzufügung). Der Tempel ist erkennbar entlang einer Ost-West-Achse ausgerichtet, die direkt zur aufgehenden Sonne hinweist: ein äquinoktialer Tempel. Das dürfte keine Überraschung darstellen, denn schließlich hieß dieser Ort in der Antike »Stadt der Sonne«, Heliopolis bei den Griechen, Bet-Schemesch (Haus der Sonne) in der Bibel, zur Zeit von König Salomon.

Daß die rechteckige Form und die Ost-West-Achse in Phö-

Abb. 26

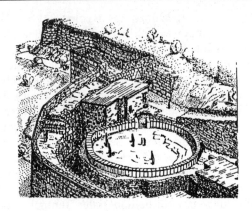

Abb. 27

nizien keine vorübergehenden Modeerscheinungen waren,
wird auch durch den Tempel Salomons belegt, den ersten
Tempel in Jerusalem, der mit Hilfe von phönizischen Baumeistern errichtet wurde, die Hiram I., König von Tyros, zur
Verfügung stellte. Er war ein rechteckiges Gebäude auf einer
Ost-West-Achse, das nach Osten blickte (Abb. 26), auf einer
großen Plattform errichtet. Sabatino Moscati (»The World
of the Phoenicians«) erklärte ohne Einschränkung: »Auch
wenn es keine hinreichenden Überreste von phönizischen
Tempeln gibt, so wird doch der Tempel Salomons in Jerusalem, der von phönizischen Arbeitern erbaut wurde, im Alten
Testament ausführlich beschrieben – und die phönizischen
Tempel müssen einander ähnlich gewesen sein.« Und nichts
an ihnen war rund.

Kreise kommen jedoch bei dem anderen in Frage kommenden mediterranen Volk vor, nämlich bei den Mykenern, dem
ersten hellenischen Volk des antiken Griechenland. Aber
dabei handelte es sich zunächst um sogenannte Grabkreise:
Gräber, die von einem Kreis aus Steinen umgeben waren
(Abb. 27). Daraus entwickelten sich runde Gräber, die unter
einem konischen Erdhügel verborgen waren. Aber das voll-

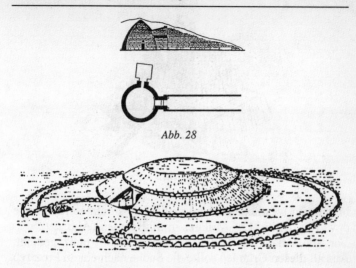

Abb. 28

Abb. 29

zog sich um 1500 v. Chr. Das größte von ihnen, das aufgrund der rund um den Toten gefundenen goldenen Artefakte als Schatzhaus des Atreus bezeichnet wurde, stammt aus der Zeit um 1300 v. Chr. (Abb. 28).

Archäologen, die an einer Verbindung mit Mykene festhalten, vergleichen solche Grabhügel im östlichen Mittelmeerraum mit Silbury Hill im Gebiet von Stonehenge oder dem Grabhügel in Newgrange, auf der anderen Seite der Irischen See, im Boyne-Tal in der irischen Grafschaft Meath. Aber die Altersbestimmung mittels Radiokarbonmethode hat ergeben, daß Silbury Hill nicht später als 2200 v. Chr. entstand und der Grabhügel in Newgrange etwa um die gleiche Zeit errichtet wurde, fast 1000 Jahre vor dem »Schatzhaus des Atreus« und anderen mykenischen Kuppelgräbern. Außerdem ist die Zeit der mykenischen Grabhügel von der Zeit von Stonehenge I sogar noch weiter entfernt. Tatsächlich haben die Grabhügel auf den Britischen Inseln hinsichtlich Bauweise und Datierung mehr Ähnlichkeit mit den Grab-

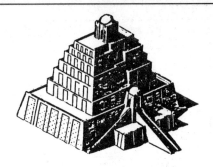

Abb. 30

hügeln im westlichen als im östlichen Mittelmeerraum, wie
etwa mit dem in Los Millares in Südspanien (Abb. 29).
Vor allem hat Stonehenge nie als Begräbnisplatz gedient.
Aus all diesen Gründen sollte die Suche nach einem Prototyp
– einem runden Bauwerk, das astronomischen Zwecken
dient – jenseits des östlichen Mittelmeerraums fortgesetzt
werden.
Die sumerische Kultur, die älter als die ägyptische Hochkultur und in wissenschaftlicher Hinsicht fortgeschrittener war,
könnte theoretisch die Quelle für Stonehenge gewesen sein.
Zu den erstaunlichen Errungenschaften der Sumerer gehörten Großstädte, eine Schrift und eine Literatur, Schulen,
Könige und ein Hofstaat, Gesetze und Richter, Händler,
Handwerker, Dichter und Tänzer. Die Wissenschaft florierten in den Tempeln, wo »die Geheimnisse der Zahlen und
des Himmels« – der Mathematik und der Astronomie – von
Generationen von Priestern bewahrt, gelehrt und weitergegeben wurden; diese erfüllten ihre Aufgaben in ummauerten
Heiligtümern. Dazu gehörten normalerweise Schreine, die
verschiedenen Gottheiten geweiht waren, Wohn- und Stu-
dienräume für die Priester, Lagerhäuser und andere Verwaltungsgebäude und als beherrschendes, wichtigstes und auf-
fälligstes Kennzeichen der heiligen Stätte und der Stadt
selbst eine Zikkurat, eine Pyramide, die stufenförmig (nor-

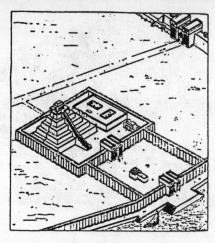

Abb. 31

malerweise sieben Stufen) zum Himmel aufragte. Die oberste Stufe war ein Gebäude mit vielen Kammern; dort sollte
buchstäblich der große Gott wohnen, dessen »Kultzentrum«
(wie es die Gelehrten gern nennen) die Stadt war (Abb. 30).
Ein schönes Beispiel für die Anlage eines solchen heiligen
Bezirks mit seiner Zikkurat liefert eine Rekonstruktion, die
auf archäologischen Entdeckungen im heiligen Bezirk von
Nippur (NI-IBRU auf sumerisch), dem »Hauptquartier« aus
der frühesten Zeit des Gottes Enlil, beruht (Abb. 31). Sie
zeigt eine Zikkurat mit quadratischem Fundament innerhalb
einer rechteckigen Anlage. Glücklicherweise haben die Archäologen auch eine Tontafel ausgegraben, auf die ein
antiker Kartograph eine Karte von Nippur gezeichnet hat
(Abb. 32). Deutlich ist darauf der rechteckige heilige Bezirk
mit dem quadratischen Fundament der Zikkurat zu erkennen.
Die Überschrift (in Keilschrift) trägt ihren Namen: E.KUR,
»Haus, das wie ein Berg ist«. Die Zikkurat und die Tempel
waren so ausgerichtet, daß die Ecken der Gebäude in die vier
Himmelsrichtungen wiesen, d. h. die Seitenmauern der Bau-

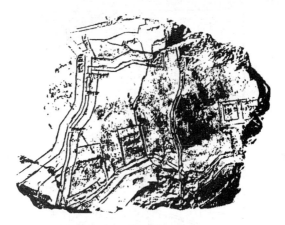

Abb. 32

werke nach Nordosten, Südwesten, Nordwesten und Südosten gingen.
Es war keine geringe Leistung, die Ecken der Zikkurat –
ohne Kompaß! – gemäß den Himmelsrichtungen anzuordnen. Aber diese Ausrichtung machte es möglich, den Himmel in vielen Richtungen und Winkeln abzusuchen. Jede
Stufe der Zikkurat bot einen höheren Standort für den
Beobachter und somit einen anderen Horizont, der der

Abb. 33

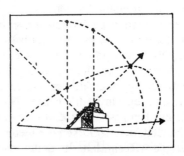

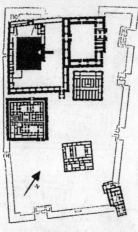

Abb. 34

geographischen Lage angepaßt werden konnte. Die Linie
zwischen den nach Osten bzw. nach Westen weisenden
Ecken bildete die äquinoktiale Ausrichtung, während die
Seiten die solstitiale Beobachtung entweder des Sonnenaufgangs oder des Sonnenuntergangs, sowohl bei der Sommer-
als auch bei der Wintersonnenwende, ermöglichten. Die
modernen Astronomen haben viele dieser Beobachtungsrich-
tungen bei der berühmten Zikkurat in Babylon festgestellt
(Abb. 33), deren genaue Abmessungen und Baupläne auf
Tontafeln gefunden wurden.

Quadratische oder rechteckige Bauten mit genauen rechten
Winkeln waren die traditionelle Form der mesopotamischen
Zikkurate, und Tempeln, ob man nun das Heiligtum in Ur
zur Zeit von Abraham (Abb. 34) betrachtet, um 2100 v. Chr.,
der Zeit von Stonehenge II, oder zu einem der frühesten
Tempel zurückgeht, der auf einem erhöhten Fundament
errichtet wurde, dem Weißen Tempel in Eridu (Abb. 35a und
35b), der aus der Zeit um 3100 v. Chr. stammt, zwei bis drei
Jahrhunderte vor Stonehenge I.

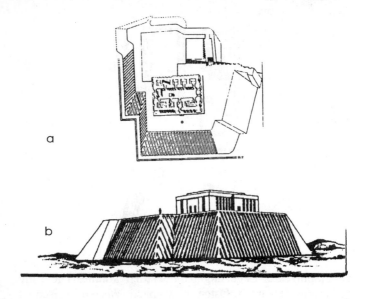

Abb. 35a und 35b

Daß die rechteckige Form und die spezielle Ausrichtung, die
man den mesopotamischen Tempeln zu allen Zeiten verlieh,
eine bewußte Bauweise darstellte, läßt sich leicht aus der
Anlage von Babylon erschließen, wenn man das vom Zufall
bestimmte Gewirr von Gebäuden und Straßen in den babylonischen Städten mit der geradlinigen und geometrisch vollkommenen Anlage des heiligen Bezirks von Babylon und der quadratischen Form seiner Zikkurat vergleicht
(Abb. 36).
Die mesopotamischen Tempel waren somit ganz bewußt
rechteckig und die Fundamente der Zikkurats quadratisch
angelegt. Sollte jemand der Ansicht sein, dies sei so gewesen, weil die Sumerer und die auf sie nachfolgenden Völker
keinen Kreis kannten oder ihn nicht konstruieren konnten, so

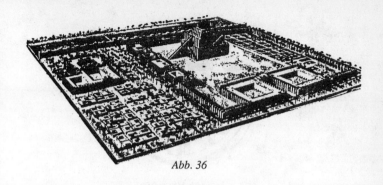

Abb. 36

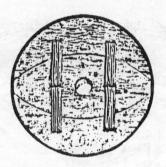

Abb. 37

sei er nur darauf hingewiesen, daß auf mathematischen Tafeln bestimmte Schlüsselzahlen des Sexagesimalsystems (»Grundzahl 60«) durch Kreise dargestellt und auf Tafeln, die sich mit Geometrie und Landvermessung befaßten, Anweisungen für die Messung von regelmäßig und unregelmäßig geformten Arealen, darunter auch Kreisen, gegeben wurden. Das runde Rad war bekannt (Abb. 37), eine weitere »Ersterfindung« der Sumerer. Offensichtlich runde Wohnhäuser hat man in den Ruinen alter Städte gefunden (Abb. 38). Ein heiliger Bezirk (wie der an einem Ort namens Chafajeh; Abb. 39) war bisweilen von einer ovalen Mauer

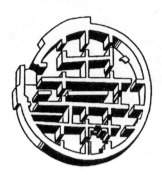

Abb. 38

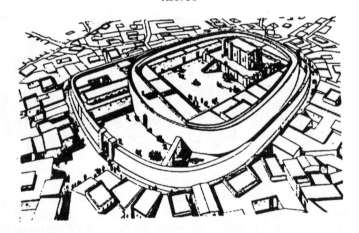

Abb. 39

umgeben. Es steht fest, daß man die durchaus bekannte
Kreisform bei Tempeln absichtlich vermieden hat.
Es gab somit grundlegende Unterschiede in der Anlage,
Bauweise und Ausrichtung zwischen sumerischen Tempeln
und Stonehenge. Außerdem könnte man noch hinzufügen,
daß die Sumerer keine Steinmetze waren (in der Schwemmlandebene zwischen Euphrat und Tigris gab es nämlich keine

Steinbrüche). Die Sumerer haben Stonehenge nicht geplant und gebaut; das einzige Beispiel, das sich als Ausnahme von den Entdeckungen und sumerischen Tempeln auffassen läßt, bestätigt – wie wir noch sehen werden – ebenfalls diese Schlußfolgerung. Wenn aber weder die Ägypter noch die Phönizier oder die frühen Griechen, weder die Sumerer noch ihre Nachfolger in Mesopotamien in Frage kommen, wer erschien dann auf der Heide von Salisbury, um den Bau von Stonehenge zu planen und zu überwachen?

Ein interessanter Hinweis taucht auf, wenn man die Sagen über den Grabhügel von Newgrange liest. Laut Michael J. O'Kelly, einem führenden Architekten und Forscher, der sich mit dem Tumulus und seiner Umgebung befaßt hat (»Newgrange: Archaeology, Art and Legend«), war die Stätte im frühirischen Sagengut unter verschiedenen Namen bekannt, die sie alle als *Brug Oengusa*, »Haus des Oengus«, bezeichneten. Oengus war der Sohn des obersten Gottes im vorkeltischen Pantheon, der »aus der anderen Welt« nach Irland gekommen war. Dieser oberste Gott hieß *An Dagda,* »An, der gute Gott«.

Es ist wirklich erstaunlich, daß man den Namen des obersten Gottes der Antike an all diesen verschiedenen Orten findet: in Sumer und in der Zikkurat E.ANNA in Uruk, in der ägyptischen Stadt Heliopolis, die eigentlich Annu hieß, und im weit entfernten Irland ...

Daß dies ein wichtiger Hinweis und nicht bloß ein bedeutungsloser Zufall sein könnte, erscheint möglich, wenn wir den Namen seines Sohnes, Oengus, untersuchen. Als der babylonische Priester Berossus um das Jahr 290 v. Chr., gestützt auf sumerische und babylonische Aufzeichnungen, die Geschichte und Vorgeschichte Mesopotamiens und der Menschheit verfaßte, schrieb er (oder die griechischen Gelehrten, die sein Werk abschrieben) den Namen Enki »Oannes«. Enki war der Anführer der ersten Gruppe von Anunnaki, die, auf der Erde, im Persischen Golf landeten. Er war der große Naturwissenschaftler der Anunnaki, der alle seine

Kenntnisse im ME eintrug, einem rätselhaften Gegenstand, den man bei unserem heutigen Wissensstand mit Speicherdisketten von Computern vergleichen könnte. Er war tatsächlich ein Sohn von Anu. War er somit der Gott, der im vorkeltischen Mythos zu Oengus, dem Sohn von An Dagda, wurde?

»Alles, was wir wissen, haben uns die Götter gelehrt«, pflegten die Sumerer zu sagen.

Waren es demnach nicht die *Menschen* der Antike, sondern die alten *Götter,* die Stonehenge errichteten?

4

DUR.AN.KI –
Das »Band zwischen Himmel und Erde«

Von frühester Zeit an hat der Mensch die Augen zum Himmel erhoben und von ihm göttliche Führung, Eingebung und Hilfe in der Not erbeten. Von Anbeginn an, sogar als die Erde vom »Himmel« getrennt und dieser geschaffen wurde, trafen Himmel und Erde weiterhin unaufhörlich am Horizont zusammen. Dort blickte der Mensch bei Sonnenauf- oder -untergang in die Ferne, um die himmlischen Heerscharen, die Himmelskörper, sehen zu können.

Himmel und Erde begegnen sich am Horizont. Das Wissen, das auf der Beobachtung des Himmels und der daraus resultierenden Bewegungen der Himmelskörper beruht, wird als Astronomie bezeichnet.

Von frühester Zeit an wußte der Mensch, daß seine Schöpfer vom Himmel gekommen waren. *Anunnaki* (»Die vom Himmel auf die Erde kamen«) nannte er sie. Ihr eigentlicher Wohnort befand sich im Himmel, wie die Menschen von Anfang an wußten: »Vater, der du bist im Himmel«, beteten sie. Aber die Anunnaki, die vom Himmel auf die Erde gekommen und hier geblieben waren, konnten, wie die Menschen ebenfalls wußten, in den Tempeln verehrt werden.

Die Menschen und ihre Götter begegneten sich in den Tempeln, und das Wissen, die Rituale und der Glaube, die daraus entstanden, bezeichnet man als Religion.

Das wichtigste »Kultzentrum«, der »Nabel der Erde«, war Enlils Stadt im späteren Sumer. Diese in religiöser und philosophischer Hinsicht und auch tatsächlich zentrale Stadt Nippur war das Kontrollzentrum; ihr Allerheiligstes, wo die Tafeln der Geschicke aufbewahrt wurden, wurde

DUR.AN.Ki, »Band zwischen Himmel und Erde«, genannt. Seither sind die als Tempel bezeichneten Stätten der Verehrung zu allen Zeiten trotz der Veränderungen, die sie, die Menschheit und ihre Religionen erfahren haben, das *Band zwischen Himmel und Erde* geblieben.

Im Altertum waren Astronomie und Religion miteinander verbunden: Die Priester waren Astronomen, und die Astronomen waren Priester. Als Jahwe seinen Bund mit Abraham schloß, hieß er ihn hinausgehen, zum Himmel aufblicken und die Sterne zählen. Dahinter steckte mehr als nur ein Vergleich, denn Abrahams Vater Terach war ein Orakelpriester in Nippur und Ur und somit in Astronomie bewandert.

Damals wurde jedem der großen Anunnaki eine himmlische Entsprechung zugeordnet, und seitdem bestand das Sonnensystem aus zwölf Mitgliedern. Jahrtausendelang, bis zu den alten Griechen, zählte der »Kreis der Olympier« immer zwölf Götter. Deshalb war die Anbetung der Götter auch eng mit den Bewegungen der Himmelskörper verbunden; die biblische Warnung vor einer Verehrung von »Sonne, Mond und himmlischen Heerscharen« war in Wirklichkeit eine Ermahnung, keine anderen Götter anzubeten als Jahwe.

Die Rituale, Feste, Fastentage und anderen Riten, die die Verehrung der Götter zum Ausdruck brachten, waren daher auf die Bahnen der himmlischen Gegenstücke dieser Götter abgestimmt. Die Verehrung erforderte einen Kalender; Tempel wurden zu Observatorien, Priester zu Astronomen. Die Zikkurats waren »Zeittempel«, wo sich die Zeitmessung mit der Astronomie verband, um die Verehrung in eine bestimmte Form zu bringen.

> Adam erkannte noch einmal seine Frau.
> Sie gebar ihm einen Sohn und nannte ihn Set (Setzling);
> denn sie sagte: Gott setzte mir anderen Nachwuchs ein
> für Abel, weil ihn Kain erschlug.
> Auch Set wurde ein Sohn geboren,
> und er nannte ihn Enosch.
> Damals begann man, Jahwe mit seinem Namen anzurufen.

So begannen die Söhne Adams zu ihrem Gott zu beten (Genesis 4,25-26). Wie diese Gottesverehrung vor sich ging, welche Form sie annahm und welche Rituale damit verbunden waren, wird uns nicht erzählt. Aus der Bibel geht nur hervor, daß es sich in ferner Zeit, vor der Sintflut, zutrug. Aber sumerische Texte erhellen das Thema. Sie betonen nicht nur mehrfach, daß es vor der Sintflut in Mesopotamien Städte der Götter gab und daß, als es zur Sintflut kam, schon »Halbgötter« (Nachkommen von Menschentöchtern mit männlichen Anunnaki) existiert hatten, sondern sie berichten auch, daß die Verehrung in heiligen Stätten (wir bezeichnen sie als »Tempel«) stattfand. Es handelte sich dabei, wie wir aus den frühesten Texten erfahren, um Tempel der Zeit.

Eine der mesopotamischen Fassungen über die Ereignisse, die zur Sintflut führten, ist unter ihren Eröffnungsworten bekannt: »Als die Götter wie Menschen waren«; der Held dieser Geschichte heißt Atrahasis (»Der, der ausnehmend weise ist«): Darin wird erzählt, wie Anu, der Herrscher auf dem Planeten Niburu, von einem Besuch auf der Erde dorthin zurückkehrte, nachdem er die Macht und die Länder auf der Erde zwischen seinen sich befehdenden Söhnen, den Halbbrüdern Enlil (Herr des Befehls) und Enki (Herr der Erde), aufgeteilt hatte. Enki war für die Schürfarbeiten in den afrikanischen Goldminen zuständig. Die harte Arbeit veranlaßte die in den Bergwerken beschäftigten Anunnaki zu einem Aufstand, worauf Enki und seine Halbschwester Nincharsag mittels Gentechnik den *Adamu*, einen »primitiven Arbeiter«, schufen. In der Folge begannen sich die Menschen fortzupflanzen und zu vermehren. Enlil empörte sich mit der Zeit über die übermäßigen »Vereinigungen« der Menschen, insbesondere der Anunnaki mit den Menschentöchtern (eine Situation, die sich in der biblischen Fassung der Sintfluterzählung widerspiegelt), und setzte in der Ratsversammlung der Anunnaki den Plan durch, die bevorstehende Katastrophe einer gewaltigen Überschwemmung dazu auszunutzen, die Menschheit auszulöschen.

Enki hatte zwar ebenfalls geschworen, den Beschluß vor den
Menschen geheimzuhalten, war aber nicht glücklich über die
Entscheidung und suchte nach Wegen, sie zu vereiteln. Um
dies zu erreichen, wählte er Atrahasis, einen Sohn Enkis von
einer Menschenfrau, als Mittler. Der Text, der zeitweise von
Atrahasis in Ichform erzählt wird, zitiert seine Worte: »Ich
bin Atrahasis. Ich lebte im Tempel Enkis, meines Herrn.«
Daraus geht eindeutig hervor, daß es schon in dieser fernen
Zeit vor der Sintflut einen Tempel gab.

Danach werden einerseits die Verschlechterung der klimatischen Bedingungen und andererseits Enlils grausame Maßnahmen gegen die Menschheit in der Zeit vor der Sintflut
geschildert. Zitiert wird auch Enkis Ratschlag an die Menschen durch den Mund von Atrahasis, gegen Enlils Be-
schlüsse zu protestieren: Die Verehrung der Götter solle
aufhören. »Enki öffnete seinen Mund und redete seinen
Diener an«, indem er sprach:

> Die Verehrung der Götter solle aufhören.
> Die Ältesten sollen sich auf ein Zeichen hin im Rat versammeln.
> Laßt Herolde im ganzen Land einen Befehl verkünden:
> Hört auf mit der Verehrung eurer Götter,
> Betet nicht mehr zu euren Göttinnen.

Als die Lage immer schlechter wurde und der Tag der
Katastrophe nahte, war Atrahasis weiterhin als Vermittler
seines Gottes Enki tätig. »In den Tempel seines Gottes ...
setzte er seinen Fuß ... jeden Tag weinte er und brachte am
Morgen seine Opfer dar.« Er suchte Enkis Hilfe, um den
Untergang der Menschheit abzuwenden. »Er rief seinen Gott
mit seinem Namen an.« (Hier wird die gleiche Terminologie
wie im weiter oben zitierten Bibelvers verwendet.) Endlich
entschloß sich Enki, die Entscheidung des Rates der Anunnaki umzustoßen, indem er Atrahasis in den Tempel kommen ließ und, hinter einem Wandschirm verborgen, zu ihm
sprach. Das Ereignis ist auf einem sumerischen Rollsiegel
verewigt worden, das Enki (als Schlangengott) zeigt, wie er

Abb. 40

Atrahasis das Geheimnis von der kommenden Sintflut verrät
(Abb. 40). Enki gab ihm Anweisungen für den Bau eines
Schiffes, das tauchen konnte und der Flutwelle widerstehen
würde, und riet ihm, sich zu beeilen, denn es blieben ihm nur
sieben Tage Zeit. Um sicherzugehen, daß Atrahasis keine
Zeit verlieren würde, setzte Enki eine uhrähnliche Vorrichtung in Gang:

> Er öffnete die Wasseruhr und füllte sie;
> die Ankunft der Flut in der siebten Nacht
> zeichnete er für ihn an.

Diese wenig beachtete Information verrät, daß die Zeit in
den Tempeln gemessen wurde und daß die Zeitmessung in
die älteste Zeit noch vor der Sintflut zurückreicht. Man hat
angenommen, die alte Darstellung zeige (rechts) den Wandschirm aus Schilfrohr, hinter dem hervor Enki zu dem
Helden der Sintflut, dem biblischen Noah, sprach. Aber
möglicherweise handelt es sich um keinen Wandschirm,
sondern um die Darstellung jener prähistorischen Wasseruhr,
die ein Hilfspriester hochhält.
Enki war der Chefwissenschaftler der Anunnaki; deshalb ist
es auch nicht verwunderlich, daß in seinem Tempel, in
seinem »Kultzentrum« Eridu, die ersten menschlichen Wis-

senschaftler, die »weisen Männer«, als Priester dienten.
Einer der ersten, wenn nicht gar der allererste, hieß Adapa.
Der sumerische Urtext über Adapa ist zwar nicht gefunden
worden, aber die akkadischen und assyrischen Fassungen auf
Tonscherben, die man entdeckt hat, bestätigen die Bedeutung der Erzählung. Sie berichten uns ganz am Anfang, daß
Adapa fast ebenso gebildet war wie Enki selbst: Enki hatte
»seinen Verstand geschärft und ihm alle Geheimnisse der
Erde erschlossen; Weisheit hatte er ihm verliehen«. Das
geschah alles im Tempel, erfahren wir: Adapa »besuchte
täglich das Heiligtum von Eridu«.
Laut der älteren sumerischen Chroniken bewahrte Enki als
Hüter der Geheimnisse aller wissenschaftlichen Kenntnisse
die MEs auf: tafelähnliche Gegenstände, auf denen die wissenschaftlichen Daten aufgezeichnet waren. Einer der sumerischen Texte schildert ausführlich, wie die Göttin Inanna
(später als Ischtar bezeichnet), die ihrem »Kultzentrum« Uruk
(das biblische Erech) eine besondere Stellung verschaffen
will, Enki überlistete, ihr einige dieser göttlichen Formeln zu
geben. Adapa hatte auch den Beinamen NUN.ME, was »Er,
der das ME entziffern kann« bedeutet. Sogar noch Jahrtausende später, zur Zeit der Assyrer, bedeutete die Redensart »weise wie Adapa«, daß jemand außerordentlich klug und kennt-
nisreich war. Das Studium der Wissenschaften wurde in mesopotamischen Texten oft als *Schunnat apkali Adapa* (Lesung
des berühmten Ahnen Adapa) bezeichnet. In einem Brief erwähnte der assyrische König Assurbanipal, seinem Groß-
vater, König Sanherib, sei großes Wissen verliehen worden, als ihm Adapa im Traum erschien. Das »große Wissen«, das Adapa von Enki enthüllt worden war, umfaßte
Schreiben, Medizin sowie laut den astronomischen Tafeln
UD.SAR.ANUM.ENLILLA (Die großen Tage von Anu und
Enlil) Astronomie und Astrologie.
Obwohl Adapa das Heiligtum Enkis täglich aufgesucht hatte,
scheint – laut sumerischen Texten – der erste, der offiziell
zum Priester ernannt wurde (eine Funktion, die vom Vater

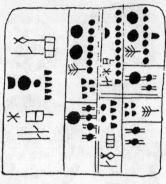

Abb. 41

auf den Sohn vererbt wurde), EN.ME.DUR.AN.KI (Priester
des ME von Duranki) geheißen zu haben. Duranki war der
heilige Bezirk von Nippur. In den Texten heißt es: »Die
Götter zeigten ihm, wie man Öl und Wasser beobachtet, die
Geheimnisse von Anu, Enlil und Enki. Sie gaben ihm die
göttliche Tafel, auf der die Geheimnisse des Himmels und
der Erde aufgezeichnet waren. Sie lehrten ihn, wie man mit
Zahlen rechnet.« Damit sind Mathematik, Astronomie und
die Kunst des Messens, auch der Zeit, gemeint.
Viele der mesopotamischen Tafeln, die sich mit Mathematik,
Astronomie und dem Kalender befassen, haben die Wissenschaftler aufgrund ihres differenzierten Wissens erstaunt.
Eine zentrale Rolle spielte dabei ein als Sexagesimalsystem
bezeichnetes mathematisches System (mit der Basis 60), dessen fortgeschrittenen Charakter, darunter auch seine Bezüge
zum Himmel, wir bereits besprochen haben. Ein solch diffe-
renziertes Wissen gab es sogar schon in der frühesten, bisweilen als prädynastisch bezeichneten Zeit; arithmetische Tafeln
(Abb. 41), die man gefunden hat, belegen den Gebrauch des
Sexagesimalsystems und die Aufzeichnung von Zahlen. Muster auf Tongegenständen aus frühester Zeit (Abb. 42) lassen

Abb. 42

keinen Zweifel an dem hohen Niveau des geometrischen Wissens in jener fernen Zeit, vor 6000 Jahren. Und man muß sich fragen, ob diese Muster – oder wenigstens einige von ihnen – rein dekorativ waren oder sich auf die Erde und ihre vier »Ecken« bezogen und vielleicht sogar auf die Form von Gebilden anspielten, die mit Astronomie verbunden waren. Außerdem beweisen sie auch, daß der Kreis und runde Formen im alten Mesopotamien offensichtlich bekannt waren und perfekt gezeichnet werden konnten.

Eine zusätzliche Information über das hohe Alter der exakten Wissenschaften läßt sich aus den Erzählungen von Etana, einem der frühesten sumerischen Herrscher, ableiten. Zuerst hielt man ihn für einen mythischen Helden, doch heute gilt er als historische Gestalt. In den »sumerischen Königslisten« steht, daß das Königtum, eine wohlgeordnete Hochkultur, nach der Sintflut »wieder vom Himmel herabkam« und »das erste Königreich in Kisch war«. Die Überreste dieser Stadt wurden von den Archäologen gefunden, die auch ihr hohes Alter bestätigen. Der dreizehnte König hieß Etana. Die Königslisten, die im allgemeinen nur die Namen der aufeinander folgenden Könige und die Dauer ihrer Herrschaft aufführen, machen bei Etana insofern eine Ausnahme, als dort nach seinem Namen folgende Bemerkung steht: »Ein Hirte, der zum Himmel hinaufstieg und alle Länder vereinigte.« Laut Thorkild Jacobsen (»The Sumerian King List«) begann Etanas Regierungszeit um 3100 v. Chr. Bei Ausgrabungen in Kisch wurden Überreste von gewaltigen Bauwerken und einer Zikkurat entdeckt, die aus derselben Zeit stammen.

Nach der Sintflut, als die Ebene zwischen Euphrat und Tigris wieder trocken genug war, um eine Neubesiedelung zuzulassen, wurden die Städte der Götter genau an der gleichen Stelle, wo sie früher gestanden hatten, gemäß dem »alten Plan« wieder aufgebaut. Kisch hingegen, die erste Stadt der Menschen, war völlig neu, so daß ihr Standort und ihre Anlage erst bestimmt werden mußten. Diese Entscheidungen wurden, wie wir aus der »Geschichte von Etana« erfahren, von den Göttern getroffen. Für die Anlage verwendeten sie geometrische, für die Ausrichtung astronomische Kenntnisse.

> Die Götter entwarfen eine Stadt;
> sieben Götter legten ihre Grundsteine.
> Die Stadt Kisch entwarfen sie,
> und dort legten die sieben Götter ihre Grundsteine.
> Eine Stadt gründeten sie, einen Wohnort,
> aber einen Hirten enthielten sie vor.

Die zwölf Herrscher in Kisch, die Etanas Vorgänger waren, hatten noch nicht den Titel eines sumerischen Priesterkönigs, EN.SI (was soviel wie »Gebieterischer Hirte« oder auch »Gerechter Hirte« bedeutet), getragen. Die Stadt konnte diese Stellung anscheinend nur erwerben, wenn die Götter den richtigen Mann finden konnten, der imstande war, dort eine Zikkurat zu bauen. Indem er zu einem Priesterkönig wurde, erhielt er den Titel EN.SI. Wer würde »ihr Erbauer« sein, fragten sich die Götter, der das E.HURSAG.KALAMMA errichtete, der das »Haus« (Zikkurat) baute, das »als Berggipfel alle Länder überragte«?

Die Aufgabe, »in allen Ländern, oben und unten, nach einem König Ausschau zu halten«, wurde Inanna bzw. Ischtar übertragen. Sie fand und empfahl Etana, einen schlichten Hirten. Die eigentliche Ernennung mußte Enlil, »der die Königswürde verleiht«, vornehmen. Wir lesen weiter: »Enlil begutachtete Etana, den jungen Mann, den Ischtar empfohlen hatte. ›Sie hat gesucht und gefunden!‹ rief er. ›In dem Land soll das Königtum errichtet werden; möge das Herz von Kisch frohlocken!‹«

Nun kommt der »mythologische« Teil der Geschichte. Die kurze Bemerkung in den Königslisten, daß Etana zum Himmel aufgestiegen sei, stammt aus einer Chronik, die von den Gelehrten als »Sage von Etana« bezeichnet wird. Darin wird erzählt, wie Etana mit der Erlaubnis des Gottes Utu bzw. Schamasch, der für den Raumflughafen verantwortlich war, von einem »Adler« emporgetragen wurde. Je höher er stieg, desto kleiner wirkte die Erde. Nach dem ersten *Beru* des Flugs wurde das Land »zu einem bloßen Hügel«, nach dem zweiten *Beru* sah das Land nur mehr wie eine Ackerscholle aus, nach dem dritten wie ein Gartenbeet. Und nach einem weiteren *Beru* war die Erde ganz verschwunden. »Als ich mich umblickte«, berichtete Etana später, »war das Land verschwunden, und an dem Meer hatten meine Augen keine Freude.«

Ein »Beru« war in Sumer eine Maßeinheit: eine Längeneinheit (eine »Meile«) und eine Zeiteinheit (eine »Doppelstunde«, der zwölfte Teil einer Tag- und Nachtperiode, die wir heute in 24 Stunden einteilen). Sie blieb eine Maßeinheit in der Astronomie, wo sie den zwölften Teil des Himmelskreises bezeichnete. Aus dem Text der Etana-Geschichte geht nicht klar hervor, was für eine Maßeinheit – Entfernung, Zeit oder Bogen – gemeint war. Vielleicht alle drei. Dagegen macht der Text deutlich, daß in jener fernen Zeit, als der erste Hirtenkönig in der ersten Stadt der Menschen ernannt wurde, bereits die Entfernung, die Zeit und der Himmel gemessen werden konnten.

Kisch wird als erste königliche Stadt – unter dem Schutz von
Nimrod – auch in der Bibel (Genesis 10) erwähnt; einige
andere Aspekte von Ereignissen, die in der Bibel verzeich-
net, verdienen ebenfalls eine nähere Betrachtung. In der
Geschichte von Etana findet sich auch der erstaunliche
Hinweis, sieben Götter seien an der Planung und somit
Ausrichtung der Stadt und der Zikkurat beteiligt gewesen.

Da alle wichtigen Götter im alten Mesopotamien Entsprechungen am Himmel besaßen, sowohl unter den zwölf
Mitgliedern des Sonnensystems als auch unter den zwölf
Konstellationen des Tierkreises, und bei den zwölf Monaten,
stellt sich die Frage, ob der Hinweis, die Ausrichtung von
Kisch und seiner Zikkurat sei von den »sieben Göttern
bestimmt worden«, vielleicht die sieben Planeten meinte, die
diese Gottheiten repräsentierten. Warteten die Anunnaki auf
eine günstige Anordnung von sieben Planeten für den richtigen Zeitpunkt und die richtige Ausrichtung von Kisch und
seiner Zikkurat?

Mehr Licht in die Sache bringen kann meiner Meinung nach
ein Zeitsprung um mehr als 2000 Jahre weiter nach vorn, in
das Judäa um 1000 v. Chr. Unglaublicherweise stellen wir
fest, daß vor etwa 3000 Jahren die Umstände, die die
Erwählung eines Hirten zum Erbauer eines neuen Tempels in
einer neuen königlichen Hauptstadt umgeben, die in der
»Geschichte von Etana« berichteten Ereignisse und Umstände nachahmten. Und dieselbe Zahl Sieben, die eine kalendarische Bedeutung hatte, spielte ebenfalls eine Rolle.

Die jüdische Stadt, in der das alte Stück neu inszeniert
wurde, war Jerusalem. David, der die Herde seines Vaters
Isai, des Bethlehemiters, hütete, wurde von Gott als König
auserwählt. Nach dem Tod von König Saul, als David in
Hebron nur über den Stamm Juda herrschte, kamen Vertreter
der anderen elf Stämme zu ihm nach Hebron und baten ihn,
König von ihnen allen zu werden; sie erinnerten ihn daran,
daß Jahwe früher zu ihm gesagt habe: »Du sollst der Hirt

meines Volkes Israel sein, du sollst Israels *Nagid* sein.«
(2. Buch Samuel 5,2).

Das Wort »Nagid« wird zumeist mit »Fürst« übersetzt.
Niemand scheint bemerkt zu haben, daß »Nagid« ein sumerisches Lehnwort ist, ein Begriff, der unversehrt aus der
sumerischen Sprache entlehnt wurde, wo das Wort »Hirte«
bedeutete!

Eine Hauptsorge der Israeliten galt damals der Suche nach
einem nicht nur dauerhaften, sondern auch sicheren Aufbe-
wahrungsort für die Bundeslade. Diese war ursprünglich von
Moses nach dem Auszug aus Ägypten angefertigt und im
Heiligtum aufgestellt worden und enthielt die beiden Stein-
tafeln, auf die Gott auf dem Berg Sinai die Zehn Gebote
geschrieben hatte. Sie bestand aus Akazienholz und war
innen und außen mit Gold überzogen; darauf befanden sich
zwei Cherubim aus getriebenem Gold, die sich gegenüber-
standen und ihre Flügel ausbreiteten. Jedesmal, wenn Moses

Abb. 43a und 43b

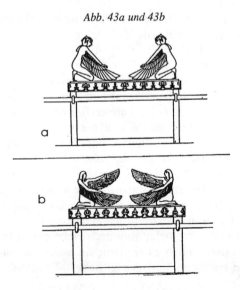

eine Unterredung mit Gott hatte, sprach Jahwe von der Stelle »zwischen den beiden Cherubim« zu ihm. (Abb. 43a ist eine von Hugo Greßmann, »Die Lade Jahwes«, vorgeschlagene Rekonstruktion; sie stützt sich auf ähnliche Darstellungen, die man in Nordphönizien gefunden hat. Abb. 43b zeigt, wie A. Parrot, »Le temple de Jérusalem«, sich die Bundeslade vorgestellt hat.) Meiner Ansicht nach war die Bundeslade mit ihren isolierenden Schichten aus Gold und ihren Cherubim ein Gerät zur Nachrichtenübermittlung, das vielleicht elektrisch betrieben wurde (wenn es einmal versehentlich berührt wurde, fiel die betreffende Person tot um).

Jahwe hatte sehr detaillierte Anweisungen für den Bau des Heiligtums und seines Vorhofs sowie für die Bundeslade gegeben, darunter eine Art »Gebrauchsanweisung« für das Zerlegen und Wiederaufbauen von allem und auch für den behutsamen Transport der Bundeslade. Zur Zeit von David wurde die Bundeslade jedoch nicht mehr mit Hilfe von Tragestangen befördert, sondern auf einem Wagen mit Rädern transportiert. Sie wurde von einer vorübergehenden Stätte der Verehrung zu einer anderen gefahren, so daß es für den frischgesalbten König eine wichtige Aufgabe war, in Jerusalem eine neue nationale Hauptstadt zu gründen und dort eine dauerhafte Aufbewahrungsstätte für die Bundeslade im »Haus des Herrn« zu errichten.

Aber dazu sollte es nicht kommen. Gott, der durch den Propheten Nathan sprach, teilte König David mit, daß nicht er, sondern sein Sohn das Privileg haben würde, ein »Haus aus Zedernholz« für Jahwe zu bauen. Und so bestand eine der allerersten Aufgaben von König Salomon darin, in Jerusalem das »Haus von Jahwe« (heute als Erster Tempel bezeichnet) zu errichten. Es wurde entsprechend sehr detaillierten Anweisungen wie das Heiligtum und seine Komponenten am Berg Sinai erbaut. Tatsächlich waren die Baupläne für die beiden fast identisch (Abb. 44a zeigt das Heiligtum am Berg Sinai, Abb. 44b den Tempel Salomons). Und beide waren entlang einer präzisen Ost-West-

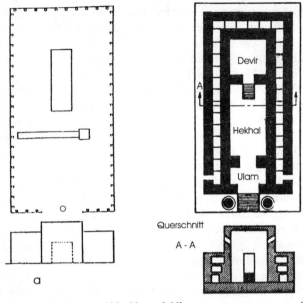

Abb. 44a und 44b   b

Achse ausgerichtet, die sie als äquinoktiale Tempel kennzeichnet.

Die Ähnlichkeit zwischen Jerusalem und Kisch – in beiden
Fällen eine neue nationale Hauptstadt, ein Hirtenkönig und
die Aufgabe, einen Tempel zu errichten, dessen Pläne der
Herr lieferte – wird noch durch die Bedeutung der Zahl
Sieben verstärkt.

Im zweiten Buch der Chronik (Kapitel 3) wird genau geschildert, wie Salomon das Bauvorhaben (für die Arbeiten
waren u. a. 80 000 Steinhauer und 70 000 Lastträger nötig)
erst organisierte, nachdem Jahwe dem König in Gibeon im
Traum erschienen war. Der Bau, der sieben Jahre dauerte,
begann mit der Grundsteinlegung im vierten Jahr der Regierungszeit Salomons; »und im elften Jahr, im Monat Bul, das
ist der achte Monat, wurde das Haus mit all seinem Zubehör

vollendet, ganz so, wie es geplant war«. Aber auch wenn der
Tempel völlig fertig und nichts vergessen worden war, wurde
er eingeweiht. Erst elf Monate später, »am Fest im Monat
Etanim, das ist der siebte Monat«, versammelte Salomon
»die Ältesten in Israel, alle Stammesführer und die Häupter
der israelitischen Großfamilien bei sich in Jerusalem«. ...
Darauf stellten die Priester die Bundeslade des Herrn an
ihren Platz, in die Gotteswohnung des Hauses, in das Allerheiligste, unter die Flügel der Cherubim ... In der Lade
befanden sich nur die zwei steinernen Tafeln, die Mose am
Horeb hineingelegt hatte, die Tafeln des Bundes, den der
Herr mit den Israeliten beim Auszug aus Ägypten geschlos-
sen hatte. Als dann die Priester aus dem Heiligtum traten,
erfüllte die Wolke das Haus des Herrn. Und Salomon betete
zu Jahwe: »Herr, du hast gesagt: ›Ich wohne im Wolkendun-
kel.‹« Er bat den Herrn, »der im Himmel wohnt«, zu
kommen und die Gebete seines Volkes in dem neuen Tempel
zu erhören.

Die lange Verzögerung der Einweihung des Tempels war
offenbar notwendig, damit sie »am Fest im siebten Monat«
stattfinden konnte. Zweifellos ist damit das Neujahrsfest
gemeint, entsprechend den Geboten für die Festtage, die im
Buch Levitikus aufgezählt werden: »Dies sind die Feste des
Herrn, die ihr ausrufen sollt als heilige Versammlungen«,
heißt es in der Vorrede zum 23. Kapitel: Die Einhaltung des
siebten Tages als Sabbat war nur der erste der heiligen Tage,
die in bestimmten Abständen gefeiert werden mußten, die
ein Vielfaches von sieben ausmachten, oder sieben Tage
dauern sollten; den Höhepunkt bildeten die Feste des siebten
Monats: der Neujahrstag, der Versöhnungstag und das Laubhüttenfest.

In Mesopotamien waren damals die Babylonier und die
Assyrer an die Stelle der Sumerer getreten; das Neujahrsfest
wurde (wie der Name andeutete) im ersten Monat (Nisan)
gefeiert, der mit dem Frühlingsäquinoktium zusammenfiel.
Die Gründe, warum die Israeliten angewiesen waren, Neu-

jahr im siebten Monat zu feiern, der mit dem Herbstäquinok-
tium zusammenfiel, werden in der Bibel nicht erklärt. Aber
möglicherweise finden wir einen Hinweis in der Tatsache,
daß in der biblischen Erzählung dieser Monat nicht bei
seinem babylonisch-assyrischen Namen *Tischri* genannt
wird, sondern den rätselhaften Namen *Etanim* hat. Bis jetzt
hat man dafür keine zufriedenstellende Erklärung gefunden;
doch mir schwebt eine Lösung vor: Angesichts der oben
aufgezählten Ähnlichkeiten, des Priesterkönigs als Hirten
und der Umstände bei der Gründung einer neuen Hauptstadt
und beim Bau einer Wohnstätte für den Herrn in der Wüste
und in Jerusalem sollte der Schlüssel für den Monatsnamen
in der »Geschichte von Etana« gesucht werden. Denn
stammt der in der Bibel verwendete Name *Etanim* nicht
einfach von dem Namen *Etana?* Der Personenname »Etan«
war bei den Hebräern nicht ungebräuchlich; er bedeutete
»heldenhaft, mächtig«.

Die Ausrichtungen nach dem Himmel kamen in Kisch, wie
wir festgestellt haben, nicht nur in der Ausrichtung des
Tempels zur Sonne hin, sondern auch in einer gewissen
Beziehung zu den sieben Planeten-»Göttern« am Himmel
zum Ausdruck. Bemerkenswerterweise hat August Wün-
sche, als er in der Zeitschrift »Ex Oriente Lux« (Bd. 2) die
Ähnlichkeiten zwischen den Bauwerken Salomons in Jerusalem und der mesopotamischen »Darstellung des Himmels«
erörterte, den rabbinischen Hinweis (wie in der »Geschichte
von Etana«) auf die »sieben Gestirne, die Zeit anzeigen«,
nämlich Merkur, Mond, Saturn, Jupiter, Mars, Sonne und
Venus, zitiert: Es gibt somit zahlreiche Hinweise, die bestätigen, daß der Tempel Salomons himmlische und kalendarische Bezugspunkte besaß – Bezugspunkte, die ihn mit
Traditionen und Ausrichtungen verbinden, die Jahrtausende
vorher in Sumer entstanden waren.

Dies zeigt sich nicht nur in der Ausrichtung, sondern auch
der Dreiteilung des Tempels; diese ahmte die traditionellen
Baupläne von Tempeln nach, die in Sumer Jahrtausende

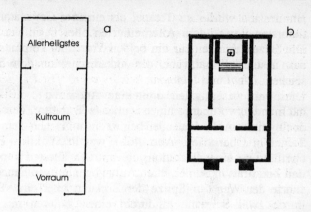

Abb. 45a und 45b

früher entwickelt wurden. Günter Martiny, der in den dreißiger Jahren Untersuchungen bezüglich der Architektur und der astronomischen Ausrichtung mesopotamischer Tempel durchführte (»Die Gegensätze im babylonischen und assyrischen Tempelbau« und andere Studien), skizzierte die dreiteilige Grundanlage der »Kulträume«: ein rechteckiger Vorraum, ein langer Kultraum und ein quadratisches Allerheiligstes (Abb. 45a). Walter Andrae (»Das Gotteshaus und die Urformen des Bauens«) wies darauf hin, daß der Eingang des Tempels in Assyrien von zwei Pylonensäulen flankiert war (Abb. 45b); dies spiegelte sich auch im Tempel Salomons wider, wo sich neben dem Eingang zwei freistehende Pfeiler befanden (siehe Abb. 44b).

In der Bibel heißen der Vorraum des Salomontempels *Ulam,* der Kultraum *Hechal* und das Allerheiligste *Dwir.* Letzteres bedeutet »Wo das Gespräch stattfindet«, was zweifellos davon herrührt, daß Jahwe zu Moses von der Bundeslade aus sprach; die Stimme des Herrn kam dabei von der Stelle, wo sich die ausgebreiteten Flügel der Cherubim berührten. Die

Bundeslade wurde im Tempel als einziger Gegenstand im innersten Raum, dem Allerheiligsten oder *Dwir,* verwahrt. Die Bezeichnungen für die beiden Vorräume kommen, wie man festgestellt hat, (über das Akkadische) aus dem Sumerischen: *E-gal* und *Ulammu.*

Diese im wesentlichen dreiteilige Anordnung, die später auch anderswo übernommen wurde (z. B. beim Zeustempel in Olympia, Abb. 46a, oder beim kanaanitischen Tempel in Tainat in Obersyrien, Abb. 46b), war in Wirklichkeit die Fortführung einer Tradition, die mit den ältesten Tempeln, den Zikkurats in Sumer, ihren Anfang genommen hatte. Dort führte der Weg zur Spitze der Zikkurat über eine Treppe durch zwei Schreine hindurch: einen äußeren mit zwei Pylonen davor und einen Gebetsraum, wie sie Günter Martiny dargestellt hat (Abb. 47).

Wie im Sinai-Tabernakel und im Tempel von Jerusalem bestanden die bei den Ritualen benutzten mesopotamischen Gefäße und Geräte hauptsächlich aus Gold. In den Beschreibungen der Tempelrituale in Uruk werden goldene Trankopfergefäße, goldene Schalen und goldene Weihrauchfässer erwähnt; solche Gegenstände wurden auch bei Ausgrabungen gefunden. Silber wurde ebenfalls verwendet; ein Beispiel dafür ist die ziselierte Vase (Abb. 48), die Entemena, einer der frühen sumerischen Könige, seinem Gott Ninurta im Tempel von Lagasch darbot. Die kunstvollen Votivgegenstände trugen gewöhnlich eine Inschrift, in der der König erklärte, dieses Opfer werde dargebracht, damit ihm ein langes Leben gewährt werde.

Solche Opfer konnten nur mit der Einwilligung der Götter dargeboten werden und stellten in vielen Fällen Ereignisse von großer Bedeutung dar, die es wert waren, aufgezeichnet zu werden; in den Aufzeichnungen über die Regierungszeiten der Könige war jedes Jahr nach seinem Hauptereignis benannt: der Thronbesteigung des Königs, einem Krieg oder der Darbringung einer neuen Tempelweihegabe. So bezeich-

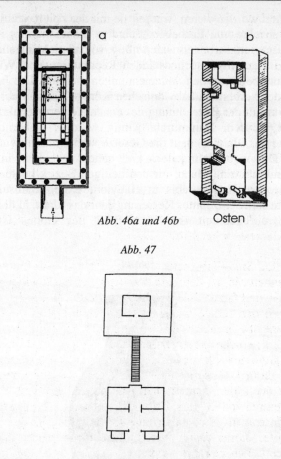

Abb. 46a und 46b   Osten

Abb. 47

nete ein König von Isin (Ischbierra) das neunzehnte Jahr seiner Regierung als das »Jahr, in dem der Thron im Großen Haus der Göttin Ninlil angefertigt wurde«. Ein anderer Herrscher von Isin, Ischmedagan, nannte eines seiner Regierungsjahre das »Jahr, in dem Ischmedagan für die Göttin Ninlil ein Bett aus Gold und Silber machte«.

Aber da die mesopotamischen Tempel aus Lehmziegeln

errichtet worden waren, wurden sie mit der Zeit baufällig, oft
auch infolge von Erdbeben. Ständige Instandhaltungs- und
Ausbesserungsarbeiten waren nötig, so daß sich anstelle von
neuen Einrichtungsgegenständen Reparaturen und Wiederaufbauarbeiten in den Aufzeichnungen mehrten. Die Jahres-
liste des berühmten babylonischen Königs Hammurabi etwa
begann mit der Bezeichnung des ersten Regierungsjahres als
»Jahr, in dem Hammurabi König wurde«, während das
zweite das »Jahr, in dem die Gesetze veröffentlicht wurden«
war. Das vierte Jahr jedoch hieß schon das »Jahr, in dem
Hammurabi eine Mauer für den heiligen Bezirk baute«. Ein
Nachfolger Hammurabis in Babylon, König Samsuiluna,
nannte sein achtzehntes Regierungsjahr das »Jahr, in dem die
Wiederaufbauarbeit am E.BARBAR des Gottes Utu in

Abb. 48

Sippar vorgenommen wurde« (E.BARBAR, das »Haus des
Leuchtenden«, war ein dem »Sonnengott« Utu oder Schamasch geweihter Tempel).

Sumerische, danach akkadische, babylonische und assyrische Könige zeichneten in ihren Inschriften mit großem
Stolz auf, wie sie die Tempel und ihre heiligen Bezirke
instandhielten, verschönerten oder wiederaufbauten; archäologische Ausgrabungen haben nicht nur solche Inschriften
entdeckt, sondern auch die jeweilige Behauptung darin bestätigt. In Nippur beispielsweise fanden Archäologen von
der Universität Pennsylvania in den achtziger Jahren des
vorigen Jahrhunderts Hinweise auf Ausbesserungs- und
Wartungsarbeiten im heiligen Bezirk, nämlich in einer 10 m
dicken Schicht aus Schutt, die sich im Laufe von etwa 4000
Jahren *über* einem von dem akkadischen König Naram-Sin
um 2250 v. Chr. angelegten Ziegelsteinpflaster angehäuft
hatte, und eine weitere, knapp 10 m dicke Schuttablagerung
unter dem Pflaster; diese stammt aus einer älteren Zeit
und reichte bis zum jungfräulichen Erdreich hinunter (die
Schuttschichten wurden damals nicht ausgehoben und untersucht).

Ein halbes Jahrhundert später brachte eine Gemeinschafts-
expedition der Universität Pennsylvania und des Orienta-
listikinstituts der Universität Chicago viele Kampagnen damit zu, Enlils Tempel im heiligen Bezirk von Nippur auszu-
graben. Die Archäologen fanden fünf aufeinanderfolgende
Bauten, die aus der Zeit zwischen 2200 v. Chr. und 600 n.
Chr. stammten. Der Boden des letzten befand sich etwa 6 m
über dem vorhergehenden. Die älteren mußten erst noch
ausgegraben werden, wie der Bericht damals vermerkte.
Hingewiesen wurde auch darauf, daß die fünf Tempel »einer
auf dem anderen an genau der gleichen Stelle errichtet«
worden waren.

Die Entdeckung, daß später erbaute Tempel auf den Fun-
damenten früherer Tempel errichtet wurden, wobei man
sich streng an die ursprünglichen Baupläne hielt, wurde an

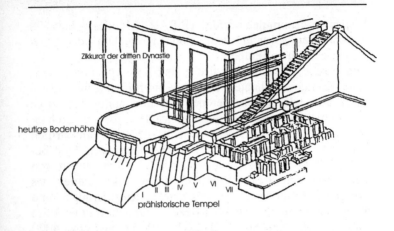

Abb. 49

anderen alten Stätten in Mesopotamien bestätigt. Dies galt
sogar für die Erweiterung von Tempeln, wie Funde in
Eridu beweisen (Abb. 49); in allen Fällen wurde die ursprüngliche Achse und Ausrichtung beibehalten. Im Gegensatz zu den ägyptischen Tempeln, deren solstitiale Ausrichtung wegen der Veränderung des Neigungswinkels der
Erdachse von Zeit zu Zeit neu bestimmt werden mußte,
brauchten die äquinoktialen Tempel in Mesopotamien keine
Anpassung ihrer Ausrichtung, weil der geographische Norden und der geographische Osten per definitionem unver-
ändert blieben, gleichgültig, wie sich die Schiefe der Ekliptik verändert hatte: Die Sonne überquerte an den Tagen
des Äquinoktiums immer den Äquator und ging genau im
Osten auf.
Die Verpflichtung, an den »alten Plänen« festzuhalten, wurde in einer Inschrift auf einer Tafel beschworen, die man in
der assyrischen Hauptstadt Ninive zwischen den Ruinen
eines wiederaufgebauten Tempels fand. Darin erklärte der
assyrische König seine Willfährigkeit gegenüber der heiligen
Forderung:

Den ewigen Grundplan,
den, der für die Zukunft
den Bau bestimmte,
[habe ich befolgt.]
Es ist derjenige,
der die Zeichnungen aus den alten Zeiten
und die Schrift des oberen Himmels trägt.

Der assyrische König Assurnasirpal schilderte in einer langen
Inschrift, die sich auf die Wiederherstellung des Tempels in Ka-
lach (einer alten Stadt, die auch in der Bibel erwähnt wird), was
eine solche Arbeit mit sich brachte. Er beschrieb, wie er den
»alten Hügel« freilegte, und berichtete: »Ich grub bis zum
Grundwasser hinunter, 120 Maße in die Tiefe drang ich vor. Ich
fand die Fundamente des Gottes Ninib, meines Herrn. ... Darauf baute ich aus festen Ziegelsteinen den Tempel Ninibs, meines Herrn.« Nach der Fertigstellung betete der König, Ninib
(ein Beiname des Gottes Ninurta) »möge befehlen, daß meine
Tage lang seien«. Auf einen solchen Segen, hoffte der König,
würde die Entscheidung des Gottes folgen, zu einem Zeitpunkt,
den er selbst wählen würde (»nach seinem Herzenswunsch«),
zu kommen und in dem wiederaufgebauten Tempel zu wohnen: »Wenn der Gott Ninib für immer in seinen reinen Tempel,
seine Wohnung einzieht.« Eine ganz ähnliche Erwartung
und Einladung brachte König Salomon in seinem Gebet zum
Ausdruck, als der Erste Tempel in Jerusalem vollendet war.
Auch die zeitlich aufeinanderfolgenden Tempel in Jerusalem
belegen, daß man im Vorderen Orient obligatorisch am Standort, an der Ausrichtung und an der Anlage der älteren Tempel
festhielt, wobei es keine Rolle spielte, wie lange der zeitliche
Zwischenraum war oder wie teuer die Ausbesserungs- und
Wiederaufbauarbeiten kamen. Der Tempel Salomons wurde
587 v. Chr. von dem babylonischen König Nebukadnezar
zerstört; doch nachdem die Perser Babylon erobert hatten, gab
der persische König Kyros einen Erlaß bekannt, der es den
verschleppten Juden erlaubte, nach Jerusalem zurückzukehren und den Tempel wiederaufzubauen. Der Wiederaufbau

begann bedeutsamerweise mit der Errichtung eines Altars an
der alten Stelle, als der siebte Monat nahte, d. h. am Neujahrstag, und die Opfer wurden täglich bis zum Laubhüttenfest
dargebracht. Damit kein Zweifel über den Zeitpunkt bestand,
wiederholte ihn das Buch Esra (3,6): »Am ersten Tage des
siebten Monats begannen sie, Jahwe Brandopfer darzu-
bringen.«

Daß man nicht nur an der Lage und Ausrichtung des Tempels,
sondern auch am Zeitpunkt des Neujahrstages – ein Hinweis
auf den kalendarischen Aspekt des Tempels – festhielt, wird
in den Prophezeiungen von Ezechiel (Hesekiel) bestätigt. Der
Prophet gehörte zu den Juden, die Nebukadnezar nach Babylon verschleppt hatte. Er hatte eine Vision vom zukünftigen
Tempel im neuen Jerusalem. Das geschah, wie der Prophet
erklärte (Ezechiel bzw. Hesekiel 40), am zehnten Tag des
neuen Jahres, genau gesagt am Versöhnungstag: »... genau
an diesem Tag legte sich die Hand des Herrn auf mich, und er
brachte mich dorthin« (in das »Land Israel«). Und Jahwe
»stellte mich auf einen sehr hohen Berg. In südlicher Richtung war auf dem Berg etwas wie eine Stadt erbaut.« Da

Abb. 50

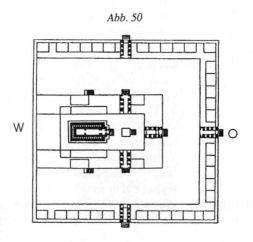

erblickte er einen »Mann, der aussah, als wäre er aus Bronze.
Er hatte eine leinene Schnur und eine Meßlatte in der Hand
und stand am Tor.« Dieser Mann aus Bronze beschreibt Eze-
chiel im weiteren den neuen Tempel. Anhand der detaillierten
Angaben konnten die Gelehrten den Grundriß des visionären
Tempels zeichnen (Abb. 50); er folgt genau der Anlage und
Ausrichtung wie der von Salomon errichtete Tempel.

Die prophetische Vision wurde Wirklichkeit, nachdem Kyros, der Babylon besiegt und erobert hatte, einen Erlaß
verkündete, der die Wiedererrichtung der zerstörten Tempel
im ganzen babylonischen Reich anordnete. Tatsächlich wurde eine Kopie des Erlasses auf einem Tonzylinder gefunden
(Abb. 51). Eine besondere königliche Bekanntmachung, die
Wort für Wort im Buch Esra aufgezeichnet ist, forderte die
Juden im Exil auf, »das Haus Jahwes, des Gottes des
Himmels« wiederaufzubauen.

Abb. 51

Der zweite Tempel, der unter schwierigen Bedingungen in einem immer noch verwüsteten Lande errichtet wurde, war eine armselige Nachahmung des ersten. Beim Bau hielt man sich an Pläne, die aus Aufzeichnungen stammten, die in den persischen königlichen Archiven aufbewahrt wurden, und streng, wie die Bibel erklärte, an die Einzelheiten in den fünf Büchern Mose. Daß der Tempel tatsächlich der ursprünglichen Anlage und Ausrichtung folgte, wurde etwa fünf Jahrhunderte später deutlicher, als König Herodes beschloß, die armselige Nachbildung durch einen neuen, prachtvollen Bau zu ersetzen, der dem ersten Tempel an Glanz gleichkommen, wenn nicht ihn sogar übertreffen sollte. Erbaut wurde er auf einer vergrößerten Erhöhung (die immer noch als »Tempelberg« bezeichnet wird) und gewaltigen Mauern (von denen die noch weitgehend unversehrte Westmauer von den Juden als verbliebener Überrest des Heiligen Tempels verehrt wird); er war von Höfen und verschiedenen Nebengebäuden umgeben. Aber das eigentliche »Haus des Herrn« behielt die dreiteilige Anordnung und Ausrichtung des ersten Tempels (Abb. 52) bei. Außerdem hatte das Allerheiligste dieselbe Größe und befand sich *genau* an der gleichen Stelle, außer daß der Raum nicht mehr *Dwir* hieß, denn die Bundeslade ging verloren, als die Babylonier den ersten Tempel zerstörten und alle Einrichtungsgegenstände mitnahmen.

Wenn man die Überreste der riesigen heiligen Bezirke mit ihren Tempeln und Schreinen, Nebengebäuden, Höfen und Toren sowie der Zikkurat im innersten Bereich betrachtet, sollte man bedenken, daß die allerersten Tempel tatsächlich von den Göttern bewohnt und auch als deren »E« oder »Haus« bezeichnet wurden. Es handelte sich zuerst um Bauwerke auf künstlichen Hügeln und erhöhten Plattformen (siehe Abb. 35), die sich mit der Zeit zu den Zikkurats (Stufenpyramiden), den Wolkenkratzern des Altertums, entwickelten. Wie eine künstlerische Darstellung (Abb. 53) zeigt, befand sich die eigentliche Wohnung der Götter auf der obersten Stufe. Dort saßen sie auf ihrem Thron unter

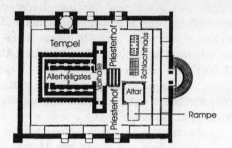

Abb. 52

Abb. 53

Abb. 54

einem Baldachin und gewährten den von ihnen erwählten
Königen, den »Hirten der Menschen«, Audienz. Wie auf
dieser Darstellung von Utu bzw. Schamasch in seinem
Tempel, dem Ebabbar in Sippar, zu sehen ist (Abb. 54),
mußte der König von einem Hohenpriester hineingeführt
und von seinem Schutzgott oder seiner Schutzgöttin begleitet werden. (Später betrat der Hohepriester allein das Allerheiligste, wie in Abb. 55 dargestellt.)

Um 2300 v. Chr. sammelte eine Hohepriesterin, die Tochter
Königs Sargon von Akkad, alle damaligen Hymnen auf die
Zikkurat-Tempel. Die von Sumerologen (A. Sjöberg und
E. Bergmann, »Texts From Cuneiform Sources«, Bd. 3)
als »einzigartige sumerische literarische Zusammenstellung«
bezeichnete Sammlung huldigt den 42 »E«-Tempeln von
Eridu im Süden bis Sippar im Norden und auf beiden Seiten
des Euphrats und des Tigris. Die Verse nennen nicht nur den
Tempel, seinen Standort und den Gott, für den er erbaut
wurde, sondern schildern auch die Pracht dieser göttlichen
Wohnstätten sowie ihre Funktionen und bisweilen auch ihre
Geschichte.

Die Sammlung beginnt, wie es sich gehört, mit Enkis Zikkurat in Eridu, die in der Hymne als »Ort, dessen Allerheiligstes
das Fundament von Himmel und Erde ist« bezeichnet wird;
denn Eridu war die erste Stadt der Götter, der Außenposten für
die ersten Landungstrupps der Anunnaki (unter Enkis Führung) und die erste Götterstadt, die ihre Tore den Erdlingen
öffnete, so daß sie auch eine Stadt der Menschen wurde. In der
Hymne heißt die Zikkurat E.DUKU, »Haus auf dem heiligen
Hügel«, und wird als »hoher Schrein, der sich zum Himmel
erhebt« beschrieben.

Darauf folgt die Hymne auf E.KUR, »Haus, das wie ein Berg
ist«, die Zikkurat Enlils in Nippur. Das als Nabel der Erde
betrachtete Nippur war von allen anderen frühesten Städten
der Götter gleich weit entfernt. Von seiner Zikkurat aus konnte man, wie es in der Hymne heißt, auf der rechten Seite ganz
Sumer im Süden überblicken und auf der linken Seite bis

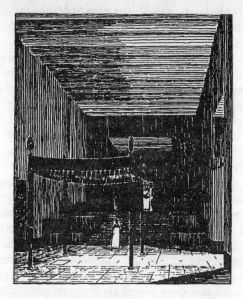

Abb. 55

Akkad im Norden schauen. Diese Zikkurat war »ein Heiligtum, wo die Geschicke bestimmt werden«, ein Stufentempel,
»der Himmel und Erde verbindet«. In Nippur hatte Ninlil,
Enlils Gattin, ihren eigenen Tempel, »gekleidet in ehrfurcht-
gebietenden Glanz«. Hier erschien die Göttin »im Monat des
neuen Jahres, am Tag des Festes, wundervoll geschmückt«.
Nincharsag, die Halbschwester von Enki und Enlil, gehörte
zu den ersten Anunnaki, die auf die Erde kamen, und war
ihre Chefbiologin und ihr Sanitätsoffizier. Ihr Tempel befand
sich in der Stadt Keschi und hieß einfach E.NINHARSAG,
»Haus der Dame des Berggipfels«. Von dieser Zikkurat wird
gesagt: »Ihre Steine sind wohlgeformt ..., ein Ort des Himmels und der Erde, ein ehrfurchtgebietender Ort.« Geschmückt war sie anscheinend mit »einer großen Giftschlan-
ge« aus Lapislazuli, dem Symbol der Heilkunde. (Man

erinnere sich daran, daß Moses eine Schlange anfertigte und dieses Abbild an einer Stange befestigte, um eine Schlangenplage in der Wüste zu bekämpfen.)

Der Gott Ninurta, Enlils ältester Sohn von seiner Halbschwester Nincharsag, hatte eine Zikkurat in seinem eigenen »Kultzentrum« Lagasch, sowie zu der Zeit, als diese Hymnen gesammelt wurden, einen Tempel im heiligen Bezirk von Nippur, der E.ME.UR.ANNA, »Haus des ME von Anus Held«. Die Zikkurat in Lagasch hieß E.NINNU, »Haus Fünfzig«; dieser Name spiegelte Ninurtas numerischen Rang in der göttlichen Hierarchie wider (Anus Rang, sechzig, war der höchste). Sie war, wie die Hymne erzählt, ein »Haus, erfüllt von strahlendem Glanz und ehrfurchtgebietender Größe, hoch aufragend wie ein Berg«; dort befanden sich Ninurtas Fluggerät »Schwarzer Vogel« und seine Waffe *Scharur* (»der rasende Sturm, der Menschen einhüllt«).

Enlils erstgeborener Sohn von seiner offiziellen Gattin Ninlil war Nannar (oft Nanna geschrieben), später Sin genannt, der mit dem Mond als Entsprechung am Himmel in Verbindung gebracht wurde. Seine Zikkurat in Ur hieß E.KISCH.NU.GAL, »Haus der Dreißig, der große Samen«; sie wird als ein Tempel beschrieben, »dessen Mondlicht weit ins Land strahlt«, alles Hinweise auf die himmlische Verbindung von Nanna bzw. Sin mit dem Mond und dem Monat.

Sein Sohn Utu oder Schamasch, dessen Entsprechung am Himmel die Sonne war, hatte seinen Tempel in Sippar, der E.BABBAR, »Haus des Strahlenden« oder »Strahlendes Haus« hieß. Beschrieben wird er als »Haus des Himmelsfürsten, ein Himmelsstern, der am Horizont die Erde vom Himmel her erfüllt«. Utus Zwillingsschwester Inanna oder Ischtar, der am Himmel die Venus entsprach, hatte in der Stadt Zabalam ihre Zikkurat; diese wurde »Haus voller Helligkeit« genannt und als »reiner Berg« beschrieben, als ein »Schrein, dessen Mund sich in der Morgendämmerung öffnet und durch den das Firmament in der Nacht verschönert wird«, was zwei-

fellos auf die zweifache Rolle der Venus als Morgen- und
Abendstern anspielt. Inanna bzw. Ischtar wurde auch in Erech
verehrt, wo Anu ihr den Tempel zur Verfügung gestellt hatte,
der für ihn erbaut worden war, als er zu Besuch auf die Erde
kam. Diese Zikkurat hieß einfach E.ANNA, »Anus Haus«.
Die Hymne beschreibt sie als eine »Zikkurat mit sieben Stufen, die die sieben leuchtenden Götter der Nacht überblickt«,
ein Hinweis auf ihre Ausrichtung und ihre astronomische Bedeutung, der auch in rabbinischen Beschreibungen des Tempels in Jerusalem nachklang.

So geht es in der Hymnensammlung weiter; beschrieben
werden alle 42 Zikkurats, ihre Herrlichkeit und ihre Bezüge
zum Himmel. Die Gelehrten haben dieser über 4300 Jahre
alten Sammlung sumerischer Tempelhymnen den Namen
»Der Zyklus altsumerischer Dichtungen über die großen
Tempel« gegeben. Vielleicht ist es jedoch besser, entsprechend den sumerischen Gepflogenheiten den Text nach
seinen Anfangsworten zu benennen

E U NIR   Haus-Zikkurat, die hoch aufragt
AN.KI.DA   Himmel und Erde verbindend

Eines dieser »Häuser« und sein heiliger Bezirk bergen, wie
wir sehen werden, einen Schlüssel, der das Rätsel von
Stonehenge und die Ereignisse des damaligen neuen Zeitalters enthüllt.

5

Hüter der Geheimnisse

Zwischen Sonnenuntergang und Sonnenaufgang war die Nacht.

Die Bibel erkannte das ehrfurchteinflößende Wesen des Schöpfers immer in den »himmlischen Heerscharen«, den Myriaden von Sternen und Planeten, kleinen und großen Monden, die am Himmel funkeln, wenn es Nacht wird. »Die Himmel rühmen die Herrlichkeit Gottes, vom Werk seiner Hände kündet das Firmament«, heißt es in einem Psalm. Der so beschriebene Himmel war immer der Nachthimmel, und seine Herrlichkeit wurde den Menschen durch die Priesterastronomen nähergebracht. Sie brachten Ordnung in die unzähligen Himmelskörper, faßten Sterne zu Gruppen zusammen, unterschieden zwischen den Fixsternen und den Wandelsternen, erkannten die Bewegung der Sonne und des Mondes und folgten der Zeit, dem Ablauf von heiligen Tagen und Festen, indem sie den Kalender erfanden.

Die Feiertage begannen bei Sonnenuntergang am Vorabend, ein Brauch, an dem der jüdische Kalender festhielt. Ein Text, der die Pflichten des *Urigallu*-Priesters während des zwölftägigen Neujahrsfestes in Babylon schildert, erhellt nicht nur den Ursprung der späteren Riten, sondern auch den engen Zusammenhang zwischen Himmelsbeobachtungen und Feierlichkeiten. Bei diesem Text (der – ebenso der Titel des Priesters selbst, URI-GALLU – nach allgemeiner Auffassung sumerische Ursprünge widerspiegelt) fehlt der Anfang, der sich mit der Festlegung des ersten Tages des neuen Jahres (in Babylon der erste Tag des Monats Nisan) gemäß dem Frühlingsäquinoktium befaßt. Er fängt mit den Anweisungen für den zweiten Monat an:

Am zweiten Tag des Monats Nisannu,
zur zweiten nächtlichen Stunde
soll der *Urigallu*-Priester aufstehen
und sich mit Flußwasser waschen.

Nachdem er ein Gewand aus reinem weißem Leinen angelegt hatte, durfte er vor den großen Gott (in Babylon
Marduk) treten und im Allerheiligsten der Zikkurat (in
Babylon der *Esagil*) vorgeschriebene Gebete sprechen. Die
Gebete, die niemand hören durfte, galten als so geheim, daß
nach den Textzeilen, in denen das Gebet aufgeschrieben war,
der Verfasser, ein Priester, die Ermahnung hinzufügte: »ein-
undzwanzig Zeilen: Geheimnisse des Esagil-Tempels. Wer
immer Marduk verehrt, soll sie niemandem außer dem
Urigallu-Priester zeigen.«
Danach öffnete der Urigallu-Priester die Tore des Tempels
und ließ die *Eribbiti*-Priester ein, die »auf überlieferte Weise
ihre Riten vollzogen«, begleitet von Musikanten und Sän-
gern. Es folgen dann im einzelnen die weiteren Pflichten des
Priester in dieser Nacht.
»Am dritten Tag des Monats Nisannu«, zu einem Zeitpunkt
nach Sonnenuntergang, der sich aufgrund der beschädigten
Inschrift nicht entziffern läßt, mußte der Urigallu-Priester
erneut bestimmte Riten vollziehen und Gebete sprechen.
Dies nahm ihn die ganze Nacht bis drei Stunden nach
Sonnenaufgang in Anspruch; danach mußte er Handwerkern
Anweisungen erteilen, wie sie aus Metall und Edelsteinen
Bildnisse anfertigen sollten, die bei Zeremonien am sechsten
Tage benutzt wurden. Am vierten Tag, »dreieindrittel Stun-
den nach Anbruch der Nacht«, wiederholten sich die Riten,
aber die Gebete bezogen nunmehr auch Marduks Gattin, die
Göttin Sarpanit, ein. Dann erwiesen die Gebete den anderen
Göttern des Himmels und der Erde Ehre und baten darum,
dem König ein langes Leben zu gewähren und dem Volk von
Babylon Wohlstand zu bescheren. Danach wurde die Ankunft des neuen Jahres unmittelbar mit dem Frühlingsäquinoktium im Tierkreiszeichen Aries (Widder), mit dem helia-

kischen Aufgang des Widder-Sterns, verbunden; der Segen des *Iku*-Sterns wurde für den »Esagil, das Abbild des Himmels und der Erde« erfleht. Der Rest des Tages wurde mit Beten, Singen und Musizieren verbracht. An diesem Tag wurde nach Sonnenuntergang das Enuma elisch, das Schöpfungsgedicht, ganz vorgetragen.

Den fünften Tag des Monats Nisan hat Henri Frankfort (»Kingship and the Gods«) mit dem jüdischen Versöhnungsfest verglichen; denn an diesem Tag wurde der König zur Hauptkapelle geleitet, wo ihm der Hohepriester alle königlichen Insignien abnahm, ihn ins Gesicht schlug und ihn demütigte, indem er ihm befahl, sich auf den Boden zu werfen. Der König mußte seine Sünden bekennen und Reue bekunden. Die Textfassung, die F. Thureau-Dangin (*Rituels accadiens*) und E. Ebeling (»Altorientalische Texte zum Alten Testament«) wiedergeben, behandelt jedoch nur die Pflichten des Urigallu-Priesters; dort lesen wir, daß der Priester in dieser Nacht, »vier Stunden nach Anbruch der Nacht«, zu Ehren von Marduk zwölfmal das Gebet »Mein Herr, ist er nicht mein Herr« sprach und die Sonne, den Mond und die zwölf Sternbilder des Tierkreises anrief. Darauf folgte ein an die Göttin gerichtetes Gebet; ihr darin verwendeter Beiname, DAM.KI.ANNA (Herrin der Erde und des Himmels) verrät den sumerischen Ursprung des Rituals. In dem Gebet wird sie mit dem Planeten Venus verglichen, der »hell unter den Gestirnen glänzt«. Nach diesen Gebeten, die alle die astronomisch-kalendarische Bedeutung des Ereignisses herausstellten, traten Sänger und Musikanten auf, die »in der überlieferten Weise« sangen und spielten. »Zwei Stunden nach Sonnenaufgang« wurde Marduk und Sarpanit ein Frühstück vorgesetzt.

Die babylonischen Neujahrsrituale entwickelten sich aus dem sumerischen Fest AKITI (»Auf der Erde baue Leben auf«), dessen Wurzeln sich auf den Staatsbesuch von Anu und seiner Gemahlin Antu um 3800 v. Chr. auf der Erde zurückverfolgen lassen; damals wurde der Tierkreis vom

Stier beherrscht (wie die Texte belegen), es war das Zeitalter des Sternbildes Taurus. Meiner Theorie nach wurde damals die »Zeitrechnung«, der Kalender von Nippur, der Menschheit geschenkt. Das hatte notwendigerweise Himmelsbeobachtung zur Folge und führte zur Entstehung einer Kaste von ausgebildeten Priesterastronomen.

Mehrere Texte, einige gut erhalten, andere nur bruchstückhaft überliefert, beschreiben den Pomp und die Pracht beim Besuch Anus und Antus in Uruk (der biblischen Stadt Erech) und die Zeremonien, aus denen in den nachfolgenden Jahrtausenden Rituale des Neujahrsfestes wurden. Die Bücher von F. Thureau-Dangin und E. Ebeling bilden noch immer die Grundlage, auf die spätere Studien stützen. Mit Hilfe der alten Texte haben Ausgrabungsteams von deutschen Archäologen Uruk lokalisiert und bestimmt und den alten heiligen Bezirk rekonstruiert: seine Mauern und Tore, seine Höfe, Heiligtümer und Verwaltungsgebäude sowie die drei Haupttempel, E.ANNA (Haus von Anu), eine Zikkurat, den *Bit-Resch* (»Haupttempel«), der ebenfalls ein Stufenbau ist, und den *Irigal,* einen Inanna bzw. Ischtar geweihten Tempel. Von dem vielbändigen Ausgrabungsbericht (»Ausgrabungen der Deutschen Forschungsgemeinschaft in Uruk-Warka«) sind hinsichtlich der bemerkenswerten Wechselbeziehung zwischen den alten Texten und den modernen Ausgrabungen der zweite (»Archaische Texte aus Uruk«) und der dritte Band (»Topographie von Uruk«) von Adam Falkenstein von besonderem Interesse.

Überraschenderweise beschreiben die Texte auf den Tontafeln, deren Schlußformeln verraten, daß sie Abschriften älterer Originale sind, zwei Gruppen von Ritualen: Die eine fand im Nisan (dem Monat des Frühlingsäquinoktiums) statt, die andere im Tischrei (dem Monat des Herbstäquinoktiums). Aus ersterer sollten das babylonische und assyrische Neujahrsfest werden, während die zweite, entsprechend dem biblischen Gebot, das neue Jahr im siebten Monat, *Tischrei,* zu feiern, im jüdischen Kalender beibehalten wurde. Der

Grund für diese Unterschiedlichkeit ist für die Gelehrten zwar immer noch ein Rätsel, doch Ebeling hat darauf hingewiesen, daß die Nisan-Texte besser erhalten zu sein scheinen als die Tischri-Texte, die zumeist bruchstückhaft sind, was auf eine deutliche Vorliebe der späteren Tempelkopisten schließen läßt. Falkenstein hat außerdem festgestellt, daß die scheinbar gleichartigen Nisan- und Tischrei-Rituale nicht wirklich identisch waren; erstere betonten die verschiedenen Himmelsbeobachtungen, letztere die Rituale im Allerheiligsten und in seinem Vorraum.

Von den verschiedenen Texten befassen sich zwei wichtige gesondert mit den Ritualen am Abend und bei Sonnenaufgang. Der erstere, lang und gut erhalten, ist besonders gut lesbar ab der Stelle, als Anu und Antu, die göttlichen Besucher vom Nibiru, am Abend im Hof des heiligen Bezirks sitzen und bereit sind, ein üppiges Festmahl zu beginnen. Als die Sonne im Westen unterging, mußten die Priesterastronomen, die auf verschiedenen Stufen der Hauptzikkurat standen, das Erscheinen der Planeten überwachen und, angefangen bei Nibiru, den Augenblick verkünden, an dem die einzelnen Himmelskörper auftauchten:

> Bei der ersten Nachtwache
> vom Dach der obersten Stufe
> des Tempelturms des Haupttempels,
> wenn der Planet des großen Gottes Anu,
> der Planet der großen Göttin Antu
> im Sternbild Wagen sichtbar wird,
> soll der Priester sprechen:
> *Ana tamschil zimu banne kakkab schamani Anu scharru*
> und: *Ittatza tzalam banu.*

Während diese Worte (»Dem, der zu leuchten beginnt, der himmlische Planet des Gottes Anu« und »Das Abbild des Schöpfers ist aufgegangen«) von der Zikkurat herab rezitiert wurden, reichte man den Göttern aus einem goldenen Trankopfergefäß Wein. Nacheinander verkündeten die Priester dann das Erscheinen von Jupiter, Venus, Merkur, Saturn,

Mars und Mond. Es folgte die Zeremonie des Händewa-
schens, wobei das Wasser aus sieben goldenen Krügen
ausgegossen wurde, zu Ehren der sechs nächtlichen Himmelskörper sowie der am Tag erscheinenden Sonne. Eine
große Fackel, deren Flamme mit Leuchtöl gespeist wurde
und wohlriechende Gewürze verbrannte, wurde angezündet.
Alle Priester sangen die Hymne *Kakkab Anu etellu scha-
mame* (Anus Planet ist am Himmel aufgegangen), und das
Festmahl konnte beginnen. Danach zogen sich Anu und
Antu für die Nachtruhe zurück; die führenden Götter wurden
als Wachen bis zum Morgengrauen zugewiesen. »Vierzig
Minuten nach Sonnenaufgang« wurden Anu und Antu ge-
weckt, »um ihren Besuch abzuschließen«.
Das Morgenritual begann außerhalb des Tempels, im Hof
des *Bit Akitu* (in akkadischer Sprache »Haus des Neujahrsfestes«). Enlil und Enki erwarteten Antu beim »goldenen
Träger«; sie standen daneben oder hielten mehrere Gegenstände in den Händen. Die akkadischen Bedeutungen, die
schwer zu deuten sind, lassen sich am besten übersetzen mit
»das, was die Geheimnisse erschließt«, »die Sonnenscheiben« (Mehrzahl!) und »die prächtigen bzw. strahlenden
Pfeiler«. Anu kam dann in den Hof, begleitet von einem Zug
von Göttern. »Er ging zu dem großen Thron im Akitu-Hof
und nahm darauf Platz, zur aufgehenden Sonne blickend.«
Zu ihm gesellten sich Enlil, der zu seiner Rechten saß, und
Enki, der links von ihm saß; Antu, Nannar bzw. Sin und
Inanna bzw. Ischtar nahmen ihre Plätze hinter Anu ein.
Die Aussage, daß Anu zur aufgehenden Sonne hin saß, läßt
keinen Zweifel daran, daß zu der Zeremonie die Festlegung
eines Augenblicks gehörte, der mit dem Sonnenaufgang an
einem bestimmten Tag verbunden war, am ersten Tag des
Nisan (Tag des Frühlingsäquinoktiums) oder am ersten Tag
des Monats Tischri (Tag des Herbstäquinoktiums). Erst nach
dem Ende dieser Sonnenaufgangszeremonie wurde Anu von
einem der Götter und dem Hohenpriester zum BARAG-
GAL, dem Allerheiligsten innerhalb des Tempels, geleitet.

(BARAG bedeutet »inneres Heiligtum, abgeschirmter Ort«
und GAL »groß, ganz vorn«. Daraus entstand im Akkadischen *Baragu* bzw. *Barachu* oder *Parachu,* was »inneres Heiligtum, Allerheiligstes« bedeutet, aber auch den Schirm bezeichnet, der es verbirgt. In der Bibel erscheint dieser Begriff
als das hebräische Wort *Parochet;* dieses Wort war die Bezeichnung sowohl für das Allerheiligste im Tempel als auch
für den Schirm, der es vom Vorraum abtrennte. Die Traditionen und Rituale, die in Sumer begannen, wurden auf diese
Weise im Zeremoniell und in der Sprache weitergeführt.)

Ein anderer Text aus Uruk, der die Priester im Hinblick auf die
täglich darzubringenden Opfer unterwies, verlangt die Opferung von »fetten, sauberen Hammeln, deren Hörner und Hufe
unversehrt sind«; geopfert werden sollten sie den Gottheiten
Anu und Antu, »den Planeten Jupiter, Venus, Merkur, Saturn
und Mars, der Sonne, wenn sie aufgeht, und dem Mond bei
seinem Erscheinen«. Im Text wird dann erklärt, was »erscheinen« in bezug auf jeden dieser sieben Himmelskörper bedeutete: Es war der Augenblick, in dem sie in dem Gerät, das sich
»in der Mitte des *Bit Mahazzat* (Haus des Sehens)« befand.
Weitere Anweisungen deuten darauf hin, daß dieses »auf der
obersten Stufe des Tempelturms des Gottes Anu« stand.

Abb. 56

Abb. 57

Auf Abbildungen, die man gefunden hat, sind göttliche
Wesen zu beiden Seiten eines Tempeleingangs zu sehen, die
Stangen mit ringartigen Gegenständen in die Höhe halten.
Daß die Szene einen Bezug zum Himmel hat, geht aus den
dargestellten Symbolen der Sonne und des Mondes hervor
(Abb. 56). In einem Fall wollte der antike Künstler mögli-

Abb. 58

cherweise das Ritual in Uruk darstellen: Enlil und Enki stehen neben einem Tor, durch das Anu seinen Einzug hält. Die beiden Götter halten Stangen, an denen Beobachtungsinstrumente befestigt sind: runde Gegenstände mit einem Loch in der Mitte. Das stimmt mit dem Text überein, in dem von Sonnenscheiben in der Mehrzahl die Rede ist, die Symbole von Sonne und Mond sind über dem Tor abgebildet (Abb. 57).

Andere Darstellungen von frei stehenden Pfosten mit Ringen, die nicht gehalten werden und sich beiderseits von Tempeleingängen befinden (Abb. 58), deuten darauf hin, daß sie die Vorläufer der Pfeiler waren, die in den nachfolgenden Jahrtausenden im gesamten Vorderen Orient der Antike die Tempel flankierten, seien es nun die beiden Säulen beim Tempel Salomons oder die ägyptischen Obelisken. Daß diese ursprünglich eine tatsächliche und nicht nur symbolische astronomische Funktion hatten, geht aus einer Inschrift des assyrischen Königs Tiglatpileser I. (1115–1077 v. Chr.) hervor, in der er über den Wiederaufbau eines Anu und Adad geweihten Tempels berichtet, der vor 641 Jahren erbaut worden sei und die letzten sechzig Jahre in Trümmern gelegen habe. Er beschreibt, wie er die Trümmer wegräumen ließ, um zum Fundament vorzudringen, und sich bei der Wiederherstellung nach der ursprünglichen Anlage richtete.

> Zwei große Türme,
> um die beiden großen Götter zu erkennen,
> baute ich im Haus des strahlenden Glanzes,
> einen Ort zu ihrer Freude,
> einen Ort für ihren Stolz –
> Sternenglanz des Himmels.
> Mit der Kunstfertigkeit des Baumeisters,
> mit meinem eigenen Planen und Streben
> gestaltete ich das Innere des Tempels prächtig.
> In der Mitte machte ich einen Platz
> für die Strahlen direkt vom Himmel;
> in den Mauern ließ ich die Sterne erscheinen.
> Ich ließ sie erstrahlen,
> die Türme ließ ich zum Himmel aufragen.

Laut dieser Darstellung waren die beiden großen Türme des
Tempels nicht nur architektonische Bestandteile, sondern
dienten astronomischen Zwecken. Walter Andrae (»Die jüngeren Ischtar-Tempel«), der einige der Ausgrabungen in
Assyrien leitete, vertritt die Meinung, daß die gezackten
»Kronen« auf der Spitze der Türme, die neben den Tempeleingängen in der assyrischen Hauptstadt Assur standen,
tatsächlich einem solchen Zweck dienten. Eine Bestätigung
für diese Vermutung fand er in diesbezüglichen Abbildungen
auf assyrischen Rollsiegeln, die die Türme mit Himmelssymbolen verbinden (Abb. 59a und 59b). Nach Andraes Ansicht
dienten auch einige der dargestellten Altäre (zumeist mit
einem Priester, der bestimmte Riten vollzieht) ebenfalls
einem auf den Himmel bezogenen, d. h. astronomischen

Abb. 59a, 59b und 59c

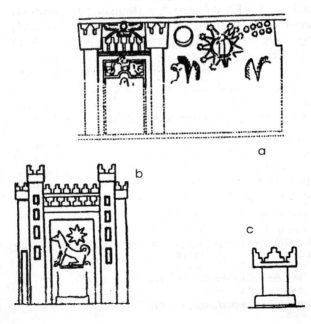

Zweck. Mit ihrem gezackten Aufbau (Abb. 59c) bildeten diese Anlagen, die hoch oben auf den Tempeltoren oder in den offenen Höfen von heiligen Bezirken standen, einen Ersatz für die ansteigenden Stufen der Zikkurats, da die Stufentempel den leichter zu bauenden Tempeln mit flachem Dach gewichen waren.

Die assyrische Inschrift ruft uns auch ins Gedächtnis, daß die Priesterastronomen nicht nur in der Morgendämmerung die Sonne und den sie begleitenden heliakischen Aufgang von Sternen und Planeten, sondern auch in der Nacht die »himmlischen Heerscharen« beobachteten. Ein besonders schönes Beispiel dieser zweifachen Beobachtung ist der Planet Venus, der aufgrund seiner im Vergleich zur Erde viel kürzeren Umlaufzeit um die Sonne für einen Beobachter auf der Erde die Hälfte der Zeit als Abendstern und die andere Hälfte als Morgenstern erscheint. Eine sumerische Hymne an Inanna bzw. Ischtar, deren Entsprechung am Himmel der von uns als Venus bezeichnete Planet war, preist den Planeten zuerst als Abendstern und dann als Morgenstern.

> Die Heilige ist deutlich am klaren Himmel zu sehen;
> auf alle Länder und alle Menschen
> blickt die Göttin holdselig mitten vom Himmel herab ...

> Am Abend ein strahlender Stern,
> ein großes Licht, das den Himmel erfüllt;
> die Herrin des Abends, Inanna,
> befindet sich hoch am Horizont.

Nach der Beschreibung, wie sich sowohl Menschen als auch Tiere nach dem Erscheinen des Abendsterns für die Nacht »zu ihren Schlafplätzen« zurückziehen, fährt die Hymne fort, Inanna bzw. die Venus als Morgenstern zu verehren: »Sie ließ den Morgen kommen, das helle Tageslicht, und in den Schlafzimmern hatte der süße Schlummer ein Ende.«

Diese Texte erhellen zwar, welche Rolle die Zikkurats mit ihren aufsteigenden Stufen bei der Beobachtung des Nachthimmels gespielt haben, aber sie werfen auch die Frage auf,

ob die Priesterastronomen den Himmel mit bloßem Auge
beobachteten oder ob sie Instrumente besaßen, um die Bewegung der Gestirne am Himmel genau zu verfolgen. Die
Antwort liefern Darstellungen von Zikkurats, auf deren
oberen Stufen Pfosten mit ringförmigen Objekten an ihrer
Spitze stehen; daß sie etwas mit dem Himmel zu tun haben,
zeigen das Abbild der Venus (Abb. 60a) bzw. das des
Mondes (Abb. 60b).

Die hornähnlichen Vorrichtungen, die in Abb. 60b zu sehen
sind, dienen als Verbindung zu ägyptischen Darstellungen
von Instrumenten für astronomische Zwecke, die mit Tempeln in Zusammenhang stehen. Dort sind Beobachtungsgeräte, die aus einem ringförmigen Teil zwischen zwei Hörnern
auf einem hohen Pfosten bestehen (Abb. 61a), dargestellt,
wie sie vor den Tempeln eines Gottes namens Min aufgestellt wurden. Das Fest ihm zu Ehren fand einmal im Jahr zur
Zeit der Sommersonnenwende statt; dabei errichteten Gruppen von Männern mit Hilfe von Seilen einen hohen Mast –
vielleicht ein Vorgänger des Maibaums. Oben auf dem Mast

Abb. 60a und 60b

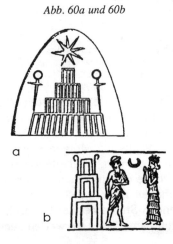

a

b

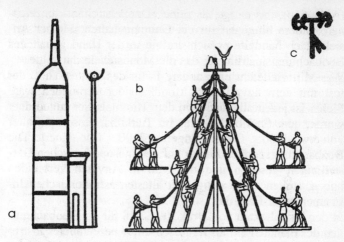

Abb. 61a, 61b und 61c

befanden sich die Symbole des Gottes Min, der Tempel mit dem sichelartigen Beobachtungsgerät (Abb. 61b).

Min ist eine etwas rätselhafte Gottheit. Vermutlich wurde er bereits in prädynastischer Zeit verehrt, wahrscheinlich sogar der archaischen Periode, die viele Jahrhunderte vor der Pharaonenherrschaft lag. Wie die frühesten ägyptischen *Neteru*-(»Wächter«-)Götter war er von anderswoher nach Ägypten gekommen. G. A. Wainright, Verfasser von »Some Celestial Associations« (im »Journal of Egyptian Archaeology«, Bd. XXI), und andere Wissenschaftler glauben, er sei aus Asien gekommen; nach anderen Theorien (z. B. Martin Isler im »Journal of the American Research Center in Egypt«, Bd. XXVII) gelangte Min auf dem Seeweg nach Ägypten. Min wurde auch Amsu oder Chem genannt, was laut E. A. Wallis Budge (»The Gods of the Egyptians«) für den Mond stand und »Neuwerdung« bedeutete, sich also auf den Kalender bezog.

Auf einigen ägyptischen Darstellungen steht die Mondgöttin Qetesch neben Min. Noch aufschlußreicher ist Mins Symbol

(Abb. 61c), das einige als seine »Doppelstreitaxt« bezeichnen, andere hingegen für ein Gnomon halten. Meiner Ansicht nach handelte es sich um ein in der Hand gehaltenes
Beobachtungsinstrument, das die Mondsicheln darstellte.

War Min vielleicht eine andere Form des Gottes Thot, der
fest mit dem ägyptischen Mondkalender verbunden war?
Sicher ist jedenfalls, daß Min dem Himmelsstier zugeordnet
wurde, dem Sternbild Taurus im Tierkreis, dessen Zeitalter
von etwa 4400 v. Chr. bis ungefähr 2100 v. Chr. dauerte. Die
Beobachtungsgeräte, die wir auf den mesopotamischen Darstellungen gesehen und mit Min in Ägypten verbunden
haben, stellen somit einige der ältesten astronomischen Instrumente der Erde dar.

In den Ritualtexten von Uruk steht, daß für die Beobachtungen der Planeten ein als *Itz Paschschuri* bezeichnetes Instrument verwendet wurde. Thureau-Dangin hat das Wort einfach mit »Apparat« übersetzt, aber der Begriff bedeutete
wörtlich ein Instrument, »das Geheimnisse aufdeckt«. War
dieses Instrument ein und dasselbe wie die ringförmigen
Objekte, die sich an der Spitze von Stangen oder Pfosten
befanden? Oder bezeichnete man damit ganz allgemein
astronomische Instrumente? Mit Sicherheit können wir es
nicht wissen, weil von sumerischer Zeit an sowohl Texte als
auch Darstellungen gefunden worden sind, die das Vorhandensein einer Vielfalt an solchen Instrumenten belegen.

Die einfachste astronomische Vorrichtung war der Gnomon
(vom griechischen »das, was erkennt«), ein Instrument, das
die Bewegung der Sonne mit Hilfe des Schattens verfolgte,
den ein aufrecht stehender Stab warf. Die Länge des Schattens (die geringer wurde, wenn die Sonne bis Mittag anstieg)
zeigte die Stunden an, während die Richtung (wo die ersten
Sonnenstrahlen erschienen und die letzten einen Schatten
warfen) die Jahreszeiten andeutete. Die Archäologen haben
solche Vorrichtungen an ägyptischen Orten gefunden (Abb.
62a), die Markierungen aufwiesen, um die Zeit anzuzeigen
(Abb. 62b).

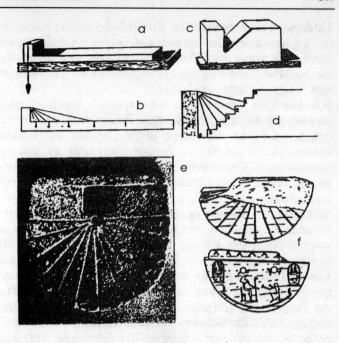

Abb. 62a bis 62f

Da der Schatten zur Zeit der Sonnenwenden ungünstig lang wurde, verbesserte man die flachen Vorrichtungen, indem man der horizontalen Skala eine Neigung gab, so daß sich der Schatten verkürzte (Abb. 62c). Mit der Zeit führte dies zu räumlichen Schattenuhren, die wie Treppen gebaut waren; sie zeigten die Zeit dadurch an, daß sich der Schatten die Stufen aufwärts oder abwärts bewegte (Abb. 62d).

Aus den Schattenuhren wurden förmliche Sonnenuhren, als der aufrecht stehende Stab eine halbkreisförmige Fläche erhielt, auf der eine Winkelskala markiert war. Derartige Sonnenuhren hat man in Ägypten entdeckt (Abb. 62e), doch die älteste bisher gefundene Vorrichtung stammt aus der kanaanitischen Stadt Gezer in Israel. Sie besitzt auf ihrer

Vorderseite eine regelmäßige Winkelskala; auf der Rückseite
ist die Verehrung des ägyptischen Gottes Thot dargestellt
(Abb. 62f). Diese aus Elfenbein hergestellte Sonnenuhr trägt
die Kartusche des Pharaos Merenptah, der im 13. Jahrhundert v. Chr. regierte.

Schattenuhren werden in der Bibel erwähnt. Das Buch Hiob
bezieht sich auf tragbare Gnomone, wahrscheinlich von der
Art, wie sie Abb. 62a zeigt; sie wurden auf den Feldern
verwendet, um die Zeit zu messen. Dort heißt es, daß der
Mensch »wie ein Knecht« ist, »der den Schatten herbei-
sehnt«, der dem Tagelöhner anzeigte, daß es Zeit war, seinen
Lohn abzuholen (Hiob 7,2).

Nicht ganz so deutlich zu erkennen ist der Hinweis auf eine
Schattenuhr, die bei einem Wunder eine Rolle spielt, das im
zweiten Buch der Könige, Kapitel 20, und im Jesaja 38
berichtet wird. Als der Prophet Jesaja zu dem schwerkranken
König Hiskija sagte, er werde in drei Tagen wieder ganz
gesund sein, glaubte ihm der König nicht. Deshalb sagte ihm
der Prophet ein göttliches Zeichen voraus: Anstatt vorzu-
rücken, werde der Schatten auf der Sonnenuhr des Tempels
»zehn Stufen rückwärts gehen«. Der hebräische Text verwendet den Begriff *Ma'aloth Ahaz,* was die »Stufen« oder
»Grade« des Königs Ahas bedeutet. Manche Gelehrte sehen
darin einen Hinweis auf eine Sonnenuhr mit einer Winkelskala (»Grade«), während andere der Ansicht sind, es habe
sich tatsächlich um eine Treppe (wie in Abb. 62d) gehandelt.

Abb. 63

Vielleicht war es eine Kombination von beidem, eine frühe Version der Sonnenuhr, wie sie in Jaipur (Indien) immer noch existiert (Abb. 63).

Wie dem auch sein mag, im großen und ganzen sind sich die Gelehrten darüber einig, daß die Sonnenuhr, die als Vorzeichen für die wundersame Heilung des Königs diente, höchstwahrscheinlich ein Geschenk war, das der assyrische König Tiglatpileser II. im 8. Jahrhundert dem jüdischen König Ahas gemacht hatte. Trotz des griechischen Namens *(Gnomon)* ist die bis ins Mittelalter hinein verwendete Sonnenuhr keine griechische und anscheinend nicht einmal eine ägyptische Erfindung. Laut Plinius dem Älteren, einem römischen Schriftsteller, der im 1. Jahrhundert n. Chr. lebte, wurde die Wissenschaft der Gnomonik zum erstenmal von dem griechischen Philosophen Anaximander von Milet beschrieben, der ein als »Schattenjäger« bezeichnetes Instrument besaß. Aber Anaximander selbst schrieb in seinem Werk »Über die Natur« (547 v. Chr), er habe den Gnomon aus Babylon erhalten.

Abb. 64a, 64b und 64c

a

b

c

Der Text im zweiten Buch der Könige (Kap. 30) deutet meiner
Meinung eher auf eine Sonnenuhr mit Winkelskala als auf
einen Treppenbau hin; vermutlich befand sie sich im Tempel-
hof (sie mußte nämlich im Freien aufgestellt sein, wo die
Sonne einen Schatten werfen konnte). Wenn Andrae hinsichtlich der astronomischen Funktion von Altären recht hatte,
stand das Instrument möglicherweise auf dem Hauptaltar des
Tempels. Solche Altäre hatten vier »Hörner«. Das hebräische
Wort *(Keren)* bedeutet sowohl »Ecke« als auch »Strahl«, was
auf einen gemeinsamen Ursprung in der Astronomie hindeutet. Bildliche Hinweise, die eine solche Möglichkeit unterstützen, reichen von frühen Darstellungen sumerischer Zikkurats,
wo »Hörner« den ringförmigen Objekten vorausgingen (Abb.
64a), bis in die griechische Zeit hinein. Auf Tafeln, die mehrere Jahrhunderte nach der Zeit von König Hiskija entstande-
ne Altäre zeigen, sieht man (Abb. 64b) ein ringförmiges Beobachtungsgerät, das sich auf einem niedrigen Ständer zwischen zwei Altären befindet; auf einer zweiten Darstellung ist
ein Altar zu erkennen, der zwischen Geräten zur Beobachtung
von Sonne und Mond steht.
Bei der Betrachtung der astronomischen Instrumente der Antike haben wir es mit einem Wissen und differenzierten Kenntnissen zu tun, die Jahrtausende zurückreichen bis ins alte Sumer. Eine der archaischsten Darstellungen aus Sumer zeigt eine
Prozession von Tempeldienern, die Werkzeuge und Instrumente tragen; einer von ihnen hält eine Stange, auf der sich ein
astronomisches Instrument befindet: ein Gerät, das zwei kurze
Stäbe mit Visierringen an der Spitze verbindet (Abb. 65a). Die
Doppelringe in einer solchen Anordnung sind sogar noch heute
bei modernen Ferngläsern und Theodoliten gebräuchlich, um
Tiefe zu erzeugen bzw. um Entfernungen zu messen. Da der
Tempeldiener die Vorrichtung trägt, macht er deutlich, daß es
ein portables Gerät war, ein Instrument, das an verschiedenen
Beobachtungsstandorten aufgestellt werden konnte.
Während sich die Himmelsbeobachtung von gewaltigen Zik-
kurats und großen Steinkreisen zu Aussichtstürmen und

a

b

Abb. 65a und 65b

speziell gestalteten Altären weiterentwickelte, mußten die Instrumente, mit denen die Priesterastronomen den Nachthimmel absuchten und am Tag den Lauf der Sonne verfolgten, gleichzeitig ebenfalls Fortschritte machen. Daß solche Instrumente deshalb tragbar wurden, ist sehr sinnvoll, insbesondere wenn einige davon nicht nur für die ursprünglichen kalendarischen Zwecke (Festsetzung der Feiertage), sondern auch für die Navigation eingesetzt wurden. Bis zum Ende des 2. Jahrtausends v. Chr. wurden die Phönizier in Nordkanaan die besten Navigatoren der antiken Welt, ihre Handelsroute führte, könnte man sagen, von den Steinsäulen in Byblos zu denen auf den Britischen Inseln. Ihr erster westlicher Außenposten war Karthago (Keret-Hadascht, »Neue

Stadt«). Dort übernahmen sie als ihr wichtigstes göttliches
Symbol die Darstellung eines astronomischen Instruments.
Bevor es auf Stelen und sogar auf Grabsteinen zu erscheinen
begann, war es in Verbindung mit zwei Pfeilern zu sehen, die
jeweils einen zweifachen Ring trugen und – wie früher in
Mesopotamien – zu beiden Seiten eines Tempeleingangs
standen (Abb. 65b). Der von zwei in entgegengesetzte
Richtungen schauenden Mondsicheln flankierte Ring deutet
auf Beobachtungen der Sonne und der Mondphasen hin.

Eine »Votivtafel«, die man in den Ruinen einer phönizischen
Siedlung auf Sizilien gefunden hat, zeigt eine Szene in einem
Hof, die darauf schließen läßt, daß eher die Sonnenbahn als
der Nachthimmel beobachtet wurde (Abb. 66a). Der Pfeiler
mit den Ringen und ein Altar stehen vor einem Gebilde mit
drei Säulen; außerdem ist hier ebenfalls das Beobachtungsgerät zu sehen: ein Ring zwischen zwei kurzen, senkrechten
Stäben, der sich auf einer waagerechten Stange befindet, die
auf einem dreieckigen Unterteil angebracht ist. Diese besondere Form für Beobachtungen der Sonne erinnert an die ägyptische Hieroglyphe für Horizont: die zwischen zwei Bergen
aufgehende Sonne (Abb. 66b). Tatsächlich ist das phönizische
Gerät, das an ein Paar erhobene Hände erinnert (von Gelehrten wird es als »Kultsymbol« bezeichnet), mit der ägyptischen
Hieroglyphe für *Ka* (Abb. 66c) verwandt, der den Geist oder
das Alter ego des Pharaos auf seiner Reise nach dem Tod zum
Wohnsitz der Götter auf dem »Planeten der Millionen Jahre«
darstellte. Daß der Ursprung des Ka vermutlich auf ein astronomisches Instrument zurückgeht, läßt sich aus einer archaischen ägyptischen Darstellung ableiten, die ein Beobachtungsgerät vor einem Tempel zeigt (Abb. 66d).

Alle diese Ähnlichkeiten und ihr astronomischer Ursprung
sollten neue Einsichten liefern, um ägyptische Darstellungen
(Abb. 67) vom Aufstieg des Ka zum Planeten der Götter
besser zu verstehen; seine ausgestreckten Hände ahmen das
sumerische Gerät nach. Der Ka erhebt sich von einer abge-
stuften Säule.

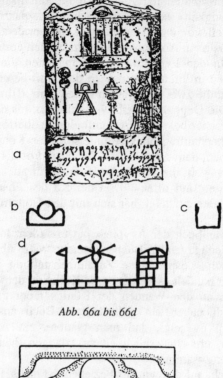

Abb. 66a bis 66d

Abb. 67

Die ägyptische Hieroglyphe für diese Stufensäule war *Ded,*
was »Ewigkeit« bedeutet. Sie wurde oft paarweise dargestellt, weil vor dem Haupttempel des großen ägyptischen
Gottes Osiris in Abydos zwei solche Säulen gestanden haben
sollen. In den Pyramidentexten, in denen die Reisen der
Pharaonen in ihrem Leben nach dem Tod beschrieben werden, sind die zwei Ded-Säulen neben dem »Himmelstor« zu
sehen. Die Doppeltür bleibt verschlossen, bis das Alter ego
des Herrscher bei seiner Ankunft eine Zauberformel spricht:
»O du hochaufragendes Himmelstor, der König ist zu dir
gekommen, damit sich dieses Tor für ihn öffnet.« Und dann
plötzlich »geht die zweifache Himmelstür auf ..., die Him-
melsfenster sind offen«. Und der Ka des Pharaos, der als
großer Falke aufsteigt, hat sich mit den Göttern in Ewigkeit
vereint.
Das »Totenbuch der Ägypter« hat uns nicht in Form eines
zusammenhängenden Buches erreicht, wenn überhaupt eine
als »Buch« ansprechbare Zusammenstellung je existierte;
vielmehr handelt es sich um eine Kollation der vielen Zitate,
die man an den Wänden der Königsgräber gefunden hat.
Aber wir haben ein vollständiges Buch aus dem alten
Ägypten; es zeigt, daß man glaubte, ein Aufstieg zum
Himmel, um Unsterblichkeit zu erlangen, hänge mit dem
Kalender zusammen.
Das Buch, auf das wir uns beziehen, ist das »Henochbuch«,
eine Zusammenstellung alter Apokalypsen, die in zwei Fassungen überliefert ist, einer äthiopischen (»Äthiopisches
Henochbuch«) und einer slawischen (»Slawisches Henochbuch«, auch als »Das Buch der Geheimnisse Henochs«
bekannt). Beide Fassungen, von denen man Abschriften
zumeist in griechischer und lateinischer Übersetzung gefunden hat, beruhen auf frühen Quellen. Diese erweiterten die
kurze Erwähnung in der Bibel: Dort ist Henoch der siebte
Urvater nach Adam; er wurde 365 Jahre alt, starb aber nicht,
»denn Gott hatte ihn aufgenommen«.
Als Erweiterung dieser kurzen Bibelstelle (Genesis 5) be-

schreiben die Bücher ausführlich Henochs zwei Reisen in den Himmel: Bei der ersten erfährt er die Geheimnisse des Himmels, kehrt zurück und gibt das Wissen an seine Söhne weiter; bei der zweiten bleibt er dort. Die verschiedenen Fassungen beweisen weitreichende astronomische Kenntnisse, die die Bahnen von Sonne und Mond, die Sonnenwenden und Tagundnachtgleichen, die Ursachen für das Kürzer- und Längerwerden der Tage, den Aufbau des Kalenders, die Sonnen- und Mondjahre sowie die Faustregel für Einschaltungen betreffen. Im Grunde waren die Geheimnisse, die Henoch und durch ihn seinen Söhnen vermittelt wurden, die auf den Kalender bezogenen astronomischen Kenntnisse.

Der Verfasser des »Buches der Geheimnisse Henochs«, des sogenannten Slawischen Henochbuches, war nach Ansicht von R. H. Charles (»The Apocrypha and Pseudepigrapha of the Old Testament«) »ein Jude, der in Ägypten, wahrscheinlich Alexandria, lebte«, zu Beginn des christlichen Zeitalters. Das Buch endet folgendermaßen:

> Henoch wurde am sechsten Tag des Monats Tsivan geboren und lebte 365 Jahre.
> Er wurde am ersten Tag des Monats Tsivan in den Himmel entrückt und blieb dort sechzig Tage. Er schrieb diese Zeichen der gesamten Schöpfung des Herrn auf; er schrieb 366 Bücher und gab sie seinen Söhnen.
> Er wurde am sechsten Tag des Monats Tsivan [wieder] in den Himmel entrückt, genau am gleichen Tag und in der gleichen Stunde, als er geboren wurde.
> Methusalem und seine Brüder, alle Söhne Henochs, beeilten sich und errichteten einen Altar an dem Ort namens Ahuzan, von wo Henoch in den Himmel aufgenommen worden war.

Nicht nur der Inhalt des Henochbuches, auf den Kalender bezogene astronomische Kenntnisse, sondern Henochs ganzes Leben und seine Himmelfahrt, sind voll von kalendarischen Bezügen. Seine 365 Lebensjahre auf der Erde sind natürlich die Anzahl der Tage in einem Sonnenjahr; seine Geburt und sein Abschied von der Erde sind mit einem

Abb. 68

bestimmten Monat und sogar mit einem bestimmten Tag
dieses Monats verbunden.

Die äthiopische Fassung des Buches ist nach Ansicht der
Gelehrten älter als die slawische; bei einigen Teilen dieser
älteren Version weiß man, daß sie auf noch älteren Manu-
skripten beruhen, wie etwa dem verlorengegangenen »Buch
Noah«. Fragmente der Henochbücher wurden unter den
Schriftrollen vom Toten Meer entdeckt. Die Geschichte
Henochs mit ihren astronomischen und kalendarischen Be-
zügen reicht somit in eine ferne Vergangenheit zurück,
vielleicht sogar, wie die Bibel behauptet, in eine Zeit vor der
Sintflut.

Da nunmehr feststeht, die die biblischen Geschichten von
der Sintflut und den *Nefilim* (die Anunnaki der Bibel), von
der Erschaffung Adams und der Erde und von den Urvätern,
die vor der Sintflut lebten, nur verkürzte Übertragungen
ursprünglich älterer sumerischer Texte sind (die das alles
aufzeichneten), ist fast sicher, daß der biblische »Henoch«
identisch war mit dem ersten sumerischen Priester
EN.ME.DUR.AN.KI (Hoherpriester des ME des Bandes
zwischen Himmel und Erde) – dem Mann aus der Stadt

Sippar, der in den Himmel hinaufgeholt wurde, um die Geheimnisse des Himmels und der Erde, der Zukunftsschau und des Kalenders zu erfahren. Mit ihm begannen die Generationen von Priesterastronomen, von Hütern der Geheimnisse.

Daß Min den ägyptischen Priesterastronomen das Beobachtungsgerät schenkte, ist nichts Außergewöhnliches. Ein sumerisches Relief zeigt einen großen Gott, wie er einem Priesterkönig ein astronomisches Gerät überläßt, das in der Hand gehalten wird (Abb. 68). Auf zahlreichen anderen sumerischen Darstellungen ist ein König zu sehen, der eine Meßlatte und eine aufgerollte Meßschnur erhält, die zur genauen astronomischen Ausrichtung von Tempeln bestimmt waren (siehe Abb. 54). Solche Darstellungen bestätigen nur die Textstellen, die sich explizit darauf beziehen, wie das Geschlecht der Priesterastronomen seinen Ausgang nahm.

Wurde aber der Mensch so überheblich, daß er all das vergaß und zu glauben begann, er habe dieses ganze Wissen selbst erworben? Vor Jahrtausenden kam dieses Problem zur Sprache, als Hiob zugeben mußte, daß nicht der Mensch, sondern *El,* der »Erhabene«, der Hüter der Geheimnisse des Himmels und der Erde sei.

Sag, der du alles weißt.
Wer hat die Erde gemessen, daß man sie kenne?
Wer hat die Maßschnur über ihr gespannt?
Wie wurden ihre Plattformen geschmiedet?
Wer hat ihren Eckstein gelegt?

Hiob wurde weiter gefragt, ob er je den Morgen bestimmt oder die Dämmerung nach den Ecken der Erde berechnet habe und wisse, wo Licht und Dunkel einander abwechselten und wie Schnee, Gewitter, Regen oder Tau entstünden. »Kennst du die Gesetze des Himmels, legst du auf die Erde seine Urkunde nieder?« Die Texte und Darstellungen sollten verdeutlichen, daß die

menschlichen Hüter der Geheimnisse Schüler, nicht Lehrer
waren. Die Aufzeichnungen aus Sumer lassen keinen Zweifel daran, daß die Lehrer, die ursprünglichen Hüter der
Geheimnisse, die Anunnaki waren.

Der Anführer der ersten Anunnaki-Gruppe, die auf die Erde
kam und im Persischen Golf landete, war E.A, »dessen Haus
das Wasser ist«. Er war der Chefwissenschaftler der Anunnaki; seine Aufgabe war es anfangs, das Gold, das sie
benötigten, aus dem Wasser des Golfs zu gewinnen – eine
Aufgabe, die physikalische, chemische und metallurgische
Kenntnisse voraussetzt. Als es notwendig wurde, das Gold in
Bergwerken zu schürfen, verlagerte sich die Tätigkeit nach
Südostafrika. Dort mußte er seine Kenntnisse auf den Gebieten der Geographie, der Geologie und der Geometrie, d. h.
der Erdwissenschaften, unter Beweis stellen. Es ist daher
nicht verwunderlich, daß sich sein Beiname zu EN.KI, »Herr
(der) Erde«, veränderte, denn sein Fachgebiet waren die
Geheimnisse der Erde. Außerdem bewies er bei der gentechnischen Erschaffung von Adam – wobei ihm seine Halbschwester Nincharsag als »Sanitätsoffizier« half – seine
Fähigkeiten auf den Gebieten der »Biowissenschaften«: Bio-
logie, Genetik, Evolution. Über hundert MEs, jene rätselhaften Gegenstände, die ähnlich wie Computerdisketten das
nach Sachgebieten geordnete Wissen speicherten, bewahrte
er in seinem Zentrum in Eridu in Sumer auf; eine wissenschaftliche Station an der Südspitze von Afrika enthielt die
»Tafel der Weisheit«.
All diese Kenntnisse teilte Enki im Laufe der Zeit mit
seinen sechs Söhnen, von denen jeder ein Fachmann auf
einem oder mehreren dieser wissenschaftlichen Geheimnisse wurde.
Enkis Halbbruder EN.LIL, der »Oberbefehlshaber«, kam
als nächster auf die Erde. Unter seiner Leitung erhöhte sich
die Zahl der Anunnaki auf der Erde auf 600; hinzu kamen
noch 300 IGI.GI (»Die beobachten und sehen«), die die

Raumstationen im Erdorbit bemannten und die Verbindung
zwischen Erde und Raumschiffen mittels Raumfähren unterhielten. Enlil war ein großer Astronaut, Organisator und
strenger Vorgesetzter. Er schuf das erste Kontrollzentrum
in NI.IBRU, das wir unter seinem akkadischen Namen
Nippur kennen, und die Kommunikationsverbindungen mit
dem Heimatplaneten, den DUR.AN.KI, das »Band zwischen Himmel und Erde«. Sein Zuständigkeitsbereich waren die Sternenkarten, die Himmelskörper und die Geheimnisse der Astronomie. Er plante und überwachte den Bau
des ersten Raumflughafens in Sippar (»Vogelstadt«). Er
mußte sich um das Wetter, Wind und Regen kümmern und
ein effizientes Transport- und Nachschubsystem sicherstel-
len; außerdem war er für die Versorgung mit Nahrungsmit-
teln, den Ackerbau und die Schafzucht verantwortlich.
Darüber hinaus hielt er unter den Anunnaki die Disziplin
aufrecht, führte den Vorsitz im »Rat der sieben Richter«
und blieb der oberste Gott von Recht und Ordnung, als
die Menschen sich zu vermehren begannen. Er regelte die
Aufgaben der Priesterschaft, und nach der Einführung des
Königtums wurde es von den Sumerern als »Enliltum«
bezeichnet.
Eine lange, guterhaltene »Hymne an Enlil, den Allgütigen«,
die unter den Ruinen des E.DUB.BA, des »Hauses der
Schreibtafeln«, in Nippur gefunden wurde, erwähnt in ihren
170 Zeilen viele der wissenschaftlichen und organisatori-
schen Leistungen Enlils. Auf seiner Zikkurat E.KUR
(»Haus, das wie ein Berg ist«) hatte er einen »Strahl, der das
Herz aller Länder suchte«. Er »errichtete den Duranki«, das
»Band zwischen Himmel und Erde«. In Nippur baute er
einen Leithammel des Weltalls auf. Recht und Gesetz ver-
ordnete er. Mit »MEs des Himmels«, die »niemand sehen
durfte«, schuf er im Innersten des Ekur »einen Himmelszenit, so rätselhaft wie das ferne Meer«, der »die zu Voll-
kommenheit gebrachten Sternensymbole« enthielt; diese ermöglichten die Festlegung von Ritualen und Festen. Unter

Enlils Anleitung wurden »Städte erbaut, Siedlungen gegründet, Ställe gebaut, Schafpferche errichtet«. Deiche schützten das Land vor Überschwemmung, Kanäle sorgten für die Bewässerung. Auf Feldern und Wiesen wurde viel Getreide angebaut, Gärten wurden angelegt, um Obst hervorzubringen. Man lernte weben und flechten.

Dies waren das Wissen und die Kultur, die Enlil seinen Kindern und Enkeln und über sie der Menschheit hinterließ.

Der Vorgang, wie die Anunnaki solche verschiedenen Aspekte der Wissenschaft und des Wissens an die Menschheit weitergaben, ist ein vernachlässigtes Untersuchungsgebiet gewesen. Beispielsweise wurde wenig getan, um eine so wichtige Frage zu klären, wie die Priesterastronomen entstanden sind – ein Ereignis, ohne das wir heute weder viel über unser eigenes Sonnensystem wüßten noch in den Weltraum reisen könnten. Über das entscheidende Ereignis, Enmedurankis Ausbildung in den Geheimnissen des Himmels, lesen wir auf einer wenig bekannten Tafel, die W. G. Lambert glücklicherweise in seiner Studie »Enmeduranki and Related Material« veröffentlicht hat:

> Enmeduranki [war] ein Fürst in Sippar,
> geliebt von Anu, Enlil und Ea.
> Schamasch im Leuchtenden Tempel ernannte ihn [zum Priester].
> Schamasch und Adad [nahmen ihn] zur Versammlung [der Götter mit] ...
> Sie zeigten ihm, wie man Wasser auf Öl beobachtet,
> ein Geheimnis von Anu, Enlil und Ea.
> Sie gaben ihm die göttliche Tafel,
> das *Kibbu*-Geheimnis des Himmels und der Erde ...
> Sie lehrten ihn, wie man mit Zahlen rechnet.

Nachdem Enmeduranki im geheimen Wissen der Anunnaki unterwiesen worden war, wurde er nach Sumer zurückgebracht. Die »Menschen von Nippur, Sippar und Babylon wurden zu ihm gerufen«. Er berichtete ihnen von seinen Erlebnissen und von der Einführung der Institution der

Priesterschaft und informierte sie darüber, daß dieses Amt
nach dem Willen der Götter vom Vater auf den Sohn vererbt
werden sollte:

> Der erfahrene Gelehrte,
> der die Geheimnisse der Götter hütet,
> wird seinen Lieblingssohn
> mit einem Schwur bei Schamasch und Adad binden ...
> und wird ihn in den Geheimnissen der Götter unterweisen.

Die Tafel hat eine Nachschrift:

> So wurde das Geschlecht der Priester geschaffen,
> diejenigen, die sich Schamasch und Adad nähern dürfen.

Laut den sumerischen Königslisten war Enmeduranna der
siebte König vor der Sintflut und regierte in Sippar sechs
Umläufe des Planeten Nibiru lang, bevor er Hoherpriester
wurde und den Namen Enmeduranki erhielt. Im Hennoch-
buch war es der Erzengel Uriel (»Gott ist mein Licht«), der
Henoch die Geheimnisse der Sonne (Solstitien und Äquinoktien, insgesamt »sechs Tore«) und die »Gesetze des Mondes«
(einschließlich der Einschaltung) sowie die zwölf Sternbilder, »das gesamte Funktionieren des Himmels«, zeigte. Und
am Ende der Unterweisung gab Uriel dem Henoch – wie es
Schamasch und Adad bei Enmeduranki getan hatten – »Him-
melstafeln« und befahl ihm, sie sorgfältig zu studieren und
»jede Einzelheit« darin zu beachten. Nach seiner Rückkehr
zur Erde gab Enoch dieses Wissen an Methusalem, seinen
ältesten Sohn, weiter. Zu dem Wissen, das Henoch laut dem
»Buch der Geheimnisse Henochs« erhielt, gehörten »das
gesamte Funktionieren des Himmels, der Erde und der
Meere und alle Elemente, ihre Beziehungen und ihr Treiben,
das Getöse des Donners, die Wirkungsweise der Sonne und
des Mondes, die Bewegungen und Veränderungen der Gestirne, die Jahreszeiten, Jahre, Tage und Stunden«. Das
stimmt mit den Attributen der beiden Götter überein; von
Schamasch, dessen Entsprechung am Himmel die Sonne war

und der den Raumflughafen kommandierte, und von Adad,
der der »Wettergott« des Altertums, der Gott des Regens und
der Stürme, war. Schamasch (Utu im Sumerischen) wurde
gewöhnlich mit einem Maßstab und einer Meßschnur in der
Hand dargestellt (siehe Abb. 54), Adad (Ischkur auf sumerisch) mit einen zickzackförmigen Blitz. Das Siegel des
assyrischen Königs Tukulti-Ninurta I. zeigt ihn, wie er den
beiden großen Göttern vorgestellt wird, möglicherweise um
von ihnen das Wissen zu erhalten, das sie einst Enmeduranki
gewährt hatten (Abb. 69).

Spätere Könige baten häufig darum, daß ihnen so viel
»Weisheit« und wissenschaftliche Kenntnisse gewährt würden, wie berühmte frühe Weise besessen hätten, oder sie
rühmten sich, ebensoviel zu wissen. Im Briefwechsel eines
assyrischen Herrschers heißt es von einem König, er über-
treffe an Wissen »alle die Weisen der Unterwelt«, weil er ein
Nachkomme des »Weisen Adapa« sei. Bei einem anderen
Beispiel behauptete ein babylonischer König, er besitze eine
»Weisheit, die bei weitem sogar das überstieg, was in den
von Adapa zusammengestellten Schriften enthalten war«.
Sie bezogen sich dabei auf Adapa, den Weisen von Eridu
(Enkis Zentrum in Sumer), den Enki ein »breites Verstehen«

Abb. 69

des »Baus der Erde«, d. h. die Geheimnisse der Erdwissenschaften, gelehrt hatte.

Nicht ausschließen läßt sich die Möglichkeit, daß Adapa wie Enmeduranki und Henoch ebenfalls der siebte in einer Reihe von Weisen war, nämlich der Weisen von Eridu, und daß auf diese Weise eine weitere Version der sumerischen Erinnerung in der biblischen Geschichte von Henoch nachklingt. Sieben Weisen wurden danach in Eridu, Enkis Stadt, ausgebildet; ihre Beinamen und ihr spezielles Wissen variieren in den verschiedenen Fassungen. Rykle Borger, der diese Geschichte im Lichte der Henoch-Überlieferungen untersuchte (»Die Beschwörungsserie Bit Meshri und die Himmelfahrt Henochs« im »Journal of Near Eastern Studies«, Bd. 33), war besonders fasziniert von der Inschrift auf der dritten Tafel dieser Serie von assyrischen Beschwörungsformeln. Darauf ist der Name von jedem Weisen angegeben; außerdem wird der Hauptgrund für seinen Ruhm genannt. So heißt es dort über den siebten: »Utu-abzu, der zum Himmel aufstieg«. Auf einen zweiten derartigen Text gestützt, kam Borger zu dem Schluß, daß dieser siebte Weise, dessen Name den von Utu oder Schamasch mit der Unterwelt *(Abzu),* dem Reich Enkis, verbindet, der assyrische »Henoch« sei.

Laut assyrischen Hinweisen auf seine Weisheit stellte Adapa ein wissenschaftliches Buch zusammen, das U.SAR *d* ANUM *d* ENLILA (»Schriften über die Zeit, vom göttlichen Anu und vom göttlichen Enlil«) hieß. Somit gilt Adapa als Verfasser des ersten Buches der Menschheit über die Astronomie und den Kalender.

Als Enmeduranki in den Himmel auffuhr, um in die verschiedenen Geheimnisse eingeweiht zu werden, waren seine Schutzgötter Utu bzw. Schamasch und Adad bzw. Ischkur, ein Enkel und ein Sohn Enlils. Seine Himmelfahrt fand also unter »enlilischer« Ägide statt. Wir lesen über Adapa, daß er – als ihn Enki zu Anus himmlischer Wohnstatt schickte – von den Göttern Dumuzi und Gischzida, zwei Söhnen von

Ea oder Enki, begleitet wurde. Dort »blickte Adapa vom
Horizont des Himmels zum Zenit des Himmels; er sah seine
ehrfurchtgebietende Herrlichkeit« – Worte, die im Henoch-
buch nachklingen. Am Ende des Besuchs verweigerte ihm
Anu ewiges Leben; statt dessen bestimmte er für Adapa »die
Priesterschaft in der Stadt von Ea, um ihm zukünftigen
Ruhm zu schenken«.

Aus diesen Geschichten läßt sich folgern, daß es zwei
Abstammungslinien der Priesterschaft gab, eine, die sich von
Enlil, und eine, die sich von Enki ableitete, und auch zwei
zentrale wissenschaftliche Akademien, eine in Enlils Stadt
Nippur und die andere in Enkis Stadt Eridu. Die Akademien,
die zweifellos sowohl miteinander konkurrierten als auch
zusammenarbeiteten, wie es die beiden Brüder selbst taten,
scheinen sich spezialisiert zu haben. Diese Schlußfolgerung,
die durch spätere Schriften und Geschehnisse unterstützt
wird, zeigt sich auch darin, daß von den führenden Anunnaki
jeder seine besondere Begabung, sein Spezialgebiet und
seinen speziellen Zuständigkeitsbereich hatte.

Bei einer weiteren Untersuchung dieser Spezialgebiete und
speziellen Aufgabenbereiche stellt man fest, daß die enge
Beziehung zwischen Tempeln, Astronomie und Kalender
auch darin zum Ausdruck kam, daß verschiedene Gottheiten,
in Sumer ebenso wie in Ägypten, diese Spezialgebiete in
ihren Attributen vereinten. Und da die Zikkurats und Tempel
als Observatorien dienten, um den Ablauf sowohl der Erdzeit
als auch der Himmelszeit zu bestimmen, waren die Gottheiten mit astronomischem Wissen auch diejenigen, die über
das Wissen verfügten, wie die Tempel ausgerichtet und
angelegt werden sollten.

»Sag es denn, wenn du Bescheid weißt. Wer setzte ihre
[= der Erde] Maße? Du weißt es ja. Wer hat die *Meßschnur*
über ihr gespannt?« So wurde Hiob gefragt, als er aufgefor-
dert wurde, zuzugeben, daß nicht der Mensch, sondern Gott
letztlich der Hüter der Geheimnisse sei. In der Szene, in der
der Priesterkönig Schamasch vorgestellt wird (Abb. 54),

zeigen die beiden Götter, die Schnüre in der Hand halten, den Zweck bzw. das Wesentliche des Ereignisses an. Die beiden Schnüre, die sie zu einem Strahlen aussendenden Planeten spannen, bilden einen Winkel, was darauf hindeutet, daß hier nicht so sehr eine Entfernung gemessen wie eine Ausrichtung bestimmt wird. Eine ägyptische Darstellung eines ähnlichen Motivs, die vom Papyrus der Königin Nejmet stammt, zeigt, wie zwei Schnurhalter einen Winkel messen, der auf den als »Rotes Auge des Horus« bezeichneten Planeten bezogen ist (Abb. 70).

Die Bestimmung der richtigen astronomischen Ausrichtung eines Tempels mit Hilfe von Schnüren war in Ägypten die Aufgabe der Göttin Secheta. Sie war die Göttin des Kalenders, und man nannte sie »die große Herrin der Buchstaben, Herrscherin über das Haus der Bücher«. Ihr Symbol war ein Griffel aus einer Palmrippe, dessen Hieroglyphe »die Jahre zählen« bedeutete. Sie wurde mit einem siebenzackigen Stern im Himmelsbogen über ihrem Kopf dargestellt. Außerdem war sie die Göttin der Baukunst, aber nur (wie Sir Norman Lockyer in seinem Buch »Dawn of Astronomy« betont) für die Bestimmung der Ausrichtung von Tempeln. Eine solche Ausrichtung wurde nicht dem Zufall oder Mut-

Abb. 70

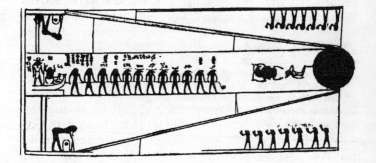

maßungen überlassen. Die Ägypter vertrauten auf eine göttliche Anleitung, um die Ausrichtung und die Hauptachse ihrer Tempel zu bestimmen; diese Aufgabe wurde Sescheta zugewiesen. Auguste Mariette schreibt in dem Bericht über seine Funde in Denderah, wo er Darstellungen und Inschriften zu Sescheta entdeckt hatte, sie sei es, die »dafür sorgte, daß die Errichtung heiliger Schreine genau entsprechend den Anweisungen in den göttlichen Büchern durchgeführt wurde«.

Um die richtige Ausrichtung zu bestimmen, war eine komplizierte Zeremonie notwendig, die *Put-ser* genannt wurde, was »das Spannen der Schnur« bedeutet. Die Göttin grub einen Pfosten in den Boden ein, indem sie ihn mit Hilfe einer goldenen Keule hineintrieb; der König versenkte unter ihrer Anleitung einen zweiten Pfosten. Zwischen den beiden Pfählen wurde dann eine Schnur gespannt, die die richtige Ausrichtung anzeigte; bestimmt wurde sie durch den Standort eines speziellen Sterns. Z. Zaba kam in einer von der Tschechoslowakischen Akademie der Wissenschaften veröffentlichten Studie (»Archiv Orientalni«, Ergänzungsband 2, 1953) zu dem Ergebnis, daß die Zeremonie eine Kenntnis des Phänomens der Präzession und somit der Einteilung des Himmels in den Tierkreis verrate. Die Bezüge der Zeremonie zum Sternenhimmel werden durch Inschriften klar, wie man sie an den Wänden des Horustempels in Edfu gefunden hat. Die Inschrift dort gibt die Worte des Pharaos wieder:

Ich nehme den Pflock,
ich fasse die Keule an ihrem Griff,
ich spanne die Schnur mit Sescheta.
Ich wende meinen Blick, um die Bewegung der Sterne zu verfolgen.
Ich hefte meinen Blick auf den Stern *Msihettu*.
Der Sternengott, der die Zeit verkündet,
erreicht den Winkel seines *Merchet;*
ich lege die vier Ecken
des Tempels des Gottes fest.

Abb. 71

Ein anderes Beispiel betrifft den Wiederaufbau eines Tempels in Abydos durch Pharao Seti I.; die Inschrift zitiert den König wie folgt:

> Die Keule zum Hineinschlagen in meiner Hand war aus Gold.
> Ich trieb damit den Pflock hinein.
> Du warst bei mir mit deiner Fähigkeit als *Harpedonapt*.
> Deine Hand hielt den Spaten,
> als die vier Ecken des Tempels genau
> nach den vier Stützen des Himmels festgelegt wurden.

Die Zeremonie wurde an den Tempelwänden in Bildern dargestellt (Abb. 71).

Sescheta war in der ägyptischen Religion die Gefährtin und Hauptgehilfin von Thot, dem Gott der Naturwissenschaften, der Mathematik und des Kalenders. Er war der göttliche Schreiber, der die Aufzeichnungen der Götter bewahrte, und der Hüter der Geheimnisse des Pyramidenbaus.

Als solcher war er der erste göttliche Baumeister.

6

Die göttlichen Baumeister

Irgendwann zwischen 2200 und 2100 v. Chr. – in einer Zeit, die für Stonehenge große Bedeutung hat – nahm Ninurta, der älteste Sohn Enlils, ein größeres Vorhaben in Angriff: die Errichtung eines neuen »Hauses« für sich selbst in Lagasch. Das Ereignis erhellt viele Aspekte der Götter und der Menschen, denn der König, der mit dieser Aufgabe betraut wurde, Gudea von Lagasch, schrieb alles ganz ausführlich auf zwei großen Tonzylindern nieder. So gewaltig die Aufgabe auch war, Gudea sah darin eine große Ehre und eine einmalige Gelegenheit, seinen Namen und seine Taten unsterblich zu machen, denn nur wenige erhielten eine solche Auszeichnung. Tatsächlich wird in den königlichen Aufzeichnungen (die man seitdem gefunden hat) zumindest ein Fall erwähnt, bei dem einem berühmten König (Naram-Sin), der ansonsten von den Göttern geliebt wurde, immer wieder die Erlaubnis verweigert wurde, sich am Bau eines neuen Tempels zu beteiligen (eine solche Situation entstand Jahrtausende später im Falle von König David in Jerusalem). Geschickt brachte Gudea seine Dankbarkeit gegenüber seinem Gott zum Ausdruck, indem er Lobpreisungen auf Statuen von sich selbst schrieb (Abb. 72) und diese dann im neuen Tempel aufstellte. So schaffte er es, viele schriftliche Informationen zu hinterlassen, die die Art und Weise und den Zweck der heiligen Bezirke und Tempel der Anunnaki erklären.

Als erstgeborener Sohn Enlils von seiner Halbschwester Ninharsag und somit als gesetzmäßiger Erbe hatte Ninurta wie sein Vater den Rang fünfzig. (Anu hatte den höchsten Rang, sechzig, während Anus anderer Sohn Enki den Rang

Abb. 72

vierzig besaß.) Deshalb wurde Ninurtas Zikkurat einfach
E.NINNU, »Haus der Fünfzig«, genannt.

Jahrtausendelang war Ninurta ein treuer Gefolgsmann seines
Vaters, der gehorsam jede ihm zugewiesene Aufgabe erfüllte. Er erwarb den Beinamen »Erster Krieger Enlils«, als ein
aufsässiger Gott namens Zu, der die im Kontrollzentrum
aufbewahrten Tafeln der Geschicke an sich brachte und
damit das Band zwischen Himmel und Erde zerriß; er
verfolgte den Usurpator bis ans Ende der Erde, überwältigte
ihn und schaffte die lebenswichtigen Tafeln an ihren Platz
zurück. Als zwischen den Anhängern Enlils und den Anhängern Enkis ein brutaler Krieg ausbrach, den ich in einem
früheren Band als »Zweiten Pyramidenkrieg« bezeichnet

habe, war es wiederum Ninurta, der die Partei seines Vaters zum Sieg führte. Dieser Konflikt endete mit einer Friedenskonferenz, die Ninharsag den Kriegsparteien aufzwang; als Ergebnis davon wurde die Erde zwischen den beiden Brüdern und ihren Söhnen aufgeteilt. Damals wurde auch den Menschen in den »drei Regionen«, Mesopotamien, Ägypten und Industal, die Zivilisation geschenkt.

Der nachfolgende Friede währte lange, aber nicht ewig. Es gab jemanden, der mit den Vereinbarungen ganz und gar unzufrieden war: Marduk, der erstgeborene Sohn Enkis. Er schürte erneut die Rivalität zwischen seinem Vater und Enlil, die aus den komplizierten Erbfolgebestimmungen der Anunnaki resultierte, indem er sich dagegen wandte, daß Sumer und Akkad (was wir als Mesopotamien bezeichnen) Nachkommen Enlils überlassen werden sollten, und Anspruch auf eine mesopotamische Stadt namens *Bab-Ili* (Babylon), wörtlich »Tor der Götter«, erhob. Als Ergebnis der nachfolgenden Konflikte wurde Marduk dazu verurteilt, in der Großen Pyramide von Giseh lebendig begraben zu werden; doch er wurde begnadigt, bevor es zu spät war, und in die Verbannung geschickt. Und erneut mußte Ninurta helfen, die Konflikte zu schlichten.

Ninurta war jedoch nicht nur ein Krieger. Nach der Sintflut errichtete er auf den Bergpässen Talsperren, um zu verhindern, daß die Ebene zwischen Euphrat und Tigris überschwemmt wurde, und machte das Flachland durch ausgedehnte Entwässerungsanlagen wieder bewohnbar. Danach überwachte er die Einführung einer organisierten Landwirtschaft in diesem Gebiet, was ihm bei den Sumerern den liebevollen Beinamen *Urasch* (»Der mit dem Pflug«) einbrachte. Als sich die Anunnaki entschlossen, den Menschen das Königtum zu geben, wurde Ninurta dazu bestimmt, es in der ersten Stadt der Menschen, in Kisch, zu begründen. Und als nach den durch Marduk verursachten Unruhen um 2250 v. Chr. Friede herrschte, stellte er von seiner »Kultstadt« Lagasch aus wieder die Ordnung und das Königtum her.

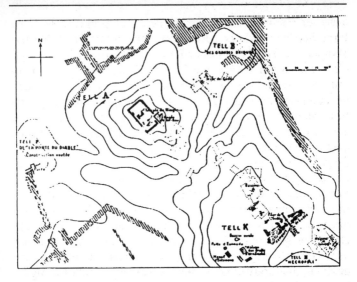

Abb. 73

Abb. 74

Seine Belohnung war Enlils Erlaubnis, sich in Lagasch einen
ganz neuen Tempel zu bauen. Nicht etwa, daß er »heimatlos«
gewesen wäre. Er hatte schon einen Tempel in Kisch und
einen im heiligen Bezirk von Nippur neben der Zikkurat seines Vater, außerdem besaß er seinen eigenen Tempel im *Girsu,* dem heiligen Bezirk seines »Kultzentrums«, der Stadt
Lagasch. Französische Archäologenteams, die zwischen
1877 und 1933 an dieser Stätte (heute Tello genannt) zwanzig
Ausgrabungskampagnen durchführten, haben viele der alten
Überreste einer quadratisch angelegten Zikkurat und von
rechteckigen Tempeln freigelegt, deren Ecken genau nach

den vier Himmelsrichtungen ausgerichtet waren (Abb. 73). Ihrer Schätzung nach wurden die Fundamente des ältesten Tempels in frühdynastischer Zeit, vor 2700 v. Chr., gelegt, und zwar auf dem Erdhügel, der auf der Ausgrabungskarte mit »K« bezeichnet ist. Inschriften der frühesten Herrscher von Lagasch sprechen schon von Wiederaufbauten und Verbesserungen im Girsu von gestifteten Votivgegenständen wie etwa Entemanas silberner Vase (Abb. 48); sie stammen aus einem Zeitraum, der 600 bis 700 Jahre vor Gudeas Regierungszeit lag. Einige Inschriften besagen möglicherweise, daß die Fundamente für den ersten Eninnu von Mesilim, einen König, der um 2850 in Kisch regierte, gelegt wurden.

In Kisch führte Ninurta, wie bereits erwähnt, für die Sumerer die Institution des Königtums ein. Lange Zeit wurden die Herrscher in Lagasch nur als Vizekönige betrachtet, die sich den Titel »König von Kisch« erst verdienen mußten, um unabhängige Souveräne zu sein. Vielleicht veranlaßte dieses Stigma der Zweitklassigkeit Ninurta dazu, einen echten Tempel für seine Stadt anzustreben. Außerdem brauchte er einen, um darin die bemerkenswerten Waffen unterzubringen, die er von Anu und Enlil erhalten hatte, darunter ein Luftfahrzeug, das »Göttlicher Sturmvogel« hieß, eine Flügelspannweite von etwa 23 m hatte und einen besonders geformten Raum benötigte (Abb. 74).

Nach dem Sieg über die Anhänger Enkis hatte Ninurta die Große Pyramide in Giseh betreten und zum erstenmal ihren erstaunlichen und komplizierten Innenausbau gesehen, der noch zum großartigen Äußeren hinzukam. Wie aus Gudeas Inschriften hervorgeht, hegte er seit seinem Besuch in Ägypten den Wunsch, eine ebenso große und komplizierte Zikkurat zu besitzen. Nachdem er nun Sumer abermals befriedet und für Lagasch den Status einer königlichen Hauptstadt erhalten hatte, bat er Enlil von neuem um die Erlaubnis, im Girsu-Bezirk von Lagasch einen neuen E.NINNU, ein neues »Haus der Fünfzig«, bauen zu dürfen. Diesmal wurde sein Wunsch erfüllt.

Die Gewährung seines Wunsches darf nicht als etwas Selbstverständliches betrachtet werden. So erfahren wir etwa in den kanaanitischen »Mythen« über den Gott Baal (»Herr«), daß er als Belohnung für seine Mitwirkung beim Sieg über die Feinde Els (des »Erhabenen«, der obersten Gottheit) diesen um Erlaubnis bat, ein »Haus« auf dem Gipfel des Berges Saphon im Libanon zu errichten. Baal hatte schon vorher um diese Erlaubnis gebeten, was El aber mehrmals ablehnte. Er hatte sich deshalb wiederholt bei »El, dem Stier, seinem Vater« beklagt:

> Kein Haus hat Baal wie die Götter,
> keinen Bezirk wie die Kinder Ascheras;
> Els Wohnung ist die Unterkunft seines Sohnes.

Nunmehr bat er Aschera, Els Gemahlin, sich für ihn zu verwenden, und Aschera überzeugte El schließlich, seine Einwilligung zu erteilen. Zu den bisherigen Gründen kam ein neues Argument hinzu: Baal, sagte sie, könne in seinem Haus »die Jahreszeiten beobachten«, Himmelsbeobachtungen für einen Kalender anstellen.

Aber obwohl Baal ein Gott war, konnte er sich nicht einfach ans Werk machen und seine Tempelwohnung bauen. *Kothar-Hasis,* der »geschickte und kluge« Handwerker der Götter, mußte die Pläne zeichnen und die Bauarbeiten beaufsichtigen. Nicht nur moderne Gelehrte, sondern schon Philon von Byblos (der ältere phönizische Historiker zitierte) verglich im 1. nachchristlichen Jahrhundert Kothar-Hasis mit dem griechischen Gott der Handwerker Hephaistos (der den Tempel des Zeus errichtete) oder mit Thot, dem ägyptischen Gott der Wissenschaft, des Handwerks und der Zauberei. Die kanaanitischen Texte besagen, daß Baal Boten nach Ägypten schickte, um Kothar-Hasis zu holen, aber ihn schließlich auf Kreta fand.

Doch kaum war Kothar-Hasis angekommen, da entbrannte schon ein heftiger Streit zwischen ihm und Baal wegen der Bauweise des Tempels. Baal wollte anscheinend ein Haus, das nur zwei und nicht wie üblich drei Teile haben sollte, einen *Hechal* und einen *Bamtim* (eine erhöhte Stufe). Die schärfste Auseinandersetzung betraf ein trichterförmiges Dachfenster, das Kothar-Hasis »im Haus« anbringen wollte, das aber nach Baals Ansicht unbedingt an einer anderen Stelle sein sollte. Im Text wird der Streit mit vielen Versen beschrieben, um zu zeigen, wie heftig und wichtig er war; sogar gegenseitiges Anschreien und Bespucken gehörten dazu.

Die Gründe für den Streit um die Dachluke und ihre Lage bleiben im dunkeln; meiner Meinung nach könnte er mit der Ausrichtung des Tempels zusammenhängen. Ascheras Bemerkung, der Tempel würde eine Beobachtung der Jahreszeiten ermöglichen, deutet auf eine Ausrichtung hin, die gewisse astronomische Beobachtungen erforderte. Baal jedoch hatte etwas ganz anderes im Sinn: Er wollte, wie der kanaanitische Text später verrät, in dem Tempel ein geheimes Übertragungsgerät aufstellen, das es ihm ermöglichen sollte, Macht über andere Götter zu erlangen. Zu diesem Zweck »spannte er eine Schnur, stark und geschmeidig«, vom Gipfel des Zaphon (»Norden«) bis Kadesch (dem »geheimen Ort«) im Süden in der Wüste Sinai.

Die Ausrichtung blieb am Ende so, wie sie Kothar-Hasis wollte. »Du sollst meine Worte beachten«, sagte er eindringlich zu Baal. »Und was Baal anbelangt, wurde sein Haus so gebaut.« Wenn – wie man annehmen darf – die später entstandenen Tempel auf der Plattform von Baalbek gemäß diesem alten Plan errichtet wurden, dann hatte die Ausrichtung, auf der Kothar-Hasis bestand, einen Tempel mit einer Ost-West-Achse zur Folge (siehe Abb. 25).

Wie die sumerische Geschichte des neuen Eninnu-Tempels darlegt, waren dafür ebenfalls Himmelsbeobachtungen, um seine Ausrichtung zu bestimmen, und die Dienste göttlicher Baumeister erforderlich.

Ganz ähnlich wie König Salomon etwa 1300 Jahre später schildert auch Gudea in seinen Inschriften ausführlich den

Bau. 216 000 Arbeiter waren daran beteiligt. Genau aufgeführt werden das Zedernholz, das er aus dem Libanon
herbeischaffen ließ, die anderen Holzsorten, die für große
Balken verwendet wurden, die »großen Steine aus den
Bergen, die in Blöcke gespalten wurden«, Bitumen aus den
Brunnenschächten und vom »Bitumensee«, Kupfer aus den
»Kupferbergen«, »Silber aus dem Silberberg« und »Gold aus
den Goldbergen« sowie alle Bronzegegenstände, die Verzierungen und das Zubehör, die Stelen und Statuen. Alles
wurde im Detail beschrieben, und alles war so herrlich und
prächtig, daß die Anunnaki, als das Werk vollendet war,
»alle von Bewunderung ergriffen wurden«.

Am interessantesten in Gudeas Inschriften sind die Abschnitte, die sich mit den Ereignissen vor dem Bau des Tempels
befassen, mit der Bestimmung seiner Ausrichtung, seiner
Ausstattung und Symbolik. Wir folgen dabei in erster Linie
der Beschreibung, die die als Zylinder A bezeichnete Inschrift liefert.

Die Kette der Ereignisse nahm danach ihren Anfang an einem
bestimmten Tag, der große Bedeutung hatte. In den Inschriften wird Ninurta mit seinem förmlichen Titel NIN.GIRSU,
»Herr des Girsu«, bezeichnet. So beginnt der Text:

An dem Tag, wenn das Schicksal von Himmel und Erde verfügt wird,
als Lagasch seinen Kopf zum Himmel erhob
im Einklang mit den großen MEs,
blickte Enlil wohlwollend auf den Herrn Ninurta.

Ninurta hatte sich über die Verzögerung beim Bau des neuen
Tempels beklagt, der »in Übereinstimmung mit den MEs
lebenswichtig für die Stadt« sei. An diesem günstigen Tag
gab Enlil endlich seine Einwilligung; außerdem bestimmte
er, wie der Tempel heißen sollte: »Sein König soll den
Tempel E.NINNU nennen.« Der Erlaß, schreibt Gudea, ließ
Himmel und Erde strahlen.

Nachdem Ninurta die Erlaubnis Enlils und den Namen für
die neue Zikkurat erhalten hatte, stand es ihm frei, mit dem

Bau zu beginnen. Ohne Zeit zu verlieren, beeilte sich Gudea, seinen Gott demütig zu bitten, daß er ihn für diese Aufgabe auswählte. Indem er ihm Ochsen und Zicklein opferte, »erflehte er den göttlichen Willen ...; bei Tag und mitten in der Nacht hob er die Augen zu seinem Herrn Ninurta und betete um den Befehl, den Tempel zu bauen.« Beharrlich betete Gudea weiter: »Er sagte und seufzte: ›So, so will ich sprechen, so, so will ich sprechen; dieses Wort werde ich hervorbringen: Ich bin der Hirt, erwählt zum König!‹« Endlich geschah das Wunder. »Um Mitternacht widerfuhr mir etwas, dessen Bedeutung ich nicht verstand.« Er nahm sein mit Erdharz bestrichenes Boot und fuhr auf einem Kanal zu einer nahe gelegenen Stadt, um von der Orakelgöttin Nansche in ihrem »Haus der Schicksalseröffnung« eine Erklärung für seinen Traum zu erbitten. Er betete zu ihr und brachte ihr Opfer dar, damit sie das Rätsel seiner Vision löse. Dann schilderte er ihr die Erscheinung des Gottes, dessen Befehl er befolgen sollte:

> Im Traum [sah ich]
> einen Mann, der hell war, strahlend wie der Himmel,
> groß im Himmel, groß auf Erden,
> der seinem Kopfschmuck nach ein Gott war.
> Neben ihm stand der Göttliche Sturmvogel;
> gleich einem verheerenden Sturm unter seinen Füßen
> kauerten zwei Löwen zur Rechten und zur Linken.
> Er befahl mir, seinen Tempel zu bauen.

Dann ereignete sich ein Himmelszeichen, dessen Bedeutung Gudea, wie er der Göttin sagte, nicht verstand: Die Sonne war über *Kischar* (Jupiter) plötzlich am Horizont zu sehen. Darauf erschien eine Frau, die Gudea andere Anweisungen des Himmels gab:

> Eine Frau –
> Wer war sie? Wer war sie nicht?
> Das Abbild eines Tempelbaus, einer Zikkurat,
> trug sie auf ihrem Kopf –,
> in ihrer Hand hielt sie einen heiligen Griffel,
> die Tafel des günstigen Himmelsgestirns
> trug sie und beriet sich mit ihm.

Nun erschien noch ein göttliches Wesen, das wie ein »Held«
aussah:

> Eine Tafel aus Lapislazuli hielt er in der Hand;
> darauf zeichnete er den Plan eines Tempels.

Direkt vor seinen Augen entstanden die Zeichen für den
Bau: »heiliger Tragekorb« und eine »heilige Ziegelform«, in
der sich der »vorbestimmte Ziegel« befand.

Nachdem die Orakelgöttin die Einzelheiten der traumähnli-
chen Vision vernommen hatte, erzählte sie Gudea, was sie
bedeutete. Der als erster erschienene Gott sei Ningirsu
(Ninurta) gewesen, »denn dir befahl er seinen Tempel Eninnu
zu bauen«. Der heliakische Aufgang bedeute den Gott
Ningischzida, der ihm den Stand der Sonne am Horizont
angezeigt habe. Die Göttin sei Nisaba gewesen: »Sie hieß
dich, das Haus im Einklang mit dem heiligen Planeten zu
bauen.« Die dritte göttliche Erscheinung, erklärte Nansche,
»heißt Nindub; er gab dir den Plan des Hauses.«

Nansche fügte noch eigene Anweisungen hinzu und ermahnte Gudea, daß der neue Tempel geeignete Plätze für Ninurtas
Waffen, für sein großes Luftfahrzeug, sogar für seine Lieb-
lingsleier aufweisen müsse. Mit diesen Erklärungen und
Anweisungen kehrte Gudea nach Lagasch zurück und schloß
sich in dem alten Tempel ein, wo er darüber nachdachte, was
alle diese Anweisungen bedeuten mochten. »Zwei Tage
schloß er sich im Heiligtum des Tempels ein, eine Nacht war
er eingeschlossen. Über den Plan des Hauses sann er nach;
die Vision wiederholte er für sich.«

Am meisten verwirrte ihn die Ausrichtung des neuen Tempels. Er stieg zu einem hohen oder erhöht liegenden Teil des
alten Tempels hinauf, der *Schugalam,* hieß; dies war »der
Ort der Öffnung, der Ort der Bestimmung, von dem Ninurta
die Wiederholung über seinen Ländern sehen kann«. Gudea
entfernte etwas von dem »Speichel« (Mörtel, Schmutz?), der
die Aussicht behinderte, und versuchte die Geheimnisse des
Tempelbaus zu ergründen; aber er war immer noch verwirrt

und bestürzt. »O mein Herr Ningirsu«, rief er zu seinem
Gott, »o Sohn Enlils, mein Herz bleibt unwissend, die
Bedeutung ist mir so fern wie die Mitte des Meeres, so fern,
wie die Himmelsmitte von mir entfernt ist ... O Sohn Enlils,
Herr Ningirsu, ich, ich weiß es nicht.«
Er bat um ein zweites Vorzeichen, und als er schlief, erschien
ihm Ningirsu bzw. Ninurta. »Während ich schlief, stand er
an meiner Kopfseite«, schreibt Gudea. Der Gott erklärte ihm
die Anweisungen und versicherte ihn seiner ständigen göttlichen Hilfe:

> Meine Befehle werden dich die Zeichen
> durch den göttlichen Himmelsplaneten lehren.
> In Übereinstimmung mit den heiligen Riten
> soll mein Haus, der Eninnu,
> die Erde mit dem Himmel verbinden.

Der Gott zählte dann für Gudea alles auf, was der neue
Tempel im Inneren benötigt und erwähnte gleichzeitig seine
gewaltige Macht, seine furchteinflößenden Waffen, seine
denkwürdigen Taten (wie etwa die Eindämmung des Wassers) und den Status, den Anu ihm verliehen hat: »die
fünfzig Namen der Herrschaft, durch den er bestimmt ist«.
Mit dem Bau solle »am Tag des Neumonds« begonnen
werden, wenn ihm der Gott das richtige Zeichen gebe: Am
Abend des Neujahrstages werde die Hand des Gottes erscheinen und eine Flamme halten, »die die Nacht so hell wie
den Tag machen wird«.
Ninurta bzw. Ningirsu sicherte Gudea auch zu, daß er von
Anbeginn der Planung des neuen Eninnu göttliche Hilfe
haben werde: Der Gott, dessen Beiname »Die helle Schlange« sei, werde ihm helfen, den des Eninnu und seinen neuen
Bezirk zu bauen, »ihn so zu bauen, daß er wie das Haus der
Schlange ist, als fester Ort soll er erbaut werden«. Ninurta
verspricht ihm dann, daß der Bau des Tempels dem Land
Überfluß bringen werde: Wenn meine Tempelterrasse vollendet ist, werde der Regen rechtzeitig kommen; die Bewäs-

serungskanäle würden sich mit Wasser füllen, sogar die Wüste, »wo nie Wasser geflossen ist«, werde blühen. Es werde eine reiche Ernte geben, viel Öl zum Kochen, und »Wolle im Überfluß wird gewogen werden«.

Jetzt »verstand Gudea den günstigen Plan«, heißt es weiter, »einen Plan, der die klare Botschaft seiner Traumvision war. Nachdem er die Worte des Herrn Ningirsu vernommen hatte, beugte er sein Haupt ... Jetzt war er sehr weise und verstand große Dinge.«

Sogleich machte sich Gudea daran, »die Stadt zu reinigen« und die Einwohner von Lagasch zu organisieren. Alle Leute, alt und jung, mußten Arbeitsgruppen bilden und sich an der feierlichen Aufgabe beteiligen. Aus Versen, die auch die menschliche Seite der Geschichte und das Leben, die Sitten und die sozialen Probleme vor mehr als 4000 Jahren beleuchten, erfahren wir, was mit der Verpflichtung für das einmalige Unternehmen verbunden war: »Der Aufseher durfte von seiner Peitsche keinen Gebrauch mehr machen, die Mutter ihr Kind nicht mehr schelten ..., eine Magd, die einen großen Fehler begangen hatte, wurde von ihrer Herrin nicht mehr ins Gesicht geschlagen.« Aber von den Menschen wurde nicht nur verlangt, daß sie sich wie Engel verhielten, sondern, um das Projekt zu finanzieren, erhöhte Gudea auch »die Steuern im Land; als Zeichen der Unterwürfigkeit gegenüber dem Herrn Ningirsu wurden die Abgaben angehoben«.

An dieser Stelle wollen wir einen Blick nach vorn auf den Bau eines anderen Heiligtums werfen, daß als Gotteswohnung in der Wüste Sinai für Jahwe errichtet wurde. Eine ausführliche Beschreibung davon finden wir im Buch Exodus ab Kapitel 25: »Sag zu den Israeliten«, sprach Jahwe zu Moses, »sie sollen mir eine Abgabe entrichten. Von jedem, den sein Sinn dazu bewegt, sollt ihr die Abgabe erheben. ... Macht mir ein Heiligtum! Dann werde ich in ihrer Mitte wohnen. Genau nach dem Muster der Wohnstätte und aller ihrer Gegenstände, das ich dir zeige, sollt ihr es herstellen.«

Es folgen überaus ausführliche Anweisungen für den Bau, Details, die es den modernen Gelehrten ermöglichen, den Tempel und alles, was er enthielt, zu rekonstruieren.

Um Moses bei der Ausführung dieser detaillierten Pläne zu helfen, entschloß sich Jahwe, ihm zwei Helfer zur Seite zu stellen, die er mit dem »Geist Gottes«, »mit Weisheit, mit Verstand und mit Kenntnis für jegliche Arbeit« erfüllte. Zwei Männer, Bezalel und Oholiab, wurden von Jahwe ausgewählt und angewiesen, »damit sie alles ausführen, was ich dir aufgetragen habe«. Diese Anweisungen beginnen mit dem Bauplan für die Wohnstätte und machen deutlich, daß es sich um eine rechteckige Anlage handelte, dessen Längsseiten (100 Ellen) genau nach Süden und Norden und dessen Querseiten (50 Ellen lang) genau nach Osten und Westen wiesen, so daß in der Ausrichtung eine Ost-West-Achse entstand (siehe Abb. 44 a).

Kehren wir wieder nach Sumer zurück, etwa 700 Jahre vor dem Auszug aus Ägypten. Der nunmehr »sehr weise« und »große Dinge« wissende Gudea begann mit der Ausführung der göttlichen Anweisungen in großem Stil. Auf Kanälen und Flüssen schickte er Boote aus, »heilige Schiffe, an denen das Emblem von Nansche aufgezogen war«, um die Unterstützung ihrer Anhänger zu erhalten; außerdem sandte er in die Länder Inannas Ochsen- und Eselkarawanen, denen das Emblem der Göttin, die »Sternscheibe«, vorangetragen wurde. Er warb auch die Anhänger von Utu, »dem Gott, den er liebt«, an. Das Ergebnis war, daß Menschen aus Elam und Susa kamen und Magan (Ägypten) und Meluchcha (Nubien) große Tribute aus ihren Bergen entrichteten. Zedern wurden aus dem Libanon herbeigebracht; Bronze wurde gesammelt, Kupfer, Gold, Silber und Marmor sowie ganze Schiffsladungen von Steinen trafen ein.

Als alles Notwendige vorhanden war, ging man an die Herstellung der Tonziegel. Dies war nicht ganz einfach, und nicht nur deshalb, weil Zehntausende davon benötigt wurden. In einem Land, in dem es kaum Steine gab, ermöglichten die

Ziegel den Sumerern, hoch aufragende Gebäude zu errichten. Die Ziegelsteine (die ebenfalls zu den Erfindungen gehören, die zuerst von den Sumerern gemacht worden sind) hatten nicht die Form und Größe, die wir kennen; sie waren normalerweise quadratisch, an allen Seiten mindestens 30 cm lang und 5 bis 8 cm dick. Sie wurden nicht überall und zu allen Zeiten auf die gleiche Weise angefertigt; teils wurden sie nur in der Sonne getrocknet, teils auch in Öfen gebrannt, damit sie beständiger waren. Sie waren auch nicht immer flach, sondern bisweilen konkav oder konvex, wie es ihre Funktion gerade erforderte, um Druck oder Spannung auszuhalten. Aus den Inschriften Gudeas und anderer Könige geht hervor, daß beim Bau von Tempeln und noch stärker beim Bau von Zikkurats der zuständige Gott Form und Größe der Ziegel bestimmte. Den ersten Ziegel zu formen war ein so bedeutsamer Schritt für den Bau und eine so große Ehre für den König, daß der König in die feuchten Ziegel eine Votivinschrift einpreßte (Abb. 75). Dieser Brauch ermöglichte es glücklicherweise den Archäologen, sehr viele der Könige zu identifizieren, die an der Errichtung, dem Wiederaufbau oder der Ausbesserung eines Tempels beteiligt waren.

Abb. 75

Gudea hat der Anfertigung der Ziegel in seiner Inschrift
zahlreiche Zeilen gewidmet. Dies war eine Zeremonie, die
im Beisein mehrerer Götter auf dem Gelände des alten
Tempels abgehalten wurde. Gudea bereitete sich darauf vor,
indem er die Nacht im Heiligtum verbrachte, dann am
Morgen ein Bad nahm, um sich zu reinigen, und besondere
Gewänder anlegte. Im ganzen Land war es ein feierlicher
Ruhetag. Nachdem er Opfer dargebracht hatte, begab er sich
in das alte Allerheiligste; dort befanden sich die Ziegelform,
die ihm der Gott im Traum gezeigt hatte, und ein »heiliger
Tragekorb«. Gudea stellte sich den Korb auf den Kopf. Ein
Gott namens Galulim führte die Prozession an. Der Gott
Ningischzida hielt die Form in seiner Hand. Er ließ Gudea
aus dem Kupferbecher des Tempels etwas Wasser in die
Form gießen: Das sollte ein gutes Vorzeichen sein. Auf
ein Zeichen Ninurtas hin füllte Gudea die Form mit dem
Ton, wobei er die ganze Zeit über Beschwörungsformeln
aussprach. Ehrfürchtig führte er, wie die Inschrift besagt,
die heiligen Riten aus. Die ganze Stadt Lagasch hielt den
Atem an und wartete auf das Ergebnis: Würde der Zie-
gelstein richtig herauskommen, oder würde er fehlerhaft
sein?

> Nachdem die Sonne auf die Form geschienen hatte,
> zerbrach Gudea die Form;
> er löste den Ziegel heraus.
> Die Unterseite mit der eingepreßten Inschrift sah er;
> mit gewissenhaftem Blick prüfte er sie.

Der Ziegelstein war makellos!

> Er trug den Ziegel zum Tempel,
> den aus der Form gehobenen Ziegelstein.
> Wie ein glänzendes Diadem hob er ihn zum Himmel empor;
> er trug ihn zu den Menschen und hielt ihn hoch.
> Er legte den Ziegel auf den Boden des Tempels;
> er war hart und fest.
> Und das Herz des Königs
> wurde so hell wie der Tag.

Abb. 76

Alte, sogar archaische sumerische Darstellungen der Ziegel-
steinzeremonie sind gefunden worden. Eine davon zeigt
einen sitzenden Gott, der die heilige Form in die Höhe hält;
die Ziegelsteine aus dieser Form dienen zum Bau einer
Zikkurat (Abb. 76).
Somit war der Zeitpunkt für den Baubeginn gekommen; der
erste Schritt bestand darin, seine Ausrichtung abzustecken
und den Grundstein zu legen. Wie Gudea beschreibt, wurde
für den neuen Eninnu ein neuer Platz gesucht; Archäologen
haben auch tatsächlich seine Überreste auf einem Hügel etwa
450 m vom älteren entfernt gefunden, auf dem Erdhügel, der
auf der Ausgrabungskarte mit »A« markiert ist (siehe Karte
Seite 172).
Wie wir aus diesen Überresten wissen, wurde die Zikkurat
so gebaut, daß sie gemäß den vier Himmelsrichtungen
ausgerichtet war. Die genaue Ausrichtung erhielt man, indem zuerst der Osten bestimmt wurde; dann wurden eine
oder mehrere Mauern im rechten Winkel zueinander hochge-
zogen. Diese Zeremonie wurde ebenfalls an einem günstigen
Tag vorgenommen, für den das »volle Jahr« vergehen mußte. Der Tag wurde von der Göttin Nansche verkündet:
»Nansche, ein Kind von Eridu« (der Stadt Enkis), »befahl
die Erfüllung des ermittelten Orakels.« Meiner Meinung
nach war es der Tag des Äquinoktiums.
Mittags, als die Sonne an ihrem höchsten Punkt stand, plante
der »Herr der Beobachter«, ein Baumeister, der seinen
Standort im Tempel hatte, sorgfältig die Richtung. Während

Abb. 77

die Anunnaki die Bestimmung der Ausrichtung »voller
Bewunderung« beobachteten, legte er den Grundstein und
markierte auf der Erde die Richtung der Mauer. Später heißt
es in der Inschrift, daß dieser »Herr der Beobachter«, der
Baumeister, Ningischzida war; auch aus verschiedenen Darstellungen (Abb. 77) wissen wir, daß es eine Gottheit (an der
horngeschmückten Kopfbedeckung, der sog. Hörnerkrone,
zu erkennen) war, die bei einer solchen Gelegenheit den
konisch geformten Eckstein einsetzte.
Abgesehen von Abbildungen der Zeremonien, die einen Gott
mit hornförmigem Kopfschmuck beim Einsetzen des konischen »Steins« zeigen, weisen solche in Bronze gegossene
Darstellungen darauf hin, daß der »Stein« eigentlich aus
Bronze bestand. Die Verwendung der Bezeichnung »Stein«
ist nicht ungewöhnlich, da alle in Steinbrüchen und Bergwerken abgebauten Metalle mit der Vorsilbe *NA* bezeichnet
wurden, die »Stein« oder »Geschürftes« bedeutete. In diesem Zusammenhang ist es beachtenswert, daß auch in der

Bibel die Setzung des Eck- oder Grundsteins als göttlicher
oder göttlich inspirierter Vorgang betrachtet wurde, der den
Segen des Herrn für das neue Haus bedeutete. In seiner
Prophezeiung vom Wiederaufbau des Tempels in Jerusalem
berichtet Sacharja, wie ihm Jahwe in einer Vision »einen
Mann mit einer Meßschnur in der Hand« gezeigt habe;
dieser göttliche Bote sollte Jerusalem ausmessen, um zu
sehen, wie breit und wie lang die wiederaufgebaute und noch
größere Stadt sein werde. Und die Mauern des neuen Hauses
des Herrn sollten sich siebenmal so hoch erheben, nachdem
der Herr für ihn den ersten Stein legen würde. Und wenn sie
in der Hand Serubbabels (den Jahwe für den Wiederaufbau
des Tempels ausgewählt habe) den »Bronzestein« sehen
würden, dann würden alle wissen, daß es der Wille des Herrn
war. Auch in diesem Fall wurden die Männer, die den
Wiederaufbau des Tempels durchführen sollten, von Jahwe
benannt.
Nachdem der Gott Ningischzida in Lagasch den Grundstein
verankert hatte, konnte Gudea das Fundament des Tempels
errichten, da er nunmehr »wie Nisaba die Bedeutung der
Zahlen kannte«.
Die von Gudea erbaute Zikkurat hatte, wie die Gelehrten
ermittelt haben, sieben Stufen. Deshalb mußten, sobald der
Grundstein gelegt und die Ausrichtung des Tempels festge-
setzt war, sieben Beschwörungsformeln gesprochen werden.
Gudea begann dabei, die Ziegelsteine entlang der Abstek-
kung auf dem Boden einzumauern:

> Mögen die Ziegel friedlich ruhen!
> Möge das Haus gemäß seinem Plan hoch aufragen!
> Möge der göttliche Schwarze Sturmvogel wie ein junger Adler sein!
> Möge er furchteinflößend wie ein junger Löwe sein!
> Möge das Haus den strahlenden Glanz des Himmels haben!
> Möge Freude bei den vorgeschriebenen Opfern herrschen!
> Möge Eninnu der Welt ein Licht sein!

Dann begann Gudea das »Haus« zu bauen: »Eine Wohnung
errichtete er für seinen Herrn Ningirsu ..., einen Tempel,

wahrlich einen Berg zwischen Himmel und Erde, dessen
Haupt zum Himmel aufragt ... Freudig errichtete Gudea den
Eninnu mit den festen Ziegelsteinen Sumers; den großen
Tempel baute er so.«

In Mesopotamien, dem »Land zwischen den Flüssen«, das
während der Sintflut von gewaltigen Schlammassen bedeckt wurde, gab es keine Steinbrüche; das einzige Baumaterial waren deshalb Ziegel aus Lehm oder Schlamm.
Alle Tempel und Zikkurats wurden daraus errichtet. Gudeas
Aussage, daß der Eninnu »mit den festen Ziegelsteinen
Sumers« errichtet wurde, ist somit nur eine Bestätigung
dieser Tatsache. Verwirrend ist allerdings seine detaillierte
Aufzählung anderer Baumaterialien. Dabei geht es nicht
um die verschiedenen Holzsorten, die ja üblicherweise bei
Tempelbauten verwendet wurden, sondern um die Vielzahl
von Metallen und Steinen, die bei dem Vorhaben Verwendung fanden, Materialien, die alle von weither herbeigeschafft werden mußten.

Der König, »der gerechte Hirte«, heißt es in den Inschriften,
»errichtete den strahlenden Tempel mit Metall« und holte
dazu Kupfer, Gold und Silber aus fernen Ländern. »Er baute
den Eninnu aus Stein, er machte ihn glänzend mit Juwelen;
mit Kupfer, vermischt mit Zinn befestigte er ihn.« Das ist
zweifellos ein Hinweis auf Bronze, die nicht nur zur Herstellung von Gegenständen benutzt, sondern anscheinend auch
verwendet wurde, um Steinblöcke und Metalle zu verklam-
mern. Die Herstellung der Kupferlegierung Bronze – ein
komplizierter Vorgang, zu dem das Mischen von Kupfer
und Zinn in einem bestimmten Verhältnis und unter großer Hitzezufuhr gehörte – erforderte viel Kunstfertigkeit. Tatsächlich geht aus Gudeas Beschreibung hervor, daß für diesen
Zweck ein *Sangu Simug,* ein »priesterlicher Schmied«, der für
den Gott Nintud arbeitete, aus dem »Land des Schmelzens«
geholt wurde. Dieser »arbeitete an der Fassade des Tempels;
mit zwei Hand breitem hellem Stein verkleidete er das Mauerwerk, mit Diorit und eine Hand breitem hellem Stein ...« (Die

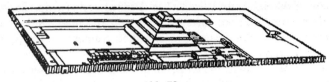

Abb. 78

Inschrift ist an dieser Stelle zu stark beschädigt, um entziffert
werden zu können.)

Nicht nur die Menge der für den Eninnu benutzten Steine,
sondern auch die klare Aussage, daß das Mauerwerk mit
hellem Stein von einer bestimmten Dicke verkleidet wurde
(was von den Gelehrten bisher nicht beachtet wurde), ist
nahezu sensationell. Ich kenne kein anderes Beispiel einer
sumerischen Aufzeichnung über einen Tempelbau, die eine
Verkleidung oder »Ummantelung« der Ziegel mit Steinen
erwähnt. Solche Inschriften sprechen nur vom Ziegelbau,
seiner Errichtung, seinem Verfall, seiner Erneuerung, aber
nie von einer Steinverkleidung über der Ziegelfassade.

Unglaublicherweise – aber wie wir sehen werden, nicht
unerklärlicherweise – ahmte die in Sumer einmalige Verkleidung des neuen Eninnu mit hellen Steinen die *ägyptische*
Methode der Verkleidung von Stufenpyramiden mit einem
Mantel aus hellem Kalkstein nach, um ihnen glatte Seiten zu
geben!

Die von den Pharaonen errichteten Pyramiden in Ägypten
begannen mit der Pyramide, die König Djoser um 2650 v.
Chr. in Sakkara (südlich von Memphis) erbaute (Abb. 78).
Sie ragt in sechs Stufen innerhalb eines rechteckigen heiligen
Bezirks auf, war ursprünglich mit hellem Kalkstein verkleidet, von dem nur noch Spuren übriggeblieben sind. Wie bei
den nachfolgenden Pyramiden entfernten spätere Herrscher
die Steine dieser Ummantelung, um sie bei ihren eigenen
Bauwerken zu verwenden.

Wie ich in meinem Buch »Stufen zum Kosmos« gezeigt und
nachgewiesen habe, wurden die ersten Pyramiden in Ägyp-

ten von den Anunnaki selbst erbaut: die Große Pyramide und
die beiden kleineren daneben in Giseh. Sie waren es, die die
Ummantelung der Bauwerke, die in ihrem Kern Stufenpyramiden waren, mit hellen Steinen ersannen und ihnen ihre
berühmten glatten Seitenflächen verliehen. Daß der neue
Eninnu in Lagasch, der von Ninurta ungefähr zur selben Zeit
in Auftrag gegeben wurde, als Stonehenge zu einem *Steinkreis* wurde, die Steinverkleidung einer ägyptischen Pyramide nachahmte, ist eine wichtige Lösungshilfe für das Rätsel
von Stonehenge.

Diese unerwartete Verbindung zum alten Ägypten war nur
eine von vielen. Gudea selbst spielte auf solche Zusammen-
hänge an, wenn er erklärte, daß die Form des Eninnu und
seine Verkleidung mit hellen Steinen auf Informationen
beruhten, die Nisaba lieferte; den Bauplan des Tempels hatte
ihr Enki im »Haus des Lernens« beigebracht. Diese Akademie befand sich zweifellos in einem von Enkis Zentren, und
Ägypten war das Gebiet, das Enki und seinen Nachkommen
bei der Aufteilung der Erde zugewiesen worden war.

An dem Eninnu-Projekt war eine Reihe von Göttern beteiligt; Nisaba, die Gudea in der ersten Vision mit der Sternenkarte erschien, war nicht die einzige Göttin unter ihnen.
Sehen wir uns einmal alle beteiligten Gottheiten an und
betrachten wir danach genauer die Rolle der Göttinnen.

Zuerst kommt Enlil, mit dem alles begann, indem er Ninurta
die Erlaubnis zum Bau eines neuen Tempels erteilte. Dann
erschien Ninurta dem König Gudea und setzte ihn davon in
Kenntnis, daß er von den Göttern zum Erbauer erwählt
worden sei. In seiner Vision zeigte ihm Ningischzida den
Himmelspunkt, an dem die Sonne aufging. Nisaba wies mit
einem Griffel auf den günstigen Stern, und Nindub zeichnete
den Bauplan des Tempels auf eine Tafel. Um all das zu
verstehen, suchte Gudea bei der Orakelgöttin Nansche Rat.
Inanna bzw. Ischtar und Utu bzw. Schamasch boten ihre
Anhänger auf, um seltenes Baumaterial zu beschaffen. Ningischzida war zusammen mit einem anderen Gott namens

Galalim an der Herstellung der Ziegelsteine beteiligt. Nansche wählte den für den Baubeginn günstigen Tag aus. Ningischzida bestimmte dann die Ausrichtung und setzte den Eckstein. Bevor der Eninnu eingeweiht werden konnte, mußte Utu bzw. Schamasch die Ausrichtung zur Sonne prüfen. Die einzelnen Schreine neben der Zikkurat waren Anu, Enlil und Enki geweiht. An den abschließenden Reinigungs- und Einweihungsriten, bevor Ninurta bzw. Ningirsu und seine Gemahlin Bau bzw. Baba einzogen, nahmen Ninmada, Enki, Nindub und Nansche teil.

Die Astronomie spielte bei dem Eninnu-Projekt deutlich eine Schlüsselrolle, und zwei der daran beteiligten Gottheiten, Nasche und Nisaba, waren Göttinnen, die mit der Astronomie verbunden waren. Sie wandten ihre Fachkenntnisse auf den Gebieten der Astronomie, Mathematik und Metrologie nicht nur (wie in Gudeas Fall) auf den Bau von Tempeln, sondern auch auf allgemein schöpferische Zwecke sowie bei Riten an. Die eine jedoch war in der Akademie von Eridu, die andere in der von Nippur ausgebildet worden.

Nansche, die Gudea darüber aufklärte, welche Götter ihm erschienen waren, und den genauen Kalendertag (den Tag der Tagundnachtgleiche) für die Ausrichtung des Tempels bestimmte, wird in Gudeas Inschriften als »Tochter von Eridu« (Enkis Stadt in Sumer) bezeichnet. In den mesopotamischen Götterlisten wurde sie NIN.A, »Herrin des Wassers«, genannt und als Tochter von Ea bzw. Enki geführt. Die Planung von Wasserwegen und die Lokalisierung von Quellen waren ihre Spezialität. Ihre Entsprechung am Himmel war das Sternbild Skorpion, *mul GIR-TAB* auf sumerisch. Die Kenntnisse, die sie beim Bau des Eninnu in Lagasch einbrachte, waren somit diejenigen, die in Enkis Akademien gelehrt wurden.

Eine Hymne auf Nansche als Bestimmerin des Neujahrstages beschreibt, wie sie an diesem Tag über die Menschheit zu Gericht sitzt, begleitet von Nisaba in der Rolle der göttlichen »Buchhalterin«, die die Sünden der Verurteilten registriert und bemißt, etwa eines Betrügers, »der ein kleines Gewicht an die Stelle eines großen setzte und ein großes Maß gegen ein kleines austauschte«. Die beiden Göttinnen wurden zwar häufig gemeinsam erwähnt, doch Nisaba (ihr Name wird von einigen Gelehrten als »Nidaba« gelesen) gehörte eindeutig zu den Anhängern Enlils. Sie galt als Halbschwester von Ninurta bzw. Ningirsu. Obwohl man später in ihr eine Göttin sah, die das Getreide segnete (vielleicht wegen ihrer Verbindung mit dem Kalender und dem Wetter), wurde sie in der sumerischen Literatur als eine Göttin beschrieben, die »die Ohren der Menschen öffnet«, d. h. sie Weisheit lehrt. In einer von verschiedenen Schriften, die Samuel N. Kramer (»The Sumerians«) aus verstreuten Fragmenten zusammengestellt hat, nennt sie der *Ummia* (Wortkenner) die Schutzgöttin des E.DUB.BA (Haus der beschrifteten Tafeln), der Hauptakademie Sumers für die Kunst des Schreibens. Kramer bezeichnet sie als die »sumerische Göttin der Weisheit«.

Nisaba war laut D. O. Edzard (»Götter und Mythen im Vorderen Orient«) die sumerische Göttin »der Schreibkunst, Mathematik, Wissenschaft, Baukunst und Astronomie«. Gudea beschreibt sie vor allem als die »Göttin, die die Zahlen kennt« – ein weiblicher »Einstein« des Altertums.

Ihr Symbol war der heilige Schreibgriffel. Eine kurze Hymne an Nisaba, die man auf einer Tafel in den Ruinen des heiligen Bezirks von Lagasch entdeckt hat (Abb. 79), schildert sie als diejenige, »die fünfzig große MEs erwarb« und als Besitzerin des »Griffels der sieben Zahlen«. Beide Zahlen waren mit Enlil und Ninurta verbunden: Sie hatten beide den numerischen Rang fünfzig, und ein Beiname Enlils (als Befehlshaber der Erde, des siebten Planeten) war »Herr der Sieben«.

Mit ihrem heiligen Schreibgriffel wies sie Gudea auf den »günstigen Stern« auf der »Sternentafel« hin, die sie auf ihren Knien hielt. Demnach waren auf die Tafel mehr als nur ein Stern gezeichnet, so daß für die Ausrichtung der richtige unter mehreren Sternen aufgezeigt werden mußte. Erhärtet wird diese Schlußfolgerung durch die Aussage in der »Se-

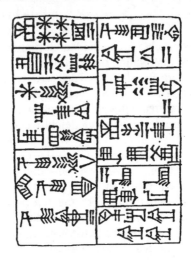

Abb. 79

genserteilung Enkis an Nisaba«, daß Enki als Teil ihrer
Ausbildung »die heilige Tafel der Himmelssterne« (wieder
»Sterne« im Plural) gegeben habe.

Das Wort MUL im Sumerischen (*Kakkab* im Akkadischen),
das »Himmelskörper« bedeutete, wurde sowohl für Planeten
als auch für Sterne angewendet; deshalb stellt sich die Frage,
welche Himmelskörper auf Nisabas Sternkarte verzeichnet
waren, ob es sich um Sterne oder um Planeten oder (wahrscheinlich) um beides handelte. Die erste Zeile des in Abb.
79 zu sehenden Textes preist Nisaba als große Astronomin
und nennt sie NIN MUL.MUL.LA, »Herrin vieler Sterne«.
Verblüffend an dieser Formulierung ist, daß »viele Sterne«
nicht mit einem Sternzeichen und dem Determinativ für
»viele«, sondern mit vier Sternzeichen geschrieben wird. Die
einzig plausible Erklärung für diese ungewöhnliche Schreibweise ist, daß Nisaba auf ihrer Sternenkarte die vier Sterne
anzeigen konnte, die wir immer noch für die Bestimmung
der vier Himmelsrichtungen benutzen.

Ihre große Weisheit und ihre umfassenden wissenschaftlichen Kenntnisse wurden in sumerischen Hymnen mit der Formulierung beschrieben, sie sei »mit den fünfzig großen MEs vervollkommnet« worden, jener rätselhaften »göttlichen Formeln«, die ähnlich wie Computerdisketten klein genug waren, um sie in der Hand zu tragen, obwohl jede eine riesige Informationsmenge enthielt. Ein sumerischer Text schildert, wie Inanna bzw. Ischtar nach Eridu ging und ihn dazu brachte, ihr hundert MEs zu geben. Nisaba hingegen brauchte sich ihre fünfzig MEs nicht zu erschleichen. Ein dichterischer Text, den William W. Hallo (»The Cultic Setting of Sumerian Poetry«) aus Fragmenten zusammengestellt und dem er den Titel »Die Segnung Nisabas durch Enki« gegeben hat, macht deutlich, daß Nisaba zusätzlich zu ihrer Ausbildung bei Enlil auch Enkis Akademie in Eridu absolvierte. Darin wird sie als »oberste Himmelsschreiberin«, »allwissende Weise der Götter«, besungen, während Enki als »kunstfertiger Handwerker von Eridu« und seine Akademie (»Haus des Lernens«) gepriesen wurden:

> Er öffnete wahrlich das Haus des Lernens für Nisaba;
> er legte wahrlich die Lapislazulitafel auf ihr Knie,
> auf daß sie die heilige Tafel der Himmelssterne zu Rate ziehe.

Nisabas »Kultstadt« hieß Eresch (Hauptwohnung); man hat bis jetzt in Mesopotamien weder ihre Überreste gefunden noch ihre Lage bestimmt. Die fünfte Strophe dieser Dichtung deutet darauf hin, daß sie in der Unterwelt *(Abzu)* von Afrika lag, wo Enki den Grubenbetrieb und metallurgische Unternehmungen leitete und seine gentechnischen Versuche durchführte. Darin werden die verschiedenen Orte aufgezählt, wo Nisaba unter der Ägide von Enki ebenfalls ausgebildet wurde:

> Eresch baute er für sie,
> geschaffen aus einer Vielzahl reiner kleiner Ziegelsteine.
> Weisheit höchsten Grades wird ihr gewährt
> im Abzu, dem großen Ort von Eridus Krone.

Abb. 80

Eine Cousine Nisabas, die Göttin ERESCH.KI.GAL (»Erste
Wohnung am großen Ort«), war für eine wissenschaftliche
Station in Südafrika verantwortlich und kontrollierte dort
gemeinsam mit Nergal, einem Sohn Enkis, als Mitgift eine
»Tafel der Weisheit«. Es ist durchaus möglich, daß Nisaba
auch dort ausgebildet wurde.
Diese Analyse von Nisabas Attributen kann uns helfen, die
Gottheit – nennen wir sie »Göttin der Astronomen« – zu
identifizieren, die auf einer assyrischen Tafel erscheint (Abb.
80). Sie ist in einem Tor zu sehen, das von stufenförmigen
Beobachtungsstandorten überragt wird. In der Hand hält sie
ein auf einer Stange angebrachtes Beobachtungsgerät; die
Mondsichel zeigt dabei an, daß es für die Beobachtung der
Mondbahn, d. h. für kalendarische Zwecke, bestimmt war.
Sie ist auch an den vier Sternen zu erkennen, die unserer
Ansicht nach das Symbol Nisabas sind.
Eine der merkwürdigsten Aussagen, die Gudea bei der

Abb. 81a und 81b

Beschreibung der ihm erschienenen Gottheiten macht, betrifft Nisaba: »Das Abbild eines Tempelbaus, eine Zikkurat
trug sie auf ihrem Kopf.« Die mesopotamischen Gottheiten
sind daran zu erkennen, daß ihr Kopfschmuck zwei Hörner
aufwies, doch daß Götter oder Göttinnen das Abbild eines
Tempels oder einen Gegenstand auf dem Kopf trugen, ist
beispiellos. Aber genau so wird Nisaba von Gudea beschrieben.
Es dürfte keine Einbildung gewesen sein. Wenn wir uns die
Abb. 80 genauer ansehen, erkennen wir, daß Nisaba auf
ihrem Kopf tatsächlich das Abbild einer Zikkurat trägt,
genau wie Gudea es behauptet hatte. Doch es ist kein
stufenförmiges Gebilde, sondern das Abbild einer Pyramide
mit glatten Seitenflächen, einer *ägyptischen* Pyramide.
Außerdem ist nicht nur die Zikkurat ägyptisiert: Auch die
Sitte, ein solches Abbild auf dem Kopf zu tragen, ist
ägyptisch und findet sich vor allem bei ägyptischen Göttinnen. Die ersten davon waren Isis, die Schwester und Gemahlin von Osiris (Abb. 81a), und Nephthys, ihre Schwester
(Abb. 81b).
War Nisaba, eine Göttin der Enlilschule, die in Enkis Aka-

Abb. 82

demie ausgebildet worden war, ägyptisiert genug, um eine
solche Kopfbedeckung zu tragen? Wenn wir dies weiter
untersuchen, treten viele Ähnlichkeiten zwischen Nisaba und
Sescheta, der Gehilfin Thots in Ägypten, zutage. Abgesehen
von den Attributen und der Funktion Seschetas, die wir
schon betrachtet haben, gibt es noch andere Übereinstim-
mungen mit Nisaba. Dazu gehört ihre Rolle als »Göttin der
Schreibkunst und Wissenschaft«, wie Hermann Kees (»Der
Götterglaube im alten Ägypten«) sie bezeichnet. Nisaba
besaß den »Schreibgriffel der sieben Zahlen«; Sescheta
wurde ebenfalls mit der Zahl Sieben in Verbindung gebracht.
Einer ihrer Beinamen lautete »Sescheta bedeutet Sieben«; oft
wurde ihr Name in Hieroglyphenschrift durch das Zeichen
für Sieben über einem Bogen angegeben. Ähnlich wie
Nisaba, die Gudea mit dem Abbild eines Tempelbaus auf

dem Kopf erschienen war, so wurde auch Sescheta mit dem
Abbild eines zweitürmigen Gebildes auf ihrem Kopf über
ihrem Stern-und-Bogen-Symbol dargestellt (Abb. 82). Sie
war eine »Tochter des Himmels«, eine Chronologin und
Chronographin, und wie Nisaba bestimmte sie für die königlichen Tempelbauer die erforderlichen astronomischen Daten.

Laut den sumerischen Texten war Nisabas Gemahl ein Gott
namens Chaja. Von ihm ist kaum etwas bekannt, außer daß
er an den Gerichtsverfahren am Neujahrstag, die Nansche
leitete, teilnahm und die Waage bediente. Nach ägyptischem
Glauben war der Gerichtstag für den Pharao der Tag, an dem
er starb; dann wurde sein Herz gewogen, um sein Schicksal
im Leben nach dem Tod zu bestimmen. In der ägyptischen
Religion wurde die Waage von Thot beaufsichtigt, dem Gott
der Wissenschaft, der Astronomie, des Kalenders, des
Schreibens und des Rechnungswesens.

Eine solche Überschneidung im Wesen der Gottheiten, die
für den Eninnu die Kenntnisse auf dem Gebiet der Astronomie und des Kalenders bereitstellten, verrät einen ansonsten
nicht bekannten Zustand der Zusammenarbeit zwischen den
sumerischen und ägyptischen göttlichen Baumeistern.

Dies ist in vielerlei Hinsicht ein ungewöhnliches Phänomen,
seinen Ausdruck fand es in der einzigartigen Form und
Erscheinung des Eninnu und in der Errichtung einer außer-
gewöhnlichen astronomischen Anlage innerhalb seines heiligen Bezirks. Alles drehte sich dabei um den Kalender, den
die göttlichen Hüter der Geheimnisse der Menschheit
schenkten.

Nach der Vollendung des Eninnu wurde viel Arbeit und
Kunstfertigkeit auf die Ausschmückung innen und außen
verwendet. Teile des »inneren Schreines« wurden, wie wir
erfahren, »reizvoll für das Auge mit Zedernholz ausgeklei-
det«. Außerhalb des Gebäudes pflanzte man seltene Bäume
und Sträucher an, um einen schönen Garten zu schaffen. Ein

Wasserbecken wurde gebaut, in dem seltene Fische schwammen; auch das war ein Element, das in sumerischen Tempelbezirken unüblich war, aber den ägyptischen entsprach, wo ein heiliges Wasserbecken häufig vorkam.

»Der Traum ist wahr geworden«, schreibt Gudea. »Der Eninnu wurde fertiggestellt: Wie eine leuchtende Masse steht er da, alles bedeckt eine strahlende Helligkeit seiner Verkleidung; wie ein Berg, der leuchtet, ragt er freudig auf.«

Nun wandte er sich ganz dem Girsu, dem heiligen Bezirk, zu. Eine Senke, »eine große Halde«, wurde angefüllt: »Mit der Weisheit, die Enki ihm verliehen hatte, planierte er den Boden und vergrößerte das Gebiet der Tempelterrasse.« Zylinder A allein zählt mehr als fünfzig Schreine und Tempel auf, die neben der Zikkurat errichtet wurden, um die verschiedenen am Projekt beteiligten Götter sowie Anu, Enlil und Enki zu ehren. Es entstanden Einfassungsmauern, Verwaltungsgebäude, Höfe, Altäre, Tore, Wohnungen für die verschiedenen Priester und natürlich die Wohn- und Schlafräume von Ningirsu bzw. Ninurta und seiner Gemahlin Bau.

Es gab auch besondere Räume bzw. Anlagen für den Göttlichen Schwarzen Vogel, Ninurtas Luftfahrzeug, und für seine furchteinflößenden Waffen sowie Stellen, wo die astronomisch-kalendarischen Aufgaben des neuen Eninnu ausgeführt werden sollten. Weiter gab es einen speziellen Platz für den »Meister der Geheimnisse« und den Schugalam, die hochgelegene Stelle der Öffnung, die »Stelle, wo bestimmt wird, welche ehrfurchteinflößende Macht groß ist, wo der strahlende Glanz angekündigt wird«. Zwei Gebäude waren mit dem »Lösen der Schnüre« bzw. dem »Binden mit den Schnüren« verbunden. Für die Funktionen dieser Anlagen konnten die Gelehrten keine Erklärung finden, aber sie müssen mit astronomischen Beobachtungen im Zusammenhang gestanden haben, denn sie befanden sich neben Gebäudeteilen, die als »oberste Kammer« und »Kammer der sieben Zonen« bezeichnet wurden, oder gehörten unmittelbar dazu.

Zu dem neuen Tempel und seinem heiligen Bezirk kamen noch andere Besonderheiten hinzu, die ihn tatsächlich so einzigartig machten, wie Gudea sich gerühmt hatte; wir werden sie noch mit der gebührenden Ausführlichkeit besprechen. Außerdem mußte, wie aus dem Text hervorgeht, ein bestimmter Tag abgewartet werden – der Neujahrstag, um genau zu sein –, bevor Ninurta und Bau tatsächlich in den neuen Eninnu einziehen und ihn zu ihrer Wohnung machen konnten.

Während sich Zylinder A den Ereignissen widmete, die zum Bau des Eninnu führten, und den Bau selbst behandelte, befassen sich Gudeas Inschriften auf Zylinder B mit den Riten, die mit der Einweihung der neuen Zikkurat und des heiligen Bezirks sowie mit den Zeremonien bei der tatsächlichen Ankunft Ninurtas und Baus im *Girsu* (was seinen Titel NIN.GIRSU, »Herr des Girsu«, bestätigt) und bei ihrem Einzug in ihrer neuen Wohnung verbunden sind. Die astronomischen und kalendarischen Aspekte dieser Riten und Zeremonien ergänzen die Angaben der Inschriften von Zylinder A.

Über ein halbes Jahr mußte man mit der Einweihung warten. Während dieser Zeit war Gudea damit beschäftigt, täglich zu beten, Trankopfer zu verrichten und die Kornspeicher des neuen Tempels mit Getreide von den Feldern und seine Pferche mit Schafen von den Weiden zu füllen. Endlich kam der festgelegte Tag:

> Das Jahr ging vorüber,
> die Monate waren vollendet;
> das neue Jahr kam am Himmel –
> der »Monat des Tempels« begann.

An diesem Tag, als der »neue Mond geboren« wurde, begannen die Weihezeremonien. Die Götter selbst vollzogen die Reinigungs- und Einweihungsriten. »Ninmada führte die Reinigung durch, Enki gewährte ein besonderes Orakel, Nindub verbreitete Weihrauch, Nansche, die Herrin der

Orakel, sang heilige Hymnen; sie weihten den Eninnu ein,
machten ihn heilig.«
Der dritte Tag, berichtete Gudea, war ein heller Tag. An
diesem Tag trat Ninurta heraus in strahlendem Glanz. Als er
den neuen heiligen Bezirk betrat, schritt die Göttin Bau an
seiner linken Seite. Gudea »besprengte den Boden mit viel
Öl ...; er brachte Honig, Wein, Milch, Getreide, Olivenöl ..., Datteln und Trauben häufte er auf – Nahrung, vom
Feuer unberührt, Lebensmittel, damit die Götter sie äßen«.
Die Bewirtung des göttlichen Paares und der übrigen Götter
mit Früchten und anderen nicht gekochten Lebensmitteln
dauerte bis zum Mittag. »Als die Sonne hoch über dem Land
stand«, schlachtete Gudea »einen fetten Ochsen und ein
fettes Schaf«. Danach begann ein üppiges Mahl mit Braten
und viel Wein. »Weißbrot und Milch brachten sie am Tag
und die ganze Nacht.« Ninurta, »der heilige Krieger Enlils«,
aß und trank »Bier, bis er gesättigt war«. Währenddessen
»ließ Gudea die ganze Stadt knien und befal, daß sich das
ganze Land auf den Boden warf ... Tagsüber gab es Bitten,
nachts Gebete.«
»Im Morgengrauen betrat Ningirsu, der Krieger, den Tempel; in seinen Tempel kam der Herr. Einen Schrei wie einen
Schlachtruf stieß Ningirsu aus und schritt in seinen Tempel.«
Laut Gudea war es, als ginge die Sonne über dem Land
Lagasch auf: »Und das Land Lagasch freute sich.« Es war
auch der Tag, an dem die Ernte begann:

> An diesem Tag,
> als der rechtmäßige Gott eintrat,
> an diesem Tag begann Gudea
> die Felder abzuernten.

Gemäß einem Gebot von Ninurta und Nansche folgten im
ganzen Land sieben Tage der Reue und Sühne. »Sieben Tage
lang waren die Magd und ihre Herrin gleich, gingen Herr
und Sklave Seite an Seite ... Von der bösen Zunge wechselte
das Wort zur guten ... Der Reiche tat dem Waisenkind kein

Abb. 83

Unrecht an, kein Mann unterdrückte die Witwe ... Die Stadt
beschränkte ihre Sündhaftigkeit.« Am Ende der sieben Tage,
am zehnten Tag des Monats, betrat Gudea den neuen Tempel
und vollzog dort zum erstenmal die Riten des Hohenprie-
sters, indem »er auf der Tempelterrasse vor dem hellen
Himmel das Feuer entzündete«.
Eine Darstellung auf einem Rollsiegel aus dem 2. Jahrtausend v. Chr., das in Assur gefunden wurde, hat möglicherweise für uns die Szene festgehalten, die sich 1000 Jahre
früher in Lagasch abgespielt hatte. Sie zeigt einen Hohenpriester (der sehr oft, wie im Falle Gudeas, auch der König
war), wie er auf einem Altar gegenüber der Zikkurat des
Gottes ein Feuer anzündet, während der »günstige Planet«
am Himmel zu sehen ist (Abb. 83).
Auf dem Altar, »vor dem hellen Himmel, wuchs das Feuer
auf der Tempelterrasse«. Gudea »opferte zahlreiche Ochsen
und Zicklein«. Aus einer Bleischale goß er ein Trankopfer
aus. »Für die Stadt unterhalb des Tempels bat er.« Er schwor
Ningirsu ewige Treue; »bei den Ziegeln des Eninnu schwor
er, einen günstigen Eid legte er ab«.
Und der Gott Ninurta, der Lagasch und seinem Volk Überfluß versprach, daß »das Land alles tragen möge, was gut

ist«, sprach zu Gudea selbst: »Das Leben soll lang sein für
dich.«
Entsprechend endet die Inschrift auf Zylinder B wie folgt:

Haus, das wie ein großer Berg himmelwärts aufragt,
sein Glanz fällt mächtig auf das Land,
da Anu und Enlil das Schicksal von Lagasch bestimmen.

Eninnu, als Verbindung zwischen Himmel und Erde errichtet,
macht die Herrschaft Ningirsus
allen Ländern bekannt.

O Ningirsu, Ehre sei dir!
Das Haus Ningirsus ist gebaut,
es sei gepriesen!

7

Stonehenge am Euphrat

Gudeas Inschriften enthalten eine Fülle von Informationen; je intensiver wir sie und die besonderen Merkmale des von ihm erbauten Eninnu studieren, desto erstaunter sind wir.

Wenn wir die Texte Vers für Vers durchgehen und uns die große Tempelterrasse und seine Zikkurat vorstellen, werden wir bei diesem »Band zwischen Himmel und Erde« erstaunliche, auf den Himmel bezogene Merkmale entdecken: eine der frühesten, wenn nicht sogar die allererste Verbindung eines Tempels mit dem Tierkreis, das Auftauchen von Sphingen in Sumer zu einem völlig unerwarteten Zeitpunkt, eine Reihe von Verbindungen zu Ägypten, insbesondere zu einem seiner Götter, und ein »Mini-Stonehenge« im Zweistromland ...

Beginnen wir mit der ersten Aufgabe, die Gudea nach der Vollendung der Zikkurat und der Tempelterrasse in Angriff nahm. Er errichtete sieben Steinsäulen an sieben sorgfältig ausgesuchten Stellen. Dabei sorgte er dafür, daß sie fest auf dem Boden standen: Er »stellte sie auf ein Fundament, auf Sockeln errichtete er sie«.

Diese Stellen großer Bedeutung gewesen sein, denn Gudea verbrachte ein ganzes Jahr damit, die rohen Steinblöcke, aus denen die Pfeiler hergestellt wurden, aus einem fernen Steinbruch nach Lagasch zu bringen; ein weiteres Jahr war notwendig, um sie zu bearbeiten. Aber dann wurden die sieben Stelen in einer gewaltigen Anstrengung, innerhalb von genau sieben Tagen, wobei unermüdlich gearbeitet wurde, am richtigen Platz aufgestellt. Falls die sieben Säulen – wie die überlieferten Informationen vermuten lassen – in ihrem Standort nach irgendwelchen astronomischen Bezü-

gen angeordnet waren, wird die Eile verständlich; denn je
länger das Aufstellen gedauert hätte, desto größer wäre die
Abweichung gegenüber den Himmelskörpern geworden.

Die Bedeutung der Stelen und ihres Standorts geht auch
daraus hervor, daß Gudea jeder Säule einen »Namen« gab,
der aus einer langen heiligen Formel bestand, die offensichtlich einen Bezug zu ihrem Standort hatte (z. B. »auf der
hohen Terrasse«, »zum Tor am Flußufer blickend«, »gegenüber Anus Schrein«). Obwohl die Inschrift eindeutig (Spalte
XXIX, Zeile 1) besagt, daß im Verlauf dieser sieben hekti-
schen Tage »sieben Stelen errichtet« wurden, sind nur die
Namen von sechs Standorten angegeben. Bei einer, vermutlich der siebten, heißt es, sie sei »zur aufgehenden Sonne
hin« errichtet worden. Da damals schon alle für den Eninnu
erforderlichen Ausrichtungen festgelegt waren, angefangen
bei den göttlichen Anweisungen und der Grundsteinlegung
durch Ningischzida, wurden weder die sechs verteilt stehenden Stelen noch die »zur aufgehenden Sonne hin errichtete«
siebte für die Ausrichtung des Tempels benötigt. Ein anderer
Zweck mußte das Motiv dafür sein. Die einzige logische
Schlußfolgerung ist, daß damit andere Beobachtungen als
die Bestimmung des Tages der Tagundnachtgleiche, d. h. des
Neujahrstages, verbunden waren, irgendwelche astronomisch-kalendarischen Beobachtungen ungewöhnlicher Art,
die die großen Anstrengungen beim Transport des Materials
und bei der Herstellung der Stelen und die Eile bei ihrer
Errichtung rechtfertigten.

Das Rätsel dieser Steinsäulen beginnt mit der Frage, warum
so viele errichtet wurden, wenn doch zwei genügt hätten, um
eine Visierlinie etwa zur aufgehenden Sonne hin zu schaffen.
Die Skepsis wächst, wenn wir in der Inschrift die sensatio-
nelle Behauptung lesen, daß die sechs Stelen, deren Standorte genannt werden, von Gudea *in einem Kreis* aufgestellt
wurden. Wollte Gudea mit Hilfe der Säulen ein »Stonehenge« formen im alten Sumer, vor mehr als 5000 Jahren?
Laut A. Falkenstein (»Die Inschriften Gudeas von Lagasch«)

weist Gudeas Inschrift auf das Vorhandensein einer Straße (oder eines Weges) hin, die (bzw. der) – wie in Stonehenge! – eine ungehinderte Visierlinie hätte ergeben können. Die Stele, die »zur aufgehenden Sonne hin« errichtet war, stand demnach an dem einen Ende der Straße, die »Weg zum hohen Standort« hieß. Am anderen Ende dieses Weges befand sich der *Schugalam,* der »hohe Ort, dessen ehrfurchteinflößende Macht groß ist, wo der strahlende Glanz sich erhebt«. SCHU.GALAM bedeutete laut Falkenstein »wo die Hand erhoben wird«, einen erhöht liegenden Ort, von dem aus ein Signal gegeben wird. Tatsächlich erklärt die Inschrift auf Zylinder A: »Am strahlenden Eingang des Schugalam stellte Gudea ein günstiges Abbild auf; zur aufgehenden Sonne hin postierte er am vorgesehenen Ort das Symbol der Sonne.«

Die Funktionen des Schugalam wurden bereits an der Stelle erklärt, als Gudea in den alten Tempel hineinging, um den Mörtel oder Schlamm wegzuräumen, der die Sicht hindurch behinderte. Es war, wie gesagt, »der Ort der Öffnung, der Ort der Bestimmung«. Dort konnte Ninurta, wie es in der Inschrift heißt, »die Wiederholungen« – nämlich den jährlichen Himmelszyklus – »über seinen Ländern sehen«. Die Beschreibung erinnert an die Dachluke, über die es so viel Streit gab auf dem Berg Saphon zwischen Baal und dem göttlichen Baumeister, der aus Ägypten kam, um den neuen Tempel im Libanon zu entwerfen.

Zusätzlich erhellt wird der rätselhafte Zweck einer solchen Dachluke durch die Untersuchung der hebräischen Bezeichnung für eine derartige Vorrichtung und ihrer akkadischen Wurzeln. Sie lautet *Tsohar* und kommt nur einmal in der Bibel vor, und zwar bei der Beschreibung der einzigen Öffnung in der Decke von Noahs ansonsten hermetisch versiegelten Arche. Es handelt sich dabei nach übereinstimmender Auffassung um ein »Dachfenster, durch das ein Lichtstrahl hereinscheinen kann«. Im modernen Hebräisch wird das Wort auch als Bezeichnung für »Zenit« verwendet,

d. h. für den Punkt, der sich am Himmel ganz oben befindet. Sowohl in modernen hebräischen Texten als auch in der Bibel bedeutet der davon abgeleitete Ausdruck *Tsohora' im* »Mittag«, bezeichnet also den Zeitpunkt, wenn die Sonne am höchsten am Himmel steht. *Tsohar* war somit nicht nur eine simple Öffnung, sondern eine, die dazu bestimmt war, zu einer bestimmten Tageszeit einen Sonnenstrahl in einen dunklen Raum hineindringen zu lassen. Das etwas anders ausgesprochene Wort *Sohar* hat die Bedeutung »Helligkeit, Glanz« angenommen. All diese Wörter leiten sich vom Akkadischen, der Ursprache aller semitischen Sprachen, her; dort bedeuteten *tsirru* bzw. *tsurru* »erhellen, scheinen« und »hoch sein«.

Im Schugalam habe er, schreibt Gudea, »das Abbild der Sonne angebracht«. Alle Hinweise deuten auf ein Beobachtungsgerät hin, durch das man – zweifellos am Tag der Tagundnachtgleiche, wie aus den Inschriften hervorgeht – die aufgehende Sonne visierte, um die Ankunft des neuen Jahres zu bestimmen und zu verkünden.

Lag dieser Anordnung des Baus die gleiche Idee zugrunde wie (möglicherweise) auf dem Berg Saphon und (mit Sicherheit) bei den ägyptischen Tempeln, wo ein Sonnenstrahl entlang der vorbestimmten Achse ins Innere fiel und am vorgeschriebenen Tag bei Sonnenaufgang das Allerheiligste erhellte?

Die ägyptischen Sonnentempel waren von zwei Obelisken flankiert (Abb. 84), die der Pharao errichtete, damit sie ihm ein langes Leben verbürgten; ihre Funktion bestand darin, dem Sonnenstrahl am vorgeschriebenen Tag den Weg zu weisen. E. A. Wallis Budge (»The Egyptian Obelisk«) wies darauf hin, daß die Pharaonen, wie etwa Ramses II. und Königin Hatschepsut, diese Obelisken immer paarweise aufstellten. Hatschepsut schrieb sogar ihren königlichen Namen (in einer Kartusche) zwischen zwei Obelisken (Abb. 85a), um sicherzugehen, daß Res Strahl am entscheidenden Tag auf sie fallen werde.

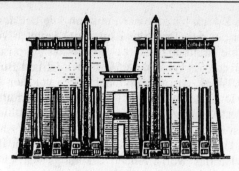

Abb. 84

Die Forscher haben festgestellt, daß der Tempel Salomons an seinem Eingang ebenfalls zwei Säulen hatte (Abb. 85c); ähnlich wie die Pfeiler am Eninnu, denen Gudea Namen gegeben hatte, benannte auch Salomon die beiden Säulen:

> Er stellte die Säulen
> an der Vorhalle des Tempels auf.
> Die eine Säule stellte er auf die rechte Seite
> und nannte sie *Jachin,*
> die andere stellte er auf die linke Seite
> und nannte sie *Boas.*

Während die Bedeutung der beiden Namen unklar bleibt (die besten Deutungen sind »Jahwe verleihe Festigkeit« und »In ihm ist Kraft«), werden Form, Höhe und Aussehen der Säulen in der Bibel ausführlich beschrieben (hauptsächlich im 1. Buch der Könige, Kap. 7). Sie wurden aus Bronze gegossen und waren 18 Ellen (über 8 m) hoch. Jede Säule trug ein kunstvoll gestaltetes Kapitell in Form einer Lilienblüte, das mit Geflechten und Granatäpfeln verziert war; die gezackte Blumenkrone wies sieben Vorsprünge auf. Ein »Band von zwölf Ellen umspannte sie« (je nach Lesart kann sich das auf eine oder beide Säulen beziehen). Zwölf und Sieben sind die im Tempel vorherrschenden Zahlen.

Der Zweck dieser Säulen ist in der Bibel nicht angegeben; die Theorien reichen von einem rein dekorativen oder sym-

bolischen Zweck bis zu einer Funktion, die der des Obelis-
kenpaares bei den Tempeleingängen in Ägypten vergleichbar ist. Eine Erklärung liefert vielleicht das ägyptische Wort
für »Obelisk«, *Techen*. Dieser Ausdruck ist laut Budge »ein
sehr altes Wort«, das man im Dual in den vor dem Ende der
sechsten Dynastie verfaßten Pyramidentexten findet. »Die
genaue Bedeutung von *Techen* kennen wir nicht, und es ist
wahrscheinlich, daß die Ägypter sie in einer sehr frühen
Zeitperiode vergessen hatten.« Demnach besteht die Möglichkeit, daß das Wort fremden Ursprungs war, ein »Lehnwort« aus einer anderen Sprache oder einem anderen Land.
Ich meinerseits glaube, daß sich sowohl das biblische *Jachin*
als auch das ägyptische *Techen* von der akkadischen Wurzel
Chunnu herleiten, die »richtig aufstellen« wie auch »ein
Licht (oder Feuer) anmachen« bedeutet. Das akkadische
Wort läßt sich sogar auf das noch ältere sumerische Wort
GUNNU zurückführen, daß zwei Bedeutungen in sich vereinte: »Tageslicht« und »Röhre«.
Diese linguistischen Hinweise passen gut zu früheren sumerischen Darstellungen von Tempeleingängen; diese werden
von Säulen flankiert gezeigt, an denen ringförmige Vorrichtungen befestigt waren (Abb. 85b). Sie müssen die Vorläufer
aller solchen paarweise aufgestellten Pfeiler, Säulen oder
Obelisken in anderen Teilen der Erde gewesen sein, denn sie
erscheinen auf den sumerischen Abbildungen Jahrtausende

Abb. 85a, 85b und 85c

Abb. 86

vor den anderen Beispielen. Die Suche nach Antworten auf das Rätsel dieser Säulen wird auch durch die Untersuchung des Ausdrucks unterstützt, den Gudea in seinen Inschriften für die Steinpfeiler verwendete. Er nannte alle sieben NE.RU, wovon das hebräische Wort *Ner,* das »Kerze« bedeutet, abgeleitet ist.

Die sumerische Schrift entwickelte sich aus keilförmigen Zeichen, die mit einem Griffel in den nassen Ton geritzt wurden; dabei ahmte der Schreiber ursprünglich die Form des Gegenstands oder der Tätigkeit nach, für den bzw. die das Zeichen stand. Das ursprüngliche Piktogramm für den Begriff *Neru* bestand aus zwei – nicht einem – Pfeilern, die auf einem stabilen Sockel standen und antennenartig hervorstehende Teile besaßen (Abb. 86).

Solche Säulenpaare, die dem Sonnenstrahl (tatsächlich oder symbolisch) an einem bestimmten Tag den Weg wiesen, reichten aus, wenn es nur um eine Position der Sonne – äquinoktial *oder* solstitial – ging. Wäre im Girsu nur eine einzige solche Bestimmung beabsichtigt gewesen, so hätten zwei auf den Schugalam bezogene Stelen genügt. Aber Gudea stellte sieben davon auf, sechs in einem Kreis und eine zur Sonne hin ausgerichtet. Um eine Visierlinie zu erhalten, hätte er diese überzählige Säule entweder in der Mitte des Kreises oder außerhalb davon auf dem Weg aufstellen können. In beiden Fällen hätte sich eine verblüffende Ähnlichkeit mit Stonehenge auf den Britischen Inseln ergeben.

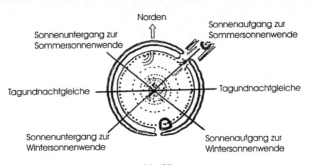

Abb. 87

Sechs Außenpunkte und ein Punkt in der Mitte hätten eine
Anordnung (Abb. 87) ergeben, die wie in Stonehenge II (das
zur gleichen Zeitperiode gehört) eine Ausrichtung nicht nur
auf die Äquinoktien, sondern auch auf die Solstitialpunkte
(Sonnenauf- und -untergang am Tag der Sommersonnenwende und Sonnenauf- und -untergang am Tag der Wintersonnenwende) liefern würde. Da der mesopotamische Neujahrstag fest mit den Äquinoktien verbunden war, was zu
Zikkurats führte, deren maßgebliche Ecke nach Osten ausgerichtet war, stellte eine Anordnung von Steinsäulen, die
Berechnungen der Solstitien mit einschloß, eine bedeutsame
Neuerung dar. Sie wies auch auf einen entscheidenden
»ägyptischen« Einfluß hin, denn bei den ägyptischen Tempeln war eine mit den Sonnenwenden verbundene Ausrichtung ein Hauptmerkmal – sicherlich zu Gudeas Zeiten.
Falls die siebte Säule, wie Falkensteins Untersuchung vermutet, nicht innerhalb des Kreises der sechs Stelen, sondern
außerhalb davon stand, auf dem Weg, der zum Schugalam
führte, tritt eine noch erstaunlichere Ähnlichkeit mit Stonehenge zutage, aber nicht mit der Anlage in ihrer späteren
Phase, sondern mit der frühesten, mit Stonehenge I. Dort gab
es, wie sich der Leser vielleicht noch erinnern wird, nur
sieben Steine: die vier Stationssteine, die ein Rechteck
bildeten, zwei Torsteine am Anfang der Avenue und den

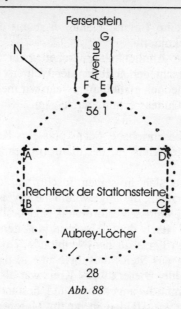

Abb. 88

»Fersenstein«, der die Visierlinie markierte (Abb. 88). Da
die Aubrey-Löcher in Stonehenge zur Phase I gehörten,
konnte die Visierlinie leicht von einem Beobachter beim
Loch 28 bestimmt werden; dieser lenkte seinen Blick über
einen Pfosten, der in Loch 56 hineingesteckt worden war
und beobachtete, wie die Sonne am günstigen Tag über dem
»Fersenstein« aufging.
Eine solche Ähnlichkeit in der Anordnung wäre sogar noch
bedeutsamer als die erstgenannte Möglichkeit, denn das von
den Stationssteinen gebildete Rechteck erlaubte, wie ich
schon aufgezeigt habe, zusätzlich zur Beobachtung der Sonne auch Mondbeobachtungen. Diese Erkenntnis veranlaßte sowohl Newham als auch Hawkins zu weitreichenden
Schlußfolgerungen hinsichtlich der differenzierten Kenntnisse der Planer von Stonehenge I. Da aber Stonehenge I etwa
700 Jahre früher als der Eninnu entstand, würde die Ähnlichkeit implizieren, daß, wer auch immer die Anordnung der

sieben Säulen im Eninnu plante, er damit die Planer von
Stonehenge I kopierte.

Eine derartige Ähnlichkeit zwischen zwei Bauwerken in
zwei ganz verschiedenen Teilen der Welt erscheint unglaublich; sie wird jedoch glaubhafter, wenn wir mehr erstaunliche
Aspekte von Gudeas Eninnu aufzeigen.

Der soeben beschriebene Sechs-plus-eins-Kreis war nicht
der einzige Steinkreis auf der Plattform des neuen Tempels
in Lagasch.

Gudea rühmte sich in seinen Inschriften, daß er »große
Dinge« vollbrachte, die ungewöhnliche »Weisheit« (wissenschaftliche Kenntnisse) erforderten, und beschreibt im weiteren Verlauf, nach dem Abschnitt mit den Stelen, einen
»kronenartigen Kreis für den Neumond«, eine so einzigartige Schöpfung aus Stein, daß ihr Name in der ganzen Welt
erstrahlen werde. Dieser zweite Kreis war als »runde Krone
für den Neumond« angeordnet und bestand aus dreizehn
Steinen, die »wie Helden in einem Maschenwerk« aufgestellt waren – eine überaus bildhafte Beschreibung *eines
Kreises aus aufrecht stehenden Steinen, die oben durch
Querblöcke miteinander verbunden waren und ähnlich den
Trilithen in Stonehenge ein »Netzwerk« bildeten!*

Während man nur vermuten kann, daß der erstgenannte
kleinere Kreis sowohl für lunare als auch für solare Funktionen diente, war der größere zweite Kreis zweifellos dazu
bestimmt, den Mond zu beobachten. Den wiederholten Hinweisen in den Inschriften auf den Neumond nach zu urteilen,
waren die lunaren Beobachtungen auf den monatlichen
Zyklus des Mondes abgestimmt, auf sein Zu- und Abnehmen
in vier Phasen. Meine Deutung des kronenartigen Kreises
wird durch die Aussage verstärkt, daß dieser Kreis aus zwei
Gruppen von Megalithen bestand, einer aus sechs und der
anderen aus sieben, wobei letztere anscheinend höher stand
oder aufragte als die erstgenannte.

Auf den ersten Blick scheint die Anordnung von *dreizehn*

(sechs plus sieben) Megalithen, die oben durch Querblöcke miteinander verbunden waren, und eine »Krone« bildeten, ein Irrtum zu sein, weil wir nur zwölf Säulen erwarten würden (die in einem Kreis zwölf Öffnungen erzeugen), wenn die Anordnung auf die zwölf Monate der Mondphasen bezogen ist. Das Vorhandensein von dreizehn Säulen ergibt jedoch einen Sinn, wenn man bedenkt, daß von Zeit zu Zeit ein Monat eingeschaltet werden mußte. Falls das zutrifft, waren die erstaunlichen Steinkreise im Girsu auch das erste Beispiel, bei dem aus Stein geschaffene Kalender miteinander verzahnt waren, um den Sonnenzyklus und den Mondzyklus in Übereinstimmung zu bringen.

(Man fragt sich, ob die Steinkreise im Girsu irgendwie die Einführung der Siebentagewoche vorausahnten, eine Zeiteinteilung, deren Ursprung den Gelehrten ein Rätsel geblieben ist. Die Bibel gelangte zu den sieben Tagen, indem sie den sechs Tagen der Schöpfung den abschließenden zusätzlichen Ruhetag hinzufügte. Die Zahl Sieben erscheint zweimal, bei der ersten Säulenanordnung und als Teil des zweiten Kreises; es ist deshalb durchaus möglich, daß die Tage irgendwie entsprechend beiden Gruppen gezählt wurden, was zu einer Wiederholung von siebentägigen Perioden führte. Multipliziert man außerdem die vier Mondphasen mit den dreizehn Säulen, so erhält man eine Einteilung des Jahres in 52 Wochen zu je sieben Tagen.)

Welche astronomisch-kalendarischen Möglichkeiten den beiden Steinkreisen auch immer innewohnen (wahrscheinlich habe ich hier nur die grundlegendsten erwähnt), *so ist offensichtlich, daß im Girsu von Lagasch ein solarer und lunarer Steincomputer in Betrieb war.*

All das klingt allmählich wie »*ein Stonehenge am Euphrat*«, ein Stonehenge in Miniaturausführung, das ein sumerischer König im Girsu von Lagasch etwa zur selben Zeit errichtete, als Stonehenge auf den Britischen Inseln um 2100 v. Chr. zu einem echten Steinkreis wurde. Aber es kommt noch besser. Damals wurde der zweite Steintyp, kleinere Blöcke aus

blauen Basalt, aus einer anderen Quelle in die Ebene von
Salisbury gebracht. Dies verstärkt noch die Ähnlichkeiten,
denn Gudea beschaffte sich ebenfalls aus weiter Ferne nicht
einen, sondern zwei Typen von Steinen, »aus den Steinbergen« von Magan (Ägypten) und Meluchcha (Nubien), also
beide aus Afrika. Die Inschrift auf Zylinder A besagt, daß es
ein ganzes Jahr dauerte, um diese Blöcke aus Steinbergen zu
erhalten, die »kein [sumerischer] König vorher betreten
hatte«. Um sie zu bekommen, baute Gudea »eine Straße in
die Berge und brachte ihre Steine großen Blöcken heraus,
schiffsladungen von *Hua*-Steinen und *Lua*-Steinen«.

Die Bedeutung der Namen dieser beiden Steinarten bleibt
zwar unbekannt, aber ihr ferner Ursprung wird deutlich
betont. Sie kamen von zwei Orten in Afrika und wurden
zuerst auf dem Landweg transportiert, auf einer neuen
Straße, die Gudea anlegte, und dann mit Schiffen auf dem
Seeweg nach Lagasch (das durch einen schiffbaren Kanal
mit dem Euphrat verbunden war).

Wie in der Ebene von Salisbury auf den Britischen Inseln, so
war es auch in der mesopotamischen Ebene: Steine, die von
weither herangeschleppt, speziell ausgesucht und in zwei
Kreisen aufgestellt worden waren. Wie bei Stonehenge I
spielten sieben Säulen eine Schlüsselrolle; wie bei allen
Phasen von Stonehenge erzeugte auch in Lagasch ein großer
Megalith die gewünschte Visierlinie hin zur solaren Haupt-
ausrichtung. An beiden Orten wurde ein »Computer« aus
Stein geschaffen, der als Sonnen- und Mondobservatorium
diente.

Waren beide demnach Werke desselben wissenschaftlichen
Genies, desselben göttlichen Baumeisters? Oder waren sie
nur das Ergebnis angesammelter wissenschaftlicher Überlieferungen, die ihren Ausdruck in ähnlichen Bauwerken fanden?

Allgemeine wissenschaftliche Kenntnisse, auf die Astronomie angewendet, und der Kalender spielten zwar zweifellos
eine Rolle, aber die Mitwirkung eines besonderen göttlichen

Baumeisters kann nicht außer acht gelassen werden. Auf den wesentlichen Unterschied zwischen der Anlage in Stonehenge und allen anderen Tempeln in der Alten Welt habe ich bereits hingewiesen: Stonehenge basierte auf einer kreisförmigen Bauweise, um den Himmel zu beobachten; die anderen hingegen waren alle mit rechten Winkeln erbaut (rechteckig oder quadratisch). Dieser Unterschied tritt nicht nur im allgemeinen Bauplan der anderen Tempel, sondern auch bei den verschiedenen Beispielen zutage, wo man Steinpfeiler in einem Muster angeordnet gefunden hat, das auf eine astronomisch-kalendarische Funktion hindeutet. Ein hervorragendes Beispiel wurde in Byblos gefunden, und zwar auf einem Vorgebirge über dem Mittelmeer. Das quadratische Allerheiligste dieses Tempels war von aufrecht stehenden Monolithen flankiert. Ihre Anordnung läßt auf Beobachtungen der Äquinoktien und Solstitien schließen, aber von einem Kreis kann keine Rede sein. Das dürfte auch der Fall gewesen sein in der kanaanitischen Stadt Geser in der Nähe von Jerusalem; die Entdeckung einer Tafel mit der vollständigen Liste der Monate und der zugehörigen landwirtschaftlichen Tätigkeiten legt die Vermutung nahe, daß sich dort ein Zentrum für das Studium des Kalenders befand. Auch dort deutet eine Reihe von aufrecht stehenden Monolithen auf die Existenz eines Bauwerks in der Antike hin, das vielleicht Ähnlichkeit mit dem in Byblos hatte; die übriggebliebenen Pfeiler, die in einer geraden Linie stehen, widersprechen jeglicher kreisförmigen Anordnung.

Die wenigen bekannten Beispiele von Monolithen, die in einem Kreis angeordnet waren und auf irgendeine Weise die außergewöhnliche kreisförmige Anordnung im Girsu nachahmten, sind uns von der Bibel überliefert. Ihre Seltenheit weist jedoch auf eine Verbindung mit Sumer zur Zeit von Gudea hin.

Die Kenntnis vom Kreis aus dreizehn Säulen mit einer in der Mitte taucht in der Geschichte von Josef, einem Urenkel Abrahams, auf; dieser verärgerte seine elf Brüder dadurch,

daß er ihnen seine Träume schilderte, in denen sie sich alle
vor ihm verneigten, obwohl er der jüngste war. Der Traum,
der sie am meisten erboste und sie dazu brachte, sich seiner
zu entledigen und ihn als Sklaven nach Ägypten zu verkaufen, war folgender: »Die Sonne, der Mond und elf Sterne
verneigten sich tief vor mir.« Damit waren sein Vater, seine
Mutter und seine elf Brüder gemeint.

Einige Jahrhunderte später, als die Israeliten Ägypten verließen, um in das Gelobte Land in Kanaan zu ziehen, wurde ein
wirklicher Steinkreis – diesmal aus zwölf Steinen – geschaffen. Im dritten und vierten Kapitel des Buches Josua wird
beschrieben, wie die Israeliten unter Josuas Führung auf
wunderbare Weise den Jordan überquerten. Wie Jahwe es
befahl, wählten sie zwölf Männer aus den Stämmen Israels
aus, aus jedem Stamm einen. Als die Priester, die die
Bundeslade trugen, in den Fluß stiegen, blieben die Fluten
des Jordan flußaufwärts stehen und waren »wie abgeschnit-
ten«, während das Wasser zum Meer hin ablief. Das trockene
Flußbett lag vor ihnen, so daß die Israeliten den Jordan zu
Fuß durchschreiten konnten. Die Priester standen währenddessen mitten im Jordan auf trockenem Boden, bis das ganze
Volk hindurchgezogen war. Sobald sie die Lade weitertrugen
und das Ufer betraten, »kehrte das Wasser des Jordan an
seinen Ort zurück und trat wie zuvor wieder über alle Ufer«.
Jahwe hatte Josua vorher angewiesen, die zwölf ausgewähl-
ten Männer sollten von der Stelle, wo die Priester fest und
sicher standen, zwölf Steine, für jeden Stamm einen, aufhe-
ben und mit hinübernehmen. Diese Steine wurden als »ewiges Erinnerungszeichen« für das Wunder, das der Herr getan
hatte, am Rastplatz, östlich von Jericho, in Kreisform aufgestellt. Der Platz, wo die zwölf Steine errichtet wurden, hieß
seitdem *Gilgal,* was »Ort des Kreises« bedeutet.

Nicht nur die Errichtung des aus zwölf Steinen bestehenden
Kreises zur Erinnerung an das Wunder ist hier von Bedeutung, sondern auch der Zeitpunkt des Ereignisses. In Kapitel
3 erfahren wir, daß es »Erntezeit« war und der Jordan über

alle Ufer trat. Kapitel 4 nennt den Zeitpunkt ganz genau:
»Das [israelische] Volk zog am zehnten Tag des ersten
Monats durch den Jordan ...« Dieser erste Kalendermonat
war der Monat, in dem in Mesopotamien das neue Jahr
begann, und der zehnte dieses Monats war genau der Tag, an
dem in Lagasch die Einweihungszeremonien ihren Höhepunkt erreichten. An diesem Tag überquerten die Israeliten
den Jordan und schlugen in Gilgal ihr Lager auf: »In Gilgal
stellte Josua die zwölf Steine auf, die man aus dem Jordan
mitgenommen hatte.«
Diese kalendarischen Angaben ähneln auf geradezu unheimliche Weise dem Zeitpunkt, als Gudea den Steinkreis auf der
Plattform des Girsu errichtete – nachdem der Eninnu selbst
fertiggestellt war. In seinen Inschriften heißt es, daß der Tag,
an dem Ninurta und Bau in ihre neue Wohnung einzogen,
der Tag war, an dem die Ernte im Land begann. Das stimmt
mit der »Erntezeit« in der Geschichte vom Gilgal überein.
Astronomie und Kalender laufen in beiden Geschichten
zusammen, und beide betreffen kreisförmige Bauwerke.
Daß unter den Nachkommen Abrahams die Tradition aufkam, Steine kreisförmig aufzustellen, läßt sich meiner Meinung nach bis zu Abraham selbst und bis zur Person seines
Vaters Terach zurückverfolgen. In meinem Buch »Die Kriege der Menschen und Götter« habe ich das Thema ausführlich behandelt und bin zu dem Ergebnis gekommen, daß
Terach ein Orakelpriester königlicher Abstammung war und
in Nippur aufwuchs und ausgebildet wurde. Anhand der
Angaben in der Bibel habe ich ausgerechnet, daß er im Jahr
2193 v. Chr. geboren wurde. Das bedeutet, daß Terach ein
Priesterastronom in Nippur zu der Zeit war, als Enlil seinem
Sohn Ninurta erlaubte, sich von Gudea den neuen Tempel
erbauen zu lassen.
Terachs Sohn Abram (später in Abraham umbenannt) wurde
meiner Berechnung nach 2123 v. Chr. geboren und war zehn
Jahre alt, als die Familie nach Ur zog, wo Terach als
Verbindungsmann fungieren sollte. Die Familie blieb dort

bis 2096 v. Chr.; dann verließ sie Sumer und zog in das
Gebiet des oberen Euphrat (im Zuge dieser Auswanderung
ließ sich Abraham später in Kanaan nieder). Abraham war
inzwischen wohlbewandert in königlichen und priesterlichen
Dingen, darunter auch der Astronomie. Er erhielt seine
Ausbildung in den heiligen Bezirken von Nippur und Ur
genau zu der Zeit, als dort vom Glanz des Eninnu gesprochen wurde; deshalb muß er auch vom wunderbaren Steinkreis des Girsu erfahren haben. Dies würde auch erklären,
wieso seine Nachkommen davon wußten.

Abb. 89

Woher stammte der Gedanke, daß ein Kreis die für astronomische Beobachtungen geeignete Form – eine Form, die das auffälligste Kennzeichen von Stonehenge ist – sein könnte? Meiner Meinung nach rührt sie vom Tierkreis her, der kreisförmigen Zone, die in der Bahnebene der Planeten (Ekliptik) die Himmelskugel umspannt und von zwölf Sternbildern besetzt ist.

Die Archäologen haben in Galiläa, in Nord-Israel, die Überreste von Synagogen ausgegraben, die aus der Zeit unmittelbar nach der Zerstörung des zweiten Tempels in Jerusalem

Abb. 90

1. Widder   2. Stier   3. Zwillinge

4. Krebs   5. Löwe

6. Jungfrau   7. Waage   8. Skorpion

9. Schütze   10. Steinbock

11. Wassermann   12. Fische

durch die Römer (70 n. Chr.) stammen. Zu ihrer Überraschung waren die Fußböden all dieser Synagogen mit kunstvoll gestalteten Mosaikmustern verziert, zu denen die Tierkreiszeichen gehörten. Wie das Mosaik von einem Bet-
Alpha genannten Ort zeigt (Abb. 89), war die Zahl der
Tierkreiszeichen – zwölf – die gleiche wie heute; die Symbole waren dieselben wie die heute gebräuchlichen, ebenso
die Namen. In einer Schrift bezeichnet, die sich nicht sehr
vom modernen Hebräisch unterscheidet, beginnen sie (im
Osten) mit *Talech* für Widder; eingerahmt wird dieses Zeichen von *Schor* für Stier und *Dagim* für Fische. Die weitere
Reihenfolge ist die gleiche, die wir Jahrtausende später
immer noch verwenden.

Dieser Tierkreis, den die Akkader *Manzallu* (»Standorte«
der Sonne) nannten, war der Ursprung des hebräischen
Ausdrucks *Masalot,* der später »Glück« bedeuten sollte.
Darin erkennt man den Übergang vom ursprünglich astronomischen und kalendarischen Wesen des Tierkreises zu seinen
astrologischen Bedeutungen, was dazu führte, daß die ursprüngliche Bedeutung des Tierkreises und die Rolle, die er
bei den Beziehungen zwischen den Göttern und den Menschen gespielt hat, in Vergessenheit gerieten. Einen späten,
aber nicht unwichtigen und wunderbaren Ausdruck fand er
in dem Eninnu, den Gudea erbaute.

Entgegen den Tatsachen wird zumeist angenommen, die
Idee, die Namen und die Symbole des Tierkreises seien
von den Griechen erfunden worden, denn der Fachbegriff
»Zodiakus«, was »Tierkreis« bedeutet, ist griechischen Ursprungs. Dabei wird jedoch eingeräumt, daß die Anregung
dafür möglicherweise aus Ägypten kommt, wo der Tierkreis
mit seinen unveränderten Symbolen, seiner Reihenfolge und
seinen Bezeichnungen mit Sicherheit bekannt war (Abb. 90).
Obwohl die ägyptischen Darstellungen, darunter ein herrli-
ches Beispiel im Tempel von Denderah, von dem noch die
Rede sein wird, uralt sind, hat der Tierkreis dort nicht seinen
Anfang genommen. Untersuchungen wie die von E. C.

Abb. 91

Abb. 92

Krupp (»In Search of Ancient Astronomies«) erklären nach-
drücklich, »alle verfügbaren Hinweise« würden zeigen, »daß
die Idee des Tierkreises nicht aus Ägypten stammt; statt
dessen nimmt man an, daß sie aus Mesopotamien nach
Ägypten eingeführt worden ist« – zu einem nicht bekannten
Zeitpunkt. Griechische Gelehrte, die Zugang zur ägyptischen
Kunst und zu ägyptischen Überlieferungen hatten, bezeugen
außerdem in ihren Schriften, sie hätten ihr Wissen von den
»Chaldäern«, den Priesterastronomen Babyloniens.

Die Archäologen haben in Babylonien astronomische Tafeln
gefunden, die in zwölf Abschnitte unterteilt waren, wobei
jeder sein zugehöriges Tierkreiszeichen besaß (Abb. 91). Sie
können durchaus die Art von Quellen gewesen sein, aus
denen die griechischen Gelehrten ihr Wissen schöpften. In
bildlicher Hinsicht jedoch waren die Himmelssymbole in
Steine innerhalb eines Himmelskreises geritzt. Fast 2000
Jahre vor dem Tierkreis von Bet-Alpha riefen Herrscher im
Vorderen Orient, vor allem in Babylon, ihre Götter in
Verträgen an; Grenzsteine *(Kudurru)* wurden mit den Himmelssymbolen dieser Götter verziert, mit Planeten und Tierkreiszeichen innerhalb des Himmelskreises, umschlossen
von einer sich windenden Schlange, die die Milchstraße
darstellte (Abb. 92).

Der Tierkreis entstand jedoch, soweit es die Menschheit betrifft, in Sumer. Wie ich schon in meinem ersten Buch »Der
zwölfte Planet« bewiesen habe, kannten ihn die Sumer; sie
stellten ihn dar (Abb. 93a) und benannten die Tierkreiszeichen genau so, wie wir es 6000 Jahre später immer noch tun:

GU.ANNA (»Himmelsstier«)	= Taurus (Stier)
MASCH.TAB.BA (»Zwillinge«)	= Gemini (Zwillinge)
DUB (»Zangen«)	= Cancer (Krebs)
UR.GULA (»Löwe«)	= Leo (Löwe)
AB.SIN (»Deren Vater Sin war«)	= Virgo (Jungfrau)
ZI.BA.AN.NA (»Himmlisches Schicksal«)	= Libra (Waage)

Abb. 93a, 93b und 93c

GIR.TAB (»Kratzer, Zerschneider«)   = Scorpio (Skorpion)
PA.BIL (»Verteidiger«)   = Sagittarius (Schütze)
SUHUR-MASCH (»Meerbarbe«)   = Capricornus (Steinbock)
GU (»Herr des Wassers«)   = Aquarius (Wassermann)
SIM.MACH (»Fische«)   = Pisces (Fische)
KU.MAL (»Feldbewohner«)   = Aries (Widder)

Eine Vielzahl von Hinweisen beweist, daß die Sumerer die zodiakalen Zeitalter kannten, nicht nur die Namen und bildlichen Vorstellungen, sondern auch den durch die Präzession bedingten Zyklus, als der Kalender in Nippur um 3800 v. Chr., im Zeitalter des Stiers, begonnen wurde. Willy Hartner untersuchte in seiner Abhandlung »The Earliest History of the Constellations in the Near East« (im »Journal of Near Eastern Studies«) die bildlichen Hinweise und gelangte zu dem Schluß, daß zahlreiche Darstellungen eines Stiers, der an einen Löwen anstößt (Abb. 93b, aus dem

4. Jahrtausend v. Chr.), oder von Löwen, die einen Stier
berühren (Abb. 93c, um 3000 v. Chr.), die Zeit zeigen, als
sich das Frühlingsäquinoktium (mit dem das neue Kalenderjahr begann) im Sternbild Stier ereignete und die Sommersonnenwende im Sternbild Löwe stattfand.

Alfred Jeremias (»The Old Testament in the Light of the
Ancient Near East«) fand schriftliche Belege dafür, daß sich
der »Punkt Null« des sumerischen Tierkreises und Kalenders
genau zwischen den Sternbildern Stier und Zwillinge befand; daraus schloß er, die Tierkreiseinteilung des Himmels
(die er nicht erklären konnte) sei schon vorgenommen worden, bevor die sumerische Hochkultur begann, nämlich im
Zeitalter der Zwillinge. Noch rätselhafter für die Gelehrten
war eine sumerische astronomische Tafel (VAT.7847, im
Vorderasiatischen Museum in Berlin), die die Aufzählung
der Tierkreiszeichen mit dem Sternbild Löwe beginnt, uns
also in die Zeit um 11 000 v. Chr., etwa dem Zeitpunkt der
Sintflut, zurückführt.

Die »Himmelszeit« (die 2160 Jahre umfassende Zeitspanne,
die es dauert, bis sich die Sonne infolge der Präzession von
einem Haus des Tierkreises in ein anderes verschiebt), die
von den Anunnaki als Verbindungsglied zwischen »göttlicher Zeit« (Zyklus, der auf der 3600 Jahre dauernden
Umlaufperiode des Nibiru beruht) und der »irdischen Zeit«
(Umlaufperiode der Erde) erfunden wurde, diente dazu,
wichtige Ereignisse in der Vorgeschichte der Erde zu datie-
ren, wie es die Archäoastronomie in historischen Zeiten tun
konnte. So siedelt eine Darstellung der Anunnaki als Astro-
nauten und eines Raumschiffes, das zwischen dem Mars
(dem sechszackigen Stern) und der Erde (erkennbar an den
sieben Punkten und der Mondsichel) verkehrt, das Geschehen zeitlich im Zeitalter der Fische an, indem sie das
Tierkreissymbol von zwei Fischen in das Bild einfügt (Abb.
94). Auch Texte bezogen zodiakale Zeitangaben mit ein; ein
Beispiel dafür ist ein Text, der die Sintflut im Zeitalter des
Löwen ansiedelte.

Wir können zwar nicht mit Sicherheit sagen, wann die Menschheit den Tierkreis kannte, aber es war eindeutig lange vor Gudeas Zeit. Deshalb sollte es uns nicht überraschen, wenn wir entdecken, daß es im neuen Tempel in Lagasch tatsächlich Darstellungen des Tierkreises gab: doch nicht auf dem Fußboden wie in Bet-Alpha und auch nicht als Symbole auf Grenzsteinen, sondern in Form eines prachtvollen Bauwerks, das zu Recht als *erstes und ältestes Planetarium* bezeichnet werden kann!

In Gudeas Inschrift heißt es, er habe »Abbilder der Sternbilder« an einem »reinen, bewachten Ort in einem inneren Heiligtum« aufgestellt. Dort war ein besonders entworfenes »Himmelsgewölbe«, eine Nachahmung des Himmelskreises, d. h. eine Art antikes Planetarium, als Kuppel erbaut, die auf einem Gebälk mit Säulen darunter ruhte. In diesem Himmelsgewölbe ließ Gudea die Tierkreisbilder »wohnen«. Aufgezählt werden die »Himmelszwillinge«, der »heilige Steinbock«, der »Held« (Schütze), der »Löwe« und die »Himmelsgeschöpfe« Stier und Widder.

Dieses mit den Symbolen des Tierkreises bestückte Himmelsgewölbe muß in der Tat einen atemberaubenden Anblick geboten haben, wie sich Gudea gerühmt hatte. Jahrtau-

Abb. 94

sende später können wir nicht mehr in dieses innere Heiligtum hineintreten und mit Gudea die Illusion teilen, den
Himmel mit seinen leuchtenden Sternbildern zu sehen. Aber
wir hätten nach Denderah in Oberägypten reisen, das innere
Heiligtum seines Tempels betreten und zur Decke auf-
schauen können. Dort hätten wir ein Gemälde des Sternen-
himmels sehen können; den Himmelskreis, der an den vier
Punkten der Himmelsrichtungen von den Söhnen des Horus
und an den vier Solstitialpunkten des Sonnenaufgangs und
des Sonnenuntergangs von vier Jungfrauen hochgehalten
wird (Abb. 95).
Ein Kreis, der die 36 »Dekaden« (zehntägige Perioden des
ägyptischen Kalenders, drei je Monat) zeigt, umschließt das

Abb. 95

Himmelsgewölbe, in dem die zwölf Sternbilder des Tierkreises durch dieselben Symbole (Stier, Widder, Löwe, Zwillinge usw.) und in derselben Reihenfolge dargestellt sind, die wir immer noch verwenden und die ihren Anfang in Sumer hatte. Der in Hieroglyphen geschriebene Name des Tempels, *Ta ynt neterti,* bedeutete »Ort der Säulen der Göttin«. Das deutet darauf hin, daß in Denderah ebenfalls – wie im Girsu – Steinpfeiler für Himmelsbeobachtungen dienten, die zum einen mit dem Tierkreis und zum anderen (wie die 36 »Dekaden« belegen) mit dem Kalender zusammenhingen.

Die Gelehrten sind sich nicht über den Zeitpunkt einig, den der Tierkreis in Denderah darstellt. Entdeckt wurde die Darstellung, wie wir sie heute kennen, als Napoleon nach Ägypten reiste. Sie befindet sich jetzt im Louvre in Paris und soll aus der Zeit stammen, als Ägypten unter griechisch-römische Vorherrschaft kam. Fest steht jedoch, daß sie die Kopie einer ähnlichen Darstellung in einem viel früheren Tempel war, der der Göttin Hathor geweiht war. Sir Norman Lockyer interpretierte in seinem Buch »The Dawn of Astronomy« einen Text, der aus der IV. Dynastie (2613 bis 2494 v. Chr.) stammt, als eine Beschreibung, wie der Himmel in diesem früheren Tempel ausgerichtet war. Danach würde das Himmelsgewölbe in Denderah aus einer Zeit stammen, die zwischen der Vollendung von Stonehenge I und dem Bau des Eninnu in Lagasch liegt. Wenn man aber, wie andere Forscher glauben, den in Denderah dargestellten Himmel nach dem Bild der Keule datiert, über der ein Falke die Füße der Zwillinge (Gemini) berührt, zwischen dem Stier (Taurus) zur Rechten und dem Krebs (Cancer) zur Linken, bedeutet das, daß das Bild in Denderah den Himmel zurückdrehte (wie es auch in modernen Planetarien geschieht, wenn z. B. an Weihnachten der Himmel so gezeigt wird, wie er an Weihnachten zur Zeit Jesu aussah), und zwar zu einem Zeitpunkt irgendwann zwischen 6540 und 4380 v. Chr. Laut der ägyptischen Zeitrechnung, die von den Priestern überliefert und von dem Geschichtsschreiber Manetho aufgezeich-

net worden ist, war dies die Zeit, in der Halbgötter über
Ägypten herrschten. Eine solche Datierung des Himmels von
Denderah (die sich von der Bauzeit des Tempels unterscheidet) erhärtet die weiter oben erwähnten Ergebnisse von
Alfred Jeremias hinsichtlich des Ausgangspunktes beim sumerischen Tierkreiskalender. Die Datierungen sowohl der
ägyptischen als auch der sumerischen Tierkreise bestätigen
somit, daß die Idee schon existierte, bevor diese Hochkulturen begannen, und daß die »Götter«, nicht Menschen für die
Darstellungen und ihre Zeitangabe verantwortlich waren.

Da der Tierkreis und die zugehörige Himmelszeit, wie ich
gezeigt habe, von den Anunnaki kurz nach ihrer Ankunft
auf der Erde erfunden wurden, stehen einige der zodiakalen
Zeitangaben, die auf Rollsiegeln dargestellte Ereignisse
bezeichnen, für Zeitalter des Tierkreises, die vor dem Aufkommen menschlicher Hochkulturen lagen. Das Zeitalter
des Tierkreiszeichens Fische z. B., das in Abbildung 94
durch die beiden Fische angezeigt wird, ereignete sich
nicht später als zwischen 25 980 und 23 820 v. Chr. (oder
früher, sofern das Ereignis in einem früheren Zeitalter der
Fische im »großen Zyklus« der 25 920 Jahre stattgefunden
hatte).

So unglaublich das Folgende auch klingen mag, ist es doch
nicht überraschend: Einen Hinweis darauf, daß ein »Sternenhimmel«, der den Himmelskreis mit den Sternbildern des
Tierkreises darstellte, möglicherweise schon in frühester Zeit
existierte, finden wir in einem sumerischen Text, den die
Gelehrten als »Hymne an Enlil den Allgütigen« bezeichnen.
Der Text beschreibt den innersten Teil von Enlils Kontrollzentrum in Nippur, im Inneren der Zikkurat E.KUR, und
behauptet, daß in einer verdunkelten Kammer, die Dirga
hieß, »ein Himmelszenit« eingerichtet war, »so rätselhaft wie
das ferne Meer«; darauf waren »Sternensymbole« in »Ver-
vollkommnung« zu sehen.

Der Ausdruck DIR.GA bedeutet »dunkel, kronenartig«. Der
Text erklärt, daß es die darin installierten »Sternensymbole«

Abb. 96

ermöglichten, die Feste zu bestimmen, was auf eine kalendarische Funktion schließen läßt. Das hört sich nach einem
Vorläufer von Gudeas Planetarium an, nur mit dem Unterschied, daß das im Ekur den Augen der Menschen verborgen
blieb und allein den Anunnaki offenstand.

Gudeas als Planetarium errichtetes »Himmelsgewölbe« hat
mehr Ähnlichkeit mit dem Dirga als mit der Darstellung in
Denderah, die nur ein Deckengemälde war. Aber wir können
die Möglichkeit nicht ausschließen, daß die Anregung für
die Himmelsdarstellung im Girsu aus Ägypten kam, weil es
zahlreiche Ähnlichkeiten zwischen einzelnen Merkmalen in
Ägypten und im Girsu gibt. Ich habe längst noch nicht alle
aufgezählt.
Einige der eindrucksvollsten Funde, die jetzt die assyrischen
und babylonischen Sammlungen in den wichtigen Museen
schmücken, sind kolossale Tierstatuen aus Stein, mit einem

Abb. 97

Stier- oder Löwenkörper und dem Kopf eines Gottes, der eine gehörnte Kappe trägt (Abb. 96). Diese Statuen standen als Wächter am Tempeleingang. Man kann mit Sicherheit annehmen, daß diese »mythischen Geschöpfe«, wie die Gelehrten sie nennen, das schon erwähnte Motiv des Stiers und des Löwen in steinerne Skulpturen übertrugen und dadurch für die Tempel den Zauber einer früheren »Himmelszeit« die mit ihren vergangenen zodiakalen Zeitaltern verbundenen Götter beschworen.

Die Archäologen glauben, diese Skulpturen seien den ägyptischen Sphingen, insbesondere dem Sphinx von Giseh, nachgebildet die den Assyrern und Babyloniern sowohl durch den Handel als auch von Kriegen her bekannt waren. Aber Gudeas Inschriften verraten, daß schon etwa 1500 Jahre bevor solche vom Tierkreis und von Göttern abgeleitete Geschöpfe vor assyrischen Tempeln standen, Gudea selbst Sphingen am Eninnu aufstellte; speziell erwähnt werden »ein Löwe, der Schrecken einflößte« und »ein wilder Ochse, der groß und schwer wie ein Löwe dahockte«. Zum großen Erstaunen der Archäologen, die nicht glauben wollten, daß Sphingen schon im alten Sumer bekannt waren, entdeckte man in den Ruinen des Girsu Lagasch eine Statue

von Ninurta bzw. Ningirsu, die ihn als einen zusammen-
gekauert dasitzenden Sphinx darstellt (Abb. 97).

Hinweise darauf, daß dies alles zu erwarten war, erhielt
Gudea (und haben somit auch wir erhalten) in der Botschaft
Ninurtas, die den König in der zweiten Traumvision verwirrte. Darin machte er seine Macht und erneut seine Stellung
unter den Anunnaki (»Durch fünfzig Erlasse ist meine
Herrschaft verfügt«) geltend, wies auf seine ungewöhnliche
Vertrautheit mit anderen Teilen der Welt hin (»Ein Herr,
dessen Blick weit schweift«) als Ergebnis seiner Streifzüge
im »Göttlichen Schwarzen Vogel«, versicherte ihm die Mithilfe von Magan und Meluchcha (Ägypten und Nubien) und
versprach ihm, daß der Gott mit dem Namen »Helle Schlange« persönlich kommen und beim Bau des neuen Eninnu
helfen werde: »Ein fester Ort soll errichtet werden, wie
E.CHUSCH wird mein heiliger Ort sein.«

»E« bedeutete, wie wir bereits wissen, »Haus« eines Gottes,
bezeichnete also einen Tempel und im Falle des Eninnu eine
Stufenpyramide. CHUSCH bedeutete im Sumerischen »von
roter Färbung, rotfarben«. Was Ninurta bzw. Ningursu damit
sagen wollte, war folgendes: Der neue Eninnu wird wie das
»rotfarbene göttliche Haus« sein. Dies impliziert, daß der
neue Tempel ein bereits vorhandenes Bauwerk nachahmen
sollte, das durch seine rote Färbung gekennzeichnet war.

Unsere Suche nach einem solchen Bauwerk wird erleichtert,
wenn wir das Piktogramm für das Zeichen »chusch« zurückverfolgen. Was wir dabei finden, ist wirklich erstaunlich,
denn es läuft auf die Rißzeichnung einer *ägyptischen Pyramide* hinaus, die ihre Schächte, inneren Gänge und unterirdischen Kammern zeigt (Abb 98a). Genauer gesagt, wirkt es
wie ein Querschnitt der Großen Pyramide von Giseh (Abb.
98b) und ihres Versuchsmodells, der Kleinen Pyramide von
Giseh (Abb. 98c), sowie der ersten Pyramide, die erfolgreich
von einem Pharao erbaut wurde (Abb. 98d) und – was recht
bedeutsam ist – als *Rote Pyramide* bezeichnet wird, also
genau die Farben hat, die CHUSCH bedeutet hatte.

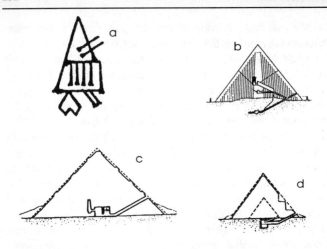

Abb. 98a bis 98d

Die Rote Pyramide gab es bestimmt schon, als in Lagasch
der Eninnu gebaut wurde, so daß sie als Vorbild dienen
konnte. Sie ist eine der drei Pyramiden, die Snofru zugeschrieben werden, dem ersten Pharao der IV. Dynastie, der
um 2600 v. Chr. regierte. Seine Baumeister versuchten zuerst, für ihn eine Pyramide in Maidum zu bauen; sie wollten
dabei die 52°-Neigung der Pyramiden von Giseh nachahmen, die Jahrtausende vorher von den Anunnaki erbaut
worden waren. Aber der Winkel war zu steil, und die
Pyramide brach zusammen. Als Folge davon wählte man bei
einer zweiten Pyramide in Dahschur hastig einen flacheren
Neigungswinkel von 43°, das Ergebnis war die sogenannte
Knickpyramide (Rhombische Pyramide). Das führte zum
Bau einer dritten Pyramide, ebenfalls in Dahschur. Sie gilt
als »erste klassische Pyramide« eines Pharaos; ihre Seitenflächen besitzen den sicheren Neigungswinkel von etwa 43,5°
(Abb. 99). Sie wurde aus dem dort vorkommenden rosafar-
benen Kalkstein gebaut und hatte deshalb den Beinamen

»Rote Pyramide«. Vorsprünge an den Seiten sollten eine
Verkleidung aus weißem Kalkstein an Ort und Stelle halten;
aber diese bestand nicht lang, so daß die Pyramide heute in
ihrer ursprünglichen rötlichen Färbung zu sehen ist.

Da Ninurta den »Zweiten Pyramidenkrieg« in Ägypten
geführt (und gewonnen) hatte, kannte er natürlich die nachfolgenden Pyramiden. Hatte er, als das Königtum in Ägypten
aufkam, nicht nur die Pyramiden von Giseh gesehen, sondern auch die von Pharao Djoser in Sakkara erbaute Stufenpyramide, die von einem prachtvollen heiligen Bezirk umgeben war (siehe Abb. 78) und um 2650 v. Chr. entstand? Hatte
er Snofrus Rote Pyramide gesehen, die als schließlich erfolg-
reiche Nachahmung der Großen Pyramide durch einen Pharao und seine Baumeister um 2600 v. Chr. errichtet wurde?
Und sagte er dann zu dem göttlichen Baumeister: Das ist es,
was ich für mich erbaut haben möchte, eine einzigartige
Zikkurat, die Elemente von allen dreien vereint?

Wie sonst ließen sich die zwingenden Hinweise erklären, die
den zwischen 2200 und 2100 v. Chr. erbauten Eninnu mit
Ägypten und seinen Göttern verbinden?

Abb. 99

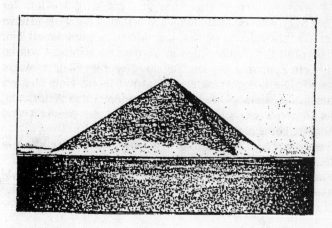

Wie sonst könnte man die Ähnlichkeiten zwischen dem Stonehenge in England und dem »Stonehenge am Euphrat« erklären?

Für die Erklärung müssen wir unsere Aufmerksamkeit dem »göttlichen Baumeister« zuwenden, dem Hüter der Geheimnisse der Pyramiden, dem Gott, den Gudea Ningischzida nennt; denn er war kein anderer als der ägyptische Gott Tehuti, den wir unter dem Namen Thot kennen.

In den Pyramidentexten wird Thot als derjenige bezeichnet, »der den Himmel berechnet, die Sterne zählt und die Erde mißt«, als Erfinder der Kunst und der Wissenschaft, als Schreiber der Götter, als derjenige, »der den Himmel, die Sterne und die Erde berechnete«. Als »Berechner der Zeit und der Jahreszeiten« wurde er mit einem Symbol auf dem Kopf dargestellt, das die Sonnenscheibe und die Mondsichel kombiniert. Mit Worten, die an die biblische Anbetung des Himmelsherrn erinnern, berichten die ägyptischen Inschriften und Sagen über Thot, sein Wissen und seine Rechenkunst hätten »den Himmel gemessen und die Erde geplant«. Sein hieroglyphischer Name *Tehuti* wird normalerweise als »Der ausgleicht« gedeutet. Heinrich Brugsch (»Religion und Mythologie«) und E. A. Wallis Budge (»The Gods of the Egyptians«) interpretierten dies so: Thot sei der »Gott des Gleichgewichts«. Darstellungen von ihm, die ihn als »Herrn der Waage« zeigen, weisen ihrer Meinung nach darauf hin, daß er mit den Äquinoktien in Verbindung gebracht wurde: mit dem Zeitpunkt, zu dem Tag und Nacht im Gleichgewicht waren. Die Griechen setzten Thot mit ihrem Gott Hermes gleich, den sie als Urheber der Astronomie und Astrologie, der Zahlenwissenschaft und Geometrie, der Medizin und Botanik betrachteten.

Wenn wir Thots Spuren folgen, gelangen wir zu den »Kalendergeschichten«, die den Schleier lüften, der über den Beziehungen von Göttern und Menschen und über Rätseln wie etwa Stonehenge liegt.

8

Kalendergeschichten

Die Geschichte des Kalenders ist eine Geschichte des Erfindungsgeistes, einer klugen Kombination von Astronomie und Mathematik. Sie ist aber auch eine Geschichte von Konflikten, religiösem Eifer und Kämpfen um die Oberhoheit.

Die Idee, der Kalender sei von und für Bauern erfunden worden, damit sie wüßten, wann sie säen mußten und wann sie ernten könnten, wurde zu lang als bewiesen angenommen. Aber diese Erklärung läßt sich weder logisch begründen noch durch Fakten belegen. Bauern brauchen keinen förmlichen Kalender, um die Jahreszeiten zu kennen. Außerdem haben es primitive Gesellschaften geschafft, sich über Generationen hinweg ohne Kalender zu ernähren. Es ist eine historische Tatsache, daß der Kalender erfunden wurde, um den genauen Zeitpunkt von Festen vorauszubestimmen, mit denen die Götter geehrt werden sollten. Mit anderen Worten: Der Kalender war eine religiöse Erfindung. Die ersten Namen, mit denen in Sumer Monate bezeichnet wurden, hatten die Vorsilbe EZEN. Dieses Wort bedeutete nicht »Monat«, sondern »Fest«. Die Monate waren die Zeit, wenn das Fest Enlils, das Fest Ninurtas oder das Fest anderer führender Gottheiten gefeiert werden mußte.

Daß der Zweck des Kalenders darin bestand, die Beachtung von religiösen Geboten zu ermöglichen, sollte niemanden überraschen. Es gibt ein Beispiel, das immer noch unser Leben im heute gültigen, nunmehr aber christlichen Kalender regelt. Sein Hauptfest und das zentrale Ereignis, das den Rest des Jahreskalenders bestimmt, ist Ostern, das Fest der Auferstehung Jesu, die laut Neuem Testament am dritten

Tag nach seiner Kreuzigung stattfand. Die Christen der
abendländischen Kirchen feiern Ostern am ersten Sonntag
nach dem Frühjahrsvollmond, d. h. dem Vollmond, der am
Tag des Frühlingsäquinoktiums oder direkt danach zustande
kommt. Das führte zu einem Problem bei den frühen Christen in Rom, wo das beherrschende kalendarische Element
das 365 Tage lange Sonnenjahr war und die Monate eine
unregelmäßige Länge hatten und nicht genau mit den Mondphasen übereinstimmten. Die Festsetzung des Ostersonntags
erforderte deshalb die Zuhilfenahme des jüdischen Kalenders; das letzte Abendmahl, ab dem die anderen entscheidenden Tage der Osterzeit gezählt werden, war nämlich
eigentlich das *Seder*-Mahl, mit dem am Abend des 14. Tages des Monats Nisan, dem Zeitpunkt des Vollmondes, das
jüdische Passahfest beginnt. Als Folge davon wurde in den
ersten Jahrhunderten des Christentums Ostern entsprechend
dem jüdischen Kalender gefeiert. Erst als der römische
Kaiser Konstantin, der das Christentum zur Staatsreligion
erhoben hatte, im Jahr 325 eine Kirchenversammlung, das
Konzil von Nicäa, einberief, wurde die fortgesetzte Abhän-
gigkeit vom jüdischen Kalender beendet; das Christentum,
das bis dahin von den Nichtjuden nur als weitere jüdische
Sekte betrachtet worden war, wurde damit zu einer eigenständigen Religion.

Mit dieser Veränderung war der christliche Kalender somit
wie in seinem Ursprung ein Ausdruck des religiösen Glaubens und ein Instrument für die Bestimmung der Feiertage,
so war es auch später, als die Moslems Arabien verließen,
um die Länder im Osten und Westen mit dem Schwert zu
erobern und die Völker dort zu unterwerfen. Zu ihren ersten
Maßnahmen gehörte, daß sie den besiegten Völkern ihren
Mondkalender aufzwangen, denn der hatte eine tiefreichende
religiöse Bedeutung. Er zählte die Zeit von der *Hedschra* an,
d. h. dem Zeitpunkt, an dem Mohammed, der Religionsstif-
ter des Islam, von Mekka nach Medina ausgewandert war.
Die Geschichte des römisch-christlichen Kalenders, der auch

für sich genommen interessant ist, zeigt einige der Probleme, die sich aus der unvollkommenen Verbindung von Sonnen- und Mondzeit ergeben, und die im Laufe der Jahrtausende daraus resultierende Notwendigkeit von Kalenderreformen sowie die Ideen von Zeitaltern, die sich ständig erneuern.

Der heute allgemein gültige Kalender christlicher Zeitrechnung wurde 1582 von Papst Gregor XIII. eingeführt und wird deshalb als »Gregorianischer Kalender« bezeichnet. Er löste den Julianischen Kalender ab, der auf Julius Cäsar zurückgeht.

Cäsar war des chaotischen römischen Kalenders überdrüssig und beauftragte im 1. Jahrhundert v. Chr. den Astronomen Sosigenes von Alexandra mit der Reformierung des Kalenders. Sosigenes schlug vor, die Zeitmessung nach dem Mond aufzugeben und einen Sonnenkalender »wie den der Ägypter« zu übernehmen. Das Ergebnis war ein Jahr mit 365 Tagen sowie alle vier Jahre ein Schaltjahr mit 366 Tagen. Aber dabei blieben immer noch die $11\frac{1}{4}$ Minuten unberücksichtigt, die das tatsächliche Jahr (von Frühlingspunkt zu Frühlingspunkt) alljährlich kürzer als der eingeschaltete Vierteltag war. Man hielt diese Differenz zu geringfügig, um sich darum zu kümmern. Doch es stellte sich heraus, daß sich der erste Frühlingstag, den das Konzil von Nicäa auf den 21. März festgelegt hatte, bis 1582 um zehn Tage verzögert hatte und auf den 11. März fiel. Papst Gregor korrigierte die Differenz, indem er einfach am 4. Oktober 1582 verfügte, der nächste Tag solle der 15. Oktober sein. Diese Reform begründete den heute gebrauchten Gregorianischen Kalender, dessen andere Neuerung die Verfügung war, daß das Jahr am 1. Januar beginnt.

Der Vorschlag des Astronomen Sosigenes, in Rom einen Kalender »wie den der Ägypter« zu übernehmen, wurde – wie man vermuten darf – ohne größere Probleme akzeptiert, weil die Römer und besonders Julius Cäsar damals mit Ägypten, den dortigen religiösen Bräuchen und somit auch mit dem Kalender der Ägypter recht vertraut waren. Der

ägyptische Kalender war zu jener Zeit tatsächlich ein reiner
Sonnenkalender mit 365 Tagen, der in zwölf Monate zu je
30 Tagen unterteilt war. Zu diesen 360 Tagen kam ein
religiöses Fest hinzu, mit dem das Jahr ausklang; es bestand
aus fünf Tagen, die den Gottheiten Osiris, Horus, Seth, Isis
und Nephthys geweiht waren.

Die Ägypter waren sich bewußt, daß das Sonnenjahr etwas
länger als 365 Tage ist, nicht genau um einen vollen Tag alle
vier Jahre, wie es Cäsar zugelassen hatte, sondern um gerade
so viel, daß sich der Kalender alle 120 Jahre um einen Monat
und alle 1460 Jahre um ein volles Jahr nach hinten verschob.
Der bestimmende bzw. heilige Zyklus des ägyptischen Kalenders war diese Periode von 1460 Jahren, denn er fiel mit
dem Zyklus des heliakischen Aufgangs des Sirius (ägyptisch
Sopdet, gräzisiert *Sothis*) zur Zeit der jährlichen Überschwemmung des Nils zusammen, die ihrerseits etwa zur
Zeit der Sommersonnenwende (auf der nördlichen Erdhalbkugel) stattfindet.

Edward Meyer (»Ägyptische Chronologie«) kam zu dem
Ergebnis, daß dieser ägyptische Kalender eingeführt wurde,
als der heliakische Aufgang des Sirius und die alljährliche
Überschwemmung des Nils am 19. Juli zusammenfielen.
Darauf aufbauend, berechnete Kurt Sethe (»Urgeschichte
und älteste Religion der Ägypter«), daß dies entweder 4240
v. Chr. oder 2780 v. Chr. der Fall hätte sein können, wenn
man den Himmel entweder im Heliopolis oder in Memphis
beobachtete.

Heute sind sich die Gelehrten, die den altägyptischen Kalender erforscht haben, darin einig, daß der Sonnenkalender mit
360 + 5 Tagen nicht der erste vorgeschichtliche Kalender
Ägyptens war. Dieser »zivile« bzw. säkulare Kalender wurde
nämlich erst nach dem Beginn der dynastischen Herrschaft
eingeführt, d. h. nach 3100 v. Chr. Laut R. A. Parker (»The
Calendars of the Ancient Egyptians«) geschah dies um 2800
v. Chr. »wahrscheinlich aus administrativen und fiskalischen
Gründen«. Er ersetzte oder ergänzte den alten »heiligen

Kalender«. In der »Encyclopaedia Britannica« heißt es, daß
die alten Ägypter ursprünglich einen Kalender verwendeten,
der auf dem Mond beruhte. Laut R. A. Parker (»Ancient
Egyptian Astronomy«) war dieser alte Kalender – »wie der
aller alten Völker« – ein Kalender mit zwölf *lunaren* Monaten sowie einem dreizehnten Monat, der eingeschaltet wurde, damit sich die Jahreszeiten nicht verschoben.

Dieser ältere Kalender war nach Lockyers Ansicht auch
äquinoktial und mit dem ersten Tempel in Heliopolis verbunden, der äquinoktial ausgerichtet war. Darin und in der
Verknüpfung von Monaten mit religiösen Festen war der
erste ägyptische Kalender dem der Sumerer ähnlich.

Die Schlußfolgerung, daß der ägyptische Kalender seine
Wurzeln in der prädynastischen Zeit hat, bevor es in Ägypten eine Hochkultur gab, kann nur bedeuten, daß nicht die
Ägypter selbst ihren Kalender erfunden haben. Diese
Schlußfolgerung gilt auch für den Tierkreis in Ägypten und
für den Tierkreis und den Kalender in Sumer: Sie waren alle
die kunstvolle Erfindung der »Götter«.

In Ägypten begannen die Religion und die Verehrung der
Götter in Heliopolis unweit der Pyramiden von Giseh; der
ursprüngliche Name der Stadt war *Annu* (wie der Name des
Herrschers von Nibiru). In der Bibel heißt sie On. Nachdem
der Pharao Josef als Verwalter über ganz Ägypten eingesetzt
hatte, gab er ihm »Asenat, die Tochter Potiferas, des [Ho-
hen-]Priesters von On, zur Frau«. Ihr ältester Schrein war
Ptah (»der Entwickler«) geweiht, der nach ägyptischer Überlieferung das Land aus den Wassern der Sintflut herausgeho-
ben und durch umfangreiche Entwässerungs- und Erdarbeiten bewohnbar gemacht hatte. Die göttliche Herrschaft über
Ägypten übergab Ptah dann seinem Sohn Re (»der Helle«),
der auch Tem (»der Reine«) genannt wurde. In einem
besonderen Schrein, der sich ebenfalls in Heliopolis befand,
durfte die Himmelsbarke Res, das konisch geformte *Ben-
Ben,* einmal im Jahr von Pilgern angeschaut werden.

Laut dem ägyptischen Priester Manetho (sein hieroglyphi-

scher Name bedeutete »Geschenk von Thot«), der im
3. Jahrhundert v. Chr. die Listen der ägyptischen Dynastien
zusammenstellte, war Re das Haupt der ersten göttlichen
Dynastie. Die Herrschaft Res und seiner Nachfolger – der
Götter Schu, Geb, Osiris, Seth und Horus – dauerte über
3000 Jahre. Darauf folgte eine zweite göttliche Dynastie, die
mit Thot, einem weiteren Sohn Ptahs, begann und halb so
lange wie die erste dauerte. Danach herrschte eine Dynastie
von Halbgöttern, im ganzen dreißig, 3650 Jahre lang über
Ägypten. Insgesamt währte die Herrschaft von Ptah, der
Re-Dynastie, der Thot-Dynastie und der Dynastie der Halbgötter laut Manetho 17 520 Jahre. Karl L. Lepsius (»Königs-
buch der alten Ägypter«) merkte dazu an, daß diese Zeitspanne genau zwölf Zyklen des Sothis (Sirius) zu je 1460
Jahren entspreche, und bestätigte dadurch den vorgeschichtlichen Ursprung des kalendarisch-astronomischen Wissens
in Ägypten.
Auf zuverlässige Hinweise gestützt, bin ich in meinem Buch
»Die Kriege der Menschen und Götter« und in anderen
Bänden der »Erdchroniken« zu dem Ergebnis gekommen,
daß Ptah kein anderer als Enki und Re der Marduk des
mesopotamischen Pantheons war. Enki und seinen Nachkommen wurden die afrikanischen Länder zugewiesen, als
die Erde nach der Sintflut unter den Anunnaki aufgeteilt
wurde. E.DIN (das biblische Land Eden) und die mesopotamische Einflußsphäre blieben in der Hand von Enlil und
seinen Nachkommen. Thot, ein Bruder von Re bzw. Marduk,
war der Gott, den die Sumerer Ningischzida nannten.
Ein Großteil des geschichtlichen Ablaufs und die heftigen
Konflikte, die auf die Teilung der Erde folgten, rührten
davon her, daß Re bzw. Marduk sich weigerte, diese Aufteilung hinzunehmen. Er war überzeugt davon, daß seinem
Vater ungerechterweise die Herrschaft über die Erde (was
der Name EN.KI, »Herr der Erde«, mit einschloß) geraubt
worden sei und daß deshalb eigentlich ihm, nicht Enlils
erstem Sohn Ninurta die Oberherrschaft über die Erde von

Babylon aus, der mesopotamischen Stadt, deren Name »Tor der Götter« bedeutete, zukomme. Besessen von diesem Ehrgeiz, verursachte er nicht nur Konflikte mit den »Enliliten« herauf, sondern weckte auch den Haß einiger seiner Brüder, indem er sie in diese heftige Auseinandersetzung hineinzog und Ägypten verließ, dann aber wieder zurückkehrte, um die Herrschaft über das Land zu beanspruchen.

Im Verlauf der wechselhaften Geschehnisse dieser Kämpfe verursachte Re bzw. Marduk den Tod seines jüngeren Bruders Dumuzi, ließ seinen Bruder Thot zuerst regieren und trieb ihn dann ins Exil und brachte seinen Bruder Nergal dazu, im Krieg der Götter die Seite zu wechseln, was zu einem nuklearen Holocaust führte. Gerade dieses Hin und Her in der Beziehung zu seinem Bruder Thot ist meiner Meinung nach von entscheidender Bedeutung für die Geschichte des Kalenders.

Die Ägypter hatten, wie wir gesehen haben, nicht nur einen, sondern zwei Kalender. Der erste, der seinen Ursprung in vorgeschichtlicher Zeit hat, »beruhte auf dem Mond«. Der spätere, der mehrere Jahrhunderte nach Beginn der pharaonischen Herrschaft eingeführt wurde, basierte auf den 365 Tagen des Sonnenjahrs. Entgegen der Auffassung, daß der spätere »zivile« Kalender die administrative Neuerung eines Pharaos gewesen sei, vertrete ich die Ansicht, daß auch er, ebenso wie der frühere, eine kunstfertige Schöpfung der Götter war, nur mit dem Unterschied, daß der erste Thots Werk war und der zweite von Re stammte.

In einer Hinsicht war der zivile Kalender umwälzend: Er teilte den dreißigtägigen Monat in »Dekaden« ein, in Zehntageperioden, die jeweils vom heliakischen Aufgang eines bestimmten Sternes angekündigt wurden. Jeder Stern (dargestellt als ein Gott, der in seinem Schiff über den Himmel fährt, Abb. 100) galt als Verkünder der letzten nächtlichen Stunde, und am Ende der zehn Tage war ein neuer »Dekadenstern« zu beobachten.

Meiner Meinung nach führte Re diesen auf Dekaden beru-

Abb. 100

henden Kalender bewußt ein, als sich zwischen ihm und
seinem Bruder Thot ein Konflikt entwickelte.

Beide waren Söhne Enkis, des großen Naturwissenschaftlers
der Anunnaki; man kann deshalb mit Sicherheit annehmen,
daß sie einen Großteil ihrer Kenntnisse von ihrem Vater
hatten. Auf Re bzw. Marduk trifft das bestimmt zu, denn ein
mesopotamischer Text, den man gefunden hat, behauptet
dies eindeutig. Dieser Text beginnt damit, daß Marduk sich
bei seinem Vater beklagt, es fehlten ihm gewisse Kenntnisse
des Heilens. Enkis Antwort lautet folgendermaßen:

> Mein Sohn, was ist es, das du nicht weißt?
> Was mehr könnte ich dir geben?
> Marduk, was ist es, das du nicht weißt?
> Was könnte ich dir noch geben?
> Was ich kenne, das kennst auch du!

Gab es vielleicht deswegen eine gewisse Eifersucht zwischen den beiden Brüdern? Kenntnisse auf dem Gebiet der
Mathematik, der Astronomie und der Ausrichtung von heiligen Bauwerken besaßen beide; was Marduk in diesen Wissenschaften zu leisten vermochte, belegt die prachtvolle

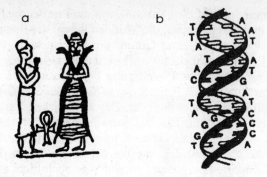

Abb. 101a und 101b

Zikkurat in Babylon (siehe Abb. 33), die Marduk laut dem Schöpfungsgedicht »Enuma elisch« selbst entworfen hatte. Doch wie der oben zitierte Text berichtet, stand Marduk auf den Gebieten der Medizin und der Heilkunde hinter seinem Bruder weit zurück; denn er konnte die Toten nicht wieder zum Leben erwecken, was Thot vermochte. Über Thots Kräfte erfahren wir sowohl aus mesopotamischen als auch aus ägyptischen Quellen. Sumerische Darstellungen zeigen ihn mit dem Symbol der sich umwindenden Schlangen (Abb. 101a); dieses gehörte ursprünglich zu seinem Vater Enki, der sich auf Gentechnologie verstand. Meiner Ansicht nach stellt das Symbol die Doppelhelix der DNS dar (Abb. 101b). Thots sumerischer Name, NIN.GISCH.ZID.DA, was »Herr der Lebenssubstanz« heißt, weist auf seine Fähigkeit hin, Leben wiederherzustellen, indem er die Toten wieder zum Leben erweckt. Ein liturgischer sumerischer Text preist ihn als »Herr Heiler, Herr, der die Hand ergreift, Herr der Lebenssubstanz«. In Texten, die sich mit Zauberheilung und Exorzismus befassen, spielte er eine wichtige Rolle; ein *Maqlu* (»Brandopfer«), eine Serie von Beschwörungen und Zauberformeln, widmete ihm eine ganze Tafel, die siebte. In einer Beschwörung, die ertrunkenen Seeleuten gilt (»den

Seefahrern, die auf ewig ruhen«), ruft der Priester die Formel
»Siris und Ningischzida, die Wundertätigen, die Banner«.
Siris ist der Name einer Göttin, die ansonsten im sumerischen Pantheon unbekannt ist. Möglicherweise ist der Name
eine mesopotamische Übersetzung des Sternnamens Sirius;
denn im ägyptischen Pantheon war Sirius der Stern, der mit
der Göttin Isis verbunden war. Der ägyptischen Sage nach
half Thot der Göttin Isis, der Schwester und Gemahlin des
Osiris, aus dem zerstückelten Körper des Osiris den Samen
herauszuziehen, mit dem sie befruchtet wurde, so daß sie
Horus empfing und gebar. Das war aber noch nicht alles. In
einer ägyptischen Inschrift auf der sogenannten Metternich-
Stele beschreibt die Göttin Isis, wie Thot ihren Sohn Horus
wieder zum Leben erweckte, nachdem ihn ein giftiger Skorpion gestochen hatte. Auf ihr Rufen hin kam Thot vom
Himmel herab, »und er hatte Zauberkräfte und verfügte über
große Macht, die das Wort wahr werden ließ«. Er übte seine
Zauberkunst aus, die in der Nacht das Gift austrieb, so daß
Horus ins Leben zurückkehrte.
Die Ägypter nahmen an, daß das gesamte »Totenbuch«,
dessen Verse an die Wände der Pharaonengräber geschrieben
wurden, damit der verstorbene Pharao in ein Leben nach
dem Tod hinübergeleitet werden konnte, ein Werk Thots sei,
»von seiner eigenen Hand« verfaßt. In einem kürzeren Werk,
das die Ägypter als »Buch des Atmens« bezeichneten, heißt
es: »Thot, der überaus mächtige Gott, der Herr von Chmunu,
kommt zu dir; er schreibt für dich mit eigener Hand das
Buch des Atmens, auf daß dein *Ka* immer und ewig at-
men werde und deine Gestalt auf der Erde mit Leben erfüllt
sei.«
Wir wissen aus sumerischen Quellen, daß diese Kenntnisse,
die im pharaonischen Glauben eine so große Rolle spielen,
nämlich die Fähigkeit, Tote wieder zum Leben zu erwecken,
als erster Enki besaß. In einem langen Text, der die Reise der
Göttin Inanna bzw. Ischtar in die Unterwelt (Südafrika), das
Reich ihrer Schwester (die mit einem anderen Sohn Enkis

verheiratet war) beschreibt, wird die uneingeladene Göttin umgebracht. Enki aber, der herbeigerufen wird, erfindet eine Heilmethode und überwacht die Behandlung des Leichnams mit Schall- und Strahlenimpulsen, und »Inanna erstand auf«. Offenbar wurde Marduk in dieses Geheimnis nicht eingeweiht; als er sich darüber beklagte, gab ihm sein Vater eine ausweichende Antwort. Das allein hätte vielleicht schon genügt, um den ehrgeizigen und machtgierigen Marduk auf Thot eifersüchtig zu machen. Das Gefühl, gekränkt, vielleicht sogar bedroht zu werden, war wahrscheinlich noch stärker. Zunächst einmal, weil es Thot und nicht Marduk bzw. Re war, der Isis geholfen hatte, den zerstückelten Osiris, Res Enkelsohn, wieder zusammenzusetzen, zu retten, und dann den vergifteten Horus, Res Urenkel, wieder zum Leben erweckte. Und zum anderen, weil all dies, wie der sumerische Text verdeutlicht, zu einer Affinität zwischen Thot und dem Stern Sirius führte, der den ägyptischen Kalender kontrollierte und die lebensspendenden Überschwemmungen des Nils ankündigte.

Waren dies die einzigen Gründe für die Eifersucht, oder hatte Re bzw. Marduk noch zwingendere Gründe, in Thot einen Rivalen zu sehen, der seine Vormachtstellung bedrohte? Laut Manetho endete die mit Re beginnende lange Herrschaft der ersten göttlichen Dynastie ganz plötzlich, nachdem Horus nur 300 Jahre lang geherrscht hatte, und zwar nach dem Konflikt, den ich als »Ersten Pyramidenkrieg« bezeichnet habe. Danach erhielt kein weiterer Nachkomme Res die Herrschaft über Ägypten; diese fiel nun an Thot, dessen Dynastie (laut Manetho) 1570 Jahre dauerte. Seine Herrschaft, ein Zeitalter des Friedens und des Fortschritts, fiel im Vorderen Orient mit dem Neolithikum (Jungsteinzeit) zusammen, der ersten Phase der Zivilisation, die die Anunnaki der Menschheit brachten.

Warum war von allen Söhnen Ptahs bzw. Enkis gerade Thot dazu ausersehen, die Dynastie Res in Ägypten abzulösen? Einen Hinweis darauf findet man möglicherweise in der

Studie »Religion of the Ancient Egyptians« von W. Osborn jr., der zu Thot erklärt: »Zwar stand er in der Mythologie in der zweiten Reihe der Götter, aber er blieb stets eine direkte Emanation und ein Teil von Ptah – der *Erstgeborene** des Urgottes.« Angesichts der komplizierten Erbfolgebestimmungen der Anunnaki, wo ein Sohn von einer Halbschwester der gesetzliche Erbe vor einem erstgeborenen Sohn wurde (falls dieser nicht von einer Halbschwester stammte), was auch eine Ursache für die endlosen Spannungen und die Rivalität zwischen Enki (dem erstgeborenen Sohn Anus) und Enlil (der von einer Halbschwester Anus stammte) war, könnte es da der Fall sein, daß die Umstände von Thots Geburt irgendwie die Ansprüche von Re bzw. Marduk auf die Vorherrschaft in Frage stellten?

Es ist bekannt, daß die herrschende »Gemeinschaft der Götter«, die göttliche Dynastie, zunächst die von Heliopolis war; sie wurde später von der göttlichen Trias in Memphis abgelöst (als Memphis die Hauptstadt des vereinigten Ägypten wurde). Aber dazwischen regierte eine »göttliche Gemeinschaft« *(Paut)* von Göttern, deren Oberhaupt Thot war. Sein Kultzentrum war Hermopolis (griech. »Stadt des Hermes«), deren ägyptischer Name *Chmunu* »Acht« bedeutete. Einer von Thots Beinamen lautete »Herr der Acht«, was sich nach Heinrich Brugsch (»Religion und Mythologie der alten Ägypter«) auf acht Himmelsausrichtungen, darunter die vier Himmelsrichtungen, bezog. Dies könnte sich auch auf Thots Fähigkeit beziehen, die acht Punkte des »Stillstandes« des Mondes, d. h. des Himmelskörpers, mit dem Thot in Verbindung gebracht wurde, zu ermitteln und zu bezeichnen.

Marduk, ein »Sonnengott«, wurde hingegen mit der Zahl Zehn verbunden. In der numerischen Hierarchie der Anunnaki, in der Anus Rang, sechzig, der höchste war, gefolgt von dem Enlils, fünfzig, dem Enkis, vierzig, usw., war Marduks Rang zehn; das wiederum könnte der Ursprung der

---

* Hervorhebung vom Autor

»Dekaden« sein. Tatsächlich schreibt die babylonische Fassung des Schöpfungsgedichts Marduk die Erfindung eines Kalenders mit zwölf Monaten zu, von denen jeder in drei »Himmelsastrale« eingeteilt war:

> Er bestimmt das Jahr
> und legte die Zonen fest:
> Für jeden der zwölf Monate
> schuf er drei Himmelssterne
> und bestimmte [so] die Tage des Jahres.

Die Einteilung des Himmels in 36 Abschnitte, um die Tage des Jahres festzulegen, ist ein eindeutiger Hinweis auf den Kalender, einen Kalender mit 36 »Dekaden«. Und hier, im »Enuma elisch«, wird die Einteilung Marduk alias Re zugeschrieben.

Von diesem Schöpfungsgedicht, das zweifellos sumerischen Ursprungs ist, kennt man heute größtenteils seine babylonische Fassung (die sieben Tafeln des »Enuma elisch«). Es handelt sich dabei um eine Version, die nach übereinstimmender Meinung der Gelehrten den Zweck hatte, den babylonischen Nationalgott Marduk zu glorifizieren. Deshalb wurde der Name »Marduk« überall dort eingesetzt, wo im sumerischen Originaltext der Eindringling aus dem Weltall, der Planet Nibiru, als »Himmelsherr« beschrieben wurde, und wo bei der Schilderung der Taten auf der Erde der oberste Gott Enlil hieß, machte die babylonische Fassung ebenfalls Marduk daraus. Auf diese Weise wurde Marduk zum obersten Gott sowohl im Himmel als auch auf der Erde.

Wenn nicht weitere Tafeln mit dem ursprünglichen sumerischen Text des Schöpfungsgedichts oder zumindest Bruchstücke davon gefunden werden, läßt sich unmöglich entscheiden, ob die 36 Dekaden eine wirkliche Neuerung Marduks waren oder ob er sie nur von Sumer übernahm. Ein Grundsatz der sumerischen Astronomie war die Unterteilung der Himmelssphäre, die die Erde umgab, in drei »Wege«: den Weg Anus als mittleres Himmelsband, den Weg Enlils am nördlichen Himmel und den Weg Eas (d. h. Enkis) am

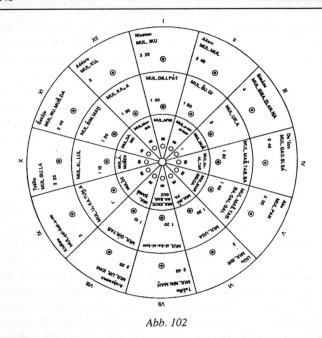

Abb. 102

südlichen Himmel. Man glaubte, diese drei Wege würden das äquatoriale Band (in der Mitte) und die durch die beiden Wendekreise begrenzten Bänder nördlich und südlich davon darstellen; ich habe jedoch in meinem Buch »Der zwölfte Planet« gezeigt, daß sich der Weg Anus beiderseits des Äquators ausbreitete und 30° nach Norden und nach Süden reichte, also insgesamt 60° breit war, und daß die Wege Enlils und Eas ebenfalls jeweils 60° umfaßten, so daß die drei zusammen den gesamten Himmelsbogen der 180° von Norden bis Süden abdeckten.

Falls diese Dreiteilung des Himmels auf die kalendarische Einteilung des Jahres in zwölf Monate angewendet wurde, ergaben sich 36 Abschnitte. Eine solche Einteilung, die zu Dekaden führte, wurde tatsächlich vorgenommen, nämlich in Babylon.

Im Jahr 1900 präsentierte der Orientalist T. G. Pinches der
Royal Astronomical Society in London die Rekonstruktion
eines mesopotamischen Astrolabiums, d. h. eines Instruments zur Positionsbestimmung von Gestirnen. Es handelte
sich dabei um eine kreisrunde Scheibe, die wie eine Torte in
zwölf Segmente eingeteilt war, drei konzentrische Ringe
besaß, so daß der Himmel in 36 Abschnitte aufgeteilt war
(Abb. 102). Die runden Symbole neben den Namen zeigten
an, daß sie sich auf Himmelskörper bezogen; die (hier
transliterierten) Namen sind die von Sternbildern des Tierkreises, Sternen und Planeten, im ganzen 36. Daß diese
Einteilung mit dem Kalender verbunden war, wird durch die
Monatsnamen deutlich, die oben in jedem der zwölf Segmente stehen (die Numerierung mit den Zahlen I bis XII,
beginnend mit Nisannu, dem ersten Monat des babylonischen Kalenders, stammt von Pinches).
Diese babylonische Planisphäre beantwortet zwar nicht die
Frage nach dem Ursprung der betreffenden Verse im »Enuma elisch«, beweist aber, daß das, was man für eine einzigartige und originale ägyptische Erfindung gehalten hatte, ein
Gegenstück, wenn nicht sogar einen Vorläufer in Babylon
hatte, dem Ort, den Marduk für seine Vormachtstellung
beanspruchte.
Noch gewisser ist die Tatsache, daß die 36 Dekaden im
ersten ägyptischen Kalender nicht vorkommen. Der frühere
war mit dem Mond, der spätere mit der Sonne verbunden.
Thot war ein Mondgott, Re ein Sonnengott. Überträgt man
dies auf die beiden Kalender, so folgt daraus, daß der erste
und ältere Kalender von Thot eingeführt wurde und der
zweite und spätere von Re bzw. Marduk.
Als es um 3100 v. Chr. soweit war, daß das Niveau der
sumerischen Hochkultur (das menschliche Königtum) auf
die Ägypter erweitert wurde, kehrte Re bzw. Marduk, dem
es nicht gelungen war, die Vormachtstellung in Babylon zu
erringen, nach Ägypten zurück und vertrieb Thot.
Damals reformierte meiner Ansicht nach Re bzw. Marduk

den Kalender, nicht um die Verwaltung zu vereinfachen, sondern um bewußt die Überreste von Thots Vorherrschaft auszulöschen. Im »Totenbuch« heißt es an einer Stelle, Thot sei »beunruhigt darüber gewesen, was den göttlichen Kindern widerfahren ist«, die »gekämpft, gestritten, Feindseligkeit geschaffen und Ungemach verursacht haben«. Als Folge davon sei Thot »in Zorn geraten, als sie [seine Feinde] die Jahre durcheinanderbrachten und sich bemühten, die Monate zu stören«. All dieses Böse, erklärt der Text, »bei allem, was sie dir antaten, haben sie im geheimen gefrevelt«.

Dies mag durchaus darauf hindeuten, daß der Streit, der zur Ersetzung von Thots Kalender durch den Kalender Res bzw. Marduks führte, in Ägypten stattfand, als der Kalender (aus den bereits erklärten Gründen) wieder in Ordnung gebracht werden mußte. Nach R. A. Parkers Ansicht geschah dies, wie schon gesagt, um 2800 v. Chr. Adolf Erman (»Ägypten und ägyptisches Leben im Altertum«) ist genauer. Die Gelegenheit ergab sich, schreibt er, als Sirius nach seinem Zyklus von 1460 Jahren zu seiner ursprünglichen Position zurückkehrte, nämlich am 19. Juli 2776 v. Chr.

Es sei noch angemerkt, daß dieser Zeitpunkt, um 2800 v. Chr., die offizielle Datierung ist, die man in Großbritannien für Stonehenge I übernommen hat.

Die Einführung eines Kalenders, der in zehntägige Perioden eingeteilt war oder auf ihnen beruhte, durch Re bzw. Marduk kann auch von dem Wunsch herrühren, für seine Anhänger in Ägypten wie auch in Mesopotamien eine klare Trennlinie zu ziehen zwischen sich selbst und demjenigen, der »Sieben« war, nämlich dem Oberhaupt der Enliliten, d. h. Enlil selbst. Eine solche Unterscheidung mag sogar dem Schwanken zwischen einem Mond- und einem Sonnenkalender zugrunde liegen, denn die Kalender sind, wie ich gezeigt habe und wie auch alte Aufzeichnungen belegen, von den Anunnaki-»Göttern« erfunden worden, um für ihre Anhänger die Zyklen der Verehrung festzulegen; und beim Kampf

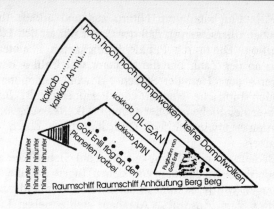

Abb. 103

um die Oberhoheit ging es letztlich darum, wer verehrt
werden sollte.

Die Gelehrten diskutierten zwar schon lang darüber, aber es
ist ihnen bisher nicht gelungen, den Ursprung der Woche zu
ermitteln, warum also das Jahr in Perioden von sieben Tagen
gemessen wird. Ich habe bereits in früheren Büchern gezeigt,
daß Sieben die Zahl war, die unseren Planeten, die Erde,
repräsentierte. In sumerischen Texten wurde er »der siebte«
genannt und in Darstellungen von Himmelskörpern durch
sieben Punkte bezeichnet (wie in Abb. 94), weil die Anunnaki auf ihrem Flug von ihrem Planeten, dem äußersten
Planeten unseres Sonnensystems, zur Erde zuerst am Pluto,
dann an Neptun und Uranus (zweiter und dritter Planet)
sowie an Saturn und Jupiter (vierter und fünfter Planet)
vorüberkamen. Mars war für sie der sechste Planet (und
wurde deshalb als sechszackiger Stern dargestellt), und die
Erde war der siebte. Eine solche Reise und eine derartige
Zählweise sind tatsächlich auf einer Planisphäre dargestellt,
die man in den Ruinen der königlichen Bibliothek von
Ninive entdeckt hat (Abb. 103); eines der acht Segmente

zeigt die Flugbahn vom Nibiru aus und erklärt (hier in deutscher Übersetzung), daß der Gott Enlil an den Planeten vorbeiflog. Die durch Punkte bezeichneten Planeten sind sieben an der Zahl. Für die Sumerer war Enlil – und kein anderer – der »Herr der Sieben«. Sowohl mesopotamische als auch biblische Namen von Personen (z. B. *Batseba*, »Tochter der Sieben«) oder Orten (z. B. *Beerscheba*, »Siebenbrunn«) erwiesen dem Gott ihre Ehre durch diesen Beinamen.

Die Bedeutung oder Heiligkeit der Zahl Sieben, die auf die kalendarische Maßeinheit von sieben Tagen als eine Woche übertragen wurde, kommt in der Bibel und in anderen alten Schriften zum Ausdruck. Abraham stellte sieben Lämmer beiseite, als er mit Abimelech einen Vertrag abschloß. Jakob diente Laban sieben Jahre lang, um eine seiner Töchter heiraten zu dürfen, und warf sich siebenmal zu Boden, als er auf seinen eifersüchtigen Bruder Esau zuging. Der Hohepriester mußte verschiedene Riten siebenmal vollziehen. Jericho mußte siebenmal umkreist werden, damit seine Mauern zusammenstürzten. In bezug auf den Kalender mußte der siebte Tag der Woche als Sabbat streng beachtet werden, und das wichtige Pfingstfest wurde sieben Wochen nach dem Passahfest angesetzt.

Obwohl niemand zu sagen vermag, wer die Siebentagewoche »erfunden« hat, wird sie in der Bibel offenkundig mit der frühesten Zeit, sogar mit dem Beginn der Zeit selbst in Verbindung gebracht; denn das Buch Genesis beginnt mit den sieben Tagen der Schöpfung. Der Begriff einer siebentägigen Periode in der »Zeit des Menschen« findet sich sowohl in der biblischen als auch in der älteren mesopotamischen Sintfluterzählung, was überdies belegt, daß er sehr alt ist. In den mesopotamischen Texten wird der Held sieben Tage vor dem Kommen der Flut von Enki gewarnt, der »die Wasseruhr öffnete und füllte«, um sicherzugehen, daß sein treuer Anhänger den Zeitpunkt nicht versäumte. In diesen Versionen soll die Sintflut mit einem Sturm begonnen haben, der

sieben Tage und sieben Nächte über das Land fegte. Auch in
der biblischen Sintflutversion wird Noah sieben Tage im
voraus gewarnt.

Die biblische Erzählung von der Sintflut und ihrer Dauer
zeigt, daß man schon in sehr früher Zeit weitreichende
Kenntnisse vom Kalender hatte. Man kannte die Zeiteinheit
der sieben Tage und eine Einteilung des Jahres in 52 Wochen
zu je sieben Tagen. Darüber hinaus scheint man die Kompli-
kationen eines Mond- und Sonnenkalenders verstanden zu
haben.

Laut Genesis begann die Sintflut »am siebzehnten Tag des
zweiten Monats« und endete im darauffolgenden Jahr »am
siebenundzwanzigsten Tag des zweiten Monats«. Auf den
ersten Blick scheint das ein Zeitraum von 365 plus zehn
Tagen zu sein, aber dem ist nicht so. Die biblische Geschichte gliedert die Sintflut in 150 Tage, in denen alles überschwemmt wird, in 150 Tagen, in denen das Wasser zurück-
weicht, und in weitere 40 Tage, bis Noah die Arche öffnen
kann. Dann schickt er im Abstand von sieben Tagen einen
Raben und eine Taube aus, um die Umgebung zu erkunden.
Erst als die Taube beim zweitenmal nicht zurückkehrt, weiß
Noah, daß er die Arche verlassen kann.

Diese Aufgliederung ergibt zusammen 354 Tage (150 + 150
+ 40 + 7 + 7). Das ist jedoch kein Sonnenjahr, sondern genau
ein Mondjahr von zwölf Monaten zu je 29,5 Tagen (29,5 ×
12 = 354), wie es ein zwischen Monaten von 29 und 30
Tagen Länge wechselnder Kalender (was der jüdische Kalender immer noch tut) darstellte.

Aber in bezug auf die Sonne machen 354 Tage kein volles
Jahr aus. Der Verfasser oder Redakteur des Buches Genesis
erkannte dies und griff auf eine Einfügung von Schalttagen
zurück, indem er behauptete, die Sintflut habe am siebzehnten Tag des zweiten Monats begonnen und (ein Jahr später)
am siebenundzwanzigsten Tag des zweiten Monats geendet.
Die Gelehrten sind sich über die Zahl der eingeschalteten
Tage nicht einig. Einige (z. B. S. Gandz, »Studies in Hebrew

Mathematics and Astronomy«) nehmen elf hinzugefügte
Tage an, was die 354 lunaren Tage zum vollständigen
Sonnenjahr mit 365 Tagen erweitert hätte. Andere, unter
ihnen der Verfasser des alten »Jubiläenbuches« (»Kleine
Genesis«), sind der Meinung, es seien nur zehn Tage hinzu-
gekommen, so daß das fragliche Jahr nur 364 Tage hatte.
Das impliziert natürlich einen Kalender, der in 52 Wochen
zu je sieben Tagen (52 x 7 = 364) unterteilt war.

Daß dies nicht nur deshalb zustande kam, weil man 354 und
10 als Anzahl der Tage addierte, sondern eine bewußte Einteilung des Jahres in 52 Wochen zu je sieben Tagen war, geht aus
dem »Jubiläenbuch« hervor. Darin heißt es (im sechsten Kapitel), daß Noah am Ende der Sintflut »himmlische Tafeln«
erhielt, auf denen die folgende Bestimmung stand:

> Alle gebotenen Tage
> werden zweiundfünfzig Wochen von Tagen sein,
> die das Jahr vollmachen.
> So ist es geschrieben und befohlen
> auf den himmlischen Tafeln;
> es soll kein Versäumnis geben bei einem einzelnen Jahr
> oder von einem Jahr zum anderen.
> Und gebiete du den Kindern Israels,
> daß sie die Jahre nach dieser Berechnung beachten:
> Dreihundertvierundsechzig Tage;
> diese sollen ein volles Jahr ergeben.

Das Beharren auf einem Jahr mit 52 Wochen zu je sieben
Tagen, was ein Kalenderjahr von 364 Tagen ergab, war
jedoch nicht dadurch bedingt, daß man die wahre Länge des
365tägigen Sonnenjahres nicht gekannt hätte. Diese wahre
Länge war bekannt, denn die Bibel gibt das Alter von
Henoch, als er von Gott aufgenommen wird, ausdrücklich
mit dreihundert*fünf*undsechzig Jahren an. Im nicht zur Bibel
gehörenden »Henochbuch« wird eigens der »Überschuß der
Sonne« erwähnt, die fünf Tage, die zu den 360 Tagen (12 x
30) anderer Kalender hinzugefügt werden mußten, um auf
365 Tage zu kommen. Aber in Kapiteln, die die Bahn der

Sonne und des Mondes, die zwölf zodiakalen »Tore« sowie
die Äquinoktien und Solstitien beschreiben, erklärt das Henochbuch unmißverständlich, daß das Kalenderjahr ein Jahr
zu genau 364 Tagen sein solle. Dies wird nochmals bekräf-
tigt: Das »vollständige Jahr mit voller Gerechtigkeit« solle
364 Tage haben, 52 Wochen zu je sieben Tagen.

Das Henochbuch, insbesondere die als »Slawisches Henochbuch« bezeichnete Fassung, soll Elemente der wissenschaftlichen Kenntnisse enthalten, die man damals in Alexandria
in Ägypten hatte. Wieviel davon man auf die Lehren Thots
zurückverfolgen kann, läßt sich nicht mit Gewißheit sagen,
aber sowohl biblische als auch ägyptische Erzählungen
deuten darauf hin, daß 7 und 52 × 7 schon in viel früherer
Zeit eine Rolle spielten.

Bekannt ist die biblische Geschichte von Josefs Aufstieg
zum obersten Verwalter Ägyptens, nachdem er die Träume
des Pharaos erfolgreich gedeutet hatte, zuerst den von den
sieben wohlgenährten Kühen, die von sieben mageren Kühen aufgefressen wurden, und dann den von den sieben
vollen Ähren, die von sieben ausgedörrten Ähren verschlun-
gen wurden. Aber nur wenige wissen, daß diese Geschichte
– für manche eine »Sage« oder ein »Mythos« – deutliche
ägyptische Wurzeln sowie eine ältere Entsprechung im ägyptischen Sagengut hatte. Zu den Wurzeln gehören die ägyptischen Vorläuferinnen der griechischen Orakelgöttinnen, die
sieben Hathoren. Hathor war die Göttin der Sinaihalbinsel,
die als Kuh dargestellt wurde. Mit andern Worten: Die
sieben Hathoren standen für sieben Kühe, die die Zukunft
voraussagen konnten.

Das ältere Gegenstück zur biblischen Geschichte von den
sieben mageren Jahren, die auf sieben Jahre des Überflusses
folgen, ist ein Hieroglyphentext (Abb. 104), dem E. A. W.
Budge (»Legends of the Gods«) den Titel »Sage vom Gott
Chnum und von einer siebenjährigen Hungersnot« gegeben
hat. Chnum war ein anderer Name für Ptah bzw. Enki in
seiner Rolle als Schöpfergott, als »Bildner, der belebt«. Die

Abb. 104

Ägypter glaubten, er habe sich, nachdem er die Herrschaft
über Ägypten an seinen Sohn Re übergeben hatte, auf die
Insel Abu zurückgezogen (die wegen ihrer Form seit der Zeit
der Griechen »Elephantine«, »Elefantenstadt«, genannt
wird). Dort schuf er einen zweifachen Hohlraum, zwei
miteinander verbundene Wasserspeicher, deren Sperren oder
Schleusen eingesetzt werden konnten, um den Wasserstand
des Nils zu regulieren. (Der heutige Staudamm von Assuan
befindet sich in ähnlicher Weise oberhalb des ersten Kata-
rakts des Nils.)
Laut diesem Text erhielt der Pharao Djoser, der Erbauer der
Stufenpyramide von Sakkara, eine Nachricht vom Statthalter

des Volkes im Süden, schreckliches Leid sei über die Bevölkerung gekommen, »weil der Nil seit *sieben Jahren* nicht mehr den richtigen Wasserstand erreicht hat«.

Da der König hoffte, Hungersnot und Chaos abwenden zu können, wenn er sich direkt an den Gott wende, reiste er nach Süden zur Insel Abu. Dort wohne der Gott, erfuhr er, »in einem hölzernen Gebäude mit Türen aus Schilfrohr«, er habe bei sich »die Schnur und die Tafel«, die es ihm ermöglichten, »die Doppeltür der Schleusen des Nils zu öffnen«. Chnum erhörte die Bitte des Königs und versprach ihm, »den Wasserstand des Nils zu erhöhen, Wasser zu schicken und das Getreide wachsen zu lassen«.

Da das alljährliche Ansteigen des Nils mit dem heliakischen Aufgang des Sirius verbunden wurde, erhebt sich die Frage, ob es die auf den Himmel oder die Astronomie bezogenen Elemente der Geschichte nicht nur an die tatsächliche Wasserknappheit (die sogar noch heute regelmäßig auftritt), sondern auch an die (oben behandelte) Verschiebung des Siriusaufgangs unter einem starren Kalender erinnert. Daß die ganze Geschichte mit dem Kalender zusammenhängt, deutet eine Textstelle an, wonach Chnums Wohnung auf Abu astronomisch ausgerichtet gewesen sei: »Das Haus des Gottes hat eine Öffnung nach Südosten, und die Sonne steht ihr jeden Tag unmittelbar gegenüber.« Dies kann nur eine Anlage bedeuten, die zur Beobachtung der Sonne auf ihrem Weg zur Wintersonnenwende hin und davon weg diente.

Diese kurze Betrachtung des Gebrauchs und der Bedeutung der Zahl Sieben in der Beziehung zwischen Göttern und Menschen genügt, um ihren »himmlischen« Ursprung (die sieben Planeten von Pluto bis zur Erde) und ihren kalendarischen Bezug (die Siebentagewoche, ein Jahr zu 52 Wochen) aufzuzeigen. Aber bei der Rivalität unter den Anunnaki gewann all dies noch eine andere Bedeutung: die Bestimmung dessen, wer der Gott der Sieben (*Eli-Schewa* auf hebräisch, wovon sich der Name »Elisabeth« ableitet) und damit der nominelle Herrscher der Erde war.

Und gerade das war es, was meiner Meinung nach Re bzw.
Marduk bei seiner Rückkehr nach Ägypten, nach seinem
fehlgeschlagenen Staatsstreich in Babylon, beunruhigte: die
sich ausbreitende Verehrung der Sieben, immer noch Enlils
Beiname, durch die Einführung der Siebentagewoche in
Ägypten.

Unter diesen Umständen muß beispielsweise die Verehrung
der sieben Hathoren für Re bzw. Marduk etwas Hassenswer-
tes gewesen sein: nicht nur ihre Anzahl, sieben, die eine
Verehrung Enlils implizierte, sondern auch ihre Verbindung
mit Hathor, einer wichtigen Göttin im ägyptischen Pantheon,
für die Re bzw. Marduk aber keine besondere Vorliebe hatte.
Hathor war, wie ich in früheren Büchern gezeigt habe, der
ägyptische Name für die Göttin Nincharsag im sumerischen
Pantheon, eine Halbschwester von Enki und Enlil und für
beide Brüder das Ziel ihrer sexuellen Begierden. Da ihre
offiziellen Gemahlinnen (Enki war mit Ninki, Enlil mit
Ninlil verheiratet), nicht ihre Halbschwestern waren, war es
für beide wichtig, mit Nincharsag einen Sohn zu zeugen; ein
solcher Sohn wäre nach den Erbfolgebestimmungen der
Anunnaki der unumstrittene gesetzliche Erbe für den Thron
der Erde. Trotz wiederholter Versuche Enkis gebar ihm
Nincharsag nur Töchter. Aber Enlil hatte mehr Erfolg; sein
erstgeborener Sohn entsproß einer Vereinigung mit Nincharsag. Dies berechtigte Ninurta dazu, von seinem Vater (Ningirsu, »Herr von Girsu« für Gudea) den Rang fünfzig zu
erben, so daß Enkis erstgeborener Sohn Marduk keinen
Anspruch auf die Herrschaft über die Erde hatte.
Für die weitverbreitete Verehrung der Zahl Sieben und ihre
kalendarische Bedeutung gibt es noch andere Beispiele.
Die Geschichte von der siebenjährigen Dürre trug sich zur
Zeit von Djoser, dem Erbauer der Pyramide von Sakkara,
zu. Die Archäologen haben im Gebiet von Sakkara einen
runden »Altaraufbau« aus Alabaster entdeckt, dessen Form
(Abb. 105) darauf hindeutet, daß er als sakrale Lampe

Abb. 105

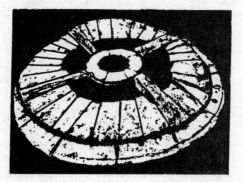

Abb. 106

diente, die sieben Tage lang brannte. Ein anderer Fund ist
ein steinernes »Rad« (manche halten es für den Sockel
eines Omphalos, d. h. eines »Nabelsteins«, der für Orakel-
zwecke verwendet wurde), das deutlich in vier Abschnitte
mit jeweils sieben Steinen eingeteilt ist (Abb. 106). Dies
läßt vermuten, daß es sich in Wirklichkeit um einen Stein-
kalender, zweifellos einen Mondkalender, handelte, der die
Idee der Siebentagewoche enthielt und (mit Hilfe von vier

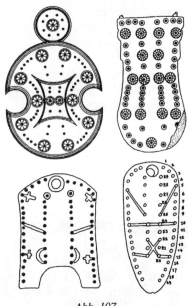

Abb. 107

Teilern) eine monatliche Zählweise ermöglichte, die von
28 bis 32 Tage reichte.

Kalender aus Stein gab es schon im Altertum, wie Stonehenge in England und der aztekische Kalender in Mexiko
beweisen. Doch dieser in Ägypten gefundene sollte am
wenigsten verwundern, denn das Genie, das hinter all diesen
geographisch weitverstreuten Steinkalendern steckt, war
meiner Überzeugung nach ein und derselbe Gott: Thot.
Überraschend daran mag sein, daß dieser Kalender den
Zyklus von sieben Tagen aufweist; aber auch dies sollte, wie
eine andere ägyptische »Sage« zeigt, nicht verwundern.

Was die Archäologen als Spiele oder Spielbretter bezeichnen, hat man fast überall im alten Vorderen Orient gefunden,
wie diese wenigen Abbildungen von Funden aus Mesopota-

mien, Kanaan und Ägypten bezeugen (Abb. 107). Die beiden Spieler bewegten Stöpsel von Loch zu Loch, je nachdem wie viele Augen sie gewürfelt hatten. Die Archäologen sehen darin nicht mehr als Spiele zum Zeitvertreib; doch die Zahl der Löcher, gewöhnlich 58, weist deutlich jedem Spieler 29 Löcher zu, und das ist die Anzahl der vollen Tage eines Lunarmonats. Es gab auch offensichtliche Unterteilungen der Löcher in kleinere Gruppen und Furchen, die einige Löcher mit anderen verbanden (vielleicht konnte der Spieler an dieser Stelle springen). So waren etwa Loch 15 mit Loch 22 und Loch 10 mit Loch 24 verbunden, was auf einen »Sprung« von einer Woche mit sieben Tagen bzw. um einen Zeitraum von vierzehn Tagen hindeutet.

Heute verwenden wir Merkverse und Spiele, um Kindern den modernen Kalender beizubringen. Warum sollte man da die Möglichkeit ausschließen, daß es im Altertum ebenfalls so war.

Daß es sich dabei um Kalenderspiele handelte und daß zumindest eines von ihnen, das Lieblingsspiel von Thot, dazu bestimmt war, die Einteilung des Jahres in 52 Wochen zu lehren, geht aus einer alten ägyptischen Erzählung hervor, die unter dem Titel »Die Abenteuer des Satni-Chamois mit den Mumien« bekannt ist.

Es ist eine Geschichte über Zauberei, Rätsel und Abenteuer, ein antiker Thriller, der die magische Zahl 52 mit Thot und den Geheimnissen des Kalenders verknüpft. Sie steht auf einer Papyrusrolle (katalogisiert als Cairo-30646), die in einem Grab in Theben gefunden wurde und aus dem 3. Jahrhundert v. Chr. stammt. Man hat auch Fragmente anderer Papyrusrollen mit derselben Geschichte gefunden, was darauf hindeutet, daß sie zum Literaturkanon des alten Ägypten gehörte, zu der Literatur, die die Geschichten von Göttern und Menschen aufzeichnete.

Der Held dieser Geschichte ist Satni, ein Sohn des Pharaos, »wohlbewandert in allen Dingen«. Er pflegte in der Nekropole von Memphis umherzustreifen, wo er die heiligen

Inschriften an Tempelwänden studierte und nach alten »Zauberbüchern« suchte. Mit der Zeit wurde er selbst »ein Zauberer, der nicht seinesgleichen im Land Ägypten hatte«. Eines Tages erzählte ihm ein geheimnisvoller alter Mann von einem Grab, »wo das Buch verwahrt ist, daß Thot eigenhändig geschrieben hatte« und in dem die Rätsel der Erde und die Geheimnisse des Himmels enthüllt wurden. Zu diesem geheimen Wissen gehörten göttliche Informationen, die »den Aufgang der Sonne, das Erscheinen des Mondes und die Bewegung der Himmelsgötter [Planeten], die die Sonne umkreisen«, betrafen – mit anderen Worten: die Geheimnisse der Astronomie und des Kalenders.

Das fragliche Grab war das von Ne-nofer-che-ptah, dem Sohn eines früheren Königs. Als Satni wissen wollte, wo sich dieses Grab befand, warnte ihn der Alte, Nenofercheptah sei zwar mumifiziert und begraben, aber nicht tot und könne jeden niederschlagen, der es wage, das Buch Thots, das zu seinen Füßen liege, wegzunehmen. Furchtlos machte sich Satni auf die Suche nach dem unterirdischen Grab. Als er die richtige Stelle gefunden hatte, »sprach er eine Zauberformel darüber, und ein Loch öffnete sich im Boden; und Satni stieg hinab zu dem Ort, wo das Buch war«.

Im Grab sah Satni die Mumien von Nenofercheptah, seiner Schwester und Frau und ihres Sohnes. Das Buch lag tatsächlich zu Nenofercheptahs Füßen, und »es gab ein Licht ab, als ob die Sonne darauf scheinen würde«. Als Satni darauf zuging, sprach die Mumie der Frau und warnte ihn, sich noch weiter zu nähern. Sie erzählte ihm dann von den Abenteuern ihres eigenen Mannes, als er versucht hatte, das Buch in seinen Besitz zu bekommen. Thot hatte es nämlich an einem geheimen Ort verborgen, in einer goldenen Schatulle, die sich innerhalb einer silbernen Schatulle befand; diese wiederum steckte in einer weiteren Schatulle und so fort, wobei die äußerste aus Bronze und Eisen bestand. Als Nenofercheptah die Warnungen und Gefahren ignorierte und das Buch an sich nahm, verurteilte Thot ihn, seine Frau und seinen Sohn zum Scheintod: Obwohl sie am Leben waren, wurden sie begraben, und obwohl sie mumifiziert waren, konnten sie sehen, hören und sprechen. Sie warnte Satni, wenn er das Buch anrühre, werde sein Schicksal das gleiche oder noch schlimmer sein.

Die Warnungen und das Schicksal des früheren Königs schreckten Satni nicht ab. Nachdem er so weit gekommen war, wollte er sich nicht von seinem Entschluß abbringen lassen, in den Besitz des Buches zu gelangen. Als er einen weiteren Schritt auf das Buch zu machte, meldete sich die Mumie von Nenofercheptah zu Wort. Es gebe eine Möglichkeit, das Buch in seinen Besitz zu bringen, ohne den Zorn Thots auf sich zu ziehen. Satni müsse das Spiel Zweiundfünfzig, »die magische Zahl Thots«, spielen und gewinnen. Satni forderte das Schicksal heraus und willigte ein. Er verlor das erste Spiel und stellte fest, daß er teilweise im Boden des Grabes versank. Er verlor auch das nächste und übernächste Spiel und sank dabei immer tiefer. Wie es ihm gelang, mit dem Buch zu entkommen, welches Unheil ihm danach zustieß und wie er am Ende das Buch in sein Versteck zurückbrachte, ist eine spannende Lektüre, hat aber nicht direkt mit unserem Thema zu tun, nämlich mit der Tatsache, daß die astronomischen und kalendarischen »Geheimnisse Thots« das Spiel Zweiundfünfzig mit einschlossen, die Einteilung des Jahres in 52 siebentägige Abschnitte, was zu dem rätselhaften Jahr mit nur 364 Tagen im »Buch der Jubiläen« und im Henochbuch führte.

Es ist eine magische Zahl, die uns über die Meere nach Amerika hinüberführt, uns zum Rätsel von Stonehenge zurückbringt und den Vorhang über den Ereignissen lüftet, die das erste von der Menschheit aufgezeichnete neue Zeitalter zur Folge hatten und daraus resultierten.

9

Wo die Sonne ebenfalls aufgeht

Keine Ansicht gibt einen besseren Eindruck von Stonehenge als der Anblick der Sonnenstrahlen, die am längsten Tag des Sommers bei Sonnenaufgang durch die reglos dastehenden Megalithen des Sarsen Circle hindurchscheinen, wenn die Sonne auf ihrer Wanderung nach Norden zu zögern scheint, innehält und umzukehren beginnt. Wie es das Schicksal wollte, stehen nur noch vier von diesen großen Steinsäulen aufrecht, die oben mit gewölbten Querblöcken verbunden sind und drei längliche Fenster bilden. Durch diese können wir ebenfalls, als wären wir die längst vergangenen Riesenbaumeister von Stonehenge, den Beginn eines neuen Jahreszyklus sehen und bestimmen (Abb. 108).

Abb. 108

Und als ob das Schicksal es so wollte, bietet auf der anderen
Seite der Welt eine andere Gruppe von drei Fenstern in
einem gewaltigen Bau aus zyklopischen Steinblöcken (von
Riesen errichtet, wie die dortigen Sagen erzählen) ebenfalls
einen atemraubenden Anblick der Sonne, die durch weiße
Dunstschleier hindurch erscheint und ihre Strahlen in einer
genauen Ausrichtung hindurchlenkt. Dieser andere Ort der
»drei Fenster«, wo die Sonne ebenso an einem entscheidenden Kalendertag aufgeht, befindet sich in Südamerika, in
Peru (Abb. 109).
Ist diese Ähnlichkeit nur ein Zufall? Ich glaube es nicht.
Heute heißt der Ort Machu Picchu, benannt nach dem
Gipfel, der sich über 3000 Meter hoch an einer Biegung des
Urubamba erhebt, an der die alte Stadt lag. Sie war so gut
verborgen im Dschungel und zwischen den endlosen Bergen
der Anden, daß sie den spanischen Konquistadoren entging
und eine »verschollene Stadt der Inka« blieb, bis sie 1911
von Hiram Bingham entdeckt wurde. Heute weiß man, daß
sie lange vor den Inka erbaut wurde und ursprünglich
Tampu-Tocco, »Hafen der drei Fenster«, hieß. Der Ort und

Abb. 109

seine einzigartigen drei Fenster spielen eine wichtige Rolle im lokalen Sagengut bezüglich der Ursprünge der Andenhochkultur: Damals siedelten die Götter unter der Führung des großen Schöpfers Viracocha die vier Ayar-Brüder und ihre vier Frauen-Schwestern in Tampu-Tocco an. Drei Brüder tauchten durch die drei Fenster auf, ließen sich hier nieder und brachten den Andenländern ihre Kultur; einer von ihnen gründete das Alte Reich, das dem der Inka um Jahrtausende vorausging.

Die drei Fenster waren ein Teil einer gewaltigen Mauer aus zyklopischen Granitblöcken, die – ähnlich wie in Stonehenge – nicht in dieser Gegend vorkommen, sondern aus weiter Ferne über hohe Berge und durch steile Täler herangeschafft wurden. Die kolossalen Steinblöcke wurden sorgfältig abgeschliffen und abgerundet und dann in zahlreiche Stücke und Ecken geschnitten, als ob sie aus weichem Wachs bestünden. Die Seiten und Kanten aller nebeneinanderliegenden Steine paßten nahtlos zusammen, so daß die vieleckigen Steine wie die Stücke eines Puzzles ineinander griffen, ohne Mörtel oder Zement zusammenhielten und den in dieser Gegend nicht seltenen Erdbeben sowie anderen Verwüstungen durch Mensch oder Natur standhielten.

Der »Tempel der drei Fenster«, wie Bingham ihn nannte, hat nur drei Wände: die eine mit den Fenstern, die in eine östliche Richtung gehen, und zwei schützende Seitenflügel. Die Westseite liegt völlig offen und bietet Raum für einen Steinpfeiler, der über zwei Meter hoch ist; gestützt durch zwei horizontal liegende, sorgfältig zugeschnittene Steine, auf jeder Seite einen, steht diese Säule genau dem mittleren Fenster gegenüber. Da oben eine Kerbe hineingeschnitten ist, vermutete Bingham, er habe vielleicht einen Balken gehalten, der ein Strohdach trug; aber das wäre eine in Machu Picchu einmalige Erscheinung gewesen. Ich glaube deshalb, daß der Pfeiler zu dem gleichen Zweck wie zuerst der »Fersenstein« oder (später) der Altarstein in Stonehenge diente, d. h. ähnlich wie Gudeas siebte Säule eine Visierlinie

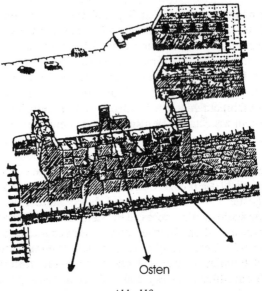

Osten

Abb. 110

lieferte. Klug erdacht, ermöglichte das Vorhandensein von
drei Fenstern drei Visierlinien: zum Sonnenaufgang hin am
Tag der Sommersonnenwende, der Tagundnachtgleiche und
der Wintersonnenwende (Abb. 110).
Die Anlage der drei Fenster bildete zusammen mit dem
gegenüberstehenden Pfeiler den östlichen Teil der von Bingham so genannten »Heiligen Plaza«; diese Bezeichnung
wurde von den Gelehrten beibehalten. Ihr anderer, ebenfalls
dreiseitiger Hauptbau besitzt seine längste Mauer am Nord-
ende der Plaza und ist nach Süden hin offen. Auch dieses
Bauwerk besteht aus Zyklopenmauern, deren aus weiter
Ferne eingeführte Granitblöcke ebenfalls durch ihre vieleck-
ge Form zusammengehalten werden. Die zentrale Nordwand
ist so gebaut, daß sie sieben Scheinfenster bildet; dabei
handelt es sich um trapezförmige Ausschnitte, die die drei

Fenster nachahmen, aber in Wirklichkeit nur Mauernischen sind. Unter diesen Scheinfenstern liegt auf dem Boden des Gebäudes ein massiver rechteckiger Monolith, der 4 x 1,5 x 1 m mißt. Obwohl man den Zweck dieses Bauwerks nicht ermittelt hat, wird er immer noch als »Haupttempel« bezeichnet, wie Bingham den Bau nannte.

Da der eineinhalb Meter hohe liegende Stein aufgrund seiner Größe nicht als Sitz gedient haben kann, hielt ihn Bingham für einen Opfertisch: »eine Art Altar; möglicherweise wurden Nahrungsmittel als Opfergaben darauf gelegt, oder er war vielleicht dazu bestimmt, Mumien der mit Ehrfurcht behandelten Toten aufzunehmen, die hier öffentlich zur Schau gestellt und an Festtagen verehrt werden konnten.« Solche Bräuche sind zwar reine Phantasievorstellungen, aber der Gedanke, daß das Bauwerk mit Festtagen – also mit dem Kalender – in Beziehung stehen könnte, ist interessant. Die sieben Scheinfenster weisen oben sechs deutlich hervorstehende Steinpflöcke auf, so daß sich eine Art Zählung mit Sieben und Sechs – wie im Girsu von Lagasch – nicht ausschließen läßt. Die beiden Seitenwände enthalten je fünf Scheinfenster. Wenn man die fünf Fenster entweder der Ostwand oder der Westwand zu den sieben Fenstern der in der Mitte gelegenen Nordwand hinzunimmt, erhält man jeweils die Zahl zwölf, was ebenfalls auf eine kalendarische Funktion schließen läßt.

Hinter der nordwestlichen Ecke des Haupttempels befindet sich ein kleiner Anbau, der aus demselben Megalithzeitalter stammt. Am besten kann man ihn als einen dachlosen Raum mit einer Steinbank beschreiben; Bingham hielt ihn für die Priesterwohnung, aber es gibt nichts, was auf seinen Zweck hindeutet. Offensichtlich ist hingegen, daß er mit größter Sorgfalt aus den gleichen vieleckigen Granitblöcken, perfekt zugeschnitten und abgeschliffen, errichtet wurde. Tatsächlich findet man dort sogar den Stein mit den meisten Seiten und Ecken: 32! Wie und von wem dieser erstaunliche Megalith geformt und eingesetzt wurde, ist für den Besucher ein verwirrendes Rätsel.

Direkt dahinter beginnt eine Treppe aus rechteckigen, aber
unbearbeiteten Feldsteinen, die als Stufen dienen. Sie windet sich von der Heiligen Plaza zu einem Hügel hinauf,
von dem aus man die ganze Stadt überblickt. Der Hügel
wurde oben abgeflacht, so daß man hier eine Einfassung
erbauen konnte. Das Bauwerk besteht aus wunderschön
geformten, abgeschliffenen Steinen, die aber keine megalithische Größe besitzen und nicht auffällig vieleckig sind.
Vielmehr wurden die höhere Eingangsmauer, die ein Tor
zum Gipfel des Hügels bildet, und die umgebenden niedrigeren Mauern aus Hausteinen errichtet, rechteckig geformten Steinen, die wie Ziegel Quadermauern ergeben.
Diese Bauweise ist weder mit den kolossalen Monumenten
des Megalithzeitalters noch mit den offenkundig minderwertigeren Gebäuden aus Feldsteinen verwandt, die in ihrer
unregelmäßigen Form durch Mörtel zusammengehalten
wurden und woraus die meisten übrigen Gebäude in Machu
Picchu bestehen. Letztere gehören zweifellos der Inka-Periode an, aber die Hausteinbauten – wie der auf dem Hügel
– stammen aus einer früheren Zeit, die ich in meinem Buch
»Versunkene Reiche« das Zeitalter des »Alten Reiches«
genannt habe.
Das aus Hausteinen errichtete Gebäude auf dem Hügel war
erkennbar nur als schmückende und schützende Einfassung
für das Hauptbauwerk des Hügelgipfels gedacht. Dort, in der
Mitte, wo der Gipfel des Hügels eingeebnet wurde, um eine
Plattform zu schaffen, ließ man das zutagetretende Bodengestein herausragen und bearbeitete dann den Stein so, daß
er ein vieleckiges Fundament für eine niedrige, nach oben
gerichtete Steinsäule bildete. Daß der Stein auf dem Sockel
astronomisch-kalendarischen Zwecken diente, verrät sein
Name: *Inti-huatana,* was in der Landessprache »Das, was
die Sonne bindet« bedeutete. Wie die Inka und ihre Nachkommen erklärten, war dies ein steinernes Instrument zur
Beobachtung und Bestimmung der Solstitien, weil man
sichergehen wollte, daß die Sonne »gebunden« war und sich

Abb. 111

nicht für immer wegbewegen konnte, ohne zur Rückkehr
gezwungen zu sein (Abb. 111).

Fast ein Vierteljahrhundert verging von der Entdeckung von
Machu Picchu bis zu den ersten ernsthaften Untersuchungen
seiner astronomischen Bezüge. Erst in den dreißiger Jahren
begann Rolf Müller, Professor für Astronomie an der Universität Potsdam, eine Reihe von Untersuchungen an mehreren wichtigen Orten in Peru und Bolivien. Zum Glück
wandte er auf seine Funde die Grundsätze der Archäoastronomie an, die erstmals von Lockyer dargelegt wurden. So
konnte Müller nicht nur interessante Schlußfolgerungen im
Hinblick auf die astronomischen Bezüge von Machu Picchu,
Cuzco und Tiahuanacu (am Südufer des Titicacasees) ziehen, sondern auch den Zeitpunkt ihrer Gründung genau
bestimmen.

Müller (»Die Intihuatana [Sonnenwarten] im alten Peru« und
andere Schriften) gelangte zu dem Ergebnis, daß der niedrige
Pfeiler auf dem Sockel und der Sockel selbst so zugeschnit-

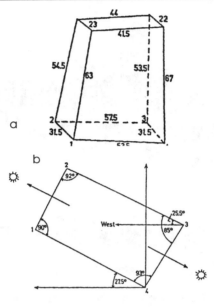

Abb. 112a und 112b

ten und geformt waren, daß sie an diesem (hinsichtlich geographischer Lage und Höhe) besonderen Standort genaue astronomische Beobachtungen ermöglichten. Der Pfeiler (Abb. 112a) diente als Gnomon, der Sockel als Skala für den Schatten. Der Sockel selbst war jedoch so geformt und ausgerichtet, daß sich entlang seiner Furchen an entscheidenden Tagen Sonnenauf- und -untergang bestimmen ließen (Abb. 112b). Nach Müllers Schlußfolgerung handelte es sich dabei um den Sonnenuntergang *(Su)* am Tag der Wintersonnenwende (21. Juni in der südlichen Hemisphäre) und den Sonnenaufgang *(Sa)* am Tag der Sommersonnenwende (23. Dezember in der südlichen Hemisphäre). Wie er außerdem feststellte, waren die Winkel des rechteckigen Sockels so gewählt, daß man – wenn man den Horizont entlang einer diagonalen Visierlinie beobachtete, die die Eckpunkte 3 und 1 verband – die Sonne genau an den Tagen der Tagundnachtgleiche hätte untergehen sehen, zu der Zeit, als das Intihuatana geschaffen wurde.

Dieser Zeitpunkt lag seinen Berechnungen nach, die sich auf den größeren Neigungswinkel der Erdachse stützen, etwas über 4000 Jahre zurück, irgendwann zwischen 2100 und 2300 v. Chr. Demnach ist die Sonnenwarte von Machu Picchu ebenso alt wie der Eninnu in Lagasch und Stonehenge II, wenn nicht sogar älter. Noch bemerkenswerter ist vielleicht die rechteckige Form für die astronomische Funktion des Sockels, denn sie ahmt die außergewöhnliche rechteckige Anordnung der vier Stationssteine von Stonehenge I nach (auch wenn sie anscheinend nicht zu Mondbeobachtungen diente).

Die Sage von den Ayar-Brüdern berichtet, daß die drei Brüder auf die Königreiche in den Anden zurückgingen (eine Art südamerikanische Fassung der biblischen Geschichte von Sem, Ham und Jafet), sich des vierten Bruders entledigten, indem sie ihn in eine Felsenhöhle einsperrten, wo er zu Stein erstarrte. Eine solche Höhle in einer großen Felsspalte, in der eine weiße Säule bzw. ein stumpfer Pfeiler aufragt, gibt es tatsächlich in Machu Picchu. Darüber erhebt sich immer noch eines der bemerkenswertesten Bauwerke in ganz Südamerika. Es ist aus den gleichen Hausteinen errichtet, wie sie auf der Plattform des Intihuatana verwendet wurden, und stammt somit eindeutig aus derselben Zeit. Es handelt sich dabei um eine Einfassungsmauer, die auf zwei Seiten einen rechten Winkel bildet und sich auf den anderen beiden Seiten zu einem vollkommenen Halbkreis wölbt (Abb. 113a). Das Bauwerk wird als *Torreon* (Turm) bezeichnet.

Dieses Bauwerk, das man über sieben Stufen erreicht, umfaßt ähnlich wie beim Intihuatana den hervorragenden Gipfel des Hügels, auf dem es errichtet wurde. Der Felsen ist hier ebenfalls bearbeitet worden und hat eine funktionelle Form

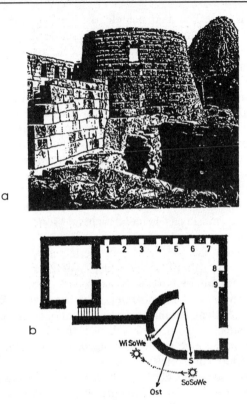

Abb. 113a und 113b

erhalten, außer daß hier keine Säule entstand, die als Gnomon fungieren sollte. Statt dessen führen die Visierlinien, die entlang den Furchen und vieleckigen Flächen des »heiligen Felsens« verlaufen, zu zwei Fenstern in der halbkreisförmigen Mauer. Müller und andere Astronomen nach ihm (z. B. D. S. Dearborn und R. E. White, »Archaeoastronomy at Machu Picchu«) haben festgestellt, daß die Visierlinien nach dem Sonnenaufgang an den Tagen der Winter- und Sommer-

Abb. 114

sonnenwende ausgerichtet waren, vor mehr als 4000 Jahren
(Abb. 113b).

Die beiden Fenster hatten eine ähnliche Trapezform (unten
breiter als oben) wie die berühmten »drei Fenster« an der
Heiligen Plaza, sind somit, was Form und Zweck betrifft,
eine Nachahmung der Fenster aus der Megalithzeit. Die
Ähnlichkeit setzte sich darin fort, daß das aus perfekt bearbeiteten Hausteinen errichtete Bauwerk dort, wo der Halbkreis aufhörte und die gerade Nordmauer begann, ein drittes
Fenster besaß, wenn man die Öffnung so nennen kann. Sie
ist größer als die beiden anderen Fenster, das »Fensterbrett«
ist nicht waagerecht, sondern wie eine umgekehrte Treppe
gebildet. Oben befindet sich auch kein geradliniger Sturz,
sondern ein keilförmiger Schlitz, der wie ein umgekehrtes V
aussieht (Abb. 114).

Da der Ausblick durch diese »Öffnung« (von innerhalb des
Torreon) durch Feldsteingebäude aus der Inkazeit behindert
wird, verbanden die Astronomen, die den Torreon untersucht
hatten, mit diesem »dritten Fenster« keinen astronomischen
Bezug. Bingham wies darauf hin, daß die Mauer bei diesem
Fenster eindeutige Anzeichen von Feuer aufwies, und schloß
daraus, daß hier an bestimmten Festtagen Brandopfer dargebracht worden seien. Meine eigenen Studien haben ergeben,
daß zur Zeit des Alten Reiches, als es hier noch keine Bauten
der Inka gab, eine Visierlinie in nordwestlicher Richtung von
dem heiligen Felsen durch den Schlitz in dieser Öffnung
zum Intihuatana auf dem Hügel wahrscheinlich den Sonnenuntergang am Tag der Wintersonnenwende anzeigte, als der
Torreon erbaut wurde.

Das Bauwerk über der Felsspalte ahmte die Gebäude an der
Heiligen Plaza noch in anderen Besonderheiten nach. Zusätzlich zu den drei Öffnungen gab es neun trapezförmige
Scheinfenster in den geraden Teilen der Umfassungsmauer
(siehe Abb. 113). Zwischen ihnen ragen Steinpflöcke oder
»Klöppel«, wie sie Bingham nannte, hervor (Abb. 115). Die
längere Wand, die sieben Scheinfenster aufweist, besitzt
sechs solche Vorsprünge, ahmt also die Anordnung der
längeren Wand des Haupttempels nach.

Die Anzahl der Fenster, der echten sowie der scheinbaren,
beläuft sich auf zwölf, was zweifellos auf kalendarische
Funktionen hinweist, beispielsweise auf die Zählung der
zwölf Monate des Jahres. Die Anzahl der Scheinfenster
(sieben) und der Vorsprünge (sechs) in der längeren Wand,
die denen in der längeren Wand des Haupttempels entspricht,
könnte ein Hinweis darauf sein, daß der Kalender eine
Einschaltung notwendig machte, eine periodische Angleichung des Mondzyklus an den Sonnenzyklus, indem alle
paar Jahre ein dreizehnter Mond hinzugefügt wurde. Zusammen mit der Ausrichtung und den Öffnungen für die Beobachtung und Bestimmung der Sonnenwenden und Tagundnachtgleichen legen die Scheinfenster und ihre Vorsprünge

die Vermutung nahe, daß in Machu Picchu irgend jemand einen komplizierten Sonnen- und Mondcomputer geschaffen hat, der als Kalender diente.

In einer Hinsicht ist der Torreon, der aus derselben Zeit wie der Eninnu und Stonehenge II stammt, ungewöhnlicher als der rechteckige Intihuatana, weil er die extrem seltene *runde* Form eines Steinbaus zeigt – äußerst selten in Südamerika, aber offensichtlich verwandt mit den Steinkreisen von Lagasch und Stonehenge.

Laut Sagen und gemäß dem, was der Spanier Fernando Montesinos zu Beginn des 16. Jahrhunderts zusammentrug, war das Inkareich nicht das erste Königreich, dessen Hauptstadt Cuzco in Peru war. Heute weiß man dank der Forschung, daß die sagenhaften Inka, die von den Spaniern unterworfen wurden, erst 1021 n. Chr. in Cuzco an die Macht gelangten. Schon lange vor ihnen hatte einer der Ayar-Brüder, Manco Capac, die Stadt gegründet, als ein goldener Stab, den ihm der Gott Viracocha gegeben hatte, im Boden versank und ihm so die richtige Stelle zeigte. Das ereignete sich nach Montesinos' Berechnung um 2400

Abb. 115

v. Chr., fast 3500 Jahre vor den Inka. Das Alte Reich dauerte
fast 2500 Jahre, bis eine Folge von Seuchen, Erdbeben und
anderen Katastrophen die Bevölkerung dazu zwang, Cuzco
aufzugeben. Der König zog sich mit einer kleinen Schar
Auserwählter nach Tampu-Tocco zurück. Das Interregnum
dort dauerte etwa 1000 Jahre, bis ein junger Mann von edler
Herkunft auserwählt wurde, das Volk nach Cuzco zurückzu-
führen und ein neues Königreich, das der Inka-Dynastie, zu
errichten.

Als die spanischen Eroberer 1533 nach Cuzco kamen, in die
Hauptstadt des Inkareichs, fanden sie zu ihrem Erstaunen
eine Metropole mit etwa 100 000 Wohnhäusern vor, die um
ein königlich-religiöses Zentrum mit prachtvollen Palästen,
Tempeln, Gärten, Markt- und Paradeplätzen herum gebaut
waren. Sie vernahmen zu ihrer Überraschung, daß sie in
zwölf Stadtviertel eingeteilt war, die in einem Oval angeord-

Abb. 116

net waren; ihre Grenzen verliefen entlang Visierlinien, die zu
Beobachtungstürmen auf Hügeln rund um die Stadt führten
(Abb. 116). Ehrfurcht flößte ihnen der Anblick des heiligsten
Tempels der Stadt und des Reiches ein, nicht etwa wegen der
Schönheit seines Baus, sondern weil er buchstäblich mit
Gold bedeckt war. Getreu seinem Namen *Cori-cancha*, was
»Goldene Einfassung« bedeutet, waren die Wände mit Goldplatten verkleidet. Im Inneren gab es wunderbare Gegenstände und Skulpturen von Vögeln und anderen Tieren, die aus
Gold, Silber und Edelsteinen bestanden; im größten Innen-
hof befand sich ein Garten, dessen Getreidepflanzen und
anderen Gewächse künstlich waren, angefertigt aus Gold
und Silber. Allein die Vorhut der Spanier schleppte 700 von
diesen Goldplatten (sowie viele der anderen kostbaren Gegenstände) weg.

Chronisten, die den Coricancha gesehen hatten, bevor er
verwüstet, von den katholischen Priestern zerstört und in
eine Kirche umgebaut wurde, berichteten, daß zu der ummauerten Anlage ein Haupttempel gehörte, der dem Gott
Viracocha geweiht war; außerdem gab es darin Schreine oder
Kapellen zur Verehrung des Mondes, der Venus, eines ge-
heimnisvollen Sterns namens Coyllor, des Regenbogens und
des Gewittergottes. Trotzdem bezeichneten ihn die Spanier
als »Sonnentempel«, weil sie dachten, die Sonne sei die
oberste Gottheit der Inka.

Vermutlich kamen die Spanier auf diesen Gedanken, weil im
Allerheiligsten des Coricancha, einer halbrunden Kammer,
an der Wand über dem großen Altar ein »Abbild der Sonne«
hing. Es handelte sich dabei um eine große goldene Scheibe,
die die Spanier für die Sonne hielten. In Wirklichkeit hatte
sie früher dazu gedient, einen Lichtstrahl zu reflektieren,
wenn die Sonnenstrahlen einmal im Jahr, bei Sonnenaufgang
am Tag der Wintersonnenwende, in die dunkle Kammer
eindrangen.

Bezeichnenderweise hatte die Anordnung Ähnlichkeit mit
der im großen Tempel des Amun von Karnak in Ägypten.

Bedeutsamerweise war das Allerheiligste in Cuzco in der
gleichen extrem seltenen Halbkreisform wie der Torreon in
Machu Picchu gehalten. Von Bedeutung ist auch, daß der
älteste Teil des Tempels, darunter das Allerheiligste, aus den
gleichen perfekt passenden Hausteinen erbaut wurde wie der
Torreon und die Umfassungsmauern des Intihuatana – das
Kennzeichen der Zeit des Alten Reichs. Müllers sorgfältige
Untersuchungen und Messungen haben – was eigentlich
keine Überraschung ist – ergeben, daß die Ausrichtung, die
es dem Sonnenstrahl erlauben sollte, durch den Korridor
einzufallen und auf das »Abbild der Sonne« aufzutreffen, zu
einem Zeitpunkt vorgenommen wurde, als die Schiefe der
Erdachse 24° betrug (Abb. 117), d. h. vor mehr als 4000
Jahren. Das stimmt mit der von Montesinos übermittelten
Zeittabelle überein, wonach das Alte Reich um 2500–2400
v. Chr. begann, und paßt auch zu der Behauptung, der
Tempel in Cuzco sei kurz danach erbaut worden.
So erstaunlich das Alter der Bauwerke im Alten Reich auch
sein mag, waren sie doch bestimmt nicht die ältesten. Laut

Abb. 117

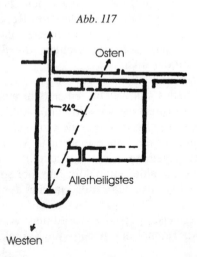

den Ayar-Sagen waren nämlich die megalithischen »drei
Fenster« bereits vorhanden gewesen, als der Gründer des
Alten Reiches, Manco Capac, und seine Brüder von Tampu-
Tocco aufbrachen, um in den Andenländern das Königtum
einzuführen.

Offensichtlich ging dem Alten Reich ein megalithisches
Zeitalter mit gewaltigen Bauwerken voraus. Diese Bauwerke
unterscheiden sich nicht nur durch ihre ungeheure Größe,
sondern auch durch die erstaunliche polygonale Form ihrer
Steinblöcke, deren Oberflächen zudem glattgeschliffen und
leicht abgerundet sind. Trotz ihres atemberaubenden Alters
sind die Bauten in Machu Picchu weder die größten noch die
rätselhaftesten. Diese Ehre gebührt zweifellos den Ruinen
von Sacsahuaman, dem Vorgebirge über Cuzco.

Das Vorgebirge hat die Form eines Dreiecks, dessen Grund-
linie zu der sich dahinter auftürmenden Bergkette hin liegt,
während die beiden Seiten von tiefen Schluchten gebildet
werden. Seine Spitze ist ein Gipfel, der die Stadt zu seinen
Füßen etwa 250 m überragt. Das Vorgebirge läßt sich in drei
Abschnitte einteilen. Der breiteste Teil, der die Basis des
Dreiecks bildet, wird von riesigen Felsen beherrscht, die
jemand – nach dem Volksglauben »Riesen« – zugeschnitten
und geformt hat, und dies mit unglaublicher Leichtigkeit und
in Winkeln, daß unmöglich grobes Handwerkszeug benutzt
worden sein kann. So sind riesige Stufen, Plattformen oder
umgekehrte Treppen entstanden; außerdem sind die Felsen
mit gewundenen Kanälen, Tunnels, Rinnen und Nischen
durchbohrt worden. Der mittlere Abschnitt, ein mehrere
hundert Meter breites und langes Gebiet, ist eingeebnet
worden, so daß er jetzt eine Art riesige Terrasse bildet, die
von der dreieckigen und höher liegenden Spitze des Vorgebirges deutlich durch ein überaus bemerkenswertes und
sicherlich einzigartiges Steinbauwerk abgetrennt wird. Es
besteht aus drei massiven Mauern, die im Zickzack parallel
zueinander von einem Rand des Vorgebirges zum anderen
verlaufen (Abb. 118). Die Mauern sind so gebaut, daß sich

eine hinter der anderen erhebt, und ragen insgesamt fast 20 m hoch auf. Errichtet sind sie aus gewaltigen polygonalen Steinblöcken, die in der Weise zusammengefügt sind, wie sie für das megalithische Zeitalter kennzeichnend war. Die ganz vorn sind am wuchtigsten; sie unterstützen die Erdwälle, die die erhöhten Terrassen für die zweite und dritte Reihe bilden. Die kleinsten Steinblöcke wiegen zwischen 10 und 20 Tonnen; die meisten sind 5 m hoch und 3 bis 4 m breit und dick. Viele sind wesentlich größer; ein Block in der vordersten Reihe ist 9 m hoch und über 300 Tonnen schwer (Abb. 119). Ähnlich wie die Megalithen in Machu Picchu wurden auch die von Sacsahuaman aus großer Entfernung herbeigeschafft und erhielten ihre glatte, abgeschrägte Oberfläche und ihre polygonale Form, so daß sie ohne Mörtel zusammengefügt blieben.

Von wem, wann und warum wurden diese Bauwerke hoch über dem Erdboden und die Tunnels, Kanäle, Gänge, Löcher und anderen merkwürdigen Formen, die in den gewachsenen Fels hineingehauen sind, geschaffen? Der Sage nach sollen es »die Riesen« gewesen sein. Wie der Chronist Garcilaso de la Vega schreibt, glaubten die Spanier, sie seinen »nicht von Menschen, sondern von Dämonen errichtet« worden. Nach der Ansicht von E. G. Squier sind die im Zickzack verlaufenden Mauern »zweifellos die großartigsten Beispiele für den als ›zyklopisch‹ bezeichneten Stil, die es in Amerika gibt«, er bietet dafür aber keine Erklärung oder Theorie an.

Neuere Ausgrabungen haben hinter den großen Felsen, die den flachen Mittelbereich von dem nach Nordwesten liegenden felsigen Gebiet trennen, wo die meisten Tunnels und Kanäle angelegt worden sind, eine der ungewöhnlichsten Formen in Südamerika entdeckt: einen vollkommenen Kreis. Sorgfältig zugeschnittene Steine wurden hier so ausgelegt, daß sie den Rand einer kreisrunden Senke bilden. In meinem Buch »Versunkene Reiche« habe ich die Gründe für meine Schlußfolgerung aufgezählt, daß es als Wasserbecken diente,

Abb. 118

Abb. 119

in dem Erze – Golderze, um genau zu sein – wie in einer riesigen Pfanne gewaschen wurden.

Das ist jedoch nicht das einzige runde Bauwerk auf dem Vorgebirge. Da die Spanier annahmen, die drei gewaltigen Mauerreihen seien die Wälle einer Festung, gingen sie davon aus, daß die Ruinen an der höchsten und schmalsten Stelle des Vorgebirges, hinter und über den Mauern, zu einer Inkafestung gehörten. Angeregt von lokalen Erzählungen, einst sei dort ein Kind in ein Loch gestürzt und später 250 m tiefer in Cuzco selbst wieder zum Vorschein gekommen, nahmen einheimische Archäologen hier Ausgrabungen vor. Sie stellten fest, daß das Gebiet hinter und über den drei Mauern von unterirdischen Tunnels und Kammern durchzogen war. Und was noch bedeutsamer war: Sie entdeckten dort die Fundamente einer Reihe von miteinander verbundenen quadratischen und rechteckigen Gebäuden (Abb. 120a), in deren Mitte sich die Überreste eines kreisrunden Bauwerks befanden. Die Einheimischen nennen dieses Bauwerk *Muyocmarca,* »das runde Gebäude«; die Archäologen hingegen bezeichnen es als *Torreon* (Turm), genau wie den halbrunden Bau in Machu Picchu, und nehmen an, daß es sich um einen Verteidigungsturm handelt, der zur »Festung« Sacsahuaman gehörte.

Die Archäoastronomen jedoch erkennen darin deutliche Hinweise auf eine astronomische Funktion. Wie R. T. Zuidema (»Inca Observations of the Solar and Lunar Passages« und andere Studien) feststellte, waren die geraden Mauern, die sich an den Rundbau anschlossen, so ausgerichtet, daß man dort den Nord- und den Südpunkt des Zenits und des Nadirs bestimmen konnte. Die Mauern, die die quadratische Einfassung bilden, innerhalb der sich der Rundbau befand, sind tatsächlich nach den Himmelsrichtungen orientiert (Abb. 120b); doch sie bilden nur einen Rahmen für den Rundbau, der aus drei konzentrischen Mauern bestand. Diese waren durch Speichen aus Mauerwerk verbunden, die die äußeren beiden Mauern in Abschnitte unterteilten. Eine dieser Öffnungen – eine Spalte, falls die oberen Mauerschichten, die den Turm bildeten, dem Grundriß folgten – weist genau nach Süden und könnte dazu gedient haben, den Sonnenuntergang am Nadirtag zu bestimmen. Aber die vier anderen Öffnungen sind eindeutig nach Nordosten, Südosten, Südwesten

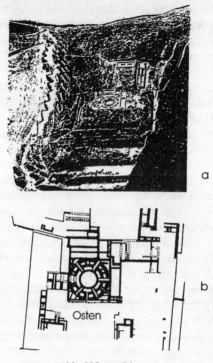

Abb. 120a und b

und Nordwesten ausgerichtet, unverkennbar nach den Punkten, an denen die Sonne zur Winter- und zur Sommersonnenwende (auf der südlichen Erdhalbkugel) aufgeht.

Wenn dies, wie es der Fall zu sein scheint, die Überreste eines voll ausgebildeten Observatoriums sind, dann handelt es sich aller Wahrscheinlichkeit nach um *die früheste runde Sternwarte in Südamerika,* vielleicht sogar in ganz Amerika. Die Ausrichtung dieses runden Observatoriums nach den Sonnenwenden reiht es in dieselbe Kategorie ein wie das von Stonehenge und hinsichtlich der Orientierung wie das der ägyptischen Tempel. Es gibt jedoch Hinweise darauf, daß nach dem megalithischen Zeitalter und im Alten Reich, das unter dem Schutz von Viracocha begann, sowohl die Äquinoktien als auch der Mondzyklus im Kalender der Andenländer die Hauptrolle spielten.

Der Chronist Garcilaso de la Vega beschrieb die turmähnlichen Bauwerke rund um Cuzco (siehe Abb. 116) und erklärte, sie hätten zur Bestimmung der Sonnenwenden gedient. Er erwähnte aber noch einen anderen »Kalender aus Stein«, der nicht mehr existiert und an den Steinkreis auf der Plattform in Lagasch erinnert ... Laut seinem Bericht dienten die in Cuzco errichteten Pfeiler zur Bestimmung der Äquinoktien, nicht der Solstitien: »Um den genauen Tag der Tagundnachtgleiche zu bestimmen, waren auf dem freien Gelände vor dem Coricancha Säulen aus dem schönsten Marmor errichtet worden; wenn sich die Sonne dem Zeitpunkt näherte, achteten die Priester täglich darauf, daß sie sahen, was für einen Schatten die Säulen warfen. Und um es genauer zu machen, befestigten sie daran einen Gnomon wie die Nadel einer Skala. Und so folgerten sie, sobald die Sonne beim Aufgang einen direkten Schatten damit warf und am Mittag, wenn sie ganz oben stand, keinen Schatten warf, daß die Sonne in das Äquinoktium eingetreten war.«

Der maßgeblichen Untersuchung, »The Andean Calendar« von L. E. Valcarcel, zufolge wurde eine solche Bestimmung und Verehrung der Äquinoktien bis in die Zeit der Inka beibehalten, auch wenn die Inka vom älteren äquinoktialen Kalender zu einem solstitialen übergingen. Seine Studie fand heraus, daß die Monatsnamen der Inka den Monaten, die unserem März und unserem September entsprechen, also den äquinoktialen Monaten, besondere Bedeutung beimaßen. »Die Inka glaubten«, schreibt er, »daß an den beiden Tagen der Äquinoktien Vater Sonne herunterkomme, um unter den Menschen zu leben.«

Die Notwendigkeit, den Sonnenkalender wegen der Präzession und vielleicht auch deshalb, weil man zwischen einem solstitialen und einem äquinoktialen Neujahrstag schwankte, im Laufe der Jahrtausende anzugleichen, führte schon zur Zeit des Alten Reiches zu wiederholten Kalenderreformen. Laut Montesinos erneuerten der fünfte, der zweiundzwanzigste, der dreiunddreißigste, der neununddreißigste und der fünfzigste Herrscher des Alten Reiches »die Berechnung der Zeit, die durcheinandergeraten war«. Daß solche Kalenderreformen mit einem Schwanken zwischen Sonnenwenden und Tagundnachtgleichen zu tun hatten, bestätigt eine Aussage über den Herrscher Manco Capac IV., wonach dieser »anordnete, das Jahr solle zur Frühlings-Tagundnachtgleiche beginnen«. Diese meisterliche Leistung war möglich, weil er ein *Amauta,* ein »Kenner der Astronomie«, war. Doch offensichtlich setzt er damit nur einen Kalender wieder ein, der schon einmal in früherer Zeit in Gebrauch gewesen war. Laut Montesinos gründete nämlich der vierzigste Herrscher, der 1000 Jahre vor Manco Capac IV. regiert hatte, »eine Akademie für das Studium Astronomie und bestimmte die Tagundnachtgleichen. Er kannte sich auf dem Gebiet der Astronomie aus und fand die Äquinoktien, die die Indios *Illa-Ri* nannten.«

Als ob all das nicht genügen würde, beständige Reformen zu verlangen, gibt es auch andere Hinweise darauf, daß der Mondkalender verwendet wurde oder zumindest bekannt war. In seinen Untersuchungen zur Archäoastronomie der Andenvölker schreibt Rolf Müller, an einem Ort namens Pampa de Anta, etwa 15 km westlich von Sacsahuaman, sei in den bloßen Fels eine Reihe von Stufen hineingehauen, die einen Halbkreis oder eine Mondsichel bildeten. Da es dort außer dem Vorgebirge bei Sacsahuaman im Osten nichts zu sehen gibt, folgerte Müller, der Platz habe dazu gedient, astronomische Beobachtungen entlang einer Visierlinie vorzunehmen, die zum Sacsahuaman-Vorgebirge führte, aber anscheinend in Verbindung mit dem Erscheinen des Mondes. Der einheimische Name für das Bauwerk, *Quillarumi,* »Mondstein«, deutet auf einen solchen Zweck hin.

Die modernen Gelehrten wollten zunächst nicht einräumen,

daß die Himmelsbeobachtungen der Inka auch den Mond
mit eingeschlossen haben könnten, weil sie davon ausgingen, die Inka hätten die Sonne verehrt. Aber die frühen
spanischen Chronisten behaupteten wiederholt, die Inka hätten einen sorgfältig ausgearbeiteten und genauen Kalender
besessen, der sowohl solare als auch lunare Bezüge hatte.
Felipe Guaman Poma de Avila etwa schrieb. »Die Inka
kannten die Zyklen der Sonne und des Mondes ... und die
Monate des Jahres und die vier Winde der Welt.« Die
Behauptung, die Inka hätten sowohl den solaren als auch den
lunaren Zyklus beobachtet, wird durch die Tatsache bestätigt, daß es neben dem Schrein der Sonne im Coricancha
einen Mondschrein gab. Das Hauptsymbol im Allerheiligsten war eine Ellipse, die von der Sonne auf der linken Seite
und vom Mond auf der rechten Seite flankiert war. Erst der
Herrscher Huascar, einer der beiden Halbbrüder, die bei der
Ankunft der Spanier um den Thron kämpften, ersetzte das
Oval durch eine goldene Scheibe, die für die Sonne stand.
Das sind Merkmale des mesopotamischen Kalenders. Es
verblüffte daher die Gelehrten, sie in den fernen Anden zu
finden. Am meisten waren sie darüber überrascht, daß die
Inka den Tierkreis gekannt hatten: eine völlig willkürliche
Einrichtung, um den Himmelskreis in der Bahnebene um die
Sonne in zwölf Abschnitte einzuteilen, und nach allem, was
man wußte, eine Erfindung der Sumerer.
In seinem Bericht über Cuzco und die Bedeutung seines
Namens, »Nabel der Erde«, schreibt E. G. Squier, daß die
Stadt in zwölf Bezirke eingeteilt war, die in einer elliptischen
Form um den Kern oder »Nabel« herum angeordnet waren
(Abb. 121); diese Form entspricht aber genau der Umlauf-
bahn. Sir Clemens Markham (»Cuzco and Lima: the Incas of
Peru«) zitiert den Hinweis des Chronisten Garcilaso de la
Vega, die zwölf Bezirke würden die Sternbilder des Tierkrei-
ses repräsentieren. Stansbury Hagar (»Cuzco, the Celestial
City«) merkt an, den Überlieferungen der Inka zufolge sei
Cuzco gemäß einem heiligen oder göttlichen Plan so ange-

Abb. 121

legt worden, daß die Stadt den Himmel nachahmte. Der erste
Stadtbezirk, »Terrasse des Niederkniens« genannt, stehe
demnach für das Sternbild Aries (Widder). Die Inka hätten
wie in Mesopotamien jedes der zwölf »Häuser« des Tierkreises mit einem zugehörigen Monat im Kalender in Verbindung gebracht. Diese zodiakalen Monate trügen Namen, die
eine geradezu unheimliche Ähnlichkeit mit den im Vorderen
Orient gebräuchlichen Monatsnamen hätten, die aus Sumer
stammten. So hieß der Monat der Herbst-Tagundnachtgleiche, der dem Monat des Frühlingsäquinoktiums und dem
Sternbild Taurus (Stier) entsprach, als der Kalender in Sumer
begann, *Tupa Taruca,* »Äsender Hirsch«. Das Sternbild
Virgo (Jungfrau) – um noch ein Beispiel anzuführen – wurde
Sara Mama, »Mutter Mais«, genannt. Um das volle Ausmaß
dieser Ähnlichkeiten zu begreifen, sollte man sich daran
erinnern, daß dieses Sternbild in Mesopotamien als eine

Jungfrau dargestellt wurde, die einen Getreidehalm, in Mesopotamien Weizen bzw. Getreide, in der Hand hielt (siehe Abb. 91), während in den Anden dieser Halm durch einen Maiskolben ersetzt wurde, weil dort als Getreide Mais angebaut wurde. Nach Hagars Ansicht deutet die zodiakale Anordnung von Cuzco, die mit dem ersten Bezirk das Sternbild Widder und nicht wie in Sumer das Sternbild Stier verband, darauf hin, daß die Stadt geplant worden sei, nachdem das Zeitalter des stiers (aufgrund der Präzession) um 2150 v. Chr. geendet hatte. Laut Montesinos stellte der fünfte Herrscher des Alten Reiches das Coricancha fertig und führte kurz nach 1900 v. Chr. einen neuen Kalender ein. Dieser *Capac* (Herrscher) erhielt den Beinamen *Pachacuti* (Reformer), so daß mit Sicherheit angenommen werden kann, die Reform des Kalenders zu seiner Zeit ist durch die zodiakale Verschiebung vom Stier zum Widder erforderlich gewesen. Dies ist ein weiterer Beweis dafür, daß man in den Andenländern sogar schon vor den Inka den Tierkreis und seine kalendarischen Bezüge kannte.

Es gab noch andere Aspekte, komplizierte Bezüge der Kalender des alten Vorderen Orients zum Kalender, den die Inkas aus der Zeit des Alten Reiches bewahrt hatten. Die Bedingung (immer noch in Kraft beim jüdischen und beim christlichen Kalender), daß das Frühlingsfest (Passah, Ostern) abgehalten werden muß, wenn die Sonne im entsprechenden Tierzeichen steht, und außerdem am Tag des ersten Vollmond dieses Monats oder unmittelbar danach, zwang die Priesterastronomen des Altertums dazu, den Sonnen- und den Mondzyklus durch Einschaltungen aufeinander zu beziehen. Die Untersuchungen von R. T. Zuidema und anderen Forschern kamen zu dem Ergebnis, daß in den Andenländern nicht nur solche Einschaltungen vorgenommen wurden, sondern daß man zusätzlich den Mondzyklus mit zwei anderen Phänomenen verband: Es mußte der erste Vollmond nach der Sonnenwende im Juni sein, und der Tag mußte mit dem heliakischen Aufgang eines bestimmten Sterns zusammenfallen. Diese zweifache Wechselbeziehung ist hochinteressant, denn sie erinnert daran, daß die Ägypter den Beginn ihres Kalenderzyklus sowohl mit einem bestimmten Sonnentag (Anstieg des Nils) als auch mit dem heliakischen Aufgang eines Sterns (Sirius) verknüpften.

Etwa 30 km nordöstlich von Cuzco befinden sich in Pisac die Überreste eines Gebäudes wahrscheinlich aus der frühen Inkazeit, das anscheinend ein Versuch war, einige der Heiligtümer in Machu Picchu nachzuahmen und zu kombinieren: ein Gebäude, dessen eine Seite halbkreisförmig war, mit einem unfertig wirkenden *Intihuatana* in der Mitte. Und unweit von Sacsahuaman erhebt sich in Kenko ein großer Halbkreis aus sorgfältig bearbeiteten Hausteinen gegenüber einem großen Monolithen, der die Gestalt eines Tieres gehabt haben könnte (er ist zu beschädigt, um es erkennen zu können); ob dieses Bauwerk astronomisch-kalendarische Funktionen besaß, ist nicht bekannt. Diese Stätten belegen zusammen mit denen in Machu Picchu, Sacsahuaman und Cuzco die Tatsache, daß dort im sogenannten Heiligen Tal – und *nur dort* – Religion, Kalender und Astronomie zum Bau *runder oder halbrunder* Observatorien führten; nirgends sonst findet man in Südamerika derartige Gebäude.

Wer war es, der *ungefähr zur selben Zeit* im frühen Britannien, in Lagasch in Sumer und im Alten Reich von Südamerika dieselben astronomischen Prinzipien anwandte und für Himmelsbeobachtungen eine runde Bauform wählte?

Alle Sagen, unterstützt durch geographische Hinweise und archäologische Funde, deuten darauf hin, daß Südamerika am Südufer des Titicacasees seinen Anfang nahm, nicht nur die dortige menschliche Zivilisation, sondern auch die Götter selbst. Dort begann der Sage nach die Wiederbesiedlung der Andenländer nach der Sintflut; dort wohnten die Götter, an ihrer Spitze Viracocha, und dort erhielten auch die Menschenpaare, die das Alte Reich gründen sollten, ihr Wissen, Anweisungen zum Straßenbau und den goldenen Zauber-

stab, mit dem sie den »Nabel der Erde« fanden, um *Cuzco*
zu gründen.

Was den Beginn der Menschheit in den Andenländern betrifft,
so verbinden ihn die Erzählungen mit zwei Inseln vor dem
Südufer des Titicacasees. Sie wurden »Sonneninsel« und
»Mondinsel« genannt, weil diese beiden Himmelskörper als
Viracochas wichtigste Helfer galten; viele Gelehrte haben auf
den kalendarischen Bezug in diesen Sagen hingewiesen. Viracocha wohnte jedoch in einer »Stadt der Götter« auf dem
Festland, am Südufer des Sees. Sie hieß Tiahuanacu und war
der Sage nach vor undenklichen Zeiten von den Göttern gegründet worden; dort gab es, berichten die Sagen weiter, gewaltige Bauten, die nur Riesen errichtet haben konnten.

Der Chronist Pedro Cieza de León, der in den Jahren
unmittelbar nach der spanischen Eroberung das heutige Peru
und Bolivien bereiste, berichtete, daß von allen Altertümern
in den Andenländern zweifellos die Ruinen von Tiahuanacu
»der älteste Ort überhaupt« gewesen seien. Zu den Bauwerken, die ihn in Erstaunen versetzten, gehörte ein künstlicher
Hügel »auf einem großen Steinfundament«, daß im Grundriß
300 x 125 m maß und etwa 40 m hoch war. Daneben sah er
riesige Steinblöcke, die auf den Boden gestürzt waren,
darunter »viele Türen mit ihren Pfosten, Oberbalken und
Schwellen, alle aus einem Stein«, die wiederum zu noch
größeren Blöcken gehörten, »manche davon zehn Meter
breit, mindestens fünf Meter lang und zwei Meter dick«. Er
fragte sich, ob »Menschenkraft ausgereicht haben konnte,
um sie zu dem Ort zu schaffen, wo wir sie jetzt sehen, da sie
so groß sind«. Er staunte aber nicht nur über die ungeheure
Größe der Steinblöcke, sondern auch über ihre Pracht und
Schönheit. »Ich für meine Person«, schrieb er, »kann nicht
begreifen, mit was für Geräten oder Werkzeugen es getan
worden sein könnte, denn es ist sicher, daß die Werkzeuge,
um diese großen Steine so perfekt zu bearbeiten, wie wir sie
nunmehr sehen, viel besser gewesen sein müssen als diejenigen, die heute von den Indios benutzt werden.« Er hatte

keinen Zweifel daran, daß »zwei steinerne Götterbilder von
menschlicher Gestalt, mit sehr kunstfertig herausgemeißelten
Zügen ..., die wie kleine Riesen aussehen«, für die wunderbaren Bauwerke verantwortlich waren.

Im Lauf der Jahrhunderte hat man die meisten der kleineren
Steinblöcke wegtransportiert, um sie in La Paz, der Hauptstadt von Bolivien, für den Bau der Eisenbahnstrecken zu
verwenden. Trotzdem berichteten Reisende weiterhin von
den unglaublichen monumentalen Überresten; erst Ende des
19. Jahrhunderts gewannen die Berichte eine wissenschaftli-
chere Genauigkeit als Ergebnis der Reisen und Forschungen
von Ephraim George Squier (»Peru: Incidents of Travel and
Exploration in the Land of the Incas«) sowie A. Stübel und
Max Uhle (»Die Ruinenstätte von Tiahuanacu im Hochland
des alten Peru«). Ihnen folgte in unserem Jahrhundert der
berühmteste und hartnäckigste Erforscher Tiahuanacus, nämlich Arthur Posnansky (»Tiahuanacu – The Cradle of American Man«). Ihre Arbeit und jüngere Ausgrabungen und Untersuchungen, die ausführlich in meinem Buch »Versunkene
Reiche« beschrieben sind, haben mich zu der Schlußfolgerung geführt, daß Tiahuanacu die Zinnhauptstadt des Altertums war, daß seine ausgedehnten Gebäude über und unter
der Erde Anlagen für metallurgische Zwecke waren, daß die
riesigen, aus einem Stück gearbeiteten Steinblöcke mit ihren
vielen Wänden zur Hafenanlage des alten Seeufers gehörten
und daß Tiahuanacu nicht von Menschen, sondern von den
Anunnaki-Göttern gegründet wurde, die hier Gold suchten,
lange bevor die Menschen den Gebrauch von Zinn lernten.

Dort, wo sich eine schmale und seltene Ebene am Südufer des
Titicacasees ausbreitete und die einst prächtige Stadt Tiahuanacu und ihr Hafen (heute Puma-Punku genannt) lagen, über-
ragen nur drei wichtige Monumente dieser Vergangenheit die
Landschaft. Das eine, im südöstlichen Teil der Ruinen, ist der
Akapana genannte Hügel, ein künstlicher Hügel (wie Cieza
de León geschildert hatte), den man früher für eine Festung
hielt; heute weiß man, daß er eher wie eine Stufenpyramide

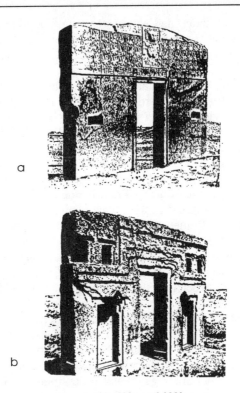

Abb. 122a und 122b

mit eingebauten Wasserbecken, Zuleitungen, Kanälen und
Schleusen aussah, die seinen wahren Zweck verraten: eine
Anlage zur Scheidung und Verarbeitung von Erzen.
Dieser künstliche Hügel, der ursprünglich eine ähnliche
Form wie eine mesopotamische Zikkurat gehabt haben soll,
überragt die flache Landschaft. Wenn sich der Besucher hier
umblickt, fällt noch ein Bauwerk auf. Es steht nordwestlich
vom Akapana und erscheint aus der Ferne wie Arc de
Triomphe, den man aus Paris hierher verpflanzt hat. Tatsäch-
lich handelt es sich um ein Tor, das aus einem einzigen

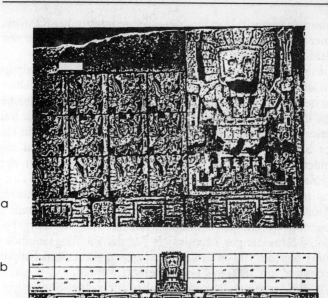

Abb. 123a und b

riesigen Block herausgeschnitten und -gemeißelt worden ist; es wurde jedoch nicht zur Erinnerung an einen Sieg errichtet, sondern birgt einen wunderbaren Kalender aus Stein.
Der einzelne Steinblock, aus dem dieses »Sonnentor« geschaffen wurde, maß drei mal sechs Meter und wog über hundert Tonnen. Der untere Teil des Tores, insbesondere auf der Seite, die als seine Rückseite angesehen wird, weist Nischen und geometrisch genaue Abschnitte (Abb. 122b) auf. Die kunstvollsten und rätselhaftesten Skulpturen befinden sich an der oberen Vorderseite, die genau nach Osten blickt (Abb. 122a). Der Torbogen dort ist so bearbeitet worden, daß er reliefartig eine zentrale Figur darstellt; sie ist auf jeder Seite von drei Reihen geflügelter Gehilfen eingerahmt (Abb. 123a).

Darunter verläuft ein mäandrierender geometrischer Rahmen,
unter und über dessen Schlangenlinien kleinere Abbilder von
Viracocha zu sehen sind (Abb. 123b).

Posnansky hat in seinen Schriften gezeigt, daß die Skulpturen auf dem Tor einen zwölfmonatigen Kalender eines Jahres
darstellten, das am Tag der Frühlings-Tagundnachtgleiche
(auf der südlichen Erdhalbkugel im September) begann. Bei
diesem Jahr wurden aber auch die anderen wichtigen Punkte
des Sonnenjahres, die Herbst-Tagundnachtgleiche und die
beiden Sonnenwenden, durch die Position und die Form der
kleineren Bildnisse angezeigt. Es sei, folgerte er, ein Kalender mit elf Monaten zu je dreißig Tagen sowie einem
»großen Monat«, einem zwölften Monat zu fünfunddreißig
Tagen, gewesen, was ein Sonnenjahr mit 365 Tagen ergebe.
Ein zwölfmonatiges Jahr, das am Tag des Frühlingsäquinoktiums begann, ist – wie wir heute wissen – zuerst in Nippur
in Sumer, um 3800 v. Chr., eingeführt worden.

Wie die Archäologen ermittelt haben, steht das »Sonnentor«
in der Nordwestecke einer einstigen Mauer, die aus Pfeilern
errichtet worden war; diese bildeten eine rechteckige Einfassung, in der das dritte herausragende Bauwerk dieser Stätte
stand. Manche glauben, daß es ursprünglich ein ähnliches Tor
an der Südwestecke der Einfassungsmauer gab; zwischen diesen beiden Toren befand sich eine Reihe aus dreizehn Monolithen, die genau in der Mitte der Westmauer der Einfassung
errichtet waren. Die Monolithenreihe, die Teil einer besonderen Plattform war, stand genau einer monumentalen Treppe in
der Mitte der Ostmauer gegenüber. Diese Treppe, die ausgegraben und wiederhergestellt worden ist, führte zu einer Reihe
von erhöht liegenden, rechteckigen Plattformen, die einen
vertieften Hof umgaben (Abb. 124a).

Das mit dem Namen *Kalasasaya* (»Stehende Säulen«) be-
zeichnete Gebäude war somit genau entlang einer Ost-West-
Achse ausgerichtet, ähnlich wie die Tempel im Vorderen
Orient. Dies war der erste Hinweis, daß er astronomischen
Zwecken gedient haben könnte. Spätere Forschungen bestä-

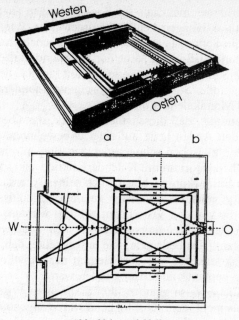

Abb. 124a und 124b

tigten tatsächlich, daß es ein sorgfältig geplantes Observatorium war, um die Solstitien ebenso wie die Äquinoktien zu bestimmen, indem die Sonnenauf- und -untergänge von bestimmten Brennpunkten entlang von Visierlinien beobachtet wurden, die zwischen den Ecken der Einfassungsmauer und den an der West- und Ostmauer errichteten Pfeilern verliefen. (Abb. 124b). Wie Posnansky herausfand, war die Rückseite des Sonnentors so skulptiert, daß sie wahrscheinlich zwei goldene Tafeln hatte, die sich mit Hilfe von bronzenen Angeln ausschwenken ließen. Dies ermöglichte es den Priesterastronomen vielleicht, die Platten so zu drehen, daß sie die Strahlen der untergehenden Sonne zu jedem gewünschten Beobachtungsposten im eigentlichen Kalasasaya lenkten. Die vie-

len Visierlinien (mehr, als für Beobachtungen an Solstitial-
und Äquinoktialtagen benötigt wurden), die Tatsache, daß
sowohl die Sonne als auch der Mond Viracocha halfen, und
der Umstand, daß in der Mitte der Westwand dreizehn, nicht
nur zwölf Säulen standen, weisen darauf hin, daß der Kalasasaya kein bloßes Sonnenobservatorium war, sondern als Son-
nen- und Mondkalender diente.

Die Erkenntnis, daß dieses alte Bauwerk, das über 6000 m
hoch in den Anden liegt, auf einer unbewohnten, schmalen
Hochebene zwischen schneebedeckten Bergen, ein kompliziertes Observatorium mit Kalenderfunktion sein sollte, wurde durch Entdeckungen hinsichtlich seines Alters erschwert.
Posnansky gelangte als erster zu dem Ergebnis, daß die
Winkel, die von den Visierlinien gebildet wurden, auf einen
etwas größeren Neigungswinkel als den heutigen (23,5°)
hindeuteten. Dies bedeutete, wie er feststellte, daß der Kalasasaya Jahrtausende vor dem Beginn der christlichen Zeitrechnung geplant und erbaut worden war.

Verständlicherweise glaubten ihm die meisten Wissenschaftler damals nicht, denn überwiegend wurde angenommen, die
Ruinen seien, falls sie nicht ohnehin aus der Zeit der Inka
stammten, nicht älter als ein paar Jahrhunderte vor unserer
Zeitrechnung. Dies führte zur Entsendung einer deutschen
astronomischen Prüfungskommission nach Peru und Bolivien.
Dr. Rolf Müller, dessen umfangreiche Forschung an anderen
Stätten ich bereits erwähnt habe, war einer der drei Astronomen, die für diese Aufgabe ausgewählt wurden. Ihre Untersuchungen und gründlichen Nachprüfungen ließen keinen
Zweifel daran, daß der Neigungswinkel der Erdachse zu der
Zeit, als das Bauwerk entstand, eine Größe hatte, wonach der
Kalasasaya um 4050 v. Chr. oder (weil die Erde vor- und zu-
rückkippte) um 10 050 v. Chr. errichtet worden war. Müller, der
für die megalithischen Ruinen in Machu Picchu zu einer Entstehungszeit von etwas über 4000 v. Chr. gelangt war, neigte
dazu, für den Kalasasaya eine ähnliche Datierung anzunehmen
– eine Schlußfolgerung, der Posnansky am Ende zustimmte.

Wen gab es dort mit einem so hohen Wissensstand, daß er imstande war, solche Observatorien mit Kalenderfunktionen zu planen, auszurichten und zu erbauen, und dies in einer Weise, die astronomischen Prinzipien und kalendarischen Anordnungen folgte, die im alten Vorderen Orient entwickelt worden waren? In meinem Buch »Versunkene Reiche« habe ich Hinweise darauf präsentiert und bin zu dem Ergebnis gelangt, daß es dieselben Anunnaki waren, die vom Nibiru auf die Erde gekommen waren, weil sie Gold benötigten. Und wie die Menschen, die Jahrtausende später nach dem sagenhaften Goldreich El Dorado suchten, kamen auch sie auf ihrer Suche nach Gold in die Neue Welt. Die Minen in Südafrika waren von der Sintflut überschwemmt worden, aber durch diese Katastrophe wurden gleichzeitig die unglaublich reichhaltigen Goldadern in den Anden freigelegt. Meiner Ansicht nach begaben sich Anu und seine Gemahlin Antu, als sie um 3800 vom Nibiru zu einem Besuch auf die Erde reisten, auch zum Titicacasee, um das neue metallurgische Zentrum am Südufer zu besichtigen. Von den Hafenanlagen von Puma Punku aus, wo damals die aus einzelnen

Abb. 125

Steinblöcken herausgearbeiteten riesigen Kammern am Pier standen, segelten sie auf dem See fort.

Die Ruinen von Puma Punku enthalten einen weiteren rätselhaften Hinweis auf die erstaunliche Verbindung zwischen den Bauten am Titicacasee und dem ungewöhnlichen Tempel, den Gudea für Ninurta errichtete. Wie die mit der Ausgrabung befaßten Archäologen ungläubig feststellten, hatten die Erbauer in der Megalithzeit *Bronzezwingen* verwendet, die so geformt waren, daß T-förmige Ausschnitte in nebeneinanderliegenden Steinen zusammenpaßten, wodurch die riesigen Steinblöcke zusammengehalten wurden (Abb. 125). Eine solche Verklammerungsmethode und eine solche Verwendung von Bronze waren im megalithischen Zeitalter einmalig; gefunden hat man sie nur in Puma Punku und in einer anderen Stätte mit zyklopischen Megalithen, in Ollantaytambu, etwa 70 km nordwestlich von Cuzco im Heiligen Tal.

Aber Tausende von Kilometern entfernt, auf der anderen Seite der Welt, in Lagasch in Sumer, verwendete Gudea genau dieselbe einzigartige Methode und genau dieselben einmaligen Bronzeklammern, um die von weither herangeschleppten Steine zusammenzuhalten, die beim Bau des Eninnu benutzt wurden. In seinen Inschriften berichtet Gudea über die ungewöhnliche Verwendung von Steinen und Metallen und preist seine eigene Leistung:

> Er errichtete den Eninnu mit Stein;
> er machte ihn strahlend mit Juwelen;
> mit Kupfer, vermischt mit Zinn [Bronze],
> hielt er ihn zusammen.

Für diese meisterliche Leistung wurde ein *Sangu Simag,* ein »Priesterschmied«, aus dem »Land des Schmelzens« geholt. Dieses Land war meiner Ansicht nach Tiahuanacu in den Anden.

In ihren Fußstapfen

Der Sphinx in Giseh blickt genau nach Osten und begrüßt die aufgehende Sonne am dreißigsten Breitengrad. In alter Zeit hieß sein Blick die Anunnaki-»Götter« willkommen, wenn sie auf ihrem Raumflughafen auf der Sinaihalbinsel landeten. Später leitete er die verstorbenen Pharaonen zu einem Leben nach dem Tod, wenn sich ihr *Ka* mit den Göttern beim Aufstieg zum Himmel vereinte. Irgendwann dazwischen war der Sphinx vielleicht Zeuge der Abreise eines großen Gottes, Thots, zusammen mit seinen Anhängern, die zu den ersten Amerikanern gezählt werden sollten. Der 500. Jahrestag der epochalen Reise, die Kolumbus 1492 unternahm, ist nunmehr von einer Entdeckung in eine Wiederentdeckung umbenannt worden und hat die Nachforschungen nach der wahren Identität der »ersten Amerikaner« intensiviert. Die Annahme, die Besiedlung Amerikas habe mit der Einwanderung von Sippen begonnen, die unmittelbar vor dem jähen Ende der letzten Eiszeit aus Asien über eine Landbrücke aus Eis nach Alaska gekommen seien, wurde widerwillig aufgegeben angesichts der sich häufenden archäologischen Beweise, daß Menschen schon Jahrtausende vorher nach Amerika gelangten und daß Südamerika und nicht Nordamerika das erste Gebiet war, wo der Mensch in der Neuen Welt in Erscheinung trat.

Die Zeitschrift »Science« (Ausgabe vom 21. Februar 1992) berichtete über den aktuellen Stand der Diskussion unter den Wissenschaftlern: »Die letzten fünfzig Jahre galt es als ausgemacht, daß die 11 500 Jahre alten Gegenstände, die man in Clovis (New Mexico) gefunden hat, hergestellt wurden, bald nachdem die ersten Amerikaner ihren Weg

über die Bering-Landbrücke nahmen. Wer es wagte, diese
Meinung in Frage zu stellen, stieß auf harte Kritik.« Der
Widerwille, einen früheren Zeitpunkt und eine andere Ein-
wanderungsroute zu akzeptieren, rührte hauptsächlich von
der simplen Annahme her, der Mensch könne die Meere, die
die Alte und die Neue Welt trennten, nicht in einer solchen
prähistorischen Zeit überquert haben, weil es noch keine
Seefahrt gegeben habe. Obwohl es Beweise gibt, die das
Gegenteil besagen, lautet die Holzhammerlogik immer noch:
Wenn es der Mensch nicht getan haben kann, dann kann es
auch nicht geschehen sein.

Das Alter des Sphinx ist in jüngster Zeit zu einer ähnlichen
Streitfrage geworden, wobei sich Wissenschaftler weigern,
neue Beweise gelten zu lassen, weil sie Leistungen des
Menschen für eine Zeit voraussetzen, als der Mensch sie
nicht vollbringen konnte. Und die Anleitung oder die Unterstützung von »Göttern«, d. h. von Außerirdischen, kam für
sie einfach nicht in Betracht.

In meinen früheren Büchern habe ich umfangreiche (und bis
jetzt nicht widerlegte) Beweise dafür präsentiert, daß die
Pyramiden von Giseh nicht von den Pharaonen der IV.
Dynastie um 2600 v. Chr., sondern Jahrtausende früher von
den Anunnaki-»Göttern« erbaut wurden, und zwar als Bestandteil des Landekorridors für den Raumflughafen auf der
Sinaihalbinsel. Als Zeitrahmen für den Bau dieser Pyramiden bin ich auf etwa 10 000 v. Chr. gekommen, d. h., sie
wurden vor rund 12 000 Jahren errichtet. Ferner habe ich
gezeigt, daß der Sphinx, der bald danach entstand, schon auf
der Plattform von Giseh vorhanden war, als die Herrschaft
der Pharaonen viele Jahrhunderte vor der IV. Dynastie
begann. Die Beweise, auf die ich mich stütze, sind sumerische und ägyptische Darstellungen, Inschriften und Texte.

Im Oktober 1991, fünfzehn Jahre nach der Veröffentlichung
meines ersten Buches »Der zwölfte Planet«, hielt Dr. Robert
M. Schoch, ein Geologe von der Universität Boston, auf der
Jahrestagung der Amerikanischen Geologischen Gesell-

schaft einen Vortrag und erklärte, meteorologische Untersuchungen des Sphinx und seiner geologischen Schichten wiesen darauf hin, daß er »lange vor den Dynastien der Pharaonen« aus dem dortigen Felsgestein geschaffen worden sei. Zu den eingesetzten Untersuchungsmethoden gehörten seismische Messungen im Felsgestein unter der Oberfläche, die Dr. Thomas L. Dobecki, ein Geophysiker aus Houston, und der Ägyptologe Anthony West aus New York vornahmen, und die Überprüfung der Auswirkungen von Wasser und Wind beim Sphinx und in seiner Umgebung. Die durch Niederschläge bedingte Verwitterung läßt – so Schoch – darauf schließen, »daß die Arbeit am Sphinx in der Zeit zwischen 10 000 und 5000 v. Chr. begonnen hatte, als in Ägypten ein feuchteres Klima herrschte«.

»Das widerspricht allem, was wir über das alte Ägypten wissen«, fügte die »Los Angeles Times« ihrem Bericht über die Veröffentlichung dieses Ergebnis hinzu. »Andere Ägyptologen, die sich mit Schochs Arbeit befaßt haben, können die geologischen Hinweise nicht erklären, aber sie beharren darauf, daß die Vorstellung, der Sphinx sei Jahrtausende älter, als sie bisher angenommen hatten, einfach nicht mit dem übereinstimme, was man bisher wisse.« Die Zeitung zitierte den Archäologen Carol Redmount von der University of California in Berkeley: »Es kann einfach nicht wahr sein ... Der Sphinx wurde mit einer Technologie geschaffen, die viel fortgeschrittener war als die anderer ägyptischer Monumente, bei denen man die Entstehungszeit kennt. Die Bevölkerung dort hätte nicht die Technologie, staatlichen Einrichtungen oder den Willen gehabt, ein solches Bauwerk Jahrtausende vorher zu errichten.«

Im Februar 1992 veranstaltete die Amerikanische Vereinigung für den Fortschritt der Naturwissenschaft in Chicago eine Tagung mit dem Thema »Wie alt ist der Sphinx?«, bei der Robert Schoch und Thomas Dobecki mit zwei Kontrahenten, Mark Lehner von der Universität Chicago und K. L. Gauri von der Universität Louisville, über das Ergebnis ihrer

Untersuchungen diskutierten. Wie Associated Press berichtete, artete die hitzige Diskussion nach dem Schluß der Veranstaltung in eine Auseinandersetzung in der Vorhalle aus, bei der es weniger um die wissenschaftlichen Verdienste der meteorologischen Erkenntnisse als darum ging, ob es zulässig sei, wie sich Lehner ausdrückte, »die ägyptische Geschichte aufgrund eines einzigen Phänomens wie eines Verwitterungsprofils über den Haufen zu werfen«. Als letztes Argument brachten die Gegner vor, es fehle an Beweisen, daß es zwischen 7000 und 5000 v. Chr. in Ägypten eine Hochkultur gab, die weit genug entwickelt war, um den Sphinx zu schaffen. »Die Menschen jener Zeit waren Jäger und Sammler; sie bauten keine Städte«, erklärte Dr. Lehner. Und damit war die Debatte beendet.

Die einzige Entgegnung auf dieses logische Argument besteht natürlich darin, sich auf jemand anders als die »Jäger und Sammler« der damaligen Zeit zu berufen, auf die Anunnaki. Aber einzuräumen, daß alle Hinweise für solche höher entwickelten Wesen von einem anderen Planeten sprechen, ist eine Schwelle, die bis jetzt nur wenige zu überschreiten bereit sind, auch diejenigen nicht, die sich darüber im klaren sind, daß der Sphinx 9000 Jahre alt ist.

Dieselbe »Schwellenangst« hat auch viele Jahre lang verhindert, daß die Beweise für das Alter des Menschen und der Zivilisationen in beiden Teilen Amerikas akzeptiert oder auch nur bekannt gemacht wurden.

Als man 1932 bei Clovis im US-Staat New Mexico Funde von blattförmigen, scharfkantigen Steinspitzen machte, die möglicherweise an Speeren oder Jagdkeulen befestigt waren, und später ähnliche Werkzeuge auch an anderen Orten in Nordamerika entdeckte, wurde die Theorie aufgestellt, daß vor etwa 12 000 Jahre, als Alaska und Asien durch eine Landbrücke aus Eis miteinander verbunden waren, Großwildjäger aus dem asiatischen Raum in den Nordwesten Amerikas an der Pazifikküste eingewandert seien. Mit der Zeit hätten sich diese Vertreter der »Clovis-Kultur« und mit ihnen verwandte Stämme über Nordamerika ausgebreitet und seien schließlich über Mittelamerika auch nach Südamerika gekommen.

Dieses gefällige Bild von den »ersten Amerikanern« behielt seine Allgemeingültigkeit, obwohl man gelegentlich, sogar im Südwesten der Vereinigten Staaten, Überreste von zermalmten Knochen oder abgeschlagenen Steinen – vermutlich Hinweise auf die Anwesenheit von Menschen – fand, die etwa 20 000 Jahre älter als die Funde bei Clovis sind. Ein weniger unsicherer Fund wurde bei dem Felsabri in Meadowcroft (Pennsylvania) gemacht, wo das Alter von Steinwerkzeugen, Tierknochen und – am wichtigsten – Holzkohle mittels der Radiokarbonmethode auf 15 000 bis 19 000 Jahre datiert worden ist; dieser Fund ist Jahrtausende älter als der von Clovis und stammt überdies aus dem östlichen Teil der Vereinigten Staaten.

Als noch die linguistische Forschung und genetische Untersuchungen, die die Abstammung der amerikanischen Ureinwohner zurückverfolgten, als Mittel der Nachforschung hinzukamen, begannen sich in den achtziger Jahren die Beweise dafür zu häufen, daß Menschen erstmals vor etwa 30 000 Jahren in die Neue Welt kamen, wahrscheinlich in mehreren Wanderungsbewegungen und vielleicht nicht unbedingt über eine Eisbrücke, sondern mit Flößen oder Kanus, die sich nahe den Küsten hielten. Am Grunddogma, daß die Einwanderung von Nordostasien nach Nordwestamerika erfolgt sei, hielt man jedoch starrsinnig fest, obwohl Hinweise aus Südamerika nicht dazu paßten. Diese Zeugnisse, deren Entdeckung nicht nur ignoriert, sondern anfangs sogar unterdrückt wurde, betreffen in erster Linie zwei Fundorte, wo man steinzeitliche Werkzeuge, zermalmte Tierknochen und sogar Felszeichnungen entdeckt hat.

Die erste dieser aufregenden Beispiele für eine frühzeitliche Siedlung ist Monte Verde in Chile, auf der pazifischen Seite des Kontinents. Dort fanden die Archäologen Überreste von Feuerstellen, die mit Lehm verkleidet waren, Steinwerkzeuge, Arbeitsgeräte aus Knochen und Fundamente von hölzernen Schutzbehausungen: einen Lagerplatz, der vor etwa 13 000 Jahren benutzt wurde. Dies ist ein viel zu früher Zeitpunkt, als daß man ihn durch eine langsame Wanderbewegung der Vertreter der Clovis-Kultur von Nordamerika nach Süden erklären könnte. Außerdem wurden in den tieferen Schichten dieses Lagers Bruchstücke von Steinwerkzeugen gefunden, die darauf schließen lassen, daß die Besiedlung dieses Ortes durch den Menschen schon etwa 20 000 Jahre früher begann. Die zweite Fundstätte liegt genau auf der anderen Seite von Südamerika, im Nordosten von Brasilien. An einem Ort namens Pedra Furada enthielt ein Felsabri runde Feuerstellen mit Holzkohle, umgeben von Feuersteinen. Die nächste Quelle für Feuersteine liegt fast 2 km entfernt, was beweist, daß die scharfen Steine absichtlich hierher gebracht wurden. Die Altersbestimmung mit Hilfe der Radiokarbonmethode und neuerer Verfahren lieferte Ergebnisse, die als fraglichen Zeitraum eine Zeit zwischen 14 300 und 47 000 Jahren ansetzen. Die meisten konservativen Archäologen halten diese frühen Zeitpunkte zwar weiterhin für »schlicht undenkbar«, aber der Felsabri hat auch Felszeichnungen aus der Zeit um 10 000 v. Chr. zutage gefördert, deren Alter unbestreitbar ist. Eine scheint ein langhalsiges Tier darzustellen, das wie eine Giraffe – ein Tier, das es in Amerika nicht gab – aussah.

Die anhaltende Infragestellung der Clovis-Theorie im Hinblick auf den Zeitpunkt, wann der Mensch nach Amerika kam, wurde von einer Kritik an der Theorie begleitet, die die Route über die Beringstraße als einzigen Weg der Einwanderung gelten läßt. Anthropologen vom Arctic Research Center der Smithsonian Institution in Washington gelangten zu dem Ergebnis, die Vorstellung von Jägern, die mit Tierfellen bekleidet waren und mit Speeren in der Hand durch eine vereiste Wildnis stapften (in ihrem Gefolge Frauen und Kinder), sei in bezug auf die »ersten Amerikaner« völlig falsch. Vielmehr seien es Vertreter eines maritimen Volkes gewesen, die auf Flößen oder in Fellbooten zu den gastfreundlicheren südlichen Küsten Amerikas fuhren. Andere Wissenschaftler am Zentrum für die Untersuchung der ersten Amerikaner an der Oregon State University schließen eine Überquerung des Pazifiks über Ozeanien und Australien (das vor etwa 40 000 Jahren besiedelt wurde) nicht aus.

Die meisten anderen Forscher betrachten solche frühen Überquerungen durch den »primitiven Menschen« immer noch als reine Phantasterei; die frühen Datierungen werden als Meßfehler, steinerne »Werkzeuge« als heruntergestürzte Felsstücke abgetan; zerbrochene Tierknochen seien von Steinschlägen, nicht von Jägern zermalmt worden. Dieselbe Frage, die die Diskussion über das Alter des Sphinx in eine Sackgasse geführt hat, ist auch in der Debatte über die »ersten Amerikaner« gestellt worden: Wer besaß vor Zehntausenden von Jahren die Technologie, die notwendig ist, um riesige Ozeane mit Booten zu überqueren, und wie hätten diese vorgeschichtlichen Seefahrer wissen können, daß es auf der anderen Seite Land, bewohnbares Land gab?

Auf diese Frage gibt es wie beim Alter des Sphinx nur eine Antwort: Die Anunnaki haben den Menschen gezeigt, wie man die Meere überqueren kann, und ihnen den Grund und den Zweck erklärt. Vielleicht haben sie sie sogar hinübergetragen, »auf Adlerflügeln«, wie es in der Bibel heißt, in ein neues, gelobtes Land.

In der Bibel kommen zwei Beispiele von einer geplanten Auswanderung vor, und in beiden Fällen wurden die Auswanderer von einem Gott geleitet. Im ersten Fall erhielt Abraham vor mehr als 4000 Jahren von Jahwe den Befehl: »Zieh weg aus deinem Land, von deiner Verwandtschaft und aus deinem Vaterhaus, und gehe in das Land, das ich dir zeigen werde.« Beim zweiten Beispiel handelt es sich um den Auszug der Israeliten aus Ägypten vor etwa 3400 Jahren. Jahwe zeigte dabei den Israeliten den Weg ins Gelobte Land:

Jahwe zog vor ihnen her,
bei Tag in einer Wolkensäule,
um ihnen den Weg zu zeigen,
bei Nacht in einer Feuersäule,
um ihnen zu leuchten.
So konnten sie Tag und Nacht unterwegs sein.

Angeleitet und geführt, folgten die Menschen den »Fußstapfen« der Götter, im alten Vorderen Orient ebenso wie in den neuen Ländern jenseits der Meere.

Die jüngsten archäologischen Entdeckungen verleihen den Erinnerungen an frühere Ereignisse, die als »Mythen« und »Sagen« bezeichnet werden, Glaubwürdigkeit. Stets erzählen sie von vielfachen Wanderungen, und immer sind diese über das Meer erfolgt. Bedeutsamerweise spielen dabei die Zahlen Sieben und Zwölf eine Rolle: Zahlen, die nicht etwa vom Abzählen an den Fingern herrühren oder Eigenheiten der menschlichen Anatomie widerspiegeln, sondern ein Hinweis auf astronomisches und kalendarisches Wissen wie auch auch auf Verbindungen mit der Alten Welt sind.

Einer der am besten erhaltenen Sagenkreise sind die Sagen der Nahua-Stämme in Zentralmexiko, deren letzte Überreste die Azteken waren, mit denen die Spanier zusammentrafen. Ihre Auswanderungserzählungen umfassen vier Weltalter oder »Sonnen«, von denen die erste mit der Sintflut endete. Eine Version, die für die Weltalter die Dauer in Jahren angibt, besagt, daß die erste »Sonne« 17 141 Jahre, bevor die Geschichte den Spaniern erzählt wurde, begann, also etwa 15 600 v. Chr. und damit tatsächlich Jahrtausende vor der Sintflut. Die ältesten Stämme seien, wie die mündlichen Überlieferungen und die in bildlicher Form in Büchern, den sogenannten Codices, niedergeschriebenen Erzählungen berichten, von einem Ort namens *Azt-lan*, dem »weißen Platz«, gekommen, der mit der Zahl Sieben verbunden war. Manchmal wurde er als ein Platz mit sieben Höhlen dargestellt, aus denen die Ahnen aufgetaucht waren, oder als ein Platz mit

Abb. 126a und 126b

sieben Tempeln: einer zentralen großen Stufenpyramide, die von sechs kleineren Schreinen umgeben war. Der »Codex Boturini« enthält eine an einen Comic strip erinnernde Bilderserie über die frühe Auswanderung von vier Stämmen: Diese brechen vom Platz der sieben Tempel auf, überqueren in Booten ein Meer und landen an einem Ort mit schützenden Höhlen. Auf dieser Reise ins Unbekannte wurden sie von einem Gott geführt, dessen Symbol eine Art Auge war, das an einem elliptisch gebogenen Stab befestigt war (Abb. 126a). Die vier Stammessippen zogen dann landeinwärts, wobei sie an verschiedenen Grenzmarkierungen vorüberkamen und ihnen folgten (Abb. 126b). Sie teilten sich in mehrere Stämme, von denen einer, die *Mexica,* schließlich zu dem Tal gelangte, wo ein Adler auf einem Kaktus saß: das Zeichen, daß sie ihr Endziel erreicht hatten, und der Platz,

wo die Nahuatl-Hauptstadt errichtet werden sollte. Sie entwickelte sich später zur Hauptstadt der Azteken, deren
Symbol der auf einem Kaktus sitzende Adler blieb. Sie hieß
Tenochtitlán, die »Stadt Tenochs«. Diese frühesten Auswanderer wurden Tenochiten, Volk Tenochs, genannt. In meinem
Buch »Versunkene Reiche« beschreibe ich ausführlich die
Gründe, warum sie die Nachkommen Henochs, des Sohnes
von Kain, gewesen sein könnten und immer noch die
siebenfache Rache für den Brudermord ihres Urahnen erdul-
deten. Laut der Bibel wurde Kain aus seiner Heimat verbannt
und dazu verurteilt, »rastlos und ruhelos« zu sein; er erbaute
eine Stadt und benannte sie nach seinem Sohn Henoch. Und
Henoch hatte vier Nachkommen, aus denen vier Stämme
hervorgingen.
Der spanische Chronist Bernardino de Sahagún (»Historia de
las cosas de la Nueva España«), dessen Quellen sowohl
mündliche Überlieferungen als auch nach der spanischen
Eroberung niedergeschriebene Nahuatl-Sagen waren, berichtete über die Seereise und den Namen der Landestelle,
Panotlan, was einfach »Ankunftsort am Meer« bedeutete.
Dabei kam er zu dem Schluß, daß es sich um das heutige
Guatemala handelte. Interessant ist seine Anmerkung, daß
die Auswanderer von vier »Weisen« geführt wurden, die
»rituelle Handschriften bei sich hatten und auch die Geheimnisse des Kalenders kannten«. Wie wir heute wissen, waren
Rituale und Kalender nur zwei Seiten ein und derselben
Medaille, nämlich der Verehrung der Götter. Mit Sicherheit
kann man annehmen, daß der Kalender der Nahua dem
zwölfmonatigen Schema, vielleicht sogar der Einteilung des
Tierkreises in zwölf Abschnitte folgte; denn in Sahagúns
Chroniken lesen wir, die Tolteken, der Nahua-Stamm, der
den Azteken vorausging und sie unterwies, hätten gewußt,
»daß es viele Himmel gibt; sie sagten, es gebe zwölf
übereinanderliegende Abteilungen«.
In Südamerika, an der Pazifikküste, findet man in den
»Mythen« der Andenvölker keine Hinweise auf Wande-

Abb. 127

rungsbewegungen vor der Sintflut; aber die Sagen wissen
um die Sintflut und behaupten, daß die Götter, die schon in
jenen Ländern anwesend waren, den wenigen Überlebenden
auf den hohen Gipfeln geholfen hätten, den Kontinent wieder zu besiedeln. Die Sagen erwähnen deutlich Neuan-
kömmlinge, die nach der Sintflut auf dem Seeweg einwan-
derten. Die erste und denkwürdigste Einwanderergruppe
führte Naymlap an. Er brachte seine Leute in einer Flotte von
Booten aus Balsaholz über den Pazifik, geleitet von einem
»Götterbild«, einem grünen Stein, durch den der »Große
Gott« navigatorische und andere Anweisungen gab. Sie
landeten an dem Punkt, an dem der südamerikanischen
Kontinent mit seinem westlichsten Ausläufer in den Pazifik
hineinragt, am heutigen Kap Santa Helena in Ecuador. Nach
der Landung unterwies der Große Gott, der immer noch
durch den grünen Stein sprach, die Menschen in der Landwirtschaft, im Bauen und im Handwerk.
Ein altes Relikt aus reinem Gold, das jetzt im Goldmuseum
in Bogotá, der Hauptstadt Kolumbiens, aufbewahrt wird,
stellt einen hochgewachsenen Anführer mit seiner Beglei-
tung auf einem Floß aus Balsaholz dar (Abb. 127). Dieses
Kunstwerk kann durchaus eine Darstellung der Überquerung
des Ozeans durch Naymlap oder einen ähnlichen Anführer

gewesen sein. Der Sage nach waren Naymlaps Leute mit
dem Kalender vertraut und verehrten zwölf Götter. Sie zogen
ins Landesinnere und ließen sich dort nieder, wo heute
Quito, die Hauptstadt von Ecuador, liegt; dort errichteten sie
zwei einander gegenüberstehende Tempel, einen Sonnentempel und einen Mondtempel. Vor dem Eingang des Sonnentempels standen zwei Steinsäulen, und in seinem Vorhof
befand sich ein Kreis aus zwölf Steinpfeilern.

Die Vertrautheit mit der heiligen Zahl Zwölf, dem Kennzeichen des mesopotamischen Pantheons und Kalenders, zeugt
von einem Kalender nicht unähnlich dem, der seinen Ursprung in Sumer hatte. Da sowohl die Sonne als auch der
Mond verehrt wurden, dürfte es sich um einen Solilunar-
kalender gehandelt haben, wieder wie jener, der in Sumer
begann. Ein Eingangstor mit zwei Steinsäulen davor erinnert
an die beiden Säulen, die im Altertum im gesamten Vorderen
Orient, von Mesopotamien über Westasien bis Ägypten,
neben den Eingängen der Tempel standen. Und als ob alle
derartigen Verbindungen zur Alten Welt nicht genügen würden, gibt es auch noch *einen Kreis aus zwölf Steinpfeilern.*
Wer auch immer über den Pazifischen Ozean hierher gekommen ist, muß die astronomischen Steinkreise von Lagasch
oder Stonehenge – oder sogar beide – gekannt haben.

Das peruanische Nationalmuseum in Lima beherbergt mehrere Gegenstände aus Stein, die den Küstenvölkern vermut-

Abb. 128

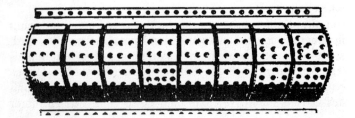

Abb. 129a, 129b und 129c

lich als kalendarische Computer gedient haben. Einer davon,
der die Katalognummer 15-278 trägt (Abb. 128), ist beispielsweise in 16 Quadrate unterteilt, die sechs bis zwölf
Löcher enthalten. Die obere Leiste weist 29 Löcher auf, die
unter 28 – ein deutlicher Hinweis auf die Zählung der
lunaren Monatsphasen.

Fritz Buck (»Inscriptiones Calendarias del Peru Preinca-
ico«), ein Fachmann auf diesem Gebiet, ist der Meinung, daß
die 116 Löcher in den 16 Quadraten auf eine Verbindung
zum Kalender der Maya in Mexiko und Guatemala hinweisen. Daß die nördlichen Teile der Andenländer mit den
Völkern und Kulturen Mesoamerikas in engem Kontakt

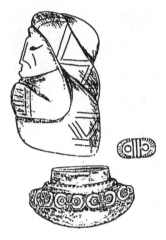

Abb. 130

standen (was man früher für ausgeschlossen hielt), wird
heute kaum noch bestritten. Zu den Neuankömmlingen aus
Mesoamerika zählten zweifellos afrikanische und semitische
Völker, wie zahlreiche Steinmetzarbeiten und Skulpturen
belegen (Abb. 129a). Vor ihnen kamen Seefahrer, die als
Indoeuropäer dargestellt wurden (Abb. 129b), und irgendwann dazwischen landeten dort behelmte »Vogelmenschen«,
die mit Metallwaffen ausgerüstet waren (Abb. 129c). Eine
andere Gruppe könnte auf dem Landweg über das Becken
und die Nebenflüsse des Amazonas gekommen sein; die mit
ihnen verbundenen Symbole (Abb. 130) waren identisch mit
der hethitischen Hieroglyphe für »Götter«. Da die Hethiter
ihr Pantheon von den Sumerern übernahmen, erklärt es
vielleicht die ansonsten bemerkenswerte Entdeckung einer
goldenen Statuette in Kolumbien von einer Göttin, die das
Symbol einer Nabelschnurschere in ihrer Hand hält: das
Symbol von Nincharsag, der sumerischen Muttergöttin
(Abb. 131).

Abb. 131

Die Andenländer im Norden und in der Mitte Südamerikas wurden von Quechua sprechenden Völkern besiedelt, die in Ermangelung einer besseren Quelle nach den Hauptflüssen benannt sind, entlang deren sie lebten. Auf den Ruinen jener früheren Bewohner sollten später die Inka ihr Reich gründen und ihre berühmten Straßen anlegen. Weiter südlich, etwa von dort, wo heute die peruanische Hauptstadt Lima liegt, entlang der Küste und der Berge, wo sich der Titicacasee befindet, bis hinunter nach Chile, war die vorherrschende Sprache die der Aimara. Auch sie erinnern sich in ihren Sagen an frühe Einwanderer, die auf dem Seeweg und auf dem Landweg aus dem Gebiet östlich des Titicacasees zur Pazifikküste kamen. Die Aimara betrachteten die ersteren als feindlich gesonnene Eindringlinge; die letzteren wurden *Uru,* d. h. »Altes Volk«, genannt. Die Uru waren ein eigentümliches Volk, dessen Überreste immer noch als Gruppe im Heiligen Tal mit eigenen Bräuchen und Traditionen existieren. Die Möglichkeit, daß sie Sumerer waren, die zum Titicacasee gelangten, als Ur (in der Endphase zwischen

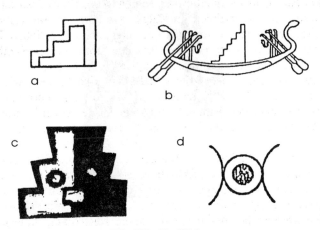

Abb. 132a bis 132d

2200 und 2000 v. Chr.) die Hauptstadt von Sumer war, ist
ernst zu nehmen. Tatsächlich heißt die Provinz, die das
Heilige Tal, das Ostufer des Titicacasees und Westbrasilien
verbindet, immer noch *Madre del Dios,* »Mutter der Götter«,
was ja Nincharsag war. Nur ein Zufall?

Die Forscher haben festgestellt, daß alle diese Völker jahrtausendelang in kultureller Hinsicht hauptsächlich von Tiahuanacu beeinflußt wurden. Am deutlichsten geht das aus
den Tausenden von Ton- und Metallgegenständen hervor, die
das Bild Viracochas trugen, wie es auf dem Sonnentor zu
sehen ist, mit Verzierungen (auch auf den wunderschön
gewebten Tüchern, in die die Mumien eingewickelt waren),
die die Symbole auf dem Tor nachahmten. Ein anderer
deutlicher Ausdruck dieses Einflusses ist ihr Kalender.

Das am häufigsten verbreitete dieser Symbole oder – wofür
sie Posnansky und andere Forscher halten – Hieroglyphen
war das der Treppe (Abb. 132a), das auch in Ägypten verwendet wurde (Abb. 132b) und auf Gegenständen der Andenvöl-

ker häufig als »Augenturm« erschien (Abb. 132c). Den astronomischen Visierlinien im Kalasasaya und den mit Tiahuanacu verbundenen Himmelssymbolen nach zu schließen, betrafen solche Beobachtungen auch den Mond (dessen Symbol ein Kreis zwischen Mondsicheln war (Abb. 132d).

Auf der pazifischen Seite von Südamerika folgten, wie es somit scheint, der Kalender und das mit ihm verbundene Wissen über den Himmel dem Beispiel derselben Lehrmeister, die im Vorderen Orient am Werk gewesen waren.

Dr. Niede Guidon vom französischen Institut für wissenschaftliche Gesellschaftsstudien, der zusammen mit brasilianischen Archäologen an der Erforschung von Pedra Furada beteiligt war, erklärte zu den oben beschriebenen Hinweisen, die für eine viel frühere Besiedlung Amerikas sprechen, und zu den Routen der Einwanderung: »Eine Überquerung des Atlantiks von Afrika aus läßt sich nicht ausschließen.«

Die Entdeckung der »ältesten Keramik in Amerika«, die eine Archäologengruppe vom Field Museum of Natural History in Chicago in der Zeitschrift »Science«, Ausgabe vom 13. Dezember 1991, bekanntgab, »warf die herkömmlichen Annahmen« in bezug auf die Besiedlung Amerikas »über den Haufen«, insbesondere die Ansicht, das Amazonasbecken, wo die Entdeckung gemacht wurde, sei »einfach zu arm an Ressourcen gewesen, um eine komplexe prähistorische Kultur zu tragen«. Dr. Anne C. Roosevelt, die Leiterin des Teams, erklärte entgegen den lange vertretenen Auffassungen: »Das Amazonasbecken hatte einen ebenso fruchtbaren Boden wie die Schwemmlandebenen des Nils, des Ganges und anderer großer Flußbecken in der Welt.« Die rotbraunen, teilweise mit aufgemalten Mustern verzierten Tonscherben sind, wie man mit Hilfe modernster Datierungsmethoden eindeutig festgestellt hat, nicht weniger als 7000 Jahre alt. Sie wurden in Sabtarem unter Haufen von Muschelschalen und anderem Abfall gefunden, die von den ehemaligen

Bewohnern, einem vom Fischfang lebenden Volk, wegge-
worfen waren.

Das Alter und die Tatsache, daß die Tonwaren mit linienför-
migen Mustern bemalt waren, stellen sie auf eine Stufe mit
ähnlicher Keramik, die man im alten Vorderen Orient gefunden hat, und zwar in den Bergen, die an die Ebene grenzen,
wo sich die sumerische Kultur entwickelte. In dem Buch
»Versunkene Reiche« habe ich Beweise für sumerische Spuren im Amazonasbecken präsentiert, die von dort zu den
Gold- und Zinnbergwerken in Peru führen. Die neueste Entdeckung, die das Alter der Keramik unbestreitbar festlegt und
zu einem Zeitpunkt erfolgt, wo die Möglichkeit einer frühen
Besiedlung eher akzeptiert wird, dient hauptsächlich dazu,
vorher unorthodoxe Schlußfolgerungen zu bekräftigen: daß
nämlich im Altertum Menschen aus dem Vorderen Orient
auch über den Atlantischen Ozean nach Amerika gelangten.

Die Einwanderung aus dieser Richtung ist nicht ohne Auswirkungen auf den Kalender geblieben. Die aufsehenerregend-
sten und rätselhaftesten Zeugnisse dafür wurden im nordöstlichen Teil des Amazonasbeckens nahe der Grenze zwischen
Brasilien und Guayana entdeckt. Dort erhebt sich auf einer
großen Ebene ein etwa 30 m hoher eiförmiger Felsen, der 90
x 75 m stark ist. Eine natürliche Aushöhlung auf dem Gipfel
ist so bearbeitet worden, daß sie ein Becken bildet, aus dem
das Wasser durch Kanäle und Leitungen in den riesigen Felsen fließt. Ein höhlenähnlicher Hohlraum ist erweitert und zu
einer Felswohnung umgestaltet worden; außerdem hat man in
verschiedenen Höhen Grotten und Plattformen herausge-
schlagen. Über dem Eingang zum Innern des Felsens ist eine
fast sieben Meter lange Schlange aufgemalt, deren Maul von
drei Öffnungen im Felsen gebildet wird; diese Öffnungen sind
von rätselhaften, nicht entzifferten Inschriften umgeben. Innen und außen weist der Felsen Hunderte von aufgemalten
Zeichen und Symbolen auf.

Berichte von früheren Erforschern und der Volksglaube, die
Grotten enthielten Skelette von »Riesen, deren Gesichtszüge

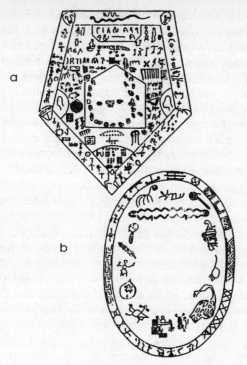

Abb. 133a und 133b

europäisch waren«, veranlaßte Professor Marcel F. Homet
(»Die Söhne der Sonne«), den Felsen in den fünfziger Jahren
zu erforschen. Er erbrachte genauere Ergebnisse als die bisher
bekannten und fand heraus, daß die drei »Fassaden« der Pedra
Pintada in drei Richtungen weisen: Die große ist entlang einer
Ost-West-Linie ausgerichtet, die beiden kleineren sind süd-
südöstlich und südsüdwestlich orientiert. Seine Beobachtung
war folgende: »Äußerlich, in seiner strukturellen Orientierung ... folgt dieses Monument genau denselben Regeln
der antiken europäischen und mediterranen Kulturen.« Er

hielt viele der Zeichen und Symbole, die auf die sorgfältig
abgeschliffene Oberfläche des Felsens gemalt sind, für »völlig regelmäßige Zahlen, die nicht auf dem Dezimalsystem
beruhen«, sondern »zu den ältesten bekannten Kulturen des
östlichen Mittelmeerraums gehören«. Die mit Punkten ange-
füllten Flächen stellten seiner Ansicht nach Multiplikations-
tabellen dar, wie etwa 9 x 7, 5 x 7, 7 x 7 und 12 x 12.

Die Prunkstücke unter den alten Artefakten des Felsens sind
die Dolmen, nach denen einige frühere Forscher den Felsen
als »Ort der Steinbücher« bezeichneten: große, flache Steine,
die auf Trägerblöcken liegen und von denen jeder 15 bis 20
Tonnen wiegt. Sie wurden kunstvoll bemalt; zwei größere
erhielten eine exakte geometrische Form: der eine fünfeckig
(Abb. 133a), der andere oval (Abb. 133b). Wie am Eingang
scheinen beide eine Schlange als Hauptsymbol zu verwenden; dieses und andere Zeichen ließen Homet an Ägypten
und den östlichen Mittelmeerraum im Altertum denken. Da
viele der Dolmen auf der gleichen Höhe wie die Begräbnis-
grotten und an ihren Eingängen tief im Inneren des Felsens
aufgestellt waren, zog Homet den Schluß, dies sei – wie die
Sagen der Indios behaupteten – ein heiliger Ort für die
Beisetzung von Anführern oder anderen wichtigen Persön-
lichkeiten gewesen. Und bestattet worden seien sie »von
zivilisierten Menschen, die hier geradeso wie in Tiahuanacu,
der großen Stadt in den Anden, vor sehr langer Zeit lebten,
vielleicht Jahrtausende vor Christi Geburt«.

Homets Beobachtung in bezug auf das mathematische System, das den Markierungen auf dem Felsen zugrunde zu
liegen schien, daß es nicht auf dem Dezimalsystem, sondern
auf dem System der ältesten bekannten Kulturen des östlichen Mittelmeerraums basiere, ist nur eine umständliche
Umschreibung für das Sexagesimalsystem der Sumerer, das
im gesamten Vorderen Orient vorherrschte. Wirklich bemerkenswert sind seine Schlußfolgerungen hinsichtlich der Verbindung zum östlichen Mittelmeerraum einerseits und zu
Tiahuanacu, »Jahrtausende vor Christi Geburt«, andererseits.

Obwohl die Darstellungen auf diesen beiden besonderen Dolmen unentziffert bleiben, enthalten sie meiner Meinung nach eine Reihe von wichtigen Hinweisen. Der fünfeckige Dolmen erzählt zweifellos eine zusammenhängende Geschichte, vielleicht wie die späteren mesoamerikanischen Bilderbücher eine Geschichte einer Wanderbewegung mit der eingeschlagenen Route. An vier Ecken sind vier Menschentypen dargestellt; deshalb könnte die Darstellung ein Vorläufer des bekannten Maya-Bildes auf dem Umschlag des *Codex Fejérvary* gewesen sein, das die vier Bereiche der Erde und (in verschiedenen Farben) ihre verschiedenen Menschenrassen zeigt. Ähnlich wie der fünfeckige Dolmen besitzt auch die Darstellung der Maya in der Mitte ein Feld in der Form einer geometrischen Figur.

Mit Ausnahme dieses zentralen Feldes, das in Brasilien fünfeckig ist, bedecken anscheinend unbekannte Schriftzeichen die Oberfläche des Dolmens. Es gibt Ähnlichkeiten zwischen ihnen und einer Schrift aus dem östlichen Mittelmeerraum, die als »Linear A« bezeichnet wird und ein Vorläufer der kretischen Schrift und auch derjenigen der Hethiter in Anatolien (heute Türkei) war.

Das Hauptsymbol auf dem fünfeckigen Dolmen ist die Schlange, die auch wohlbekanntes Symbol der prähellenischen Kultur Kretas und des alten Ägypten war. In der Mythologie des alten Vorderen Orients war die Schlange das Symbol Enkis und seiner Sippe. Auf dem ovalen Dolmen ist sie als Himmelswolke dargestellt und erinnert an das Schlangensymbol auf dem mesopotamischen *Kudurru,* wo sie die Milchstraße darstellte (siehe Abb. 92).

Viele der Symbole, die das mittlere Feld auf diesem Dolmen umrahmen, sind vertraute sumerische und elamitische Muster und Embleme (wie etwa das Hakenkreuz). Die größeren Bilder innerhalb des ovalen Rahmens verraten sogar noch mehr. Wenn wir das oberste Symbol in der Mitte als Schriftzeichen betrachten, bleiben genau zwölf Symbole übrig. Meiner Ansicht nach stellen sie die *zwölf Tierkreiszeichen* dar.

Daß nicht alle Symbole mit den aus Sumer stammenden
identisch sind, ist nicht ungewöhnlich, da der Tierkreis in
den verschiedenen Ländern (wie etwa in China) der einheimischen Fauna angepaßt wurde. Aber einige der Symbole
auf dem ovalen Dolmen entsprechen den Tierkreiszeichen
(und ihren Namen), die aus Sumer stammen und in der
ganzen Welt des Altertums übernommen wurden: beispielsweise die beiden Fische, die beiden Menschengesichter
(Zwillinge) und die Frau, die einen Getreidehalm hält (Jungfrau).

Die Bedeutung der Darstellungen vom Amazonas kann
deshalb gar nicht genug herausgestellt werden. Wie bereits
gesagt, war der Tierkreis eine vollkommen willkürliche
Einteilung des Himmelskreises in zwölf Gruppen von Sternen, nicht als Ergebnis der einfachen Beobachtung von
Naturerscheinungen wie etwa des Tag-und-Nacht-Zyklus,
der Ab- und Zunahme des Mondes oder der jahreszeitlichen
Veränderungen der Sonne. Daß die Idee und die Kenntnis
des Tierkreises im Amazonasbecken zu finden sind und daß
er überdies durch mesopotamische Symbole dargestellt ist,
mußt als Beweis dafür gelten, daß dort irgend jemand über
dasselbe Wissen wie die Menschen im Vorderen Orient
verfügte.

Nicht weniger erstaunlich als die dekorativen Symbole und
die Tierkreiszeichen rund um die Fläche des ovalen Dolmens
ist die Darstellung in der Mitte des fünfeckigen Dolmens. Sie
zeigt einen *Steinkreis,* der zwei Monolithen umgibt; zwischen diesen ist die teilweise abgekratzte Zeichnung eines
menschlichen Kopfes zu sehen, dessen Augen auf einen der
Monolithen gerichtet sind. Einen solchen Kopf »mit anvisie-
rendem Auge« kann man auch in astronomischen Codices
der Maya finden, wo das Zeichen für einen Priesterastronomen steht.

All das sowie die astronomische Ausrichtung der drei Flächen des Felsens beweisen, daß hier jemand war, der sich mit
Himmelsbeobachtungen auskannte.

Wer war dieser »jemand«? Wer könnte in dieser frühen Zeit den Ozean überquert haben? Zugegeben, diese Überquerung hätte nicht ohne Hilfe bewältigt werden können. Aber gleichgültig, ob jene Menschen, die zur südamerikanischen Küste geführt oder transportiert wurden, bereits ihre kalendarisch-astronomischen Kenntnisse besaßen oder ob sie darin in den neuen Ländern unterrichtet wurden, hätte nichts ohne die »Götter« geschehen können.

Da es keine schriftlichen Aufzeichnungen gibt, sind die in Südamerika gefundenen Felszeichnungen wertvolle Hinweise auf das, was die »Ureinwohner« wußten und sahen. Viele davon entdeckte man in den trichterförmigen Tälern, die im nordöstlichen Teil des Kontinents in das Amazonasbecken führen, und stromaufwärts an diesem mächtigen Fluß und seinen zahllosen Nebenflüssen, die in den fernen Anden entspringen. Der Urubamba, der Hauptfluß des Heiligen Tales der Inka, ist nur ein Nebenfluß des Amazonas; das gilt auch für andere peruanische Flüsse, die ostwärts fließen von Orten, deren Ruinen darauf hinweisen, daß sie Zentren der Erzverarbeitung waren. Die bekannten Orte – nur ein kleiner Teil von dem, was dort entdeckt werden könnte, wenn richtige archäologische Forschung betrieben würde – bestätigen die Richtigkeit der einheimischen Überlieferungen, daß Menschen von jenseits des Atlantischen Ozeans an diesen Küsten gelandet und den Amazonas hinaufgefahren seien, um Gold, Zinn und andere Schätze in den Anden zu suchen.
Allein in Guayana hat man über ein Dutzend Orte entdeckt, wo die Felsen mit eingeritzten Bildern bedeckt sind. In der Nähe von Karakananc im Pacaraima-Gebirge zeigen die Felszeichnungen Sterne mit verschiedenen Anzahlen von Strahlen oder Punkten (wie sie als erste die Sumerer darstellten), die Mondsichel, Sonnensymbole und neben einer Treppe etwas, das möglicherweise ein Beobachtungsgerät war (Abb. 134a). In Marlissa ist eine lange Reihe von Granitfelsen am Flußufer mit zahlreichen Petroglyphen be-

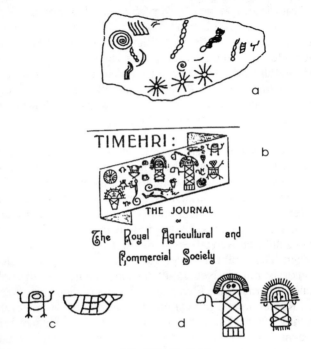

Abb. 134a bis 134d

deckt; einige davon schmückten den Umschlag der Zeitschrift der Royal Agricultural and Commercial Society von Britisch-Guayana, »Timehri«, Nr. 6 von 1919 (Abb. 134b). Die Gestalt mit den erhobenen Armen und dem helmartigen Kopf, an dem ein einziges großes »Auge« zu sehen ist, befindet sich auf dem Felsen neben etwas, das wie ein großes Boot ausschaut (Abb. 134c). Die mehrmals dargestellten Wesen mit engsitzender Kleidung und »Heiligenschein« (Abb. 134d) wirken in ihren Proportionen riesig: in einem Fall fast vier, in einem anderen fast zweieinhalb Meter groß.

Im benachbarten Surinam, dem ehemaligen Niederländisch-

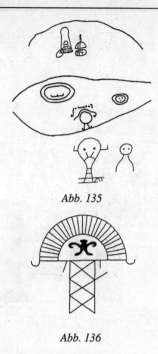

Abb. 135

Abb. 136

Guayana, sind die Felszeichnungen im Gebiet der Frederik-Willem-IV-Wasserfälle so zahlreich, daß die Forscher es für notwendig erachteten, die Fundstellen, jede Gruppe von Petroglyphen am jeweiligen Fundort und einzelne Symbole innerhalb jeder Gruppe zu numerieren. Einige davon würde man heute für Darstellungen von Ufos mit ihrer Besatzung halten (Abb. 135), so auch eine Felszeichnung (Abb. 136) an der Fundstätte 13 bei den Wonotobo-Wasserfällen. Die vorher gesehene Darstellung von hochgewachsenen Wesen mit Heiligenschein hat sich hier für ein kuppelartiges Gebilde verwandelt, aus dessen Öffnung eine Leiter herabkommt; in dieser Öffnung steht eine mächtige Person.

Diese Felszeichnungen scheinen zu besagen, daß einerseits

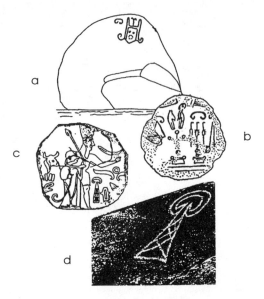

Abb. 137a bis 137d

Menschen mit Schiffen eintrafen, andererseits gottähnliche
Wesen in »Fliegenden Untertassen« ankamen.

Mindestens zwei der Symbole unter diesen Petroglyphen
lassen sich als Schriftzeichen aus dem Vorderen Orient
identifizieren, wie man sie besonders von hethitischen Inschriften in Anatolien her kennt. Das eine, das neben dem
behelmten und gehörnten Gesicht erscheint (Abb. 137a), ist
ein determinatives Zeichen, das eindeutig dem hieroglyphi-
schen Zeichen der Hethiter für »groß« ähnelt (Abb. 137b).
Dieses hieroglyphische Zeichen wurde in hethitischen Inschriften oft in Verbindung mit dem Schriftzeichen für
»König, Herrscher« verwendet, so daß die Kombination
»großer König« bedeutete (Abb. 137c). Und genau eine
solche kombinierte Hieroglyphe hat man mehrmals unter

den Felszeichnungen in der Nähe der Wonotobo-Wasserfälle in Surinam gefunden (Abb. 137d).

In ganz Südamerika sind Zeichnungen auf großen und kleinen Felsen gefunden worden. Ihre Verbreitung und ihre Bilder erzählen die Geschichte der Menschen in diesem Teil der Welt, eine Geschichte, die erst noch vollständig entziffert und verstanden werden muß. Seit über hundert Jahren haben Forscher bewiesen, daß der südamerikanische Kontinent zu Fuß, zu Pferde oder mit Kanus und Flößen durchquert werden kann. Eine Hauptroute beginnt in Nordost-Brasilien, Guayana oder Venezuela und benutzt hauptsächlich das Flußsystem des Amazonas, um in den Norden und die zentralen Gebiete Perus zu gelangen; die andere beginnt in Brasilien etwa bei São Paulo und windet sich in westlicher Richtung durch das Mato Grosso nach Bolivien und zum Titicacasee und verläuft von dort in nördlicher Richtung entweder nach Mittelperu (zum Heiligen Tal) oder zu den Küstengebieten, wo jeweils die beiden Routen zusammentreffen.

Wie die bereits erwähnten Entdeckungen beweisen, kamen die Menschen vor Zehntausenden von Jahren nach Amerika, insbesondere nach Südamerika. Den Felszeichnungen nach zu urteilen, vollzog sich die Einwanderung in drei erkennbaren Phasen. Die umfangreiche Bearbeitung der Pedra Furada bietet ein gutes Beispiel für die Phasen, soweit es die dem Atlantischen Ozean zugewandte Seite des Kontinents betrifft.

Pedra Furada ist nur die am gründlichsten erforschte Fundstätte in dem Gebiet, das nach seinem Hauptort São Raimundo Nonato heißt; man hat dort über 260 in der Frühzeit bewohnte Stätten entdeckt, von denen 240 Felszeichnungen aufweisen. Wie die Altersbestimmung der prähistorischen Feuerstellen mittels Radiokarbonmethode ergeben hat, lebten dort erstmals vor etwa 32 000 Jahren Menschen. Diese Besiedlung scheint vor ungefähr 12 000 Jahren in dem gesamten Gebiet ein plötzliches Ende gefunden zu haben, zur gleichen Zeit, als ein einschneidender Klimawechsel eintrat. Dieser Klimawechsel fiel meiner Theorie nach mit dem abrupten Ende der letzten Eiszeit durch die Sintflut zusammen. Die Kunst der Felszeichnung in jener langen Periode war naturalistisch; die Künstler jener Zeit stellten dar, was sie um sich herum sahen: einheimische Tiere, Bäume und andere Pflanzen, Menschen.

Es dauerte etwa 2000 Jahre, bis die Gegend wieder von Menschen besiedelt wurde, wobei andere, neue Gruppen in das Gebiet kamen. Ihre Felszeichnungen verraten, daß sie aus einem fernen Land eingewandert waren, denn sie stellten auch Tiere dar, die es in dieser Region nicht gab: Riesenfaultiere, Pferde, eine frühe Lamaart und (laut den Berichten der Archäologen) Kamele (die für mich eher wie Giraffen aussehen). Diese zweite Phase dauerte bis vor etwa 5000 Jahren und schloß später auch die Herstellung von verzierter Keramik mit ein. Sie enthielt in ihrer Kunst auch, wie es der Ausgrabungsleiter Niede Guidon ausdrückte, »abstrakte Zeichen«, die »anscheinend mit Zeremonien oder mythischen Themen verbunden« waren – eine Religion, eine Bewußtheit der Götter. Am Ende dieser zweiten Phase gingen die Petroglyphen zu den Zeichen über, die Ähnlichkeit mit den Symbolen und Schriftzeichen im Vorderen Orient hatten; das führte in einer dritten Phase zu den astronomischen und kalendarischen Bezügen der Markierungen auf den Felsen.

Die letztgenannten Felszeichnungen kann man sowohl in Küstengebieten als auch entlang der beiden Hauptrouten durch den Kontinent finden. Je mehr sie der dritten Phase angehören, desto ausgeprägter sind die Himmelssymbole und astronomischen Bezüge. Und je mehr sie im Süden des Kontinents zu finden sind, sei es in Brasilien, Bolivien oder Peru, um so mehr erinnern sie an Sumer, Mesopotamien und Anatolien. Manche Forscher, besonders die südamerikanischen, deuten verschiedene Zeichen als eine Art sumerische Keilschrift. Die größte Felszeichnung in dieser Zone ist der sogenannte Armleuchter oder Dreizack, der jedem entgegenblickt, der die südamerikanische Pazifikküste in der Bucht von Paracas erreicht (Abb. 138a). Dem Volksglauben nach

Abb. 138a und b

stellt er Viracochas Blitzableiter dar, wie man ihn auf dem
Sonnentor in Tiahuanacu sehen kann. Ich erkenne darin das
im Vorderen Orient verwendete Symbol des »Wettergottes«
(Abb. 138b), des jüngeren Sohnes von Enlil, den die Sumerer *Ischkur,* die Babylonier und Assyrer *Adad* und die
Hethiter *Teschub* (»Windbläser«) nannten.
Während sich die Anwesenheit der Sumerer oder zumindest
ihr Einfluß in vielfacher Weise, wenn auch nur durch Klei-
nigkeiten belegen läßt (wie ich es in »Versunkene Reiche«
getan habe), ist bisher kein Versuch unternommen worden,
zu einem umfassenden Bild von der Anwesenheit der Hethiter in Brasilien zu gelangen. Ich habe einige der in Brasilien
gefundenen hethitischen Spuren aufgezeigt, aber wahrscheinlich liegt viel mehr unentdeckt und unerforscht hinter
einer solchen Koinzidenz wie der Tatsache, daß dieses
Bergvolk Anatoliens in der Alten Welt das Eisen einführte,
und der Parallelität, daß der Name des Landes, *Brazil,* dem

Abb. 139

akkadischen Wort für »Eisen«, *Barzel,* ähnelt. Auf letztere
Ähnlichkeit hat Cyrus H. Gordon (»Before Columbus« und
»Riddles in History«) aufmerksam gemacht, der dies als
einen wichtigen Hinweis auf die wahre Identität der frühzeitlichen Amerikaner betrachtet. Weitere Hinweise sind die
indoeuropäischen Gesichtszüge der Büsten, die man in Ecuador und Nordperu gefunden hat, sowie die Tatsache, daß die
rätselhaften Inschriften auf der Osterinsel wie die hethitische
Schrift nach dem System »wie der Ochse pflügt« verlaufen,

Abb. 140a und 140b

d. h., die erste Zeile geht von links nach rechts, die zweite von rechts nach links, die dritte von links nach rechts usw. Anders als Sumer, das in einer Schwemmlandebene lag und keine Steine als Baumaterial besaß, war das Enlil unterstehende Gebiet Anatoliens ganz und gar KUR.KI, ein »Bergland«, für das Ischkur bzw. Adad oder Teschub zuständig war. Die Gebäude in den Andenländern wurden ebenfalls aus Stein errichtet, von den frühesten Zyklopenmauern über die aus sorgfältig bearbeiteten Hausteinen errichteten Bauwerke des Alten Reiches und die Feldsteinbauten der Inka bis zur Gegenwart. Wer wußte dort in den Andenländern Bescheid über die Verwendung von Stein zum Bauen, bevor diese Länder besiedelt wurden, bevor Andenhochkultur begann, vor den Inka? Meiner Theorie nach waren es Steinmetze aus Anatolien, die nützlicherweise auch erfahrene Grubenarbeiter waren, denn Anatolien war im Altertum eine wichtige Quelle für Erze und eine der ersten Regionen, wo man Kupfer mit Zinn mischte, um Bronze herzustellen. Wenn wir einen Abstecher zu den Ruinen von Chattusa, der alten hethitischen Hauptstadt, und anderen nahe gelegenen Bastionen rund 240 km nordöstlich von Ankara unternehmen, erkennen wir, daß sie in gewisser Hinsicht wie unferti-

ge Nachahmungen der Bauweise in den Anden wirken. Dazu
gehören auch die einzigartigen, ausgeklügelten Einschnitte
in den harten Stein, um das »Treppenmotiv« zu schaffen
(Abb. 139).

Man muß Fachmann auf dem Gebiet der alten Keramik sein,
um zwischen den Tongefäßen in Anatolien und denen in den
Andenländern unterscheiden zu können, insbesondere bei
den glatten, glänzenden Gefäßen von tiefer Ockerfarbe aus
der Bronzezeit. Man braucht jedoch kein Experte zu sein, um
die Ähnlichkeit zu erkennen zwischen den fremdartigen
Kriegern, die auf peruanischen Gegenständen aus dem Kü-
stengebiet gefunden wurden (Abb. 140a), und den prähellenischen Kriegern, die auf Artefakten aus dem östlichen
Mittelmeerraum dargestellt sind (Abb. 140b).

Hinsichtlich letzterer Ähnlichkeit sollte man bedenken, daß
die Heimat der frühen Griechen, Ionien, nicht in Griechenland, sondern im westlichen Teil von Anatolien (Kleinasien)
lag. Die Mythen und Sagen der Frühzeit, die in Werken wie
etwa Homers »Ilias« aufgezeichnet sind, behandeln tatsächlich Örtlichkeiten, die sich in Anatolien befanden. Troja lag
dort, nicht in Griechenland, ebenso Sardes, die Hauptstadt
von Krösus, dem letzten König von Lydien, der für seinen
Reichtum an Gold berühmt war. Vielleicht ist die Ansicht,
daß Odysseus auf seiner zehnjährigen Irrfahrt auch nach
Amerika gelangt sei, gar nicht so weit hergeholt.

Sonderbarerweise hat man bei der zunehmend erregt geführ-
ten Debatte über die »ersten Amerikaner« der Frage, welche
Kenntnisse die Völker des Altertums auf dem Gebiet der Seefahrt besaßen, wenig, wenn überhaupt Beachtung geschenkt
hat. Vieles weist darauf hin, daß diese recht umfangreich und
fortgeschritten waren. Und wieder einmal kann das scheinbar
Unmögliche nur als möglich akzeptiert werden, wenn man
eine Unterrichtung durch die Anunnaki in Betracht zieht.

Die sumerische Königsliste beschreibt einen frühen König
von Erech, einen Vorgänger von Gilgamesch, folgendermaßen: »In Eanna wurde Meskiaggascher, der Sohn des göttli-

chen Utu, Hoherpriester sowie König und regierte 324 Jahre. Meskiaggascher befuhr das Westmeer und gelangte zu den Bergen.« Wie die Überquerung des Ozeans ohne navigatorische Hilfsmittel, falls es noch keine gab, durchgeführt wurde, wird von den Gelehrten nicht erklärt.

Jahrhunderte später machte sich Gilgamesch, dessen Mutter eine Göttin war, auf die Suche nach Unsterblichkeit. Seine Abenteuer gehen zeitlich den Irrfahrten des Odysseus voraus, sind aber noch dramatischer. Auf seiner letzten Reise mußte er das Todeswasser oder das Meer des Todes überqueren, was ihm nur mit Hilfe des Bootsführers Urschanabi gelang. Kaum hatten sie mit der Überquerung begonnen, da beschuldigte Urschanabi Gilgamesch, die »steinernen Dinge« zerbrochen zu haben, ohne die der Bootsführer nicht navigieren konnte. Der alte Text schildert Urschanabis Klage über die »zerbrochenen steinernen Dinge« in drei Zeilen, die auf der Tontafel leider nur teilweise lesbar sind; sie beginnt mit den Worten: »Ich spähe, aber ich kann nicht ...« Dieses deutet in hohem Maße auf ein Navigationsgerät hin. Um dieses Problem zu beheben, wies der Bootsführer Gilgamesch an, zum Ufer zurückzukehren und 120 lange Holzstangen zu schneiden. Als sie wieder losfuhren, befahl Urschanabi, Gilgamesch solle zu einem bestimmten Zeitpunkt jeweils zwölf Stangen einzeln ins Wasser werfen. Das wiederholte sich zehnmal, bis alle Stangen aufgebraucht waren: »Bei zweimal sechzig hatte Gilgamesch die Stangen aufgebraucht.« So erreichten sie ihren Bestimmungsort auf der anderen Seite des Meeres. Auf diese Weise ersetzte eine bestimmte Anzahl von Stangen, die – wie es der Bootsführer befahl – speziell angeordnet waren, die »steinernen Dinge«, mit denen man nicht mehr Ausschau halten konnte.

Gilgamesch ist als historischer Herrscher im alten Sumer bekannt, der um 2900 v. Chr. in Erech (Uruk) regierte. Jahrhunderte später erreichten sumerische Händler auf dem Seeweg ferne Länder, verkauften Getreide, Wolle und Gewänder und brachten, wie Gudea bezeugt hat, Erze, Holz,

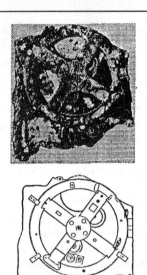

Abb. 141

Baumaterial und Edelsteine zurück. Diese wiederholten Reisen in beiden Richtungen hätten ohne Navigationsgeräte nicht unternommen werden können.

Daß es solche Instrumente schon im Altertum gab, läßt sich aus einem Gegenstand erschließen, der zu Beginn unseres Jahrhunderts im östlichen Mittelmeerraum vor der ägäischen Insel Antikithira gefunden wurde. Zwei Boote mit Schwammtauchern, die auf dem alten Schiffsweg zwischen den Inseln Kithira und Kreta kreuzten, entdeckten auf dem Meeresboden das Wrack eines alten Schiffes. Es enthielt Artefakte, darunter Marmor- und Bronzestatuen aus dem 4. Jahrhundert v. Chr. Das Schiff selbst wurde nach 200 v. Chr. gebaut; Amphoren mit Wein, Olivenöl und anderen Lebensmitteln, die es mitführte, stammen aus der Zeit um 75 v. Chr.

Es scheint also festzustehen, daß das Schiff und sein Inhalt vor dem Beginn der christlichen Zeitrechnung untergingen und die Ladung an oder nahe der Küste von Kleinasien an Bord genommen wurde.

Die aus dem Wrack gehobenen Gegenstände und Materialien wurden nach Athen gebracht, um sie genau zu untersuchen. Darunter befanden sich ein Bronzeklumpen und abgebrochene Stücke, die die untersuchenden Wissenschaftler in Erstaunen versetzten, als sie gereinigt und zusammengesetzt wurden. Das »Objekt« (Abb. 141) schien ein Präzisionsmechanismus mit vielen Zahnrädern zu sein, die auf verschiedenen Ebenen innerhalb einer ringförmigen Halterung, die wiederum in einem quadratischen Kasten befestigt war, ineinandergriffen. Anscheinend handelte es sich um ein Astrolabium »mit sphärischen Projektionen und einen Satz von Ringen«. Nach jahrzehntelangen Untersuchungen, auch mit Hilfe von Röntgenstrahlen und metallurgischen Analysen, ist es nun im Archäologischen Nationalmuseum in Athen ausgestellt (Katalognummer X.15087). Der Schaukasten trägt ein Schild mit folgender Erklärung:

> Der Mechanismus wurde 1900 von Schwammtauchern im Meer vor der Insel Antikithira gefunden. Er gehörte zu der Ladung eines Schiffes, das im 1. Jahrhundert v. Chr. unterging.
> Die Vorrichtung wird als eine kalendarische Sonnen- und Mondrechenmaschine betrachtet, die nach neuester Erkenntnis aus der Zeit um 80 v. Chr. stammt.

Eine der gründlichsten Studien zu diesem Thema ist das Buch »Gears from the Greeks« von Professor Derek de la Sola Price von der Universität Yale. Er fand heraus, daß die drei auseinandergebrochenen Teile Zahnräder, Scheiben und abgestufte Platten enthielten, die ihrerseits aus mindestens zehn Teilen zusammengesetzt waren. Die Zahnräder waren über mehrere Differentiale (wie man sie heute bei den automatischen Gangschaltungen von Autos findet) miteinander verbunden, die den Zyklus der Sonne und den metonischen (Neunzehn-Jahre-)Zyklus

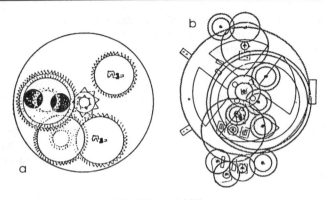

Abb. 142a und 142b

des Mondes vereinigten. Die Räder waren mit winzigen Zähnen versehen und bewegten sich auf unterschiedlichen Achsen. Die Markierungen auf den runden und winkelförmigen Teilen wurden von Inschriften in griechischer Sprache begleitet, die eine Reihe von Sternbildern des Tierkreises bezeichneten.

Das Instrument war zweifellos das Produkt einer hochentwickelten Technologie und von differenzierten wissenschaftlichen Kenntnissen. Nichts, was ihm an Kompliziertheit auch nur gleichkommen könnte, ist in der Zeit vorher oder nachher gefunden worden – obwohl Professor de la Sola Price die Vermutung geäußert hat, es könnte in der Schule von Poseidonios auf Rhodos nach dem Vorbild der von Archimedes benutzten Planetariumsapparaturen hergestellt oder vielleicht auch nur repariert worden sein. Er könne zwar den Schock verstehen, »den man empfinden mag, wenn man die Einschätzung der hellenistischen Technologie nach oben revidieren muß«, schrieb er, aber er könne nicht der »radikalen Interpretation« einiger Forscher zustimmen, »daß die Kompliziertheit des Gerätes und seine mechanische Differenziertheit so weit über das Niveau der hellenistischen Technologie hinausgehen, daß es nur von fremden Astronau-

ten entworfen und geschaffen worden sein könnte, die aus
dem Weltraum kamen und unsere Zivilisation besuchten«.
Tatsache ist jedoch, daß in keinem der Jahrhunderte vor oder
nach dem Schiffbruch irgendwo etwas gefunden worden ist,
daß der Kompliziertheit und Präzision des Gerätes nahe-
kommt. Selbst mittelalterliche Astrolabien – mehr als ein
Jahrtausend später! – sehen wie Spielzeug aus (Abb. 142a) im
Vergleich zu dem Räderwerk des antiken Instruments (Abb.
142b). Überdies wurden die mittelalterlichen und späteren
europäischen Astrolabien und verwandten Apparaturen aus
leicht formbarem Messing hergestellt, während das antike
Gerät aus Bronze bestand – einem Metall, das sich gut für den
Guß eignete, aber extrem schwierig zu bearbeiten und zu
formen war, insbesondere, um einen Mechanismus herzustellen, der komplizierter als moderne Chronometer ist.
Dennoch war dieses Instrument da. Und wer auch immer die

Abb. 143a und 143b

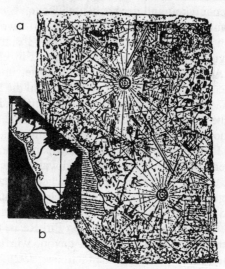

Wissenschaft und die Technologie dafür lieferte, so beweist
es doch, daß Zeitmessung und am Sternenhimmel orientierte
Navigation in jener frühen Zeit auf einem unheimlich hohen
Stand der Differenzierung möglich waren.

Offenbar ist das Widerstreben, scheinbar Unannehmbares
gelten zu lassen, auch der Grund dafür, daß fast nichts, was
die frühe Kartographie betrifft, in der Diskussion über die
»ersten Amerikaner« zur Sprache kam, sogar bei einer
solchen Gelegenheit wie der Feier des 500. Jahrestages der
ersten Kolumbus-Reise im Jahr 1492.

Auf der anderen Seite der Ägäis wird in Istanbul im Topkapi-
Museum, einem ehemaligen Palast, ein weiterer Fund aufbewahrt, der die navigatorischen Fähigkeiten im Altertum erhellt. Er wird als *Karte des Piri Re'is* bezeichnet, nach dem
türkischen Admiral, der sie anfertigte (Abb. 143a); die Jahreszahl (nach moslemischer Zeitrechnung), die sie trägt, entspricht dem Jahr 1513. Von den Weltkarten, die aus dem
Zeitalter der Entdeckungen erhalten geblieben sind, erregte
sie aus mehreren Gründen besonderes Interesse: erstens wegen der Genauigkeit und der hochentwickelten Methode, die
Erdkugel auf eine ebene Fläche zu projizieren, zweitens, weil
sie deutlich ganz Südamerika zeigt (Abb. 143b), mit erkennbaren geographischen und topographischen Einzelheiten sowohl der Atlantik- als auch der Pazifikküste, und drittens,
weil sie die Antarktis richtig darstellt. Obwohl die Karte einige Jahre nach den Reisen von Kolumbus entstand, aber das
Erstaunliche daran ist, daß die südlichen Teile von Südamerika 1513 noch unbekannt waren. Pizarro fuhr nämlich erst
1530 von Panama nach Peru, und die Spanier drangen erst
Jahre später weiter nach Süden vor und wagten sich ins Landesinnere, um die Andenkette zu erforschen. Trotzdem zeigt
die Karte ganz Südamerika, einschließlich der Spitze Patago-
niens. Und was die Antarktis betrifft, so wußte man bis 1820,
drei *Jahrhunderte* nach der Karte von Piri Re'is, nichts von
ihrer Existenz, ganz zu schweigen davon, wie sie aussah.
Gründliche Untersuchungen, seitdem sie 1929 unter den

Schätzen des Sultans entdeckt wurde, haben diese erstaunlichen Einzelheiten auf der Karte bestätigt.

Die kurzen Anmerkungen am Rand der Karte hat der Admiral in einer Abhandlung mit dem Titel *Baharijeh* (»Über das Meer«) näher erklärt. Hinsichtlich geographischer Landmarken wie etwa der Antillen führte er aus, daß er die Information »den Karten des ungläubigen Genuesen Colombo« entnommen habe. Er wiederholte auch die Geschichte, wie Kolumbus zuerst die Granden von Genua und dann den König von Spanien zu überzeugen versuchte, daß es laut eines Buches, das er angeblich besaß, »am Ende des Westmeeres [Atlantik], d. h. auf seiner Westseite, Küsten und Inseln und alle möglichen Metalle und auch Edelsteine« gebe. Dieses Detail im Buch des türkischen Admirals bestätigt Berichte aus anderen Quellen, daß Kolumbus im voraus recht gut wußte, wohin er wollte, weil er in den Besitz von Landkarten und geographischen Informationen aus alten Quellen gekommen war.

Tatsächlich wird die Existenz solcher früherer Karten auch durch Piri Re'is belegt. In einer späteren Aufzeichnung, die erklärt, wie die Karte gezeichnet wurde, führte er von arabischen Kartographen angefertigte Karten, portugiesische Karten (»die die Länder Hind, Sind und China zeigen«), die »Karte des Kolumbus« sowie »etwa zwanzig Karten und mappae mundi« auf: »Das sind Karten, die zur Zeit Alexanders, des Herrn der zwei Hörner, gezeichnet wurden.« Letzteres war ein Beiname der Araber für Alexander den Großen, was bedeutet, daß Piri Re'is Landkarten aus dem 4. Jahrhundert v. Chr. gesehen und benutzt hatte. Die Forscher nehmen an, daß solche Karten in der Bibliothek von Alexandria aufbewahrt worden waren und daß einige den Brand überlebt haben müssen, als arabische Eroberer 642 diesen Tempel der Wissenschaft zerstörten.

Man glaubt heute, daß der Vorschlag, auf dem Atlantik in westlicher Richtung zu segeln, um bekannte Küsten zu erreichen, nicht von Kolumbus als erstem, sondern schon 1474 von einem Astronomen, Mathematiker und Geogra-

phen aus Florenz mit Namen Paulo del Pozzo Toscanelli
gemacht wurde. Es gilt zudem als erwiesen, daß Karten wie
etwa die Mediceische aus dem Jahr 1351 und die von Pizingi
aus dem Jahr 1367 späteren Seefahrern und Kartographen
zur Verfügung standen. Der berühmteste Kartograph war
Gerhard Kramer alias Mercator, dessen *Atlas* von 1569 und
dessen Projektionsmethoden bis zum heutigen Tag Standard
der Kartographie geblieben sind.

Auf Mercators Weltkarten ist merkwürdigerweise die Antarktis eingezeichnet, obwohl dieser eisbedeckte Kontinent
erst 250 Jahre später, im Jahr 1820, von britischen und
russischen Seefahrern entdeckt wurde!

Wie seine Vorgänger (und Nachfolger) benutzte Mercator für
seinen »Atlas« ältere Karten von früheren Kartographen. In
bezug auf die Alte Welt, besonders die Mittelmeerländer,
stützte er sich offenbar auf Karten, die in die Zeit zurückreich-
ten, als die Phönizier und Karthager die Meere beherrschten.
Diese Karten, die der griechische Geograph Marinos von Tyros gezeichnet hatte, lernten spätere Generationen durch den
Astronomen, Mathematiker und Geographen Ptolemäus kennen, der im 2. Jahrhundert n. Chr. in Alexandria lebte. Was die
Neue Welt betrifft, so stützte sich Mercator sowohl auf alte
Landkarten als auch auf die Berichte von Forschern seit der
Entdeckung Amerikas. Aber woher wußte er, daß es die Ant-
arktis gab und welche Form sie hatte?

Nach einhelliger Meinung der Gelehrten dürfte er eine
Weltkarte benutzt haben, die Orontius Finaeus 1531 hergestellt hatte (Abb. 144a). Die Karte, die die Erdkugel richtig
darstellt, indem sie sie in die nördliche und in die südliche
Hemisphäre aufteilt, mit dem Nord- bzw. dem Südpol als
Mittelpunkt, zeigt die Antarktis nicht nur, was an sich schon
erstaunlich ist; sie zeigt die Antarktis auch mit geographischen und topographischen Einzelheiten auf, die seit Jahrtausenden unter einer Eisschicht begraben sind!

Deutlich sind Einzelheiten wie Küsten, große und kleine
Buchten, Ästuarien und Berge, sogar Flüsse zu erkennen, wo

heute nichts mehr zu sehen ist, weil die Eiskappe alles verdeckt. Heute weiß man, daß solche Einzelheiten existieren, weil sie durch wissenschaftliche Sondierungen unter dem Eis entdeckt wurden, die vor allem im Internationalen Geophysikalischen Jahr 1958 durchgeführt wurden. Die Darstellung auf der Finaeus-Karte ähnelt, wie damals klar wurde, auf geradezu unheimliche Weise der wirklichen Gestalt der Antarktis und ihren verschiedenen geographischen Einzelheiten (Abb. 144b).

Charles H. Hapgood kam in einer der gründlichsten Studien zu diesem Thema (»Maps of the Ancient Sea Kings«) zu

Abb. 144a und 144b

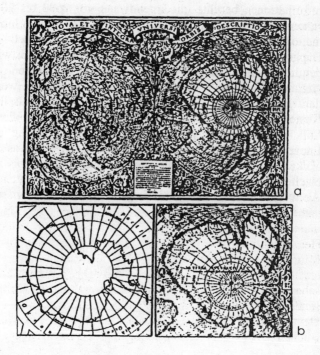

dem Ergebnis, daß Finaeus seine Weltkarte auf der Grundlage von alten Karten zeichnete, die die Antarktis zu einer Zeit darstellten, als der Kontinent, der von seiner Eisschicht befreit gewesen war, in seinen westlichen Teilen gerade wieder zu vereisen begann. Das war nach den Schlußfolgerungen seines Forschungsteams vor rund 6000 Jahren, um 4000 v. Chr.

Spätere Studien wie die von John W. Weihaupt (»Eos, the Proceedings of the American Geophysical Union«, August 1984) bestätigten die früheren Erkenntnisse. Obwohl er einräumte, daß »sogar eine grobe Kartographierung eines großen Kontinents navigatorische und geometrische Kenntnisse erfordern würde, die den Horizont primitiver Seefahrer übersteigen«, war er überzeugt, daß die Finaeus-Karte auf Informationen beruhte, die irgendwann vor 2600 bis 9000 Jahren gesammelt worden waren. Die Quelle solcher Informationen bleibe, schrieb er, ein unbeantwortetes Rätsel.

Hapgood gelangte in seinem Buch zu dem Schluß: »Es wird deutlich, daß antike Reisende von Pol zu Pol fuhren. So unglaublich es auch klingen mag, gibt es doch Beweise dafür, daß ein altes Volk die Antarktis erforschte, als ihre Küsten frei von Eis waren. Es steht auch fest, daß dieses Volk ein Navigationsgerät zur genauen Bestimmung der Längengrade besaß, das allem weit überlegen war, was die Völker der Antike, des Mittelalters und der Neuzeit bis zur zweiten Hälfte des 18. Jahrhunderts zur Verfügung hatten.« Aber diese antiken Seefahrer folgten nur, wie wir wissen, den Fußstapfen der Götter.

11

Verbannung auf einer
sich verändernden Erde

Nach Ansicht der Historiker wurde die Verbannung im 8.
Jahrhundert v. Chr. von den Assyrern als bewußte Bestrafungspolitik eingeführt, als sie Könige, Älteste, Höflinge und
sogar ganze Völker aus ihrer Heimat »verschleppten«, damit
diese an fernen Orten unter Fremden leben mußten. In
Wirklichkeit war die erzwungene Abreise in ein Exil eine
Form der Bestrafung, die von den Göttern begonnen wurde,
und die ersten Verbannten waren führende Anunnaki selbst.
Diese Zwangsdeportationen zuerst von Göttern und dann
von Menschen haben den Lauf der Geschichte verändert. Sie
haben auch den Kalender geprägt und waren mit dem
Kommen eines neuen Zeitalters verbunden.
Als die Spanier und danach andere Europäer erkannten, wie
zahlreich die Ähnlichkeiten zwischen den Überlieferungen,
Sitten und Religionen der amerikanischen Ureinwohner und
denen der Bibel und der Hebräer waren, konnten sie dafür
keine andere Erklärung finden, als daß die »Indianer« Nachkommen der zehn verlorenen Stämme Israels seien. Das ging
zurück auf das Geheimnis, das den Aufenthaltsort, das
Nordreich, jener zehn israelitischen Stämme umgab, die vom
assyrischen König Salmanasser in die Verbannung verschleppt worden waren. Nach biblischen und nachbiblischen
Quellen bewahrten sie, so weit sie auch zerstreut waren, im
Exil ihren Glauben und ihre Bräuche, um zu denen zu
gehören, die befreit werden würden und in ihre Heimat
zurückkehren dürften. Seit dem Mittelalter behaupteten Reisende und Gelehrte, sie hätten Spuren der zehn verschollenen Stämme gefunden: so weit entfernt wie China oder so

nah wie Irland und Schottland. Im 16. Jahrhundert waren
sich die Spanier sicher, daß es solche Verbannten waren, die
die Zivilisation nach Amerika gebracht hatten.
Während die Verschleppung der zehn israelitischen Stämme
im 8. Jahrhundert v. Chr. durch die Assyrer und dann die der
zwei restlichen Stämme zwei Jahrhunderte später durch die
Babylonier historische Tatsachen sind, bleibt die Verbindung
der zehn Stämme im Bereich der faszinierenden Legenden.
Dennoch hatten die Spanier nichtsahnend recht mit ihrer
Vermutung, der Beginn einer Hochkultur in Amerika mit
eigenem Kalender hänge mit einer Verbannung zusammen,
aber es handelte sich dabei um kein Volk im Exil, sondern
um einen verbannten Gott.
Die Bevölkerung Mesoamerikas, die Maya und Azteken, die
Tolteken und Olmeken sowie weniger bekannte Stämme,
hatte drei Kalender. Zwei waren zyklisch und beruhten auf
den Zyklen von Sonne, Mond und Venus. Der dritte war
chronologisch und maß das Vergehen der Zeit von einem
bestimmten Ausgangspunkt, einem »Punkt null«, an. Die
Gelehrten haben bewiesen, daß der Ausgangspunkt dieses
Langzeitkalenders das Jahr war, das nach unserer Zeitrechnung dem Jahr 3113 v. Chr. entspricht; aber sie wissen nicht,
was dieser Anfang bedeutet. Ich habe in den »Versunkenen
Reichen« die Vermutung geäußert, daß er den Zeitpunkt
bezeichnete, als Thot mit einer kleinen Schar von Helfern
und Anhängern in Amerika eintraf.

Abb. 145

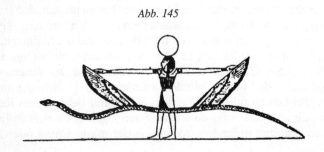

Quetzalcoatl, der große Gott der Mesoamerikaner, war meiner Ansicht nach kein anderer als Thot. Sein Beiname, »Gefiederte oder Geflügelte Schlange«, ist in der ägyptischen Ikonographie wohlbekannt (Abb. 145). Wie Thot war Quetzalcoatl der Gott, der die Geheimnisse des Tempelbaus, der Zahlen, der Astronomie und des Kalenders kannte und lehrte. Tatsächlich liefern die beiden anderen mesoamerikanischen Kalender selbst Hinweise auf die Verbindung zu Ägypten und dafür, daß Quetzalcoatl mit Thot identisch war. Die beiden verraten zweifellos die Handschrift von »jemandem«, der mit den viel früheren Kalendern des Vorderen Orients vertraut war.

Der erste der beiden, *Haab* genannt, beruhte auf einem Sonnenjahr mit 365 Tagen, das in 18 Monate zu je 20 Tage unterteilt war; hinzu kamen fünf besondere Tage am Jahresende. Die Aufteilung in 18 x 20 Tage unterscheidet sich zwar von der im Vorderen Orient gebräuchlichen in 12 x 30 Tage, aber im Grunde war dieser Kalender eine Adaption des ägyptischen Kalenders mit 360 plus 5 Tagen. Dieser rein solare Kalender war, wie wir gesehen haben, der von Re bzw. Marduk bevorzugte; die Veränderung seiner Unterteilung könnte deshalb eine bewußte Maßnahme Thots gewesen sein, um seinen Kalender von dem seines Rivalen zu unterscheiden.

Dieser reine Sonnenkalender sah keine Einschaltungen vor – ein Hilfsmittel, das in Mesopotamien bei einer bestimmten Anzahl von Jahren in der Hinzufügung eines dreizehnten Monats zum Ausdruck kam. In Mesoamerika spielte diese Zahl 13 eine wichtige Rolle im nächsten Kalender.

Wie in Ägypten, wo man sowohl einen säkularen (mit reinem Sonnenjahr) als auch einen sakralen Kalender hatte, beruhte der zweite mesoamerikanische Kalender auf dem »Heiligen Jahr«, das *Tzolkin* genannt wurde. Auch bei ihm spielte die Aufteilung in 20 Tage eine Rolle; aber dieses Jahr wurde in einem Zyklus gezählt, der sich nur dreizehnmal wiederholte, d. h., die 13 wurde in den *Haab*-Kalender

eingesetzt. 13 x 20 ergab nur insgesamt 260 Tage. Was die
Zahl 260 darstellte oder wie man dazu gelangt war, hat viele
Theorien, aber keine sichere Erklärung hervorgebracht. In
kalendarischer und historischer Hinsicht ist es jedoch bedeutsam, daß diese beiden zyklischen Kalender so miteinander verzahnt waren wie die Zahnräder in einem Getriebe
(siehe Abb. 9b), um den großen Heiligen Kreislauf von 52
Sonnenjahren zu schaffen; denn die Kombination von 13, 20
und 365 konnte sich nur alle 18 980 Tage, d. h. alle 52 Jahre,
wiederholen.

Dieser große Zyklus von 52 Jahren war allen Völkern in
Mesoamerika heilig und wurde von ihnen auf alle vergangenen und zukünftigen Ereignisse bezogen. Er spielte auch
eine zentrale Rolle bei den Ereignissen, die mit der größten
mesoamerikanischen Gottheit, Quetzalcoatl, verbunden waren. Die »gefiederte Schlange« war über die östlichen Meere
in diese Länder gekommen; er wurde vom Kriegsgott gezwungen, ins Exil zu gehen, versprach aber im Jahr »1
Rohr« des 52jährigen heiligen Zyklus zurückzukehren. Im
christlichen Kalender waren die entsprechenden Jahre 1363,
1415, 1467 und 1519. Genau im letztgenannten Jahr erschien Hernando Cortez an der mexikanischen Küste: hell-
häutig und bärtig, wie es Quetzalcoatl gewesen war. Seine
Landung wurde deshalb von den Azteken als Erfüllung der
Prophezeiung von der Rückkehr des Gottes angesehen.

Zumindest die zentrale Rolle der Zahl 52, ein Kennzeichen
von religiösen und messianischen Glaubensvorstellungen
und Erwartungen in Mesoamerika, weist auf eine entscheidende Ähnlichkeit zwischen Quetzalcoatls Kalender und
Thots Kalender mit 52 Wochen hin. Das Spiel Zweiundfünfzig war das Spiel Thots, und in der erwähnten Geschichte
von Satni heißt es ausdrücklich, 52 sei die magische Zahl
Thots. Von der Bedeutung des ägyptischen Kalenders mit
seinen 52 Wochen im Hinblick auf Thots Streit mit Re bzw.
Marduk war schon die Rede. Die mesoamerikanische Zahl
52 trug Thots Stempel.

Ein weiteres Kennzeichen Thots war die runde Bauweise für Gebäude, die für Himmelsbeobachtungen mit kalendarischer Funktion bestimmt waren. Die mesopotamischen Zikkurats waren annähernd quadratisch, wobei ihre Ecken nach den Himmelsrichtungen orientiert waren. Die Tempel im Vorderen Orient, die mesopotamischen, ägyptischen, kanaanitischen, sogar die israelitischen, waren rechteckige Gebäude, deren Achse entweder nach den Tagundnachtgleichen oder nach den Sonnenwenden ausgerichtet war (ein Bauplan, der in Kirchen und Tempeln unserer Zeit immer noch deutlich wird). Nur bei dem einzigartigen Bauwerk, bei dessen Errichtung in Lagasch Thot mithalf, wurde eine runde Form gewählt. Im Vorderen Orient wurde diese Form nur bei dem Hathor (d. h. Nincharsag) geweihten Tempel in Denderah nachgeahmt. Für die Rundbauweise entschied man sich noch in Stonehenge, nahe der Stelle, wo die Alte Welt zur Neuen Welt auf der anderen Seite des Atlantischen Ozeans hin blickt.

In der Neuen Welt, im Zuständigkeitsbereich von Adad, Enlils jüngerem Sohn und Hauptgott der Hethiter, herrschten die normale rechteckige Form und die Ausrichtung der mesopotamischen Tempel vor. Der größte und älteste davon, der mit Sicherheit astronomische und kalendarische Funktionen hatte, der Kalasasaya in Tiahuanacu, war rechteckig und entlang einer Ost-West-Achse erbaut, dem Salomonstempel nicht unähnlich. Tatsächlich muß man sich überlegen, ob der Herr, als er den Propheten Ezechiel (Hesekiel) mitnahm, um ihm einen wirklichen Tempel zu zeigen, der als Modell für den zukünftigen Tempel in Jerusalem dienen sollte, nicht mit ihm nach Tiahuanacu flog, um den Kalasasaya zu besichtigen. Darauf könnten die ausführliche Beschreibung des Bauwerks in der Bibel und ein Vergleich zwischen Abbildung 50 und 124 hindeuten. Ein anderer wichtiger Tempel in den Südanden, Ziel vieler Pilgerfahrten und dem »großen Schöpfer« geweiht, stand auf einem Vorgebirge und blickte auf die Weite des Pazifiks (nicht weit vom

Abb. 146

heutigen Lima entfernt); er besaß ebenfalls eine rechteckige
Form.

Der Anlage dieser beiden Tempel nach zu urteilen, war Thot
nicht eingeladen worden, um bei ihrem Bau mitzuwirken.
Aber wenn er, wie ich glaube, der göttliche Baumeister der
runden Observatorien war, dann muß er im Heiligen Tal
anwesend gewesen sein. Unter den Bauten aus dem megalithischen Zeitalter tragen das runde Observatorium auf dem
Vorgebirge von Sacsahuaman, das halbkreisförmige Allerheiligste in Cuzco und der Torreon in Machu Picchu sein
Kennzeichen.

Quetzalcoatl bzw. Thot herrschte über Mesoamerika und
Zentralamerika, die Länder der Nahuatl sprechenden Völker
und der Maya-Stämme; aber sein Einfluß erstreckte sich
südwärts bis in die nördlichen Teile des südamerikanischen

Kontinents. Felszeichnungen in der Nähe von Cajamarca im Norden von Peru (Abb. 146), auf denen die Sonne, der Mond, fünfzackige Sterne und andere Himmelssymbole dargestellt sind, zeigen neben diesen wiederholt das Symbol der Schlange auf, unverkennbar das Emblem Enkis und seiner Nachkommen, insbesondere der Gottheit, die als »gefiederte Schlange« bezeichnet wird. Die Felszeichnungen enthalten auch Darstellungen von astronomischen Beobachtungsgeräten: Eines wird von einer Person (einem Priester?) gehalten, wie es im alten Vorderen Orient üblich war; das andere hat die gekrümmten Hörner wie bei den ägyptischen Beobachtungsgeräten, die vor den Tempeln des Min aufgestellt wurden (siehe Abb. 61).

Die Stätte mit den Felszeichnungen scheint sich dort befunden zu haben, wo alle Straßen in den Goldländern der Anden zusammentrafen, die eine von der Pazifikküste her kommend, die andere, die den Flüssen folgte, von der Atlantikküste. Cajamarca selbst, etwas landeinwärts gelegen, und

Abb. 147

sein natürlicher Hafen Trujillo am Pazifischen Ozean spielten bei der spanischen Eroberung Perus eine historische Rolle, denn in Trujillo landete 1530 Francisco Pizarro mit seinem kleinen Trupp. Sie zogen landeinwärts und errichteten ihren Stützpunkt in Cajamarca, einer Stadt, »deren Plaza größer als jede in Spanien war«, und »deren Gebäude dreimal so hoch wie ein Mann waren«, wie es in den Berichten der Eroberer heißt. Nach Cajamarca wurde Atahualpa, der letzte Inka-Herrscher, gelockt, der dort gefangengenommen wurde, um ein Lösegeld von Gold und Silber zu erpressen. Das Lösegeld füllte einen acht Meter langen und fünf Meter breiten Raum mit diesen kostbaren Metallen, höher, als ein Mann reichte. Die Priester und Höflinge aus dem Gefolge des Königs ließen goldene und silberne Gegenstände aus dem ganzen Land heranschaffen. S. K. Lothrop (»Inca Treasure as Depicted by Spanish Historians«) hat ausgerechnet, daß sich das, was die Spanier von dem Lösegeld in ihre Heimat zurückschickten, auf 180 000 Unzen Gold und doppelt so viel Silber belief. (Nachdem die Spanier diesen Schatz eingesammelt hatten, richteten sie Atahualpa trotzdem hin.)

Weiter nördlich in Kolumbien, näher bei Mesoamerika, in einem Fundort am Ufer der Magdalena, erzählen die Felszeichnungen eindeutig von Begegnungen mit Hethitern und Ägyptern (Abb. 147), indem sie hethitische Hieroglyphen (wie etwa die Zeichen für »Gott« und »König«) neben einer Vielzahl von ägyptischen Symbolen verwenden: Kartuschen (ovale Einfassungen um Inschriften mit den Königsnamen), die Hieroglyphe für »Glanz« (ein Kreis mit einem Punkt in der Mitte als strahlende Sonne), die »Doppelmond«-Axt Mins.

Noch weiter nördlich, im Gräberfeld von Holmul in Guatemala, findet sich unter den »Graffiti« das ägyptische Symbol schlechthin: die Zeichnung einer Pyramide, die beweist, daß die frühen Bewohner von Zentralamerika Ägypten kannten. Dargestellt sind auch ein runder Stufenturm und daneben anscheinend sein Grundriß (Abb. 148). Er sieht genauso aus

Abb. 148

wie ein rundes Observatorium, ähnlich dem auf dem Vorgebirge von Sacsahuaman im Süden.
Erstaunlicherweise werden Felszeichnungen mit astronomischen Symbolen in alten Schriften des Vorderen Orients erwähnt. Im »Buch der Jubiläen«, das die biblische Aufzählung
der Generationen nach der Sintflut erweitert und erlebnishaft
schildert, wird beschrieben, wie Noah seine Nachkommen be-
lehrt, indem er ihnen die Geschichte von Henoch und dem Wissen erzählt, das ihm verheißen wurde. Dort heißt es weiter:

In der ersten Woche des neunundzwanzigsten Jubiläums, an seinem
Beginn, nahm Arpachschad sich eine Frau, und ihr Name war Rasu'eja,
die Tochter von Schuschan, der Tochter von Elam. Und sie gebar ihm
im dritten Jahr in dieser Woche einen Sohn, den er Kainam nannte.
Und der Sohn wuchs auf, und sein Vater lehrte ihn schreiben. Und er
ging fort, um für sich einen Ort zu suchen, wo er sich eine Stadt bauen
könnte.
*Und er fand eine Schrift, die frühere Generationen in den Felsen
eingeritzt hatten,* und er las, was darauf stand. Und er übersetzte sie und
sann darüber nach; denn sie enthielt die Lehre der Wächter, gemäß der
sie die Vorzeichen der Sonne und des Mondes und der Gestirne in allen
Himmelszeichen zu beobachten pflegten.

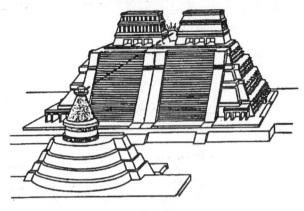

Abb. 149

Die Felszeichnungen waren, wie wir aus diesem jahrtausendealten Text erfahren, nicht bloße »Krakeleien«, sondern
Ausdruck des Wissens aus der »Lehre der Wächter«, d. h.
der Anunnaki, »gemäß der sie die Vorzeichen der Sonne und
des Mondes und der Gestirne zu beobachten pflegten«. Die
Felszeichnungen waren die »Himmelszeichen« früherer Generationen.
Diese Darstellungen runder Observatorien auf Felsen müssen als Augenzeugenberichte von etwas aufgefaßt werden,
das im Altertum in Amerika tatsächlich bekannt war und
gesehen wurde.
Im Kernland von Quetzalcoatls Reich, in Mexiko, wo sich
die Petroglyphen zu Hieroglyphen ähnlich den frühesten in
Ägypten entwickelten, sind die offensichtlichsten Spuren
seiner Anwesenheit tatsächlich astronomisch ausgerichtete
Tempel, darunter runde und halbkreisförmige, sowie runde
Observatorien. Beispiele dafür sind zwei vollkommen runde
Erdhügel, die in La Venta, einer der frühesten Stätten der
Olmeken, die astronomische Visierlinie markierten. Die Ol-
meken waren afrikanische Anhänger Thots, die um 2500 v.

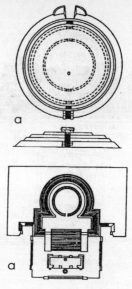

Abb. 150a und 150b

Chr. über den Atlantischen Ozean nach Mexiko gekommen waren. Am anderen Ende der vier Jahrtausende, die von damals bis zur spanischen Eroberung vergingen, war das letzte Beispiel eines Observatoriums in Rundbauweise die halbkreisförmige Pyramide im heiligen Bezirk der Azteken in Tenochtitlán (heute Mexico City). Ihr Standort war so gewählt, daß sie dazu diente, den Tag der Tagundnachtgleiche zu bestimmen, indem man vom runden »Turm Quetzalcoatls« aus beobachtete, wie die Sonne genau zwischen der gegenüberliegenden »Pyramide der beiden Tempel« aufging (Abb. 149).

Chronologisch gesehen, stehen zwischen den frühen Olmeken und den späten Azteken die zahlreichen Pyramiden und sakralen Observatorien der Maya. Einige davon, wie die in Cuicuilco (Abb. 150a), waren vollkommen rund. Andere, wie

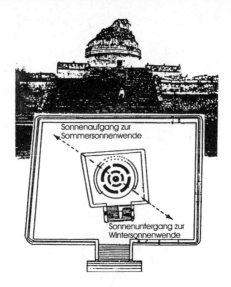

Abb. 151

der Bau in Cempoala (Abb. 150b), begannen als rein runde
Bauwerke, veränderten aber mit der Zeit ihre Form, weil sich
die ursprünglichen kleinen Treppen, die zu ihrer Spitze führten, zu monumentalen Treppen und Terrassen entwickelten.
Der berühmteste derartige Bau ist der *Caracol* in Chichén
Itzá, ein rundes Observatorium (Abb. 151), dessen astronomische Ausrichtungen und Funktionen gründlich studiert und
bewiesen worden sind. Das heute zu sehende Bauwerk soll
zwar erst um 800 n. Chr. errichtet worden sein, aber man
weiß, daß die Maya die Stadt Chichén Itzá von früheren Bewohnern übernahmen und ihre Bauwerke dort errichteten, wo
ältere gestanden hatten. Die Gelehrten vermuten deshalb, daß
sich an dieser Stelle in viel früherer Zeit ein Observatorium
befunden haben muß, das die Maya, wie es bei ihnen üblich
war, dann über- und umbauten.

Abb. 152

Die Visierlinien des Bauwerks sind umfassend untersucht
worden; zweifellos umfassen sie die Hauptpunkte der Sonnenbahn, die Tagundnachtgleichen und die Sonnenwenden,
wie auch einige wichtige Punkte der Mondbahn. Ebenfalls in
Betracht gezogen wurden Ausrichtungen nach verschiedenen Sternen, wenn auch nicht nach der Venus – was merk-
würdig ist, denn in den Codices der Maya sind die Bewegungen der Venus das Hauptthema. Das ist einer der Gründe,
warum man annimmt, daß die Visierlinien nicht von Maya-
Astronomen herrühren, sondern von ihnen aus einer früheren
Zeit übernommen worden sind.
Der Grundriß des Caracol, ein runder Turm innerhalb einer
annähernd quadratischen Einfassung als Teil eines größeren
rechteckigen Rahmens und die Öffnungen für Visierlinien im
Turm selbst, erinnert an die Form der Anlage (jetzt nur noch
am Fundament erkennbar) des runden Observatoriums in
Sacsahuaman oberhalb von Cuzco, das sich ebenfalls in
einer quadratischen Einfassung innerhalb eines größeren

rechteckigen Komplexes befindet (siehe Abb. 120). Gibt es viele Zweifel daran, daß beide vom selben göttlichen Baumeister entworfen wurden? Meiner Meinung nach war es Thot.

Für ihre Beobachtungen benutzten die Astronomen der Maya Geräte, die in vielen Codices abgebildet sind (Abb. 152). Die Ähnlichkeiten mit Instrumenten, Beobachtungsposten und Symbolen im Vorderen Orient sind zu zahlreich, um nur ein Zufall zu sein. In allen Fällen sind die Beobachtungsposten nahezu identisch mit denen auf den mesopotamischen Beobachtungstürmen. Das Symbol der »Treppe«, das sich daraus entwickelte, das allgegenwärtige Symbol des Observatoriums in Tiahuanacu, ist auch in den Maya-Codices deutlich zu erkennen. Eines, im »Codex Bodley« (Abb. 152 unten), weist darauf hin, daß die beiden Priesterastronomen die Sonne beobachten, wie sie zwischen zwei Bergen aufgeht. Auf genau diese Weise stellten die ägyptischen Hieroglyphentexte den Begriff und das Wort »Horizont« dar; und vielleicht ist es auch kein Zufall, daß die beiden Berge in dem Maya-Codex wie die beiden großen Pyramiden von Giseh aussehen.

Die Verbindungen zum alten Vorderen Orient im allgemeinen und zu Ägypten im besonderen, die sich in Schrift- und Bildzeichen sowie in archäologischen Überresten zeigen, werden durch Sagen vermehrt.

Das *Popol Vuh*, das »Buch des Rates« der Hochlandmaya, enthält einen Bericht, wie der Himmel und die Erde geschaffen wurden, wie die Erde in vier Regionen eingeteilt wurde und wie die Meßschnur gebracht und im Himmel über die Erde gespannt wurde, so daß die vier Ecken entstanden. Das sind alles Elemente, die grundlegend für die Kosmogonie und die Wissenschaften im Vorderen Orient waren, Erinnerungen daran, wie die Erde unter den Anunnaki aufgeteilt wurde, und an die Funktionen der göttlichen »Vermesser«. Sowohl die Überlieferungen in Nahuatl als auch die der Maya in Form von Sagen wie der Votan erzählen von der Ankunft »der Väter

und Mütter«, der Stammesvorfahren, die über das Meer ge-
kommen waren. In den »Annalen von Cakchiquels«, einem
Bericht in der Sprache der Nahua, steht, daß sie selbst aus dem
Westen kamen, während andere aus dem Osten gekommen
seien, in beiden Fällen »von der anderen Seite des Meeres«.
Die Sage von Votan, der die erste Stadt errichtet hatte, die die
Wiege der mesoamerikanischen Kultur war, wurde von spani-
schen Chronisten nach mündlichen Überlieferungen der
Maya niedergeschrieben. Das Symbol Votans, schrieben sie,
sei die Schlange: »Er war ein Abkömmling der Wächter, aus
dem Geschlecht Cans«. »Wächter« war die Bedeutung des
ägyptischen Wortes *Neteru* (d. h. »Götter«). *Can* sei, haben
Untersuchungen wie die von Zelia Nuttal (»Papers of the
Peabody Museum«) ergeben, eine Schreibvariante von Ca-
naan bzw. Kanaan, der (laut der Bibel) ein Sohn Hams und ein
Bruder(volk) Ägyptens war.

Die bereits erwähnte Möglichkeit, daß die ersten Einwande-
rer vielleicht Abkömmlinge von *Kain* waren, bezieht den
Beginn der Nahua auf eine der ersten schriftlich aufgezeich-
neten Zwangsdeportationen: die Verbannung Kains als Strafe für den Mord an Abel. Die allererste war laut der Bibel die
Vertreibung Adams und Evas aus dem Garten Eden. In der
Neuzeit wurden wiederholt Herrscher verbannt; ein berühm-
tes Beispiel ist Napoleons Verbannung auf die Insel St.
Helena. Die biblische Geschichte zeigt, daß diese Art der
Bestrafung bis zum Anbeginn der Zeit zurückreicht, als die
Menschheit von den »Göttern« auf einen bestimmten Sitten-
kodex verpflichtet wurde. Laut der älteren und ausführliche-
ren sumerischen Schriften waren es in Wirklichkeit die
Götter selbst, die diese Bestrafung auf ihre eigenen Sünder
anwendeten. Der allererste verzeichnete Fall betraf ihren
Befehlshaber auf der Erde, Enlil: Er wurde ins Exil geschickt, weil er eine junge Anunnaki-Krankenschwester ver-
gewaltigt hatte (am Ende heiratete er sie und wurde begnadigt).

Aus den Sagen der Nahua und Maya geht hervor, daß
Quetzalcoatl (bzw. Kukulkan bei den Maya) mit einer kleinen Gruppe von Anhängern in ihre Länder gekommen war
und daß er später gezwungen wurde, sie wieder zu verlassen
– eine Verbannung, die ihm der Kriegsgott aufzwang. Meiner Ansicht nach war seine Ankunft ebenfalls das Ergebnis
einer Zwangsabreise, einer Verbannung aus seiner Heimat
Ägypten. Der Zeitpunkt dieses ersten Ereignisses ist ein
wichtiger Bestandteil der mesoamerikanischen Zeitrechnung.

Von der zentralen Bedeutung des Heiligen Kreislaufes von
52 Jahren im mesoamerikanischen Kalender, in der Religion
und bei geschichtlichen Ereignissen war bereits die Rede;
ich habe dabei auch darauf hingewiesen, daß die 52 Thots
heilige Zahl war. Fast ebenso bedeutsam war ein großer
Zyklus von »vollkommenen Jahren«, der 13 *Baktuns* (Zeitalter) zu je 400 Jahren umfaßte; diese Zeiteinheiten waren
ein entscheidendes Element im nachfolgenden Kalender für
die Langzeitberechnung.

Die kleinste Einheit in diesem Kalender war das *Kin,* ein
einzelner Tag; aus dieser wurden größere Zahlen aufgebaut,
die durch eine Reihe von Multiplikationen mit 20 und mit
360 in die Millionen gehen konnten:

1 Kin			=	1 Tag
1 Uinal	=	1 Kin × 20	=	20 Tage
1 Tun	=	1 Kin × 360	=	360 Tage
1 Ka-Tun	=	1 Tun × 20	=	7 200 Tage
1 Bak-Tun	=	1 Ka-Tun × 20	=	144 000 Tage

Als rein arithmetische Übung konnten sich die Multiplikationen mit 20 fortsetzen und die Zahl der Tage erhöhen, die
jeder Ausdruck und sein Schriftzeichen darstellten, so daß
sie zu 2 880 000, 57 600 000 usw. gelangten. Aber in der
Praxis gingen die Maya nicht über das Baktun hinaus; denn
die Zählung, die ab dem rätselhaften Ausgangspunkt 3113

v. Chr. begann, verlief in Zyklen von 13 Baktuns. Die heutigen Gelehrten teilen die Anzahl der Tage, die der Kalender auf Maya-Monumenten anzeigt, nicht durch die runde Zahl 360, sondern durch die tatsächliche Anzahl der Tage des Sonnenjahres, also 365,25. Wenn ein Monument somit 1 243 615 Tage angibt, bedeutet dies, daß seit August 3113 v. Chr. 3404,8 Jahre vergangen sind, woraus sich das Jahr 292 n. Chr. ergibt.

Die Idee der Zeitalter in der Geschichte und Vorgeschichte der Erde war ein Grundbegriff der präkolumbischen Hochkulturen in Mesoamerika. Nach der Vorstellung der Azteken war ihr Zeitalter, ihre »Sonne«, das fünfte, das »vor 5042 Jahren begann«. Während die Quellen in Nahuatl keine genauen Angaben darüber machten, wie lange dieses Zeitalter noch dauern würde, lieferten die Quellen der Maya eine genauere Antwort aufgrund der Langzeitrechnung. Die gegenwärtige »Sonne«, erklärten sie, werde genau 13 Baktuns dauern, also 1 872 000 Tage vom Nullpunkt aus gesehen. Das ist ein großer Zyklus von 5200 »vollkommenen Jahren« zu je 360 Tagen.

José Argüelles (»The Mayan Factor«) folgerte, daß jedes Baktun-Datum als Markstein in der Geschichte und Vorgeschichte Mesoamerikas fungiert habe. Das werde auch beim Jahr 2012 n. Chr. der Fall sein, wenn der dreizehnte Baktun, der 3113 v. Chr. begann, zu Ende gehe. Er hält die Zahl 5200 für den Schlüssel zum Verständnis der Maya-Kosmogonie und der vergangenen und zukünftigen Zeitalter.

In den dreißiger Jahren vertrat Fritz Buck (»El Calendario Maya en la Cultura de Tiahuanacu«), der vergleichbare Elemente zwischen den Kalendern der Maya und dem von Tiahuanacu zu erkennen glaubte, die Auffassung, daß das Anfangsdatum und andere periodische Markierungen zu tatsächlichen Ereignissen, die die amerikanischen Völker beeinflußt hätten, in Bezug stünden. Seiner Ansicht nach stellte ein entscheidendes Symbol am Sonnentor die Zahl 52 dar, ein anderes die Zahl 520; deshalb akzeptierte er die Zahl von 5200 Jahren als historisch bedeutsam. Er glaubte jedoch, daß nicht ein großer Zyklus, sondern zwei große Zyklen betrachtet werden müßten; da im zweiten großen Zyklus noch 1040 Jahre übrigblieben, habe der erste 9360 v. Chr. begonnen. Damals hätten die sagenhaften Ereignisse und die Göttergeschichten in den Andenländern ihren Anfang genommen. Demnach hätte der zweite große Zyklus in Tiahuanacu im Jahr 4160 v. Chr. begonnen.

José Argüelles gelangte zu der Jahreszahl 2012 n. Chr. als Ende der »fünften Sonne«, indem er nach der heute üblichen Praxis die 1 872 000 Tage durch die tatsächliche Anzahl (365,25) der Tage eines Sonnenjahres teilte, so daß seit dem Beginn im Jahr 3113 v. Chr. erst 5125 Jahre vergangen wären. Fritz Buck hingegen hielt eine solche Angleichung nicht für notwendig und vertrat die Ansicht, die Tage sollten durch die Anzahl der Tage eines »vollkommenen« Maya-Jahres, also 360, geteilt werden. Laut Buck dauerte das historische Zeitalter, in dem Azteken und die Maya gelebt hatten, 5200 »vollkommene Jahre«.

Diese Zahl ist ebenso wie 52 laut den ägyptischen Quellen mit Thot verbunden. Zu diesen Quellen gehören die Schriften eines ägyptischen Priesters, den die Griechen Manetho nannten und dessen Hieroglyphe »Geschenk von Thot« bedeutete. Er zeichnete die Einteilung der Herrschaft über Ägypten in Dynastien auf, darunter auch die der Götter und Halbgötter, die den Pharaonendynastien vorausgingen; dabei gab er auch für alle die Dauer der Regierungszeit an.

Laut der Herrscherliste Manethos, die Sagen und Erzählungen der Götter aus anderen Quellen bestätigt, regierten die sieben großen Götter, Ptah, Re, Schu, Geb, Osiris, Seth und Horus, insgesamt 12 300 Jahre. Danach begann eine zweite göttliche Dynastie, unter der Führung von Thot, die 1570 Jahre dauerte. Auf sie folgten 30 Halbgötter, die 3650 Jahre regierten. Dann kam eine chaotische Zeit, eine Periode von 350 Jahren, in denen in Ägypten Unfrieden und Durcheinander herrschten. Danach vereinigte Menes das Land und begründete die erste pharaonische Dynastie; dies geschah nach Ansicht der Ägyptologen um 3100 v. Chr.

Meiner Berechnung nach war der genaue Zeitpunkt das Jahr 3113 v. Chr., der Beginn der mesoamerikanischen Zeitrechnung. Damals nämlich erhob Re bzw. Marduk Anspruch auf die Herrschaft über Ägypten, vertrieb Thot und seine Anhänger und zwang sie, in ein fernes Land auszuwandern. Wenn man die vorausgehende Regierungszeit von Thot selbst (1570 Jahre) und die der von ihm ernannten Halbgötter (3650 Jahre) zusammenzählt, kommt man auf 5220 Jahre, eine Differenz von lediglich 20 Jahren gegenüber den 5200 »vollkommenen Jahren«, die den »großen Zyklus« der Maya von 13 Baktuns bilden.

Wie die Zahl 52 war auch 5200 eine »Zahl Thots«.

In alter Zeit, als die Anunnaki herrschten, kennzeichneten Verbannung und Exil von Göttern wichtige Ereignisse in der Geschichte der Erde und bildeten Marksteine in der »Chronik der Erde«. Ein Großteil dieses Abschnitts der Geschichte betrifft Marduk (alias Re in Ägypten); und der Kalender, d. h. die Zählung der »göttlichen«, der »himmlischen« und der »irdischen Zeit«, spielte eine große Rolle bei diesen Ereignissen.

Auf die Herrschaft Thots und seiner Dynastie von Halbgöttern, die um 3450 v. Chr. endete, folgte in Ägypten laut Manetho eine chaotische Periode, die 350 Jahre dauerte; danach begann die dynastische Herrschaft von Pharaonen, die Re ergeben waren. Teile aus dem 175. Kapitel des »Totenbuchs« (bekannt als Papyrus von Ani) berichten über eine heftige Auseinandersetzung zwischen Re und Thot. »O Thot, was ist geschehen?« will der wiedererschienene Re wissen. »Die Götter haben einen Aufruhr bewirkt, sie haben böse Dinge getan, sie haben sich aufgelehnt.« Sie müssen im Verlauf ihrer Rebellion Re bzw. Marduk herabgesetzt haben: »Sie haben das Große klein gemacht.«

Der große Gott Re deutet anklagend auf Thot; die Anschul-

digung bezieht sich unmittelbar auf Veränderungen im Kalender: Thot habe »ihre Jahre verkürzt, ihre Monate gezü-
gelt«. Die habe Thot »durch die Zerstörung der heiligen
Dinge« erreicht, »die für sie gemacht wurden«.

Es bleibt unbekannt, worum es sich bei den »heiligen
Dingen« handelte, deren Zerstörung das Jahr und die Monate
verkürzte, aber das Ergebnis kann nur einen Wechsel vom
längeren Sonnenjahr zum kürzeren Mondjahr bedeutet haben: als »das Große klein gemacht« wurde. Der Text endet
damit, daß Thot eine Verbannung akzeptiert: »Ich gehe in die
Wüste, das stille Land.« Dieser Ort sei so freudlos, erklärt
der Text weiter, daß »geschlechtliche Wonnen dort nicht
erlebt werden«.

Ein anderer kaum verstandener Hieroglyphentext, den man
sowohl in einem der Schreine Tutanchamuns als auch in
Königsgräbern in Theben gefunden hat, beschreibt möglicherweise den Verbannungsbefehl von Re bzw. Marduk und
gibt als Grund dafür auch den Kalenderstreit zwischen dem
»Sonnengott« und dem »Mondgott« (Thot) an. Der Text, der
nach Ansicht der Gelehrten mit Sicherheit aus einer viel
früheren Zeit stammt, berichtet, wie Re befiehlt, daß Thot zu
ihm komme, und verkündet: »Siehe, ich bin hier im Himmel
an dem Platz, der mir gebührt.« Danach tadelte er heftig
Thot und »jene, die sich gegen mich auflehnen«. Er sagt zu
Thot: »Du umfassest den Himmel mit deinen Strahlen, das
ist Thot, wie er den Mond umfaßt.« Und er kündigt an: »Ich
werde dich deshalb den ganzen Weg gehen lassen, zu dem
Ort *Hau-nebut*.« Einige Wissenschaftler bezeichnen den
Text als »Zuweisung der Funktionen an Thot«. In Wirklichkeit erfolgte die »Zuweisung Thots zu einem unbekannten
fernen Land« wegen seiner »Funktionen«, d. h. seiner kalendarischen Präferenzen, in bezug auf den Mond.

Thots Verbannung wurde in der mesoamerikanischen Zeitrechnung als »Nullpunkt« des Kalender betrachtet, der gemäß der allgemein angenommenen Chronologie dem Jahr
3113 v. Chr. entspricht. Es muß ein Ereignis gewesen sein,

dessen Auswirkungen lange und weithin in Erinnerung blieben; denn es konnte kein bloßer Zufall sein, daß gemäß den hinduistischen Überlieferungen (die die Geschichte und Vorgeschichte der Erde ebenfalls in Zeitalter einteilen) das gegenwärtige Weltalter *(Kalijuga)* an einem Tag begonnen haben soll, der der Nacht zwischen dem 17. und 18. Februar 3102 v. Chr. entspricht. Dieser Zeitpunkt kommt dem Ausgangspunkt der mesoamerikanischen Zeitrechnung unheimlich nahe und ist deshalb auf irgendeine Weise mit Thots Verbannung verknüpft.

Aber kaum hatte Re bzw. Marduk ihn gezwungen, das afrikanische Reich zu verlassen, wurde er selbst das Opfer eines ähnlichen Schicksals: Verbannung.

Nachdem Thot abgereist war und seine Brüder dem Zentrum der Macht über Ägypten fern waren, hätte Re bzw. Marduk dort eine ungestörte Herrschaft erwarten können. Aber ein neuer Rivale tauchte auf. Dabei handelte es sich um Dumuzi, den jüngsten Sohn Enkis, dessen Herrschaftsbereich das Weideland südlich von Unterägypten war. Unerwartet erhob er Anspruch auf die Herrschaft über Ägypten. Wie Marduk bald entdeckte, steckte dahinter eine Liebesbeziehung, die ihm äußerst mißfiel. Die folgende Tragödie erinnert an Shakespeares »Romeo und Julia«, nur Jahrtausende früher und nach Ägypten verlegt: Dumuzis Braut war keine andere als Inanna bzw. Ischtar, eine Enkelin Enlils, die in den Pyramidenkriegen an der Seite ihrer Brüder und Onkel gekämpft hatte, um die Anhänger Enkis zu besiegen.

In ihrem grenzenlosen Ehrgeiz sah Inanna in der Verbindung mit Dumuzi eine günstige Gelegenheit, selbst eine große Rolle zu spielen, wenn er nur aufhören würde, lediglich der »Hirte« (wie sein Beiname lautete) zu sein und entschlossen wäre, die Herrschaft über das große Land Ägypten zu übernehmen. »Ich hatte eine Vision von einem großen Volk, das Dumuzi als Gott seines Landes erwählen würde«, bekannte sie später, »denn ich habe Dumuzis Namen erhaben gemacht, ich habe ihm eine Stellung verliehen.«

Voller Erbitterung und Zorn über diese Intrige schickte
Marduk seine »Häscher« aus, um Dumuzi gefangenzuneh-
men. Irgendwie mißlang die Verhaftung; Dumuzi, der sich
zwischen seinen Schafherden zu verstecken versuchte, wurde tot aufgefunden.

Inanna erhob »ein überaus heftiges Wehklagen« und suchte
Rache. Marduk fürchtete ihren Zorn und verbarg sich in der
Großen Pyramide, beteuerte jedoch seine Unschuld, weil der
Tod Dumuzis unbeabsichtigt, ein Unfall gewesen sei. Uner-
bittlich »hörte Inanna nicht auf damit«, auf die Pyramide
»einzuschlagen, auf ihre Ecken, sogar auf ihre vielen Steine«. Marduk warnte sie, er werde von seinen furchteinflößenden Waffen Gebrauch machen, deren Wirkung schrecklich sei. Die Anunnaki riefen in ihrer Angst vor einem
abermaligen furchtbaren Krieg den Obersten Gerichtshof der
»Sieben, die richten« an. Die Entscheidung lautete, Marduk
müsse bestraft werden, doch da er Dumuzi nicht direkt
getötet habe, dürfe er nicht zum Tod verurteilt werden. Der
Urteilsspruch bestand deshalb darin, Marduk lebendig in der
Großen Pyramide zu begraben, in der er Zuflucht gesucht
hatte, indem sie – mit ihm darin – hermetisch versiegelt
werden sollte.

Verschiedene Texte, die ich ausführlich in meinem Buch »Die
Kriege der Menschen und Götter« zitiert habe, erzählen die
darauffolgenden Ereignisse, die Umwandlung von Marduks
Strafe und den dramatischen Versuch, mit Hilfe der originalen
Baupläne in die Pyramide vorzudringen, um Marduk rechtzeitig zu erreichen. Diese Rettung wird Phase für Phase beschrieben. Am Ende wurde Marduk verurteilt, ins Exil zu
gehen, und in Ägypten wurde Re zu *Amun,* dem »Verborgenen«, d. h. zu einem Gott, der nicht mehr zu sehen war.

Was Inanna betrifft, so wurde sie durch Dumuzis Tod ihres
Traumes beraubt, Herrin über Ägypten zu werden. Sie erhielt
Erech als »Kultzentrum« und das Gebiet Aratta, das um
2900 v. Chr. die dritte Region einer Hochkultur, der des
Industals, werden sollte.

Wo war Thot in den darauffolgenden Jahrhunderten, nachdem sich derjenige, der ihn verbannt hatte, selbst im Exil befand. Er streifte anscheinend durch ferne Länder, leitete um 2800 v. Chr. auf den Britischen Inseln die Errichtung der ersten Stonehenge-Anlage und half in den Andenländern bei der astronomischen Ausrichtung megalithischer Bauten. Und wo war Marduk in dieser Zeit? Davon wissen wir nichts, aber er muß irgendwo nicht allzuweit entfernt gewesen sein, denn er beobachtete die Entwicklung im Vorderen Orient und verfolgte weiter seinen Plan, die oberste Herrschaft über die Erde zu erringen – eine Machtstellung, die seinem Vater Enki, wie er glaubte, zu Unrecht vorenthalten worden war.

In Mesopotamien sorgte die ruchlos intrigierende Inanna dafür, daß ein Gärtner, an dem sie Gefallen gefunden hatte, König von Sumer wurde. Sie nannte ihn *Scharru-kin,* »rechtmäßiger Herrscher«, aber uns ist er als Sargon I. bekannt. Mit Inannas Hilfe dehnte er sein Reich aus und gründete eine neue Hauptstadt für ein größeres Sumer, das deshalb Sumer Akkad genannt wird. Da es ihn jedoch nach Legitimität verlangte, ging er nach Babylon, Marduks Stadt, und nahm dort etwas von dem heiligen Boden mit, um ihn als Fundament in seiner neuen Hauptstadt zu verwenden. Das war für Marduk die Gelegenheit, sich selbst wieder zur Geltung zu bringen. »Wegen dieses Frevels wurde der große Herr Marduk erzürnt«, berichten babylonische Texte, und vernichtete Sargon und sein Volk. Und natürlich setzte er sich wieder in Babylon ein. Er befestigte die Stadt und baute das unterirdische Wassersystem aus, so daß sie unangreifbar wurde.

Wie die alten Texte verraten, hatte all das mit der Himmelszeit zu tun.

Durch die Aussicht auf einen abermaligen verheerenden Krieg der Götter aufgeschreckt, berieten sich die Anunnaki. Der Hauptgegner war Ninurta, der gesetzmäßige Erbe Enlils, dessen Geburtsrecht Marduk direkt in Frage stellte. Sie baten Nergal, einen mächtigen Bruder Marduks, ihnen bei der Suche nach einer friedlichen Lösung des Konflikts zu helfen.

Mit einer Mischung von Schmeichelei und Überredungs-
kunst beruhigte Nergal zuerst Ninurta und erklärte sich dann
bereit, nach Babylon zu gehen und auch Marduk dazu zu
bringen, daß er von einer bewaffneten Auseinandersetzung
Abstand nehme. Die Kette der Ereignisse mit ihren dramatischen und am Ende verhängnisvollen Wendungen und Folgen wird ausführlich in einem Text beschrieben, der als
»Erra-Epos« (Erra war ein Beiname Nergals) bezeichnet
wird. Er enthält viele der verbalen Auseinandersetzungen
zwischen den Beteiligten, als ob ein Stenograph anwesend
gewesen wäre; tatsächlich wurde der Text (wie ein Nachwort
belegt) einem Schreiber von einem der beteiligten Anunnaki
nach den Geschehnissen diktiert.

Wie die Geschichte zeigt, wird es immer klarer, daß das, was
auf der Erde geschah, einen Bezug zum Himmel hatte, zu
den Sternbildern des Tierkreises. Im nachhinein lassen die
Erklärungen und Positionen derer, die um die Herrschaft auf
der Erde kämpften – Marduk, der Sohn Enkis, und Ninurta,
der Sohn Enlils –, nur die Schlußfolgerung zu, daß *die
Streitfrage das Kommen eines neuen Zeitalters* war: der
bevorstehende Übergang im Tierkreis vom Haus des Stiers
(Taurus) zum Haus des Widders (Aries) als dem Tierkreiszeichen, in dem die Frühlings-Tagundnachtgleiche und damit
der kalendarische Neujahrstag stattfinden würden. Ninurta
zählte alle seine Attribute und Erbstücke auf:

> Im Himmel bin ich ein wilder Stier,
> auf Erden bin ich ein Löwe.
> Im Lande bin ich der Herr,
> unter den Göttern bin ich der stürmischste,
> der Held der Igigi bin ich,
> unter den Anunnaki bin ich mächtig.

Diese Rede bringt verbal zum Ausdruck, was Darstellungen
wie die in Abb. 93 gezeigten bildlich wiedergeben: Die
zodiakale Zeit, in der die Frühlings-Tagundnachtgleiche im
Tierkreiszeichen des Stiers (Sternbild Taurus) begann und

die Sommersonnenwende im Tierkreiszeichen Löwe (Sternbild Leo) stattfand, gehörte zu den Anhängern Enlils, deren »Kulttiere« der Stier und der Löwe waren.

Seine Worte sorgfältig auswählend, formulierte Nergal seine Antwort für den anmaßenden Ninurta. Ja, sagte er, all das sei wahr, aber:

> Auf dem Berggipfel,
> im Dickicht,
> siehst du da nicht den Widder?

Sein Kommen, fuhr Nergal fort, sei unvermeidlich:

> In diesem Gehölz
> kann selbst der beste Zeitmesser,
> der Träger der Normen,
> den Lauf nicht ändern.
> Man kann blasen wie der Wind,
> brüllen wie ein Sturm,
> [doch] am Rande der Sonnenbahn,
> gleichgültig, wie der Kampf tobt,
> sieh diesen Widder.

Wegen der unaufhörlichen Verlangsamung infolge der Präzession konnte man, während im Tierkreis noch das Sternbild des Stiers herrschte, schon »am Rande der Sonnenbahn« das nahende Zeitalter des Widders sehen.

Die Veränderung war unausweichlich, aber der Zeitpunkt dafür war noch nicht gekommen. »Die anderen Götter fürchten sich vor einem Kampf«, sagte Nergal zum Schluß. Er glaubte, Marduk alles erklären zu können. »Laßt mich gehen und den Fürsten Marduk herbeirufen«, schlug er vor, er solle in Frieden wieder ziehen können.

Mit Ninurtas widerwilliger Zustimmung begab sich Nergal nach Babylon. Unterwegs machte er in Erech halt, um in Anus Tempel E.ANNA das Orakel zu befragen. Die Botschaft, die er Marduk vom »König der Götter« überbringen sollte, lautete: »*Die Zeit ist noch nicht gekommen.*«

Der fragliche Zeitpunkt war, wie aus dem Gespräch zwi-

Abb. 153

schen Nergal und Marduk hervorgeht, die bevorstehende
Verschiebung im Tierkreis, das Kommen eines neuen Zeitalters. Marduk empfing seinen Bruder im E.SAG.IL, dem
Stufentempel von Babylon. Die Begegnung fand in einer
heiligen Kammer namens SCHU.AN.NA, dem »himmlischen obersten Ort«, statt, die Marduk anscheinend am
geeignetsten für ein Gespräch fand. Er war sich nämlich
sicher, daß seine Zeit gekommen war, und zeigte Nergal
sogar die Instrumente, die er verwendete, um es zu beweisen.
(Ein babylonischer Künstler, der die Begegnung der beiden
Brüder darstellte, zeigte Nergal mit seiner charakteristischen
Waffe und einen behelmten Marduk, der auf seiner Zikkurat
steht und in der Hand ein Instrument – Abb. 153 – hält;
dieses sieht ganz ähnlich wie die Beobachtungsgeräte aus,
die in Ägypten von den Priestern der Min-Tempel benutzt
wurden.)
Als Nergal erkannte, was geschehen war, argumentierte er
anders. Sein »kostbares Instrument«, sagte er zu Marduk, sei
ungenau, und das habe ihn dazu verleitet, »den Glanz der
Himmelssterne« falsch als »Licht des festgelegten Tages« zu

deuten. Während er in seinem heiligen Bezirk zu dem Schluß gekommen sei, daß »das Licht auf die Krone deiner Herrschaft« scheine, sei dies im Eanna, wo er unterwegs halt gemacht habe, nicht der Fall gewesen. Dort, sagte Nergal, »bleibt das Antlitz des E.HAL.AN.KI im Eanna bedeckt«. E.HAL.AN.KI bedeutet wörtlich »Haus des Kreisens von Himmel-Erde« und weist meiner Ansicht nach auf den Standort von Geräten hin, mit denen die Verschiebung infolge der Präzession der Erde bestimmt wurde.

Aber Marduk sah die Sache anders. Wessen Instrumente seien wirklich ungenau? »Zur Zeit der Sintflut«, erklärte er, »verschob sich die Regelung von Himmel und Erde, und die Standorte der Himmelsgötter, die Sterne des Himmels, veränderten sich und kehrten nicht an ihren [früheren] Platz zurück.« Eine wichtige Ursache für die Veränderung, behauptete Marduk, sei die Tatsache, daß »das *Erkallum* bebte und sich seine Bedeckung verminderte und die Messungen nicht mehr vorgenommen werden konnten«.

Dies ist eine höchst interessante Aussage, deren wissenschaftliche Bedeutung – wie die des ganzen Textes des »Erra-Epos« – von den Gelehrten nicht beachtet worden ist. *Erkallum* wurde normalerweise mit »Unterwelt« übersetzt, aber neuerdings bleibt das Wort unübersetzt, als Begriff, dessen genaue Bedeutung unbestimmt ist. Ich vermute dahinter einen Ausdruck, der das Land am unteren Ende der Welt, die *Antarktis,* bezeichnete. Die »Bedeckung« – oder wörtlicher der »Haarwuchs darüber« – ist ein Verweis auf die Eisschicht, die nach Marduks Worten auch noch Jahrtausende nach der Sintflut verringert war.

Als alles vorüber gewesen sei, fuhr Marduk fort, habe er Boten ausgeschickt, um die Unterwelt zu überprüfen. Er selbst habe nachgesehen. Aber die »Bedeckung«, sagte er, »war Hunderte von Meilen Wasser in die weiten Meere geworden«; die Eiskappe sei immer noch am Schmelzen gewesen.

Diese Behauptung bestätigt meine Ansicht, daß die Sintflut,

wie ich in meinem Buch »Der zwölfte Planet« erläutert habe,
von einer ungeheuren Flutwelle herrührte, die dadurch entstand, daß vor etwa 13 000 Jahren die antarktische Eisdecke
ins angrenzende Meer rutschte. Dieses Ereignis war die
Ursache für das plötzliche Ende der letzten Eiszeit und die
darauf folgenden Klimaveränderung. Der antarktische Kontinent wurde dadurch vom Eis befreit, so daß man seine
Landmasse und seine Küstenlinie so sehen und offensichtlich auch kartographieren konnte, wie sie wirklich waren.
Die Implikationen von Marduks Aussage über die Verschiebung der Regelung von Himmel und Erde als Ergebnis des
Schmelzens der gewaltigen Eiskappe und der Umverteilung
ihres Gewichts als Wasser über die Weltmeere sollten genauer
untersucht werden. Führte dies zu einer Veränderung bei der
Neigung der Erdachse? Zu einer etwas anderen Verzögerung
und damit zu anderen Präzessionswerten? Vielleicht zu einer
Verlangsamung der Umdrehung der Erde oder ihres Umlaufs
um die Sonne? Die Ergebnisse von Simulationsversuchen zur
Erdbewegung mit und ohne die Eismasse der Antarktis könnten äußerst aufschlußreich sein.
All dies, sagte Marduk, sei durch das Schicksal der Instrumente im Abzu, der Südostspitze von Afrika, erschwert
worden. Aus anderen Texten ist bekannt, daß die Anunnaki
dort eine wissenschaftliche Station unterhielten, die die Lage
vor der Sintflut überwachte und sie somit über die bevorstehende Katastrophe alarmieren konnte. »Nachdem die Herrschaft von Himmel und Erde aufgehoben war«, berichtete
Marduk weiter, habe er gewartet, bis die Quellen austrock-
neten und das Wasser der Flut zurückging. Dann sei er
zurückgekehrt und habe sich gründlich umgesehen: »Es war
sehr schlimm.« Er habe entdeckt, daß bestimmte Instrumente, »die bis zu Anus Himmel reichen konnten«, fehlten,
verlorengegangen waren. Die Ausdrücke, mit denen er sie
beschrieb, beziehen sich nach Ansicht der Gelehrten auf
unbekannte Kristalle. »Wo ist dein Instrument, um Befehle
zu geben?« fragte er ärgerlich. »Der Orakelstein der Götter,

der die Herrschaft anzeigt? ... Wo ist der heilige strahlende Stein?«

Diese gezielten Fragen nach den fehlenden Präzisionsgeräten, die normalerweise von dem »göttlichen Chefhandwerker der Anu-Kräfte« bedient wurden, »der den heiligen ›Alleswisser des Tages‹ trug«, klingen eher wie Anschuldigungen. Weiter oben habe ich einen ägyptischen Text angeführt, in dem Re bzw. Marduk Thot beschuldigt, die »verborgenen Dinge« zerstört zu haben, die verwendet wurden, um die Bewegungen der Erde und den Kalender zu bestimmen. Die rhetorischen Fragen, die Marduk gegenüber Nergal vorbrachte, enthalten den Vorwurf, daß man ihm, Marduk, absichtlich übel mitgespielt habe. Unter solchen Umständen, sagte er, sei es doch wohl richtig gewesen, daß er sich auf seine eigenen Instrumente verlassen habe, um zu bestimmen, wann *seine* Zeit – das Zeitalter des Widders – gekommen sei;

Nergals Antwort ist leider unvollständig, da mehrere Zeilen am Anfang auf der Tontafel beschädigt sind. Anscheinend wußte er, gestützt auf sein eigenes großes Reich in Afrika, wo sich einige der Instrumente (oder ihr Ersatz) befanden. Er schlug deshalb Marduk vor, zu den genannten Orten im Abzu zu gehen und sich selbst zu überzeugen, daß sein Geburtsrecht nicht in Gefahr sei. In Frage gestellt werde nur der Zeitpunkt seines Aufstiegs.

Um Marduk weiter zu beschwichtigen, versprach Nergal ihm, er werde persönlich dafür sorgen, daß während Marduks Abwesenheit in Babylon nichts in Unordnung kommen werde. Als abschließende Geste der Beruhigung versprach er ihm, zu veranlassen, daß die Himmelssymbole des Zeitalters von Enlil, »die Stiere Anus und Enlils, am Tor deines Tempels kauern werden«.

Dieser symbolische Akt des Gehorsams, die Verbeugung von Enlils Himmelsstier vor Marduk am Eingang seines Tempels, bewog Marduk, der Bitte seines Bruders nachzugeben:

Marduk hörte dies.
Das Versprechen von Erra [Nergal] fand seine Gunst.
So stieg er hinab von seinem Thron,
und zum Land der Minen, einer Wohnstätte der Anunnaki,
lenkte er seine Schritte.

So führte der Streit um die richtige zeitliche Berechnung der zodiakalen Veränderung zu Marduks zweitem Exil – nur vorübergehend, wie er glaubte.
Aber wie das Schicksal es wollte, war die vorausgesehene Ankunft eines neuen Zeitalters kein friedlicher Beginn.

12

Das Zeitalter des Widders

Als das Zeitalter des Widders endlich kam, zog es nicht als Morgendämmerung eines neuen Zeitalters herauf. Vielmehr kam die Dunkelheit mitten am Tag, begleitet von der Dunkelheit einer Wolke mit tödlicher Strahlung, die von der ersten Explosion nuklearer Waffen auf der Erde herrührte. Dies geschah als Höhepunkt von mehr als zwei Jahrhunderten der Aufstände und Kriege, die Götter und Völker untereinander entzweiten. Und als Folge davon war die große sumerische Hochkultur, die fast 2000 Jahre geblüht hatte, zugrunde gerichtet und verwüstet; ihre Bevölkerung war dezimiert, und ihre Überreste waren in der ersten Diaspora der Welt zerstreut. Marduk gewann tatsächlich die Vorherrschaft; doch die »neue Ordnung«, die darauf folgte, brachte neue Gesetze und Sitten, neue Religionen und Glaubensvorstellungen. Ein Zeitalter folgte, in dem die Wissenschaften Rückschritte machten, die Astronomie von der Astrologie verdrängt wurde und die Frauen eine neue, geringere Stellung einnahmen.

Mußte es auf diese Weise geschehen? War die Veränderung so verheerend und schrecklich, nur weil ehrgeizige Gegenspieler daran beteiligt waren, weil die Anunnaki, nicht Menschen den Lauf der Ereignisse gelenkt hatten? Oder war alles vorbestimmt, waren die Macht und der Einfluß – tatsächlich oder in der Vorstellung – des Übergangs in ein neues Haus des Tierkreises so überwältigend, daß Reiche zusammenstürzten, Religionen sich veränderten, Gesetze, Sitten und Gesellschaftssysteme umgestoßen werden mußten?

Betrachten wir einmal die Zeugnisse dieses ersten bekannten

Umbruchs. Vielleicht können wir vollständige Antworten
finden, mit Sicherheit erhellende Hinweise.

Nach meinen Berechnungen verließ Marduk um 2295 v. Chr.
Babylon und ging zuerst ins Land der Minen und danach in
Gegenden, die in den mesopotamischen Texten nicht näher
bezeichnet werden. Er vertraute darauf, daß seine Instrumente und anderen »Wunderwerke« in Babylon in guter Obhut
seien; doch kaum war er fort, als Nergal bzw. Erra sein
Versprechen brach. Aus bloßer Neugier oder, weil er Böses
im Schilde führte, jedenfalls betrat er entgegen Marduks
Befehl den *Gigunu,* die rätselhafte Kammer, die für alle
verboten war. Er sorgte dafür, daß ihr »Leuchten« entfernt
wurde, worauf – wie Marduk gewarnt hatte – »der Tag sich
in Dunkelheit verwandelte« und Katastrophen über Babylon
und seine Bevölkerung hereinbrachen.
War das »Leuchten« ein radioaktiver Apparat mit Nuklear-
antrieb? Es ist nicht klar, was es war, außer daß sich seine
verderbliche Wirkung in ganz Mesopotamien auszubreiten
begann. Die anderen Götter waren über Nergals Tat verärgert; sogar sein Vater Enki machte ihm Vorwürfe und
schickte ihn in sein afrikanisches Reich, nach Kutha, zurück.
Nergal gehorchte dem Befehl; doch bevor er aufbrach,
zertrümmerte er alles, was Marduk aufgebaut hatte, und ließ
seine Krieger zurück, um sicherzugehen, daß Marduks Anhänger in Babylon unterdrückt bleiben würden.
Da nun beide fort waren, zuerst Marduk und dann Nergal,
war die Arena frei für die Nachkommen Enlils. Die erste, die
die Situation ausnutzte, war Inanna bzw. Ischtar. Sie wählte
sich einen Enkel Sargons, Naramsin (»Sins Günstling«), der
den Thron von Sumer und Akkad bestieg. Mit ihm und
seinen Heeren unternahm sie eine Reihe von Eroberungs-
feldzügen. Zu ihren ersten Zielen gehörte der große Landeplatz im Zederngebirge von Libanon, die riesige Plattform
von Baalbek. Danach griff sie die Länder an der Mittelmeerküste an und besetzte das Kontrollzentrum in Jerusalem

sowie die Stadt Jericho an der Kreuzung des Landweges von Mesopotamien zum Sinai. Nunmehr kontrollierte sie auch den Raumflughafen auf der Sinaihalbinsel. Aber sie gab sich nicht damit zufrieden; sie wollte ihren Traum verwirklichen, Ägypten zu beherrschen – einen Traum, den Dumuzis Tod zunichte gemacht hatte. Sie wies Naramsin den Weg, drängte ihn und rüstete ihn mit ihren »furchteinflößenden Waffen« aus; so brachte sie den Überfall auf Ägypten zustande.

Die Texte deuten darauf hin, daß Nergal in ihr eine eingeschworene Gegnerin Marduks sah und sie bei dieser Invasion aktiv oder insgeheim unterstützte. Aber die anderen Anunnaki-Führer schauten nicht gleichmütig zu. Sie hatte nicht nur die Grenzen zwischen den Hoheitsgebieten der Nachkommen Enlils und der Nachkommen Enkis verletzt, sondern auch den Raumflughafen, die neutrale heilige Zone in der »vierten Region«, in ihre Gewalt gebracht.

In Nippur wurde eine Versammlung der Götter einberufen, um sich mit Inannas Übergriffen zu befassen. Das Ergebnis war ein Haftbefehl, den Enlil erließ, weil Inanna vor Gericht gestellt werden sollte. Als Inanna das zu Ohren kam, verließ sie ihren Tempel in Akkad, der Hauptstadt Naramsins, und suchte Zuflucht bei Nergal. Aus der Ferne schickte sie Befehle und Orakel an Naramsin und ermunterte ihn, die Eroberungen und das Blutvergießen fortzusetzen. Um dem entgegenzuwirken, ermächtigten die Götter Ninurta, loyale Truppen aus den benachbarten Bergländern heranzuführen. Ein Text mit dem Titel »Der Fluch von Akkad« schildert diese Ereignisse und den Schwur der Anunnaki, Akkad dem Erdboden gleichzumachen. Getreu diesem Schwur sollte die Stadt, einst der Stolz Sargons und der Dynastie von Akkad, nie mehr wiedergefunden werden.

Die verhältnismäßig kurze Ära Ischtars war damit beendet. Um Mesopotamien und den Nachbarländern ein gewisses Maß an Ordnung und Stabilität zu bringen, wurde Ninurta (unter dem in Sumer das Königtum seinen Anfang genommen hatte) die Herrschaft über das Land zurückgegeben.

Abb. 154

Bevor Akkad zerstört wurde, brachte Ninurta dessen »Kronenband der Herrschaft, die Tiara des Königtums, den Thron des Herrschers« in seinen Tempel. Damals befand sich sein »Kultzentrum« in Lagasch, im heiligen Bezirk des Girsu. Von dort aus flog er in seinem »göttlichen schwarzen Vogel« über die Ebene zwischen den beiden Strömen und über die angrenzenden Berge, stellte Bewässerung und Landwirtschaft wieder her und sorgte wieder für Ruhe und Ordnung. Indem er mit seiner unerschütterlichen Treue zu seiner Gattin Bau (mit dem Beinamen *Gula,* »die Große«), mit der er sich abbilden ließ (Abb. 154), und der Ergebenheit gegenüber seiner Mutter Nincharsag ein persönliches Beispiel gab, erließ er Sittengesetze und Gesetzessammlungen. Damit sie ihn in diesen Aufgaben unterstützen sollten, ernannte er menschliche Vizekönige; um 2160 v. Chr. war Gudea der Auserwählte.

In Ägypten herrschte nach der Verbannung Res bzw. Marduks, der Invasion Naramsins und der Bestrafung Nergals ein Chaos. Die Ägyptologen bezeichnen diese Zeit der

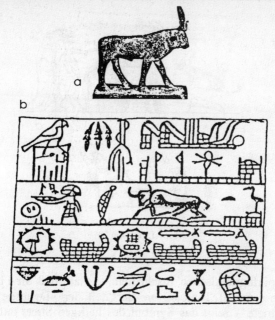

Abb. 155a und 155b

Wirren zwischen 2180 und 2040 v. Chr. als »Erste Zwischenzeit« in der Geschichte Ägyptens. Damals wurde das
Alte Reich, dessen Zentren in Memphis und Heliopolis
lagen, von den thebanischen Fürsten im Süden angegriffen.
Damit waren politische, religiöse und kalendarische Probleme verbunden; dem Streit zwischen den Menschen lag die
Auseinandersetzung zwischen dem »Stier« und dem »Widder« am Himmel zugrunde.
Von Beginn der ägyptischen dynastischen Herrschaft und
Religion an war es ein Ausdruck der höchsten Verehrung,
wenn man die großen Götter mit dem Himmelsstier verglich.
Sein irdisches Symbol, der heilige Stier *Apis* (Abb. 155a),
wurde in Heliopolis und Memphis verehrt. Eine der frühe-

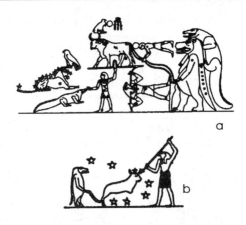

Abb. 156a und 156b

sten piktographischen Inschriften – so alt, daß Sir Flinders
Petrie (»Royal Tombs«) sie der Zeit der »Dynastie null«
zuordnete – zeigt das Symbol des heiligen Stiers auf einer
Himmelsbarke zusammen mit einem Priester, der davor
rituelle Gegenstände in der Hand hält (Abb. 155b). (Die
Darstellungen auf dieser archaischen Platte und auf einer
ähnlichen Platte, über die ebenfalls Sir Flinders Petrie berichtet hat, zeigen deutlich den Sphinx, was beweist, daß der
Sphinx schon viele Jahrhunderte vor seiner angeblichen
Errichtung durch Pharao Chephren aus der IV. Dynastie
vorhanden war.) Wie später auf Kreta für den Minotaurus, so
wurde auch in Memphis ein besonderes Labyrinth für den
Apis-Stier gebaut.
In Sakkara standen im Grab eines Pharaos aus der III.
Dynastie in den Nischen aus Ton angefertigte Bildnisse
von Stierköpfen mit echten Hörnern. Es ist auch bekannt,
daß Djoser, ein Pharao der III. Dynastie, in seiner geräu-
migen Pyramidenanlage in Sakkara Zeremonien zu Ehren
des Himmelsstiers abhielt. All das trug sich in der Zeit des

Alten Reichs zu, einer Periode, die um 2180 v. Chr. zu
Ende ging.

Als die thebanischen Priester Res bzw. Amuns den Vorstoß
unternahmen, die Religion und den Kalender von Memphis
und Heliopolis zu ersetzen, zeigten die Himmelsdarstellun-
gen immer noch, wie die Sonne über dem Stier aufging
(Abb. 156a), aber der Himmelsstier war dabei angebunden
und wurde zurückgehalten. Später, als das Mittlere Reich
Ägypten wieder vereinigte, mit Theben als Hauptstadt, und
Amun-Re zum obersten Gott erhoben wurde, stellte man den
Himmelsstier durchbohrt und geschrumpft dar (Abb. 156b).
Der Widder begann die künstlerischen Darstellungen des
Himmels und auf den Bauwerken zu beherrschen; Re erhielt
den Beinamen »Widder der vier Winde« und wurde so
dargestellt, um darauf hinzuweisen, daß er der Herr der vier
Ecken und vier Religionen der Erde war (Abb. 157).

Wo war Thot während der Ersten Zwischenzeit, als oben am
Himmel und unten auf der Erde der Widder und seine
Anhänger den Stier und dessen Anhänger bekämpften und
schließlich verjagten? Nichts läßt darauf schließen, daß er im
geteilten, chaotischen Ägypten wieder an die Macht zu
kommen suchte. Es war eine Zeit, als er – ohne seine neuen

Abb. 157

Reiche in der Neuen Welt aufgeben zu müssen – das in
Angriff nehmen konnte, worin er es zur Meisterschaft gebracht hatte: die Errichtung runder Observatorien und die
Unterrichtung der einheimischen Bevölkerung an alten und
neuen Orten in den »Geheimnissen der Zahlen« und in der
Kenntnis des Kalenders. Der Umbau von Stonehenge I zu
Stonehenge II und III, der genau in diese Zeit fällt, gehörte
zu diesen monumentalen Bauwerken. Wenn man Sagen als
Überlieferungen geschichtlicher Tatsachen auffaßt, dann läßt
die Sage von Afrikanern, die nach Stonehenge kamen und
dort die megalithischen Steinkreise errichteten, darauf
schließen, daß Thot alias Quetzalcoatl einige seiner olmeki-
schen Anhänger, die inzwischen in Mesoamerika zu erfahre-
nen Steinmetzen geworden waren, für die Aufgabe des
Umbaus mitgebracht hatte.

Daraufhin wurde er von Ninurta gebeten, nach Lagasch zu
kommen und beim Entwurf, bei der Ausrichtung und beim
Bau des Eninnu, seiner neuen Tempelpyramide, zu helfen.

War es nur die Freude am Schaffen, oder gab es einen
zwingenden Grund für diesen Ausbruch von Aktivität, die
auf die Astronomie bezogen war?

Beatrice Goff (»Symbols of Prehistoric Mesopotamia«), die
sich mit der Symbolik des sumerischen Tempelbaus befaßt
hat, schreibt über die Errichtung des Eninnu: »Der Zeitpunkt
ist der Augenblick, in dem im Himmel und auf der Erde die
Geschicke entschieden wurden.« Daß der Tempel so gebaut
wurde, wie die göttlichen Planer es angeordnet hatten, und
daß er zu diesem speziellen Zeitpunkt errichtet und eingeweiht wurde, erklärte sie, sei alles »Teil eines vorgezeichne-
ten Plans, als die Geschicke entschieden wurden; Gudeas
Berufung gehörte zu einem kosmischen Plan«. Dies sei die
»Art von Hintergrund, wo nicht nur Kunst und Ritual,
sondern auch die Mythologie als wesentliche Bestandteile
der Religion ineinandergreifen«.

Um 2200 v. Chr. hatte man es tatsächlich mit einer Zeit zu
tun, »als im Himmel und auf der Erde die Geschicke

entschieden wurden«, denn es war die Zeit, als ein neues Zeitalter, das des Widders, das Alte Zeitalter, das des Stiers, ablösen sollte.

Obwohl sich Re bzw. Marduk irgendwo im Exil befand, kam es zu einem »Wettstreit« um die Herzen und den Verstand der Menschen, denn die »Götter« hingen in zunehmendem Maße von menschlichen Königen und Kriegern ab, um ihre Ziele zu erreichen. Aus vielen Quellen geht hervor, daß Marduks Sohn Nabu kreuz und quer durch die Regionen reiste, die später als »Länder der Bibel« bezeichnet wurden, und Anhänger für die Sache seines Vaters suchte. Sein Name, *Nabu,* hatte dieselbe Bedeutung und stammte vom gleichen Wort ab, mit dem die Bibel einen wahren Propheten bezeichnete: *Nabi,* einer, der die göttlichen Worte und Zeichen empfängt und sie an die Menschen weitergibt. Die göttlichen Zeichen, von denen Nabu sprach, waren die Veränderungen des Himmels: die Tatsache, daß Neujahr und andere religiöse Feste nicht mehr auf den gewohnten Zeitpunkt zu fallen schienen. Nabus Waffe zugunsten von Marduk war der Kalender ...

Was war eigentlich so unklar und umstritten an der Beobachtung oder Bestimmung? Der springende Punkt ist dabei der, daß sogar heute niemand mit Sicherheit sagen kann, wann ein »Zeitalter« endet und ein anderes beginnt. Man könnte aufgrund einer mathematisch genauen Berechnung willkürlich entscheiden, daß jedes Zeitalter genau 2160 Jahre dauert, weil das Platonische Jahr, die Umlaufdauer des Frühlingspunktes in der Ekliptik infolge der Präzession, mit einer Länge von 25 920 Jahren in zwölf Häuser (des Tierkreises) oder Zeitalter eingeteilt ist. Das war die mathematische Grundlage des Sexagesimalsystems, das Verhältnis 10 : 6 zwischen »göttlicher Zeit« und »Himmelszeit«. Aber wenn kein Mensch, kein Priesterastronom jemals den Beginn und das Ende eines Zeitalters erlebt hatte – denn kein Mensch lebte 2160 Jahre lang –, dann galt entweder das Wort der

Götter oder die Himmelsbeobachtung. Doch die Sternbilder
des Tierkreises und die Sonne können länger oder kürzer
darin verweilen. Besonders kritisch ist das Problem beim
Sternbild Aries, das weniger als 30° des Himmelskreises
einnimmt, wohingegen seine Nachbarn Taurus und Pisces
über die offiziellen 30° ihres jeweiligen Hauses hinausgehen.
So konnten die Götter, falls sie sich nicht einig waren (z. B.
Marduk, den sein Vater Enki in den Wissenschaften so gut
ausgebildet hatte, und Nabu) behaupten, 2160 Jahre seien
vergangen, die Zeit sei gekommen. Doch andere (z. B.
Ninurta und Thot) konnten erwidern und taten dies auch:
Aber schaut doch zum Himmel, seht ihr wirklich eine
Veränderung?
Die historischen Aufzeichnungen, wie sie aus den antiken
Texten hervorgehen und von der Archäologie bestätigt wer-
den, deuten darauf hin, daß diese Taktik funktionierte,
wenigstens eine Zeitlang. Marduk blieb im Exil, und in
Mesopotamien beruhigte sich die Lage ausreichend, um die
Truppen aus den Bergländern zurückzuschicken. Nachdem
Lagasch (laut der alten Berichte) »einundneunzig Jahre und
vierzig Tage« als militärisches Hauptquartier gedient hatte,
wurde die Stadt ziviles Zentrum für die Verherrlichung
Ninurtas. Das fand um 2160 v. Chr seinen Ausdruck im Bau
des neuen Eninnu unter der Herrschaft Gudeas.
Die Ära Ninurtas dauerte etwa eineinhalb Jahrhunderte.
Dann brach Ninurta, der damit zufrieden war, daß die Lage
wieder unter Kontrolle war, zu einer fernen Mission auf. An
seiner Stelle ernannte Enlil seinen Sohn Nanna bzw. Sin zum
Oberaufseher über Sumer und Akkad, und Ur, das »Kultzentrum« von Nanna bzw. Sin, wurde die Hauptstadt eines
wiederauferstandenen Reiches.
Die Ernennung hatte nicht nur politische und hierarchische
Folgen, denn Nanna bzw. Sin war der »Mondgott«, und
seine Erhebung kündigte an, daß der Sonnenkalender von Re
bzw. Marduk abgeschafft war und daß der Lunisolarkalender
von Nippur als der einzig wahre galt, sowohl in religiöser als

auch in politischer Hinsicht. Um sicherzustellen, daß man
ihn beachten würde, wurde ein Hoherpriester, der sich in
Astronomie und himmlischen Vorzeichen auskannte, vom
Tempel in Nippur als Verbindungsmann nach Ur geschickt.
Sein Name war Terach; bei ihm war sein zehnjähriger Sohn
Abram.

Meiner Berechnung nach geschah das im Jahr 2113 v. Chr.
Die Ankunft Terachs und seiner Familie in Ur fiel mit dem
Beginn der Regierung von fünf aufeinanderfolgenden Herrschern zusammen, die als III. Dynastie von Ur bezeichnet
werden. Dieses Jahrhundert erlebte den glanzvollen Höhepunkt der sumerischen Kultur. Ihr Inbegriff und Kennzeichen war die großartige Zikkurat, die dort für Nanna bzw.
Sin errichtet wurde: ein monumentales Gebäude, das –
obwohl es seit fast 4000 Jahren in Trümmern liegt – immer
noch die Landschaft überragt und dem Betrachter aufgrund
seiner ungeheuren Größe, Beständigkeit und Kompliziertheit
Ehrfurcht einflößt.

Unter der aktiven Anleitung von Nanna und seiner Gemahlin
Ningal gelangte Sumer zu neuer Höhe auf den Gebieten der
Kunst und der Wissenschaft, der Literatur und der städti-
schen Organisation, der Landwirtschaft, der Industrie und
des Handels. Sumer wurde zur Kornkammer der biblischen
Länder; seine Wolle- und Textilindustrie war für ihre ausge-
zeichnete Qualität bekannt; seine Händler die berühmten
Kaufleute aus Ur. Aber das war nur eine Seite der Ära
Nannas. Auf der anderen Seite hing über all dieser Größe
und über all diesem Glanz das von der Zeit bestimmte
Geschick, die unaufhörliche Veränderung der Position der
Sonne, die sich von einem neuen Jahr zum anderen mehr
oder weniger im Haus des GUD.ANNA, des »Himmelsstie-
res«, verschob und immer näher zum Haus des KU.MAL,
des himmlischen Widders, rückte – mit allen unheilvollen
Folgen.

Seit die Menschheit Priester und Könige besaß, kannte sie
ihren Platz und ihre Rolle. Die »Götter« waren die Herren,

die verehrt und angebetet werden mußten. Es gab eine
festgelegte Hierarchie, vorgeschriebene Rituale und religiöse
Festtage. Die Götter waren streng, aber wohlwollend, ihre
Erlasse hart, aber gerecht. Jahrtausendelang wachten sie über
das Wohlergehen und das Schicksal der Menschen, wobei sie
sich deutlich von ihnen fernhielten, nur für den Hohenpriester zu bestimmten Zeiten erreichbar waren und zu den
Königen in Visionen und Vorzeichen sprachen. Jetzt aber
begann das alles anders zu werden, denn die Götter selbst
waren zerstritten, führten unterschiedliche Vorzeichen des
Himmels an und veränderten den Kalender. Im Rahmen von
»göttlichen Kriegen« und Streitigkeiten und des gegenseiti-
gen Blutvergießens spielten sie zunehmend ein Volk gegen
das andere aus. Und die Menschen, die, verwirrt und ver-
stört, immer mehr von »meinem Gott« und »deinem Gott«
sprachen, begannen nunmehr sogar an der Glaubwürdigkeit
der Götter zu zweifeln.

Unter diesen Umständen suchten Enlil und Nanna den ersten
Herrscher der neuen Dynastie sehr sorgfältig aus. Sie wählten
Urnammu (»Urs Freude«), einen Halbgott, dessen Mutter die
Göttin Ninsun war. Das war zweifellos ein wohlüberlegter
Zug, der im Volk Erinnerungen an vergangenen Glanz und
»die gute alte Zeit« wachrufen sollte; denn Ninsun war die
Mutter des berühmten Gilgamesch, der immer noch in Epen
und künstlerischen Darstellungen hochgehalten wurde. Er
war ein König von Erech gewesen, der das Privileg genossen
hatte, sowohl den Landeplatz in den Zedernbergen des Libanon als auch den Raumflughafen auf der Halbinsel Sinai sehen zu dürfen. Die Wahl eines anderen Sohnes der Göttin
Ninsun – etwa sieben Jahrhunderte später – sollte die Zuver-
sicht erwecken, daß diese lebenswichtigen Orte wieder Teil
des Erbes von Sumer, sein Gelobtes Land, sein würden.

Urnammus Aufgabe war es, das Volk »von den schlechten
Wegen«, daß sie falschen Göttern folgten, abzubringen.
Seinen Ausdruck fand dieses Bemühen in der Instandsetzung
und im Wiederaufbau aller wichtigen Tempel im Land, mit

der auffälligen Ausnahme von Marduks Tempel in Babylon. Als nächster Schritt wurden die »bösen Städte« unterworfen, wo Nabu die Menschen zu Marduk bekehrte. Zu diesem Zweck rüstete Enlil König Urnammu mit einer »göttlichen Waffe« aus, mit der er »in feindlichen Ländern die Rebellen massenweise aufstapeln« sollte. Daß die Durchsetzung von Enlils Himmelszeit dabei eine große Rolle spielte, geht aus einem Text hervor, der Enlils Anweisungen an Urnammu über den Gebrauch der Waffe zitiert:

> Als Stier
> die fremden Länder zu zermalmen,
> als Löwe
> [die Sünder] zu jagen;
> die üblen Städte zu zerstören,
> sie säubern vom Widerstand gegen die Erhabenen.

Der Stier der Tagundnachtgleiche und der Löwe der Sonnenwende sollten hochgehalten werden; jeder Gegner der Erhabenen sollte gejagt, zermalmt, vernichtet werden.

Urnammu leitete die Strafexpedition, aber er führte sie nicht zum Sieg, sondern zu einem unrühmlichen Ende. Während der Schlacht blieb sein Streitwagen im Schlamm stecken, und er stürzte so unglücklich, daß er von seinen eigenen Rädern zermalmt wurde. Die Tragödie fand noch eine Steigerung: Als die Barke seinen Leichnam nach Sumer zurückbrachte, ging sie unter, so daß der große König nicht einmal bestattet werden konnte.

Als die Nachricht nach Ur gelangte, war das Volk voller Trauer und reagierte ungläubig. Wie konnte es geschehen, daß »der Herr Nanna Urnammu nicht an der Hand hielt«? Warum legte Inanna »nicht ihren edlen Arm um seinen Kopf«? Warum stand Utu ihm nicht bei? Warum hatte Anu »sein heiliges Wort geändert«? Sicherlich war es kein Betrug seitens der großen Götter; es konnte nur geschehen, weil »Enlil hinterlistig seinen Schicksalserlaß änderte«.

Urnammus tragischer Tod und der Zweifel an den enliliti-

schen Göttern in Ur veranlaßten Terach, mit seiner Familie
nach Haran zu ziehen, einer Stadt im Nordwesten Mesopotamiens, die als Verbindung zu den anatolischen Ländern
und Völkern, den Hethitern, diente. Offensichtlich war Haran, wo ein ganz ähnlicher, Nanna bzw. Sin geweihter
Tempel wie in Ur stand, in den bevorstehenden turbulenten
Zeiten für einen Abkömmling aus dem priesterköniglichen
Geschlecht von Nippur ein angemessener Wohnort.

Den Thron von Ur bestieg Schulgi, ein Sohn Urnammus von
einer Priesterin; diese Verbindung hatte Nanna veranlaßt.
Schulgi suchte sogleich Ninurtas Gunst, indem er in Nippur
einen Schrein für ihn baute. Dieser Schritt hatte pragmati-
sche Gründe: Die westlichen Provinzen wurden nämlich
immer aufsässiger, obwohl Schulgi Befriedungsmaßnahmen
eingeleitet hatte. Es gelang ihm, eine »Fremdenlegion« von
Truppen aus Elam, einem Gebiet Ninurtas in den Bergen
südöstlich von Sumer, zu erhalten. Er setzte sie zu Strafexpeditionen gegen die »sündigen Städte« ein, während er Trost
in einem verschwenderischen Lebensstil und sexuellen Ge-
nüssen suchte, ein »Geliebter« Inannas wurde und in Erech,
in Anus eigenem Tempel, Festmahle und Orgien abhielt.

Durch die Strafexpeditionen gelangten zwar erstmals elamitische Truppen zu den Toren der Sinaihalbinsel und ihres
Raumflughafens, aber sie schafften es nicht, die von Nabu
und Marduk angezettelte Rebellion niederzuwerfen. Im sie-
benundvierzigsten Jahr seiner Regierung, 2049 v. Chr., griff
Schulgi zu einer verzweifelten Vorgehensweise: Er befahl
den Bau eines Verteidigungswalles entlang der Westgrenze
von Sumer. Für die enlilitischen Götter kam dies einer
Aufgabe der entscheidenden Länder gleich, wo sich der
Landeplatz und das Kontrollzentrum befanden. Weil »er die
göttlichen Anordnungen« nicht ausführte, beschloß Enlil im
Jahr unmittelbar darauf den Tod Schulgis, den »Tod eines
Sünders«.

Schulgis Tod und der Rückzug aus den westlichen Ländern
lösten zwei Ereignisse aus. Wie wir aus einem biographi-

schen Text erfahren, in dem Marduk sein Vorgehen und seine Beweggründe erklärte, entschloß er sich damals, in die Nähe von Mesopotamien zurückzukehren, und begab sich in das Land der Hethiter. Daraufhin wurde auch beschlossen, daß Abram wegziehen sollte. In den 48 Jahren von Schulgis Regierungszeit reifte Abram in Haran von einem jungen Ehemann zu einem 75 Jahre alten Führer heran, der über vielfältige wissenschaftliche Kenntnisse verfügte, eine militärische Ausbildung besaß und von seinen hethitischen Gastgebern unterstützt wurde.

> Und Jahwe sprach zu Abram:
> Zieh weg aus deinem Land,
> und von deiner Verwandtschaft
> und aus deinem Vaterhaus,
> und geh in ein Land, das ich dir zeigen werde.
> Da zog Abram weg, wie Jahwe ihm gesagt hatte ...

Das Bestimmungsziel war, wie Kapitel 12 der Genesis deutlich macht, das lebenswichtige Land Kanaan. Er sollte möglichst schnell dorthin gelangen und sich mit seiner Elitereiterei in der Wüste Negev, an der Grenze zwischen Kanaan und der Sinaihalbinsel, postieren. Seine Aufgabe war es, wie ich in meinem Buch »Die Kriege der Menschen und Götter« ausführlich beschrieben habe, das Tor zum Raumflughafen zu schützen. Er erreichte sein Ziel, indem er die »sündigen Städte« der Kanaaniter umging. Bald darauf begab er sich nach Ägypten, wo er vom letzten Pharao der Memphis-Dynastien mehr Truppen und Kamele für eine Reiterei erhielt. Nach seiner Rückkehr war er bereit, seinen Auftrag zu erfüllen und die Zugänge zum Raumflughafen zu bewachen.

Der vorausgesehene Konflikt spitzte sich im siebten Jahr der Regierung von Schulgis Nachfolger Amar-Sin (»Von Sin gesehen«) zu. Es war sogar im modernen Sinn des Wortes ein wirklich internationaler Krieg, in dem eine Allianz von vier Königen des Ostens von Mesopotamien aus begann,

eine Allianz von fünf Königen Kanaans anzugreifen. Ange-
führt wurde der Angriff – laut dem biblischen Bericht
(Genesis 14) – von »Amrafel, dem König von Schinar«.
Lange Zeit glaube man, damit sei der babylonische König
Hammurabi gemeint gewesen; tatsächlich war es aber, wie
meine eigenen Studien ergeben haben, der Sumerer Amar-
Sin. Die Geschichte des internationalen Konflikts ist auch in
mesopotamischen Texten verzeichnet, wie etwa auf den
Tafeln der sogenannten Spartoli-Sammlung im Britischen
Museum, auf deren Übereinstimmung mit dem biblischen
Bericht zum erstenmal Theophilus Pinches 1897 hinwies.
Zusammen mit ergänzenden Fragmenten wird die Samm-
lung mesopotamischer Tafeln, die sich mit diesen Ereignis-
sen befassen, heute als »Kedor-Laomer-Texte« bezeichnet.
Unter dem Banner Sins marschierend und von Orakeln
Inannas bzw. Ischtars beraten, eroberte das alliierte Heer –
wahrscheinlich die größte Militärmacht, die man bis dahin
erlebt hatte – ein westliches Land nach dem anderen. Die
Truppen gewannen für Sin alle Länder zwischen Euphrat
und Jordan zurück, marschierten um das Tote Meer herum
und setzten sich als nächstes Ziel den Raumflughafen auf der
Sinaihalbinsel. Aber dort stand ihnen Abram im Wege, der
seinen Auftrag ausführte. Deshalb wandten sie sich nach
Norden, um die »gottlosen Städte« der Kanaaniter anzugreifen.
Anstatt den Angriff in ihren ummauerten Städten abzuwar-
ten, marschierte die kanaanitische Allianz den Angreifern
entgegen und traf mit den Eindringlingen im Siddimtal
zusammen. Nach den mesopotamischen und biblischen Berichten scheint die Schlacht unentschieden verlaufen zu sein.
Die »gottlosen Städte« wurden nicht vernichtet, aber zwei
Könige, die von Sodom und Gomorra, mußten fliehen und
kamen ums Leben. Die beiden Städte wurden geplündert,
ihre Einwohner als Gefangene weggebracht. Unter den Gefangenen von Sodom befand sich auch Abrams Neffe Lot.
Als Abram das hörte, verfolgte er die Eindringlinge mit

seiner Reiterei und holte sie in der Nähe von Damaskus ein. Die Gefangenen, darunter Lot, und die Beute wurden nach Kanaan zurückgebracht.

Die kanaanitischen Könige ehrten Abram und wollten ihm die Beute als Belohnung überlassen. Aber er weigerte sich, auch nur »einen Schuhriemen« anzunehmen. Er habe weder aus Feindschaft gegen die mesopotamische Allianz noch, um die kanaanitischen Könige zu unterstützen, gehandelt, erklärte er. Er habe seine Hand nur für den »Jahwe, den Höchsten Gott, den Schöpfer des Himmels und der Erde« erhoben.

Der erfolglose Feldzug bedrückte und verwirrte Amar-Sin. Laut den verzeichneten Ereignissen für das darauffolgende Jahr, 2040 v. Chr., verließ er Ur und fiel von Nanna bzw. Sin ab; er wurde Priester in Eridu, dem »Kultzentrum« Enkis. Ein weiteres Jahr später war er tot, vermutlich von einem Skorpion gestochen. Das Jahr 2040 v. Chr. war für Ägypten sogar noch denkwürdiger. Dort besiegte Mentuhotep II., der Anführer der thebanischen Fürsten, die Pharaonen im Norden und dehnte die Herrschaft und Gesetze von Amun-Re auf ganz Ägypten bis zur Sinaigrenze aus. So entstand das Mittlere Reich der XI. und XII. Dynastie, das bis etwa 1790 v. Chr. dauerte. Die ganze Macht und Bedeutung des Widder-Zeitalters sollte sich in Ägypten zwar erst im späteren Neuen Reich zeigen, aber der Sieg der Thebaner im Jahr 2040 v. Chr. markierte das Ende des Stier-Zeitalters in Afrika.

Wenn das Kommen des Zeitalters des Widders aus historischer Sicht anscheinend unvermeidlich war, so muß dies auch den Hauptakteuren der damaligen Zeit klar gewesen sein. In Kanaan zog sich Abram auf eine Bergfeste in der Nähe von Hebron zurück. In Sumer verstärkte der neue König Schu-Sin, ein Bruder Amar-Sins, die Verteidigungswälle im Westen, suchte eine Allianz mit den Vertretern Nippurs, die sich mit Terach in Haran niedergelassen hatten, und baute zwei große Schiffe, wahrscheinlich als Vorsichtsmaßnahme, um eventuell fliehen zu können. In einer Nacht ähnlich wie der im Februar 2031 v. Chr. ereignete sich in

Sumer eine größere Mondfinsternis, die man als unheilvolles
Vorzeichen für das nahende »Verschwinden« des Mondgottes selbst auffaßte. Das erste Opfer jedoch war Schu-Sin,
denn im folgenden Jahr war er nicht mehr König.

Als sich die Nachricht von dem himmlischen Vorzeichen,
der Mondfinsternis, im ganzen Vorderen Orient verbreitete,
hörten die verlangten Loyalitätsbekundungen der Vizekönige und Gouverneure der Provinzen auf, zuerst im Westen
und dann im Osten. Während der Regierung des nächsten
(und letzten) Königs von Ur, Ibbisin, kämpften Angreifer aus
dem Westen, die Nabu organisiert und Marduk ermutigt
hatte, vor den Toren Mesopotamiens mit elamitischen Söldnern. Im Jahr 2026 v. Chr. hörte die Zusammenfassung der
Zollquittungen (auf Tontafeln) in Drehem, einem wichtigen
Handelstor in Sumer während der Zeit der III. Dynastie von
Ur, abrupt auf, was darauf hindeutet, daß der Handel mit
dem Ausland zum Stillstand gekommen war. Sumer selbst
wurde ein belagertes Land; sein Gebiet schrumpfte, seine
Bewohner drängten sich hinter Schutzwällen zusammen. In
der einstigen Kornkammer des Altertums wurden die Vorräte
knapp, während die Preise für das Lebensnotwendige, Gerste, Öl, Wolle, Monat um Monat stiegen.

Im Gegensatz zu allen früheren Zeiten in der langen Geschichte von Sumer und Mesopotamien wurden die Vorzeichen ungewöhnlich häufig erwähnt. Wenn man danach urteilt, was über das menschliche Verhalten historisch verzeichnet ist, so kann man darin eine bekannte Reaktion auf die
Furcht vor dem Unbekannten und die Suche nach Ermutigung
und Führung durch eine höhere Macht oder Intelligenz sehen.
Aber damals gab es einen wirklichen Grund dafür, den Himmel nach Vorzeichen abzusuchen, denn das Auftauchen des
Widders am Himmel wurde immer offensichtlicher.

Wie die Texte belegen, die aus dieser Zeit erhalten geblieben
sind, wurde der Lauf der Geschehnisse, die sich auf der Erde
ereignen würden, eng mit Himmelserscheinungen verknüpft;
deshalb beobachtete jede Seite in der wachsenden Auseinan-

dersetzung fortwährend den Himmel nach Zeichen. Da die
führenden Anunnaki mit Entsprechungen am Himmel in
Verbindung gebracht wurden, sowohl mit Sternbildern des
Tierkreises als auch mit den zwölf Gestirnen des Sonnensystems (sowie mit den Monaten), waren die Bewegungen
und Positionen der Himmelskörper, die mit den Hauptgegen-
spielern verbunden wurden, von besonderer Bedeutung. So
beobachtete man in Ur und Nippur hauptsächlich den Mond,
am Himmel die Entsprechung zu Urs großem Gott Nanna
bzw. Sin, die Sonne (Entsprechung zu Nannas Sohn Utu
bzw. Schamasch), die Venus (Planet von Sins Tochter Inanna
bzw. Ischtar) sowie die Planeten Saturn und Mars (mit
Ninurta und Nergal verbunden). Außerdem waren die verschiedenen Länder des sumerischen Reiches bestimmten
Tierkreiszeichen zugeordnet: Sumer, Akkad und Elam standen unter dem Zeichen und dem Schutz des Stiers, die
westlichen Länder unter dem Zeichen des Widders. Deshalb
konnten planetare und zodiakale Konjunktionen des Mondes, der Sonne und der Planeten, manchmal mit dem Aussehen des Mondes (hell, trüb, hornförmig gekrümmt usw.)
gekoppelt, ein gutes oder ein schlechtes Vorzeichen bedeuten.

Ein Text, der von den Gelehrten als »Prophezeiung Text B«
bezeichnet wird und aus späteren Kopien bekannt ist, aber
ursprünglich aus Nippur stammt, veranschaulicht, wie solche
himmlischen Vorzeichen als Prophezeiungen des kommenden Unheils gedeutet wurden. Trotz fehlender und beschä-
digter Stellen ist noch deutlich zu erkennen, daß es sich um
Vorhersagen unheilvoller Ereignisse handelt:

Wenn [der Mars] sehr rot ist, hell ...
wird Enlil mit dem großen Anu sprechen.
Das Land [Sumer] wird geplündert werden,
das Land Akkad wird ...
... im ganzen Land ...
Eine Tochter wird ihre Tür der Mutter versperren,
... Freund wird Freund erschlagen ...

Wenn Saturn . . .
wird Enlil mit dem großen Anu sprechen.
Verwirrung wird . . . Unheil wird . . .
ein Mann wird einen anderen Mann betrügen,
eine Frau wird eine andere Frau betrügen,
. . . ein Sohn des Königs wird . . .
. . . Tempel werden zusammenstürzen,
. . . eine schlimme Hungersnot wird eintreten . . .

Einige dieser Vorzeichen und Prophezeiungen bezogen die
Planetenpositionen direkt auf das Sternbild des Widders:

Wenn Jupiter in den Widder eintreten wird,
wenn die Venus in den Mond eintritt,
wird die Wacht zu Ende sein.
Leid, Mühsal, Verwirrung
und schlimme Dinge werden in den Ländern vorkommen.
Die Menschen werden ihre Kinder für Geld verkaufen.
Der König von Elam wird in seinem Palast umzingelt sein:
. . . die Zerstörung von Elam und seinem Volk . . .
Wenn der Widder mit dem Planeten . . . zusammentrifft
. . . wenn Venus und . . .
. . . Planeten können gesehen werden . . .
. . . werden sich gegen den König auflehnen,
. . . werden sich des Thrones bemächtigen,
das ganze Land . . . wird sich auf seinen Befehl hin verkleinern.

Im feindlichen Lager wurde der Himmel ebenfalls nach
Vorzeichen abgesucht. Ein solcher Text, den viele Gelehrte
aus verschiedenen Tafeln (größtenteils im Britischen Museum) zusammengestellt haben, enthält einen erstaunlichen
biographischen Bericht von Marduk, wie er in seinem Exil
verzweifelt auf die richtigen Vorzeichen am Himmel wartete
und den endgültigen Schritt unternahm, um die Herrschaft
zu übernehmen, die ihm seiner Meinung nach zustand.
Geschrieben als »Memoiren« eines alten Marduk, enthüllt er
darin der Nachwelt seine »Geheimnisse«:

O große Götter, erfahrt meine Geheimnisse,
wenn ich mit gürte, werden meine Erinnerungen wach.
Ich bin der göttliche Marduk, ein großer Gott.
Ich wurde verstoßen wegen meiner Sünden,

> in die Berge bin ich gegangen.
> In vielen Ländern war ich ein Wanderer;
> von dort, wo die Sonne aufgeht, bis dorthin, wo sie untergeht, ging ich.

Nachdem er auf diese Weise die Erde von einem Ende bis zum anderen durchwandert hatte, empfing er ein Vorzeichen:

> Wegen eines Omens ging ich in das Chatti-Land.
> Im Chatti-Land bat ich um ein Orakel
> [über] meinen Thron und meine Herrschaft.
> In ihrer Mitte [fragte ich]: »Bis wann?«
> Vierundzwanzig Jahre lang blieb ich in ihrer Mitte.

Verschiedene astronomische Texte aus den Jahren, die den Übergang vom Sternbild Taurus zum Sternbild Aries markierten, enthalten Hinweise auf die Vorzeichen, an denen Marduk besonders interessiert war. In diesen Texten sowie den sogenannten mythologischen Texten wird Marduks Verbindung mit Jupiter betont. Wir wissen, daß Texte wie etwa das Schöpfungsgedicht umgeschrieben wurden, nachdem Marduk seine Ambitionen verwirklicht und sich in Babylon als oberste Gottheit eingesetzt hatte; damit sollte Marduk nämlich mit Nibiru, dem Heimatplaneten der Anunnaki, in Verbindung gebracht werden. Aber vorher war allen Anzeichen nach Jupiter der Himmelskörper Marduk mit seinem Beinamen »Sohn der Sonne«. Eine Hypothese, die vor mehr als eineinhalb Jahrhunderten gemacht wurde, daß nämlich der Jupiter möglicherweise in Babylon eine ähnliche Funktion wie Sirius in Ägypten hatte und als Synchronisator des kalendarischen Zyklus diente, paßt recht gut dazu.

Ich beziehe mich im folgenden auf eine Reihe von Vorträgen, die am Königlichen Institut von Großbritannien im Jahr 1822 (!) vor der Gesellschaft Britischer Altertumsforscher gehalten wurden, von einem »Altertumsforscher« namens John Landseer, der trotz der mageren archäologischen Daten, die damals verfügbar waren, ein erstaunliches Verständnis für die alten Zeiten zeigte. Lange vor anderen Forschern und infolgedessen in seinen Ansichten nicht ernstgenommen,

behauptete er, die »Chaldäer« hätten das Phänomen der
Präzession Jahrtausende vor den Griechen gekannt. Er nannte diese frühe Zeit eine Ära, als »die Astronomie eine
Religion« und die Religion Astronomie gewesen sei, und
erklärte, der Kalender sei auf das »Haus« des Stiers im
Tierkreis bezogen gewesen. Der Übergang zum Widder sei
mit »einer verwirrenden Konjunktion der Sonne und des
Jupiters im Zeichen des Widders verbunden« gewesen, »zu
Beginn des großen Zyklus komplizierter [himmlischer] Um-
wälzungen«. Er war der Ansicht, daß die griechischen Mythen und Sagen, die Zeus bzw. den Jupiter mit dem Widder
und seinem goldenen Vlies in Zusammenhang brachten,
diesen Übergang zum Tierkreiszeichen Widder widerspie-
gelten. Seiner Berechnung nach hatte eine solche entscheidende Konjunktion von Jupiter und Sonne an der Grenze
zwischen Taurus und Aries im Jahr 2142 v. Chr. stattgefunden.

Daß Jupiter in einer Konjunktion mit der Sonne möglicher-
weise das Zeitalter des Widders ankündigte, vermutete auch
Robert Brown anhand von babylonischen Tafeln astronomischen Inhalts; beschrieben ist seine Hypothese in einer
Vortragsreihe mit dem Titel »Euphratean Steller Researches«
(»Proceedings of the Society of Biblical Archaeology«,
London, 1893). Er konzentrierte sich vor allem auf zwei
astronomische Tafeln (Britisches Museum, Katalognummern
K.2310 und K.2894). Brown kam zu dem Ergebnis, daß sie
sich mit der Position von Sternen, Sternbildern und Planeten
befaßten, wie sie zu einem Zeitpunkt, der dem 10. Juli 2020
v. Chr. entspricht, in Babylon am mitternächtlichen Himmel
zu sehen waren. Die Texte zitieren offensichtlich Nabu,
indem sie auf seine »Verkündigung des Planeten des Erden-
fürsten« – vermutlich Jupiter – hinweisen, der auffällig im
Zeichen des Widders erschienen sei. Sie wurden von Brown
in eine »Sternkarte« übertragen, die Jupiter in naher Konjunktion mit dem hellsten Stern (*Lulim,* unter seinem arabischen Namen »Hamal« bekannt) des Sternbilds Aries und

ganz nah beim Frühlingspunkt zeigt, wenn sich die Bahn des Tierkreises und die Planetenbahn (Himmelsäquator und Ekliptik) kreuzen (Abb. 158).

Verschiedene Assyrologen (wie man sie damals nannte), die sich wie etwa Franz Xaver Kugler (»Im Bannkreis Babels«) mit den auf den mesopotamischen Tafeln beschriebenen Übergängen von einem Zeitalter zu einem anderen beschäftigten, haben darauf hingewiesen, daß zwar der Übergang von Gemini zu Taurus relativ präzis bestimmbar war, sich jedoch der von Taurus zu Aries in zeitlicher Hinsicht weniger genau festlegen ließ. Nach Kuglers Ansicht fand die Frühlings-Tagundnachtgleiche, die das neue Jahr anzeigte, im Jahr 2300 v. Chr. immer noch im Tierkreiszeichen Stier statt. Die Babylonier hätten angenommen, daß das neue zodiakale Zeitalter im Jahr 2151 v. Chr. begonnen habe.

Wahrscheinlich es es kein Zufall, daß zum selben Zeitpunkt eine wichtige Neuerung in den ägyptischen Himmelsdarstellungen eingeführt wurde. Laut »Egyptian Astronomical Texts«, einem Meisterwerk über die alte ägyptische Astronomie von O. Neugebauer und Richard A. Parker, begann man um 2150 v. Chr. damit, Himmelsmotive, darunter die 36 Dekaden, auf Sarkophagdeckel zu malen. Dies fiel mit der

Abb. 158

Sternenkarte zur Veranschaulichung von Tafel K. 2310.
Ausschnitt des mitternächtlichen Himmels, wie er
am 10. Juli 2020 v. Chr. von Babylon zu sehen war

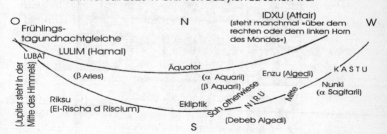

chaotischen Ersten Zwischenzeit zusammen, als die thebanischen Fürsten nach Norden vorrückten, um Memphis und
Heliopolis zu unterwerfen; damals legte auch Re bzw. Marduk die Vorzeichen zu seinen Gunsten aus.

Mit der Zeit, als das Zeitalter des Widders nicht mehr
bestritten wurde, stellten die Sarkophagdeckel deutlich das
neue Himmelszeitalter dar, wie diese Darstellung aus einem
Grab bei Theben zeigt (Abb. 159). Der vierköpfige Widder
beherrscht die vier Ecken des Himmels (und auch der Erde);
der Himmelsstier ist von einem Speer oder einer Lanze
durchbohrt. Die zwölf Sternbilder des Tierkreises, in der von
den Sumerern ersonnenen Reihenfolge und mit den gleichen
Symbolen, sind so angeordnet, daß sich Aries genau im

Abb. 159

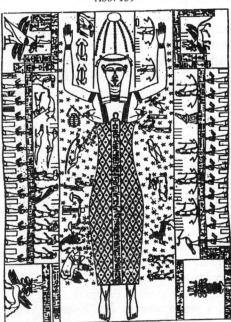

Osten befindet, d. h. dort, wo die Sonne am Tag des Äquinoktiums erscheint.

Wenn das entscheidende Vorzeichen für Marduk bzw. Re die
Konjunktion von Jupiter und Sonne im »Haus« des Widders
war und wenn sie im Jahr 2142 v. Chr. eintrat, wie John
Landseer vermutete, dann fiel diese Ankündigung mehr oder
weniger mit der arithmetisch errechneten zodiakalen Verschiebung (alle 2160 Jahre) zusammen. Dies würde jedoch
bedeuten, daß die Behauptung, die Verschiebung zum Sternbild Aries sei eingetreten, der *beobachteten* Verschiebung
des Frühlingspunktes in das Haus des Widders im Jahr 2020
v. Chr., wie sie durch die beiden Tafeln belegt wird, etwa
eineinhalb Jahrhunderte vorausging. Diese Diskrepanz könnte – zumindest teilweise – erklären, wieso man sich damals
über die Bedeutung der Himmelsvorzeichen und -beobach-
tungen nicht einigen konnte.

Wie der autobiographische Marduk-Text zugibt, lagen zwischen dem Vorzeichen, das Marduk ankündigte, für ihn sei
die Zeit gekommen, seine Wanderung zu beenden und in das
Chatti-Land, das Land der Hethiter in Kleinasien, zu gehen,
und seinem nächsten Schritt 24 Jahre. Aber dieses und
andere Vorzeichen am Himmel wurden auch auf Enlils Seite
aufmerksam verfolgt. Zwar beherrschte der Widder in der
Zeit von Ibbisin, dem letzten König von Ur, noch nicht
völlig den Neujahrstag zur Frühlings-Tagundnachtgleiche,
doch die Orakelpriester deuteten die Vorzeichen als böses
Omen für ein schreckliches Ende. Im vierten Jahr seiner
Regierung (2026 v. Chr.) sagten sie ihm, daß laut der
Vorzeichen »zum zweitenmal der, der sich als der Höchste
bezeichnet, wie einer, der gesalbt worden ist, aus dem
Westen kommen soll«. Wegen solcher Voraussagen hörten
die sumerischen Städte im fünften Jahr seiner Regierung auf,
die üblichen Opfertiere für Nannas Tempel in Ur zu liefern.
Im selben Jahr prophezeiten die Orakelpriester: »Wenn das
sechste Jahr kommt, werden die Einwohner von Ur gefan-

gengenommen werden.« Im folgenden Jahr, dem sechsten, wurden die Vorzeichen der Zerstörung und des Untergangs immer eindringlicher; Mesopotamien selbst, das Kernland von Sumer und Akkad, wurde überfallen. Die Inschriften berichten, daß im sechsten Jahr die Feinde aus dem Westen in die Ebene eingedrungen und ins Innere des Landes vorgerückt seien und alle großen Festungen eine nach der anderen eingenommen hätten.

In den 24 Jahren seines Aufenthalts im Land der Hethiter erhielt Marduk ein weiteres Vorzeichen. In seinen »Memoiren« schrieb er: »Meine Tage [im Exil] waren vollendet, meine Jahre [im Exil] waren vollbracht. Mit Sehnsucht nach meiner Stadt Babylon machte ich mich auf den Weg, meinen Tempel Esagil als einen Berg [wiederaufzubauen], meine immerwährende Wohnstätte wieder zu errichten.« Die teilweise beschädigte Tafel schildert dann seinen Weg von Anatolien zurück nach Babylon; die Städte, die dabei genannt werden, deuten darauf hin, daß er zuerst in südlicher Richtung nach Hama (dem biblischen Hamat) ging, und dann in Mari den Euphrat überquerte, so daß er, wie es die Vorzeichen vorausgesagt hatten, tatsächliche aus dem Westen zurückkehrte.

Das geschah im Jahr 2024 v. Chr.

Er erwartete für sich einen triumphalen Einzug und wollte seinem Volk eine Zeit des Wohlergehens und des Wohlstands und des Gedeihens bringen. Er malte sich die Errichtung einer neuen königlichen Dynastie aus und sah als erste Aufgabe des neuen Königs den Wiederaufbau des Esagil, der Tempelzikkurat von Babylon, vor, gemäß einem neuen »Bauplan des Himmels und der Erde«, einem, der mit dem neuen Zeitalter des Widders in Einklang stand:

> Ich lenkte meine Schritte nach Babylon,
> durch die Länder ging ich zu meiner Stadt.
> Ein König in Babylon soll als erstes
> in seiner Mitte meinen Tempelberg zum Himmel erheben.
> Den berggleichen Esagil wird er erneuern,

> den Grundriß des Himmels und der Erde
> wird er für den berggleichen Esagil zeichnen,
> seine Höhe wird er ändern,
> seine Plattform wird er erhöhen,
> sein Haupt wird er verbessern.

> In meiner Stadt Babylon
> wird er im Überfluß herrschen.
> Meine Hand wird er ergreifen,
> in meine Stadt und meinen Tempel Esagil
> werde ich für die Ewigkeit einziehen.

Zweifellos stellte sich Marduk seinen eigenen neuen Tempel, den Esagil (»Haus, dessen Haupt am höchsten aufragt«), ähnlich geschmückt und verziert wie Ninurtas Zikkurat in Lagasch vor, ausgestattet mit glänzenden, kostbaren Metallen: »Mit gegossenem Metall wird er bedeckt sein, seine Stufen werden mit gewalztem Metall überzogen sein, seine Seitenwände werden mit eingeführtem Metall gefüllt sein.« Und wenn all dies vollbracht sei, sollten Priesterastronomen die Stufen der Zikkurat hinaufsteigen und den Himmel beobachten, um seine rechtmäßige Herrschaft zu bestätigen.

> Zeichenkenner in meinem Dienst
> sollen dann seine Mitte erklimmen;
> links und rechts, auf entgegengesetzten Seiten,
> sollen sie getrennt stehen.

> Der König wird sich dann nähern;
> den rechtmäßigen Stern des Esagil
> über dem Land [wird er beobachten].

Als der Esagil schließlich errichtet wurde, baute man ihn nach sehr detaillierten, genauen Plänen. Seine Ausrichtung, seine Höhe und seine verschiedenen Stufen waren tatsächlich so, daß seine Spitze direkt (siehe Abb. 33) auf den Stern *Iku,* den Hauptstern des Sternbilds Aries, wies.

Aber Marduks ehrgeizige Vision sollte sich nicht sogleich erfüllen. Im selben Jahr, als er an der Spitze einer Horde von Anhängern aus dem Westen, die Nabu zusammengestellt hatte, die Rückkehr nach Babylon antrat, brach über den

Vorderen Orient eine furchtbare Katastrophe herein, wie sie weder die Menschheit noch die Erde selbst vorher je erlebt hatte.

Marduk erwartete, daß sowohl die Götter als auch die Menschen, sobald die Vorzeichen eindeutig waren, seinen Anspruch auf die oberste Macht ohne weiteren Widerstand hinnehmen würden. »Ich rief die Götter an, sie alle, mich zu achten«, schrieb er in seinen »Memoiren«. »Ich rief auf meinem Marsch Menschen auf, Babylon ihren Tribut zu zollen.« Statt dessen traf er auf eine Politik der verbrannten Erde: Die Götter. die für die Viehhaltung und das Getreide zuständig waren, gingen fort, »zum Himmel stiegen sie auf«; die für das Bier zuständigen Götter »machten das Herz des Landes krank«. Der Vormarsch entwickelte sich gewalttätig und blutig. »Bruder richtete Bruder zugrunde, Freunde erschlugen einander mit dem Schwert, Leichen versperrten die Tore.« Das Land war verwüstet; wilde Tiere fraßen Menschen auf, Hundemeuten bissen Menschen tot.

Als Marduks Anhänger weiter vorrückten, wurden die Tempel und Schreine anderer Götter entweiht. Der schlimmste Frevel war die Besudelung von Enlils Tempel in Nippur, der bis dahin das von allen Ländern und allen Völkern verehrte religiöse Zentrum gewesen war. Als Enlil hörte, daß nicht einmal das Allerheiligste verschont geblieben war, daß »im Allerheiligsten der Schleier zerrissen war«, eilte er nach Mesopotamien zurück. Ein »Glanz wie ein Blitz« umgab ihn, als er vom Himmel herabkam; »vor ihm ritten in Strahlen gehüllte Götter«. Als er sah, was geschehen war, ließ Enlil »Böses gegen Babylon planen«. Ninurta und Nergal erhielten den Auftrag, Nabu zu ergreifen und vor den Rat der Götter zu bringen. Aber sie stellten fest, daß Nabu aus seinem Tempel in Borsippa am Ufer des Euphrats geflüchtet war, um sich bei seinen Anhängern in Kanaan und auf den Mittelmeerinseln zu verbergen.

Die führenden Anunnaki berieten sich und erörterten »einen Tag und eine Nacht, ohne aufzuhören«, das Für und Wider.

Nur Enki verteidigte seinen Sohn: »Nun da sich der Fürst
Marduk erhoben hat, nun da die Menschen zum zweitenmal
sein Bild erhoben haben«, warum solle da noch der Widerstand fortdauern. Er machte Nergal Vorwürfe, daß er seinen
Bruder bekämpfe, aber Nergal »stand vor ihm, Tag und
Nacht, unaufhörlich«, und erwiderte die Himmelsvorzeichen
seien falsch gedeutet worden. »Laßt Schamasch [den Son-
nengott] die Zeichen sehen und die Menschen unterrichten«,
sagte er. »Laßt Nanna [den Mondgott] einen Blick auf sein
Zeichen werfen und dies dem Land übermitteln.« Nergal
bezog sich dann auf den Stern eines Sternbildes, dessen
Identität umstritten ist, und sagte: »Unter den Himmelsster-
nen schickte der Fuchsstern seine Strahlen zu ihm.« Er sehe
andere Vorzeichen: »blendende Himmelssterne, die ein
Schwert tragen«, Kometen, die über den Himmel eilten. Und
er wollte wissen, was diese neuen Vorzeichen bedeuteten.
Als die Auseinandersetzung zwischen Enki und Nergal
schärfer wurde, verkündete Nergal, es sei notwendig, »das,
was mit einem strahlenden Mantel bedeckt ist, zu aktivieren«
und dadurch die »bösen Menschen zugrunde gehen« zu
lassen. Verärgert verließ er die Versammlung.
Es gab keine andere Möglichkeit, Marduks und Nabus
Machtübernahme zu verhindern, als »die sieben furchteinflößenden Waffen« einzusetzen, deren Versteck in Afrika nur
Nergal kannte. Es handelte sich dabei um Waffen, die
bewirkten, daß Länder zu einem »Staubhaufen« wurden,
Städte hochgeschleudert wurden, die »Meere aufwühlten, so
daß alles, was darin lebte, dezimiert wurde«, und »die
Menschen verschwinden und ihre Seele verdampfen ließen«.
Die Beschreibung dieser Waffen und der Auswirkungen
ihres Einsatzes läßt klar erkennen, daß es Atomwaffen
waren.
Inanna wies darauf hin, daß die Zeit knapp werde. »Bis die
Zeit erfüllt ist, wird die Stunde vergangen sein!« ermahnte
sie die diskutierenden Götter. »Hütet euch alle!« Sie empfahl
ihnen, sich im geheimen zu beraten, damit der Angriffsplan

nicht Marduk hinterbracht werden könne (vermutlich durch
Enki). »Verschließt eure Lippen!« riet sie Enlil und den
anderen. »Geht in eure Privatquartiere!« In der Abgeschie-
denheit des Emeslam-Tempels ergriff Ninurta das Wort.
»Die Zeit ist verstrichen, die Stunde ist vergangen«, sagte er.
»Eröffnet mir einen Weg, und laßt mich losziehen!«
Der Würfel war gefallen.

Von den verschiedenen erhaltenen Quellen, die sich mit der
verhängnisvollen Kette der Ereignisse befassen, ist die wichtigste und am besten erhaltene das »Erra-Epos«. Es beschreibt
sehr ausführlich die Diskussionen, die Argumente dafür und
dagegen, die Befürchtungen für die Zukunft, falls Marduk
und seine Anhänger den Raumflughafen und seine Neben-
anlagen kontrollieren sollten. Weitere Einzelheiten nennen
die »Kedor-Laomer-Texte« und Inschriften auf verschiedenen Tontafeln, wie etwa die in den »Oxford Editions of
Cuneiform Texts«. Sie alle schildern den unheilvollen und
verhängnisvollen Verlauf bis zu seinem Höhepunkt, den man
in der Bibel (Genesis 18 und 19) nachlesen kann, der furchtbaren Zerstörung von Sodom und Gomorra und der anderen
»sündigen Städte« der Gegend: Vernichtet wurden dabei »von
Grund auf jene Städte und die ganze Gegend, auch alle Einwohner der Städte und alles, was auf den Feldern wuchs«.

Daß die »sündigen Städte« vernichtet und vom Antlitz der
Erde gefegt wurden, war nur ein Nebeneffekt. Das Hauptziel
war die Zerstörung des Raumflughafens auf der Halbinsel
Sinai. »Das, was erhoben wurde, um zu Anu aufzufahren«,
heißt es in den mesopotamischen Texten, vernichteten Ninurta und Nergal. »Seine Oberfläche ließen sie verschwinden, seinen Ort verwüsteten sie.« Das war im Jahr 2024 v.
Chr. Die Beweise dafür – die gewaltige Aushöhlung im
Zentrum der Halbinsel, das riesige, sie umgebende flache
Gebiet, das mit geschwärzten Steinen bedeckt ist, Spuren
von Radioaktivität südlich des Toten Meeres, die neue Größe
und Form des Toten Meeres – sind immer noch vorhanden,
4000 Jahre später.

Die Nachwirkungen waren nicht weniger tiefgreifend und dauerhaft. Im fernen Mesopotamien waren nukleare Explosionen, ihre grellen Lichtblitze und ihre die Erde erschütternden Druckwellen weder zu sehen noch zu spüren, doch wie sich herausstellte, führte der Versuch, Sumer, seine Götter und seine Kultur zu retten, zu einem schrecklichen Ende für Sumer und seine Zivilisation.

Das bittere Ende von Sumer und seinen großen Städten wird in zahlreichen Klagetexten beschrieben, die den Untergang von Ur, Nippur, Uruk, Eridu und anderen berühmten und weniger berühmten Städten beweinen. Typisch für die Katastrophen, die über das einst stolze, blühende Land hereinbrachen, sind die in der »Klage über die Zerstörung von Ur« aufgezählten; aus dieser etwa 440 Verse langen Dichtung seien hier nur einige wenige zitiert:

Die Stadt fiel in Trümmer,
die Menschen stöhnten ...
Ihre Menschen, nicht Tonscherben,
füllten ihre Schluchten ...
In ihren hohen Toren, wo sie
sich ergingen, lagen Leichen ...
Wo die Feste des Landes stattfanden,
lagen die Menschen haufenweise ...
Die Kinder lagen im Schoß ihrer Mütter
wie aus dem Wasser gezogene Fische ...
Der Rat des Landes war zerstreut ...

In den Lagerhäusern, von denen es viele im Land gab,
wurden Feuer entzündet ...
Der Ochse in seinem Stall wurde nicht gefüttert,
fort ist sein Hirte ...
Die Schafe in ihrem Pferch wurden nicht mehr gehütet,
fort ist ihr Schäfer ...
In den Flüssen der Stadt hat sich Staub angesammelt,
Fuchsbaue sind sie geworden ...
Auf den Feldern der Stadt ist kein Getreide,
fort ist der Feldarbeiter ...
Die Palmenhaine und Weingärten, wo es Honig und Wein
im Überfluß gab, bringen jetzt Bergdornen hervor ...
Kostbare Metalle und Edelsteine, Lapislazuli

sind verstreut worden ...
Der Tempel von Ur ist dem Wind
überlassen worden ...
Das Singen hat sich in Weinen verwandelt,
Ur ist den Tränen überlassen worden.

Lange Zeit haben Gelehrte die Ansicht vertreten, die verschiedenen Klagetexte würden die sukzessive, aber getrennte
Zerstörung der sumerischen Städte durch Eindringlinge aus
dem Westen, Osten und Norden. Aber: in meinem Buch
»Die Kriege der Menschen und Götter« habe ich die Vermutung geäußert, daß dies nicht so war, sondern daß diese
Klagen eine einzige landesweite Katastrophe betreffen, eine
ungewöhnliche Katastrophe und ein plötzliches Unheil, gegen das kein Schutz, keine Verteidigung, kein Verstecken
möglich war. Diese Auffassung von einer einzigen plötzlichen und alles vernichtenden Katastrophe wird jetzt zunehmend von den Wissenschaftlern akzeptiert. Doch noch be-
zweifelt man meinen Hinweis, daß ein Zusammenhang zwischen der Vernichtung der »sündigen Städte« und der des
Raumflughafens im Westen besteht. Dabei handelte es sich
um die unerwartete Entstehung eines Vakuums in der Atmosphäre, wodurch sich ein ungeheurer Wirbelsturm entwickelte, der die radioaktiven Wolken ostwärts trug, in Richtung
Sumer.
Die verschiedenen verfügbaren Texte und nicht nur die
Klagetexte sprechen deutlich von dem Unheil als einem
unaufhaltsamen Sturm, einem »schlimmen Wind«, und
kennzeichnen ihn eindeutig als das Ergebnis eines unvergeß-
lichen Tages, als ihn eine nukleare Explosion in der Nähe der
Mittelmeerküste erzeugt hatte:

An jenem Tag,
als der Himmel zermalmt wurde
und die Erde geschlagen wurde,
ihr Antlitz vom Wirbel verwüstet –
als der Himmel verdunkelt
und wie mit einem Schatten bedeckt wurde –

An jenem Tag entstand

> ein großer Sturm vom Himmel ...
> Ein landvernichtender Sturm ...
> Ein schlimmer Wind wie ein tobender Sturzbach ...
> Ein zerstörender Wind, von sengender Hitze begleitet ...
> Bei Tage raubte er dem Land die helle Sonne,
> am Abend leuchteten die Sterne nicht ...
>
> Die erschrockenen Menschen konnten kaum atmen;
> der schlimme Wind umklammerte sie,
> gönnt ihnen keinen nächsten Tag mehr ...
> Münder waren blutgetränkt,
> Köpfe wälzten sich im Blut ...
> Das Gesicht erbleichte vom schlimmen Wind.

Nachdem die tödliche Wolke weitergezogen war, »nachdem der Sturm von der Stadt fortgetragen worden war, verwandelte sich diese Stadt in eine Einöde«:

> Er bewirkte, daß die Städte unbewohnt waren,
> er bewirkte, daß die Häuser unbewohnt wurden,
> er bewirkte, daß die Ställe verlassen waren,
> die Schafpferche leer waren ...
> Die Flüsse Sumers ließ er fließen
> mit Wasser, das bitter ist;
> auf seinen Feldern wächst Unkraut,
> auf seinen Weiden wachsen verwelkende Pflanzen.

Es war ein todbringender Sturm, der sogar die Götter gefährdete. Die Klageschriften führen praktisch jede größere sumerische Stadt als Orte auf, wo ihre Götter ihre Wohnstätten, Tempel und Schreine verließen – und in den meisten Fällen nie zurückkehrten. Einige flüchteten hastig vor der nahenden Todeswolke und »flogen auf wie ein Vogel«. Inanna, die rasch zu einem sicheren Hafen gesegelt war, beklagte sich später, sie habe ihre Geschmeide und anderen Besitztümer zurücklassen müssen. Die Geschichte lief jedoch nicht überall gleich ab. In Ur weigerten sich Nanna und Ningal, ihre Anhänger im Stich zu lassen, und flehten den großen Enlil an, sein Möglichstes zu tun, um das Unheil abzuwenden.

Doch Enlil entgegnete, das Schicksal Urs könne nicht geändert werden. Das göttliche Paar verbrachte eine alptraumhafte Nacht in Ur. »Vor der Schändlichkeit dieser Nacht flohen sie nicht« und versteckten sich »wie Termiten« unter der Erde. Aber am Morgen stellte Ningal fest, daß Nanna bzw. Sin erkrankt war, »legte hastig ein Gewand an und verließ mit ihrem leidenden Gemahl das geliebte Ur«. In Lagasch war Bau, nachdem Ninurta fort war, allein im Girsu geblieben; die Göttin brachte es nicht über sich, ihn zu verlassen. So blieb sie und »weinte bittere Tränen um ihren heiligen Tempel, um ihre Stadt«. Ihr Zögern kostete sie fast das Leben: »An diesem Tage holte der Sturm sie, die Herrin, ein.« (Nach der Ansicht einiger Gelehrter weist der in der Klage darauffolgende Vers sogar darauf hin, daß Bau tatsächlich ihr Leben verlor: »Als wäre sie eine Sterbliche, hatte der Sturm Bau eingeholt.«)

Der Vernichtungsweg des schlimmen Windes weitete sich über ganz Sumer und Akkad aus und berührte auch Eridu, die Stadt Enkis, im Süden. Enki, erfahren wir, suchte etwas abseits vom Wind Schutz, blieb aber nahe genug, um in die Stadt zurückkehren zu können, nachdem die Wolke vorübergezogen war. Er fand eine Stadt, die »in Schweigen gehüllt« war und deren »Bewohner aufgestapelt dalagen«. Aber vereinzelt gab es Überlebende, die Enki nach Süden, zur Wüste, führte. Es war ein »feindseliges Land«, unbewohnbar. Doch Enki nutzte seine wissenschaftlichen Kenntnisse und schaffte es – wie Jahwe ein Jahrtausend später in der Wüste Sinai – auf wunderbare Weise, »für die aus Eridu Vertriebenen« Wasser und Nahrungsmittel zu beschaffen.

Wie es das Schicksal wollte, wurde Babylon, das sich am Nordrand des Einflußbereichs des schlimmen Windes befand, von allen mesopotamischen Städten am wenigsten getroffen. Von seinem Vater gewarnt und beraten, sorgte Marduk dafür, daß die Einwohner die Stadt verließen und nach Norden eilten. Mit Worten, die an den Rat des Engels an Lot und seine Familie erinnern, als er sie anwies, Sodom vor seiner Zerstörung zu verlassen, ermahnte Marduk die Flüchtlinge, »sich weder umzudrehen noch zurückzuschauen«. Falls eine Flucht nicht möglich sei, sollten sie »sich in eine unterirdische Kammer begeben, ins Dunkle«. Wenn der »schlimme Sturm« vorübergezogen sei, dürften sie in der Stadt weder etwas essen noch etwas trinken, denn sie könnten »von dem Geist berührt worden sein«.

Als die Luft endlich rein war, war ganz Südmesopotamien zugrunde gerichtet. »Der Sturm zerschmetterte das Land, löschte alles aus. ... Niemand benutzt die Straßen, niemand macht die Wege ausfindig. ... An den Ufern des Tigris und des Euphrat wachsen nur kränkelnde Pflanzen. ... In den Obst- und Gemüsegärten gibt es kein neues Wachstum, schnell siechten sie dahin. ... Auf den Steppen wird das Vieh, großes und kleines, selten. ... Die Schafpferche sind dem Wind ausgeliefert.«

Erst nach sieben Jahren begann sich neues Leben zu regen. Unter dem Schutz elamitischer und gutäischer Truppen, die Ninurta treu geblieben waren, kehrte in Sumer wieder so etwas wie eine geordnete Gesellschaft ein, unter Herrschern, die ihren Sitz in ehemaligen Provinzzentren, Isin und Larsa, hatten. Erst nach siebzig Jahren – dieselbe Zeitspanne, wie sie später bis zum Wiederaufbau des Tempels in Jerusalem verging – wurde der Tempel in Nippur wiederhergestellt. Aber »die Götter, die die Geschicke bestimmen«, Anu und Enlil, sahen keinen Sinn darin, die Vergangenheit wiederaufleben zu lassen. Wie Enlil zu Nanna bzw. Sin gesagt hatte, als er von ihm gebeten wurde, Ur beizustehen:

> Ur wurde das Königtum geschenkt –
> ewige Herrschaft war nicht verbürgt.

Marduk hatte sein Ziel erreicht. Innerhalb weniger Jahrzehnte war seine Vision von einem König in Babylon, der seine Hand ergreifen, die Stadt wiederaufbauen und seine Zikkurat Esagil errichten werde, wahr geworden. Nach anfänglichen

Schwierigkeiten errang die erste Dynastie von Babylon die
erstrebte Macht und Sicherheit, die Hammurabi mit folgenden Worten zum Ausdruck brachte:

Erhabener Anu, Herr der Götter,
der du vom Himmel auf die Erde kamst,
und Enlil, Herr des Himmels und der Erde,
der du die Geschicke des Landes bestimmst,
ihr bestimmtet für Marduk, den Erstgeborenen Enkis,
die Enlil-Aufgaben für die ganze Menschheit;
ihr machtet ihn groß unter den Göttern, die beobachten und sehen,
nanntet Babylon beim Namen, um herauszuragen,
machtet es überragend in der Welt
setztet für Marduk in seiner Mitte
ein immerwährendes Königtum ein.

In Ägypten, das von der radioaktiven Wolke verschont geblieben war, begann das Zeitalter des Widders unmittelbar nach
dem Sieg Thebens und der Inthronisierung der Dynastien des
Mittleren Reichs. Als die Neujahrsfeiern, die mit dem Anstieg
des Nils zusammenfielen, dem neuen Zeitalter angeglichen
wurden, priesen Hymnen an Re-Amun den Gott folgendermaßen:

O Glänzender,
der in den Wassern der Überschwemmung scheint.
Er, der seinen Kopf erhob und seine Stirn darbietet:
er vom Widder, größter der Himmelsgeschöpfe.

Unter den neuen Herrschern waren die Tempelstraßen von
Widderstatuen gesäumt. Im großen Tempel des Amun-Re in
Karnak, in einem geheimen Beobachtungsraum, der am Tag
der Wintersonnenwende geöffnet werden mußte, um die
Sonnenstrahlen in das Allerheiligste fallen zu lassen, waren
die folgenden Anweisungen für den Priesterastronomen an-
geschrieben:

Man geht durch die Halle, die Horizont des Himmels heißt.
Man steigt zum *Aha* hinauf, dem »einsamen Ort der majestätischen
    Seele«,

in dem hohen Raum, um den Widder zu beobachten, der über den Himmel fährt.

In Mesopotamien wurde die Vorherrschaft des Zeitalters des Widders langsam, aber sicher durch Veränderungen im Kalender und in den Verzeichnissen der Himmelssterne anerkannt. Solche Listen begannen jetzt nicht mehr mit dem Sternbild Taurus, sondern mit Aries; und Nisan, der Monat des Frühlingsäquinoktiums und des Neujahrstages, wurde dem Tierkreis des Widders und nicht mehr dem des Stiers zugewiesen. Ein Beispiel ist das babylonische Astrolabium (siehe Abb. 102), das bereits im Zusammenhang mit dem Ursprung der Einteilung in 36 Abschnitte zur Sprache kam. Es wies deutlich den Stern *Iku* als den bestimmenden Himmelskörper für den ersten Monat Nisannu aus. Iku war der »Alpha« oder Hauptstern des Sternbildes Widder; er wird noch immer mit seinem arabischen Namen *Hamal* bezeichnet, der »männliches Schaf« bedeutet.

Das neue Zeitalter war gekommen, im Himmel und auf der Erde.

Abb. 160

Es sollte die nächsten zwei Jahrtausende und auch die Astronomie beherrschen, die die »Chaldäer« an die Griechen weitergegeben hatten. Als in den letzten Jahren des 4. Jahrhunderts v. Chr. Alexander der Große – wie Gilgamesch 2500 Jahre früher – glaubte, er habe Anspruch auf Unsterblichkeit, weil sein wahrer Vater der ägyptische Gott Amun sei, reiste er zum Orakelort des Gottes in der westlichen Wüste von Ägypten, um eine Bestätigung dafür zu erhalten. Nachdem er sie bekommen hatte, ließ er Silbermünzen prägen, die sein Bildnis, mit den Hörnern des Widders geschmückt, trugen (Abb. 160).

Einige Jahrhunderte später verschwand der Widder und wurde vom Tierkreiszeichen der Fische abgelöst. Doch das ist, wie man zu sagen pflegt, bereits Geschichte.

13

Nachwirkungen

Um sich seine Oberherrschaft auf der Erde zu sichern, festigte Marduk weiter seine Vormachtstellung im Himmel. Ein wichtiges Mittel dazu war das überaus wichtige alljährliche Neujahrsfest, wenn das Schöpfungsgedicht öffentlich vorgelesen wurde. Der Zweck dieses Brauches bestand darin, die Bevölkerung nicht nur mit den Grundlagen der Kosmogonie, der Evolutionsgeschichte und der Ankunft der Anunnaki vertraut zu machen, sondern auch die religiösen Grundbegriffe in bezug auf die Götter und Menschen festzulegen und wiederherzustellen.

Das Schöpfungsgedicht war somit ein nützliches und mächtiges Mittel der eindringlichen Belehrung und Unterweisung. Eine der ersten Handlungen Marduks war eine unerhörte Fälschung: Er schuf eine babylonische Fassung des Epos, indem er den Namen »Marduk« an die Stelle des Namens »Nibiru« setzte. Auf diese Weise war es Marduk, der als Himmelsgott aus dem Weltall gekommen war, Tiamat bekämpft und das »gehämmerte Band« (den Planetoidengürtel) sowie die Erde aus den beiden Hälften Tiamats geschaffen und das Sonnensystem neu geordnet hatte und zu dem großen Gott wurde, dessen Umlaufbahn »als Schleife« die Bahnen aller anderen Himmelsgötter (Planeten) umkreist und umfaßt, um sie seiner Erhabenheit unterzuordnen. Alle nachfolgenden Standorte, Umlaufbahnen, Zyklen und Erscheinungen am Himmel waren somit das Werk Marduks: *Er* bestimmte durch seine Bahn die »göttliche Zeit«, die »Himmelszeit«, indem er die Konstellationen festlegte, und die »irdische Zeit«, indem er der Erde ihre Umlaufposition und die Neigung ihrer Achse gab. Er war es auch, der Kingu, den

Hauptsatelliten Tiamats, aus der eigenständigen Umlaufbahn
riß, die entstanden war, und zu einem Trabanten der Erde
machte, zum Mond, der zu- und abnimmt und die Monate
verkündet.

Bei dieser Neuordnung des Himmels vergaß Marduk nicht,
auch einige persönliche Rechnungen zu begleichen. Früher
war Nibiru als Heimatplanet der Anunnaki der Aufenthaltsort Anus gewesen und wurde deshalb mit ihm in Verbindung
gebracht. Nachdem Marduk den Nibiru für sich selbst in
Besitz genommen hatte, schob er Anu auf einen geringer-
wertigen Planeten ab, auf den Planeten, den wir heute als
Uranus bezeichnen. Marduks Vater Enki war ursprünglich
mit dem Mond verbunden; jetzt erwies Marduk ihm die
Ehre, der Planet »Nummer eins« zu sein, der äußerste Planet,
den wir Neptun nennen. Um die Fälschung zu vertuschen
und den Anschein zu erwecken, als wäre es schon immer so
gewesen, verwendete die babylonische Fassung des Schöp-
fungsgedichts (das nach seinen Anfangsworten *Enuma
elisch* genannt wird) die sumerische Terminologie für die
Planetennamen und nannte den Planeten NUDIMMUD,
»Kunstreicher Schöpfer«, was genau das war, was Enkis
ägyptischer Beiname *Chum* bedeutet hatte.

Für seinen Sohn Nabu brauchte Marduk ebenfalls eine
Entsprechung am Himmel. Zu diesem Zweck wurde der von
uns Merkur genannte Planet, der mit Enlils jüngstem Sohn
Ischkur bzw. Adad verbunden war, »enteignet« und Nabu
zugewiesen. Sarpanitu, Marduks Gemahlin, der er verdank-
te, daß er aus der Großen Pyramide befreit und seine Strafe
von lebendig begraben in Verbannung (das erste der beiden
Exile) umgewandelt worden war, wurde ebenfalls nicht
vergessen. Marduk rechnete mit Inanna bzw. Ischtar ab,
indem er sie ihrer Verbindung mit der Venus beraubte und
diesen Planeten auf Sarpanitu übertrug. (Während der Wechsel von Adad zu Nabu in der babylonischen Astronomie
teilweise beachtet wurde, setzte sich der von Ischtar zu
Sarpanitu allerdings nicht durch.)

Enlil war zu allmächtig, um beiseite geschoben werden zu können. Anstatt Enlils Stellung im Himmel (als Gott des siebten Planeten, der Erde) zu ändern, nahm Marduk für sich den Rang fünfzig in Anspruch, der Enlils Rang war, nur eine Stufe unter Anus Rang sechzig (Enkis numerischer Rang war vierzig). Diese Übernahme wurde in das *Enuma elisch* eingefügt, indem auf der siebten und letzten Tafel die fünfzig Namen Marduks aufgeführt wurden. Die Aufzählung, die mit seinem eigenen Namen »Marduk« begann und mit seinem neuen Himmelsnamen »Nibiru« endete, fügte jedem Beinamen eine preisende Erklärung seiner Bedeutung hinzu. Bei der Vorlesung der fünfzig Namen während des Neujahrsfestes wurde keine Leistung, vollbrachte Schöpfung, Wohltat, Herrschaftsbezeichnung oder Lobpreisung seiner obersten Macht ausgelassen.

»Mit den fünfzig Namen«, heißt es in den beiden Schlußversen, »riefen ihn die großen Götter aus, mit dem Titel Fünfzig machten sie ihn überragend.« Ein vom priesterlichen Schreiber hinzugefügter Epilog verlangte, daß die fünfzig Namen in Babylon gelesen würden:

> Sie sollen im Gedächtnis bewahrt werden,
> der Edle soll sie erklären,
> die Weisen und Kundigen
> sollen miteinander darüber sprechen;
> der Vater lese sie vor
> und gebe sie an den Sohn weiter.

Marduks Machtübernahme im Himmel war parallel dazu von einer Veränderung der Religion auf der Erde begleitet. Die anderen Götter, die führenden Anunnaki, selbst seine unmittelbaren Gegner wurden weder bestraft noch vernichtet. Vielmehr wurden sie Marduk als untergeordnet erklärt, indem ihre verschiedenen Attribute und Kräfte auf Marduk übertragen wurden. Wenn Ninurta als Gott der Landwirtschaft bekannt war, der den Menschen durch die Eindämmung der Bergflüsse und durch den Bau von Bewässerungs-

kanälen den Ackerbau geschenkt hatte, so gehörte diese
Funktion nun zu Marduk. Adad war der Gott des Regens und
der Stürme gewesen, jetzt war Marduk der »Adad des
Regens«. Die Liste, die nur teilweise auf einer babylonischen Tafel erhalten geblieben ist, fing folgendermaßen an:

Ninurta	=	Marduk der Hacke
Nergal	=	Marduk des Angriffs
Zababa	=	Marduk der Schlacht
Enlil	=	Marduk der Herrschaft und des Rates
Nabium	=	Marduk der Zahlen und des Rechnens
Sin	=	Marduk, der Erheller der Nacht
Schamasch	=	Marduk der Gerechtigkeit
Adad	=	Marduk des Regens

Einige Wissenschaftler haben Spekulationen darüber ange-
stellt, ob Marduk mit dieser Konzentration aller göttlichen
Macht und Funktionen in einer Hand nicht die Idee eines
allmächtigen Gottes eingeführt habe – ein Schritt hin zum
Monotheismus der biblischen Propheten. Aber damit ver-
wechselt man den Glauben an einen einzigen, allmächtigen
Gott mit einer Religion, in der ein Gott lediglich über den
anderen Göttern steht, also mit einem Polytheismus, in dem
ein Gott die anderen Götter beherrscht. Oder mit den Worten
im *Enuma elisch*: Marduk wurde »der Enlil der Götter«, ihr
»Herr«.
Da Marduk bzw. Re nicht mehr in Ägypten residierte, wurde
er dort zu *Amen,* dem »Verborgenen«. Trotzdem verkündeten ägyptische Hymnen an ihn seine oberste Herrschaft und
übernahmen die neue Theologie, daß er der »Gott der
Götter« sei, »mächtiger als die anderen Götter«. In einer
solchen Gruppe von Hymnen, die in Theben verfaßt wurden
und aus dem sogenannten Leiden-Papyrus sind, beginnen die
Lobpreisungen mit der Beschreibung, wie – nachdem die
»Inseln, die in der Mitte des Mittelmeers liegen«, seinen
Namen als »hoch und mächtig und stark« anerkannten – die

Völker der »Bergländer« bewundernd zu ihm herabkamen: »Jedes aufsässige Land war von deinem Schrecken erfüllt.« Das sechste Kapitel zählt weitere Länder auf, die zu Amun-Re umschwenken und ihm ihren Gehorsam erweisen, und fährt fort, indem es die Ankunft des Gottes im Land der Götter – meines Erachtens Mesopotamien – und den nachfolgenden Bau von Amuns neuem Tempel dort – dabei dürfte es sich um den Esagil handeln – schildert. Der Text erinnert stark an Gudeas Beschreibung aller seltenen Baumaterialien, die von nah und fern herbeigeschafft werden mußten: »Die Berge liefern Steinblöcke für dich, um die großen Tore deines Tempels herzustellen; Schiffe fahren auf dem Meer, Wasserfahrzeuge liegen im Hafen, werden beladen und zu dir gesteuert.« Jedes Land, jedes Volk schickte Opfergaben, um ihn günstig zu stimmen.

Aber nicht nur die Menschen huldigten Amun, sondern auch die anderen Götter. In den folgenden Kapiteln wird Amun-Re als König der Götter gepriesen:

> Die Götter, die vom Himmel kamen, versammelten sich vor deinem
> Angesicht und verkündeten:
> »Groß an Ruhm, Herr der Herren ... Er ist der Herr!«
> Die Feinde des allumfassenden Herrn sind unterworfen;
> seine Gegner im Himmel und auf Erden sind nicht mehr.
> Du triumphierst, Amun-Re!
>
> Du bist der Gott, mächtiger als alle anderen Götter.
> Du bist der einzig Einzige.
> Allumfassender Gott:
> stärker als alle Städte ist deine Stadt Theben.

Klugerweise zielte die Politik nicht darauf ab, die anderen großen Anunnaki auszuschalten, sondern sie zu kontrollieren und zu überwachen. Als dann der heilige Bezirk des Esagil mit der entsprechenden Pracht fertig war, lud Marduk die anderen führenden Gottheiten ein, nach Babylon zu kommen und dort zu wohnen: in besonderen Schreinen, die für jeden von ihnen innerhalb des heiligen Bezirks errichtet worden waren. Davon erzählt die sechste Tafel der babylonischen

Fassung des Epos. Nachdem Marduks eigene Tempelwoh-
nung fertiggestellt und die Schreine für die anderen Anun-
naki errichtet waren, lud Marduk alle zu einem Festmahl ein:
»Dies ist Babylon, der Ort, der euer Zuhause ist!« rief er.
»Feiert in seinem [heiligen] Bezirk, nehmt seine breiten
Plätze ein!« Wenn sie seiner Einladung folgten, würden sie
Babylon wirklich zu dem machen, was sein Name – *Babili*
– bedeutete: »Tor der Götter«.

Laut der babylonischen Fassung nahmen die anderen Götter
ihre Plätze vor dem erhöhten Thron ein, auf dem Marduk
selbst saß. Unter ihnen waren »die sieben Götter der Geschicke«. Nach dem Mahl und dem Ritus aller Riten und
nachdem sichergestellt war, »daß die Regeln gemäß den
Vorzeichen festgelegt worden waren«, machte Enlil ein
Friedensangebot:

> Enlil hob den Bogen auf, seine Waffe,
> und legte ihn vor den Göttern nieder.

Enki erkannte diese symbolische Erklärung der Bereitschaft
zu einer »friedlichen Koexistenz« durch den Führer der
Enliliten an und sprach:

> Möge unser Sohn, der Rächer, erhaben sein,
> möge seine Herrschaft unübertrefflich sein,
> ohne einen Nebenbuhler.
> Möge er die menschliche Rasse hüten bis zum Ende der Tage;
> ohne zu vergessen, sollen sie seinem Tun Beifall zollen.

Er zählte alle Pflichten der Verehrung auf, die das Volk
Marduk und den anderen in Babylon versammelten Göttern
schuldete, und sagte dann zu den Anunnaki:

> Und was uns betrifft, bei seinem Namen:
> Er ist unser Gott!
> Laßt uns nun seine fünfzig Namen verkünden!

Mit der Verkündung seiner fünfzig Namen, die Marduk den
Rang fünfzig gaben, der bisher Enlils und Ninurtas Rang
gewesen war, wurde Marduk der Gott der Götter. Kein

alleiniger Gott, sondern der Gott, dem die anderen Götter Gehorsam schuldeten.

Auch wenn die neue Religion in Babylon von einer monotheistischen Theologie weit entfernt war, fragten sich die Wissenschaftler (besonders zu Beginn unseres Jahrhunderts) und diskutierten heftig, in welchem Maße die Idee einer Dreieinigkeit ihren Ursprung in Babylon habe. Man stellte fest, daß die neue babylonische Religion die Abstammungslinie Enki–Marduk–Nabu betonte und daß die Göttlichkeit des Sohnes von einem »heiligen Vater« herrührte. Man wies darauf hin, daß Enki ihn als »unseren Sohn« bezeichnete und daß sein Name, MAR.DUK, »Sohn des reinen Ortes« (P. Jensen), »Sohn des kosmischen Berges« (B. Meißner), »Sohn des strahlenden Tages« (F. J. Delitzsch), »Sohn des Lichtes« (A. Deimel) oder einfach »Wahrer Sohn« (W. Paulus) bedeutete. Die Tatsache, daß alle diese führenden Assyriologen Deutsche waren, hing damit zusammen, daß die Deutsche Orient-Gesellschaft – eine archäologische Vereinigung, die auch politischen und nachrichtendienstlichen Zielen diente – von 1899 bis fast zum Ende des Ersten Weltkriegs, als der Irak an Großbritannien fiel, fast ununterbrochen Ausgrabungen in Babylon vornehmen ließ. Die Ausgrabung des alten Babylon (die Ruinen stammten allerdings größtenteils aus dem 7. Jahrhundert v. Chr.) und die wachsende Erkenntnis, daß die biblische Schöpfungsgeschichte mesopotamischen Ursprungs war, führte unter den Gelehrten zu heftigen Debatten, die unter dem Thema »Babel und die Bibel« standen, und danach zu theologischen Diskussionen. War »Marduk [der] Urtyp Christi?« fragte beispielsweise Witold Paulus in einer gleichnamigen Studie, nachdem man die Geschichte von Marduks Begräbnis und späterem Wiederauftauchen (bevor er zur beherrschenden Gottheit wurde) entdeckt hatte.

Diese Streitfrage wurde nie gelöst, aber fallengelassen, weil Europa, besonders Deutschland, nach dem Ersten Weltkrieg mit dringlicheren Problemen konfrontiert wurde. Fest steht

jedoch, daß sich das neue Zeitalter, das Marduk und Babylon
etwa 2000 v. Chr. einführten, *in einer neuen Religion
manifestierte,* in einem Polytheismus, in dem ein Gott über
alle anderen Göttern dominierte.

Thorkild Jacobsen (»The Treasures of Darkness«) untersuchte 4000 Jahre der mesopotamischen Religion und stellte als
Hauptveränderung fest, daß zu Beginn des 2. Jahrtausends v.
Chr. nationale Reichsgötter anstelle der Universalgötter der
vorangegangenen zwei Jahrtausende erschienen. Die vorher
bestehende Pluralität der göttlichen Kräfte, schreibt Jacobsen, »erforderte die Fähigkeit, zu unterscheiden, zu bewerten
und eine Wahl zu treffen« nicht nur zwischen den Göttern,
sondern auch zwischen Gut und Böse. Indem Marduk die
Macht und die Kräfte aller anderen Götter für sich in
Anspruch nahm, hob er eine solche Auswahlmöglichkeit auf.
»Der Nationalcharakter Marduks«, erklärte Jacobsen (in
einer Studie mit dem Titel »Toward the Image of Tammuz«),
habe eine Situation geschaffen, in der »Religion und Politik
auf kompliziertere Weise verknüpft wurden« und in der die
Götter »durch Zeichen und Omen die Politik ihrer Länder
aktiv lenkte«.

Daß die Politik und die Religion durch »Zeichen und Omen«
gelenkt wurden, war tatsächlich eine wichtige Neuerung. Es
war keine überraschende Entwicklung angesichts der wichtigen Rolle, die himmlische Zeichen und Vorzeichen gespielt
hatten, als es galt, den wirklichen Beginn der zodiakalen
Veränderung zu bestimmen und zu entscheiden, wer auf der
Erde die höchste Macht haben würde. Viele Jahrtausende
lang fällten die »Sieben, die die Geschicke bestimmen«,
Anu, Enlil und die anderen Anunnaki-Führer, alle Entscheidungen, die die Anunnaki betrafen; Enlil war in Eigenver-
antwortung der Befehlshaber für alles, was die Menschheit
betraf. Jetzt bestimmten Zeichen und Omen am Himmel die
Entscheidungen.

In den »prophetischen Texten« (von denen ich bereits früher

einen erwähnt habe) spielten die Hauptgötter neben oder im
Rahmen der himmlischen Vorzeichen eine Rolle. Im neuen
Zeitalter genügten die Vorzeichen am Himmel: Konjunktionen der Planeten, Finsternisse, Halo um den Mond, Konstellationen usw. Keine göttliche Einmischung oder Beteiligung
war mehr erforderlich: Der Himmel allein sagte das Schicksal voraus.

Babylonische Texte und Texte der benachbarten Nationen
sind im 2. und 1. Jahrtausend v. Chr. voll von solchen
Vorzeichen und ihrer Deutung. Eine ganze Wissenschaft –
wenn man es so nennen will – entwickelte sich mit der Zeit.
Die Beobachtungen von Himmelserscheinungen wurden von
einem speziellen Priester vorgenommen, einem *Beru,* was
man am besten mit »Wahrsager« übersetzt. Zuerst führten
die Vorhersagen die Entwicklung fort, die in der Zeit der
dritten Dynastie von Ur begann und befaßten sich mit
Staatsangelegenheiten, mit dem Schicksal des Königs und
seiner Dynastie und mit der Zukunft des Landes:

> Wenn ein Hof den Mond umgibt
> und Jupiter darin steht,
> wird es eine Invasion des Heeres von Aharru geben.

> Wenn die Sonne ihren Zenit erreicht und dunkel ist,
> wird die Verdorbenheit des Landes zu einem Ende kommen.

> Wenn sich Venus dem Skorpion nähert,
> werden schlimme Winde ins Land kommen.

> Wenn Venus im Monat Siwan im Krebs erscheint,
> wird der König keinen Rivalen haben.

> Wenn ein Hof die Sonne umgibt und seine Öffnung
> nach Süden weist, wird ein Südwind wehen.
> Wenn ein Südwind weht am Tag des Verschwindens
> des Mondes, wird es vom Himmel regnen.

> Wenn Jupiter am Anfang des Jahres erscheint,
> wird es in diesem Jahr viel Getreide geben.

Den »Eintritt« von Planeten in ein Sternbild des Tierkreises
hielt man für besonders bedeutungsvoll als Zeichen für die

Verstärkung des (guten oder schlechten) Einflusses dieses
Planeten. Die Positionen der Planeten innerhalb der Sternbil-
der des Tierkreises wurden mit dem Ausdruck *Manzallu*
(»Standorte«) bezeichnet, von dem der hebräische Plural
Massaloth (2. Buch Könige 23,5) stammt und woraus sich
Masal (»Glück«) entwickelte.

Da nicht nur Sternbilder und Planeten, sondern auch Monate
mit verschiedenen Göttern – von denen einige in babylonischer Zeit Gegner Marduks waren – in Verbindung gebracht
wurden, gewann der Zeitpunkt der Himmelserscheinungen
an Bedeutung. Ein Omen besagte beispielsweise: »Wenn
sich im Monat Ajaru der Mond bei der dritten Nacht
verfinstert« und gewisse andere Planeten eine bestimmte
Position einnähmen, »wird der König von Elam durch sein
eigenes Schwert sterben ... Sein Sohn wird nicht den Thron
besteigen; der Thron von Elam wird nicht besetzt sein.«

Ein babylonischer Text auf einer sehr großen Tafel (VAT-
10564), die in zwölf Spalten eingeteilt war, enthielt Anweisungen für das, was in bestimmten Monaten getan oder nicht
getan werden durfte: »Ein König darf nur im Schebat und im
Adar einen Tempel bauen oder einen heiligen Ort wiederher-
stellen ... Eine Person darf im Nisan in ihr Heim zurückkehren.« Der Text, den S. Langdon (»Babylonian Menologies
and the Semitic Calendars«) als »den großen babylonischen
Kirchenkalender« bezeichnete, zählte dann die Glücks- und
Unglücksmonate, sogar Tage und halbe Tage für viele persönliche Handlungen auf (z. B. den günstigsten Zeitpunkt für
die Heimführung einer neuen Braut).

Die Vorzeichen, Vorhersagen und Anweisungen wurden immer persönlicher und nahmen Horoskopcharakter an. Ob
sich beispielsweise ein bestimmter Mensch, nicht unbedingt
der König, von einer Krankheit erholen werde. Würde die
Schwangere ein gesundes Kind zur Welt bringen? Wenn ein
Zeitpunkt oder ein Vorzeichen ungünstig seien, wie könne
man das Unglück abwenden? Mit der Zeit wurden zu diesem
Zweck Beschwörungsformeln entwickelt. So gab es bei-

spielsweise einen Spruch, den ein Mann aufsagen sollte, um zu verhindern, daß sich sein Bart lichtete; er mußte dabei den »Stern, der Licht gibt« mit vorgeschriebenen Worten anrufen. Später wurden Amulette eingeführt, auf denen die Verse zur Abwehr des Unheils eingeritzt waren. Mit der Zeit konnte auch das Material, aus dem das Amulett (das zumeist an einer Schnur um den Hals getragen wurde) bestand, einen Unterschied machen. Wenn es aus Hämatit gemacht war, schützte es angeblich vor Verlusten, während ein Amulett aus Lapislazuli zu Macht verhalf.

In der berühmten Bibliothek des assyrischen Königs Assurbanipal fanden die Archäologen über 2000 Tontafeln mit Texten, die sich auf Vorzeichen beziehen. Die meisten handeln von Himmelserscheinungen, aber nicht alle. Einige befassen sich mit Traumdeutungen, andere mit der Deutung von »Öl und Wasser«-Zeichen, d. h. der Muster, die entstanden, wenn man Öl auf Wasser goß, oder sogar mit der Bedeutung von Tiereingeweiden, wie sie nach der Opferung aussahen. Was einmal Astronomie war, wurde zu Astrologie, und auf die Astrologie folgten Zukunftsschau, Wahrsagerei und Zauberei. R. Campbell Thompson hatte wahrscheinlich recht, als er einer größeren Sammlung mit Texten über Vorzeichen den Titel »Die Berichte der Zauberer und Sterndeuter von Ninive und Babylon« gab.

Warum brachte das neue Zeitalter das alles mit sich? Beatrice Goff (»Symbols of Prehistoric Mesopotamia«) sieht die Ursache dafür im Zusammenbruch des Götter-Priester-Könige-Systems, das die Gesellschaft in den Jahrtausenden vorher zusammengehalten hatte. »Es gab keine Aristokratie, keine Priesterschaft, keine Intelligenz«, die verhindert hätten, daß »sich alle Lebensumstände unentwirrbar mit solchen ›magischen‹ Praktiken verstrickten«. Aus der Astronomie wurde Astrologie, weil die Menschen, nachdem die alten Götter ihre »Kultzentren« verlassen hatten, zumindest nach Zeichen und Vorzeichen Ausschau hielten, die sie in stürmischen Zeiten leiten würden.

Abb. 161

Sogar die Astronomie selbst war nicht mehr, was sie 2000 Jahre lang dank der sumerischen Leistungen gewesen war. Trotz des Ansehens und der Hochachtung, die die »chaldäische« Astronomie in der zweiten Hälfte des 1. Jahrtausends v. Chr. bei den Griechen genoß, war es eine sterile Astronomie, nur mehr ein schwacher Abglanz der sumerischen Astronomie, in der so viele Prinzipien, Methoden und Begriffe, auf

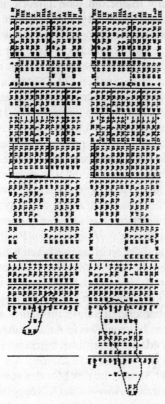

Abb. 162

denen die moderne Astronomie basiert, ihren Ursprung hatten. »Es gibt kaum ein anderes Kapitel in der Geschichte der Wissenschaft, wo eine so tiefe Kluft zwischen der allgemein akzeptierten Beschreibung einer Periode und den Ergebnissen besteht, die langsam aus einer detaillierten Untersuchung des Quellenmaterials zutage getreten sind«, schrieb O. Neugebauer in »The Exact Sciences in Antiquity«. »Es ist offen-

sichtlich, daß eine mathematische Theorie in der babylonischen Astronomie eine wichtige Rolle spielte, verglichen mit
der sehr bescheidenen Rolle von Beobachtungen.« Wie Untersuchungen von astronomischen Tafeln der Babylonier verraten, bestand diese »mathematische Theorie« aus Zahlenreihen, die in zahlreichen Spalten auf Tontafeln gedruckt – ich
verwende bewußt diesen Begriff – waren, *als ob es sich um
Computer-Ausdrucke handeln würde!* Abb. 161 zeigt die Fo-
tografie einer solchen (beschädigten) Tafel; Abb. 162 ist der
Inhalt einer solchen Tafel, in moderne Zahlenwerte übertragen. Ähnlich wie die astronomischen Codices der Maya, die
seitenweise Bildzeichen enthalten, die sich mit dem Planeten
Venus befassen, aber ohne irgendeinen Hinweis darauf, daß
sie auf tatsächlichen Beobachtungen der Maya beruhten, sondern eher irgendwelchen Datenquellen folgten, waren die babylonischen Listen von *vorhergesagten* Positionen der Sonne, des Mondes und der sichtbaren Planeten äußerst detailliert
und genau. Aber die babylonischen Positionslisten (»Ephemeriden« genannt) waren auf Begleittafeln mit Verfahrensbeschreibungen kombiniert, in denen die Regeln für die Berechnung der Ephemeriden Schritt für Schritt angegeben wurden. Sie enthielten beispielsweise Anweisungen, wie man *50
Jahre im voraus* Mondfinsternisse berechnen konnte, indem
man Daten aus den Spalten heranzog, die die Umlaufge-
schwindigkeit der Sonne und des Mondes sowie andere benötigte Faktoren betrafen. *Aber* – um O. Neugebauer (»Astronomical Cuneiform Texts«) zu zitieren – »enthalten diese Verfahrensbeschreibungen nicht viel von dem, was wir als die
›Theorie‹ hinter der Methode bezeichnen würden«.
Doch »eine solche Theorie«, betont Neugebauer, »muß es
gegeben haben, weil es unmöglich ist, Berechnungsschemata
von großer Kompliziertheit ohne einen sehr sorgfältig ausgearbeiteten Plan zu ersinnen«. Die sehr saubere Schrift und
die sorgfältig angeordneten Spalten und Reihen sprechen
nach Neugebauers Ansicht dafür, daß diese babylonischen
Tafeln *Kopien* waren, die peinlich genau von schon vorhan-

denen und ebenso sauber und sorgfältig angeordneten Quellen angefertigt worden waren. Das mathematische System, auf dem die Zahlenreihen basierten, war das sumerische Sexagesimalsystem; die verwendete Terminologie (für die Sternbilder des Tierkreises, die Monatsnamen und mehr als fünfzig astronomische Fachausdrücke) war rein sumerisch. Es kann deshalb kein Zweifel daran bestehen, daß die Quelle der babylonischen Daten eine sumerische war. Die Babylonier wußten nur, wie man sie benutzte, indem sie die sumerischen »Verfahrensbeschreibungen« ins Babylonische übersetzten.

Erst im 8. oder 7. Jahrhundert v. Chr., in der sogenannten neubabylonischen Periode, maß die Astronomie dem Aspekt der Beobachtung wieder Bedeutung zu. Diese Beobachtungen wurden in Schriften aufgezeichnet, die von den Gelehrten (z. B. A. J. Sachs und H. Hunger, »Astronomical Diaries and Related Texts from Babylonia«) als »Tagebücher der Astronomen« bezeichnet werden. Ihrer Meinung nach leiten sich die hellenistische, persische und indische Astronomie und Astrologie von diesen Aufzeichnungen her.

Der Niedergang und die Entartung, die sich in der Astronomie zeigten, waren symptomatisch für den allgemeinen Verfall auf den Gebieten der Wissenschaften, der Künste, der Gesetzgebung und des gesellschaftlichen Umfeldes. Man findet kaum eine babylonische Errungenschaft auf kulturellem oder wissenschaftlichem Gebiet, die die zahllosen sumerischen Innovationen übertraf oder auch nur erreichte. Das Sexagesimalsystem und die mathematischen Theorien wurden beibehalten, ohne verbessert zu werden. Die Medizin verkam zu etwas, was kaum mehr als Zauberei war. Es ist daher nicht verwunderlich, daß viele Gelehrte, die sich mit jener Periode befaßt haben, die Zeit, als das alte Zeitalter des sumerischen Himmelsstier dem neuen Zeitalter des babylonischen Widders wich, als »dunkle Zeit« ansehen.

Die Babylonier hielten – wie dies auch die Assyrer und andere

nachfolgende Völker taten – fast bis zur griechischen Epoche
an der Keilschrift fest, die von den Sumerern entwickelt worden war (und – wie ich in »Am Anfang war der Fortschritt«
gezeigt habe – auf differenzierten geometrischen und mathematischen Theorien beruhte). Doch anstelle einer Verbesse-
rung waren die altbabylonischen Tafeln in einer stärker ge-
kritzelten und weniger verfeinerten Schrift abgefaßt. Die
zahlreichen sumerischen Hinweise auf Schulen und Lehrer
gab es in den folgenden Jahrhunderten nicht mehr. Vorbei war
sie sumerische Tradition einer literarischen Kreativität, die
zukünftigen Generationen einschließlich der unsrigen »Weis-
heitstexte«, Gedichte, Sprichwörter, allegorische Erzählungen und nicht zuletzt alle jene »Mythen« hinterließ, die die
Informationen über das Sonnensystem, den Himmel und die
Erde, die Anunnaki und die Erschaffung des Menschen lieferte. Dies waren, wie betont werden sollte, literarische Genres,
die erst ungefähr ein Jahrtausend später in der hebräischen
Bibel wieder zum Vorschein kamen. Eineinhalb Jahrhunderte
der Ausgrabungen von babylonischen Überresten förderte
Texte und Inschriften von Herrschern zutage, die sich ihrer
militärischen Feldzüge und Eroberungen rühmen und damit
prahlen, wie viele Gefangene geköpft wurden, während die
sumerischen Könige (wie z. B. Gudea) in ihren Inschriften
stolz darauf sind, Tempel gebaut, Kanäle gegraben und wun-
dervolle Kunstwerke geschaffen zu haben.
Grausamkeit und Roheit ersetzten Mitleid und Eleganz. Der
babylonische König Hammurabi, der sechste der sogenannten ersten Dynastie von Babylon, genoß hohes Ansehen
wegen seines berühmten Gesetzeskodex, des »Codex Hammurabi«. Dieser war jedoch nur eine Auflistung von Verbre-
chen und den Strafen dafür, wohingegen tausend Jahre
früher sumerische Könige eine soziale Gesetzgebung erlas-
sen hatten, die die Witwen, Waisen und Schwachen betrafen:
»Du sollst nicht den Esel einer Witwe wegnehmen« oder
»Du sollst einem Tagelöhner nicht den Lohn vorenthalten«.
Die sumerische Auffassung von Gesetzen, die das menschli-

che Verhalten lenken und nicht seine Fehler bestrafen wollte, taucht erst wieder in den biblischen Zehn Geboten auf, etwa 600 Jahre nach dem Untergang Sumers. Die sumerischen Herrscher hielten ihren Titel EN.SI, »Gerechter Schäfer«, in Ehren. Der Herrscher, den Inanna für die Regentschaft in Akkad ausgewählt hatte und den wir als Sargon I. kennen, besaß sogar den Beinamen *Scharrukin,* »Gerechter König«. Die babylonischen (und später die assyrischen) Könige nannten sich »König der vier Regionen« und rühmten sich damit, ein »König der Könige« und nicht ein »Hirte« des Volkes zu sein. (Es hat in hohem Maße Symbolkraft, daß Judäas größter König, David, ein Hirt war.)

Im neuen Zeitalter fehlte es an Ausdrucksformen zärtlicher Liebe. Das mag in der langen Liste von negativen Veränderungen belanglos erscheinen, aber meiner Ansicht nach manifestierte sich darin eine tiefgreifende Gesinnung, die von ganz oben, von Marduk selbst, bis ganz unten reichte.

Die sumerische Lyrik enthält eine große Zahl von Gedichten über die Liebe und die Liebesvereinigung. Einige bezogen sich auf Inanna bzw. Ischtar und die Liebe zu ihrem Bräutigam Dumuzi. Andere wurden von Königen ihrer göttlichen Gemahlin vorgetragen oder vorgesungen. Doch auch gewöhnliche Braut- oder Ehepaare, Elternliebe oder mitfühlende Liebe waren Gegenstand von Versen. (Auch diese Form der Dichtung taucht erst viele Jahrhunderte später wieder in der hebräischen Bibel auf, nämlich in Salomons Hohemlied, dem »Lied der Lieder«.) Daß dies im Babylon fehlte, war meiner Meinung nach kein Zufall, sondern Teil eines allgemeinen Niedergangs im Hinblick auf die Rolle und Stellung der Frau, verglichen mit der sumerischen Zeit.

Die bemerkenswerte Rolle, die Frauen in Sumer und Akkad in allen Lebensbereichen gespielt haben, und ihre sehr deutliche Herabstufung nach dem Aufstieg Babylons sind in jüngster Zeit in speziellen Studien und auf mehreren internationalen Konferenzen untersucht worden, wie etwa einer Vortragsreihe der Universität von Texas in Austin über den

Vorderen Orient (1976 von Denise Schmandt-Besserat unter
dem Titel »The Legacy of Sumer« herausgegeben) oder den
Protokollen des »33. Rencontre Assyriologique Internationale« im Jahr 1986, eines internationalen Treffens der Assyriologen, dessen Thema »Die Frau im alten Vorderen Orient«
war. Aus allen geht hervor, daß die Frauen in Sumer und
Akkad nicht nur mit den üblichen Hausarbeiten wie Spinnen,
Weben oder Melken beschäftigt waren oder sich um die
Familie und das Heim kümmerten, sondern auch Berufe
ausübten: als Ärztinnen, Hebammen, Krankenschwestern,
Erzieherinnen, Lehrerinnen, Kosmetikerinnen und Friseu-
sen. Die Textstellen, die in neuerer Zeit aus den Tafeln
zusammengestellt worden sind, ergänzen die Darstellungen
von Frauen bei ihren verschiedenen Aufgaben, die sie in
ältester Zeit als Sängerinnen und Musikerinnen, Tänzerinnen
und Serviererinnen bei Festmahlen zeigten.
Auch im Geschäftsleben und bei der Verwaltung von Gütern
spielten die Frauen eine wichtige Rolle. Man hat Berichte
von Frauen gefunden, die die Ländereien der Familie führten, die landwirtschaftlichen Tätigkeiten beaufsichtigten und
den Verkauf der Erzeugnisse überwachten. Dies galt besonders für die »Herrscherfamilien« am Königshof. Die Ehe-
frauen der Könige verwalteten Tempel und riesige Besitztümer; Königstöchter dienten nicht nur als Priesterinnen (von
denen es drei Kasten gab), sondern sogar als Hohepriesterin.
Encheduana, die Tochter Sargons I., verfaßte eine Reihe von
bemerkenswerten Hymnen zu Ehren der großen Zikkurats
Sumers. Sie diente als Hohepriesterin in Nannas Tempel in
Ur. (Sir Leonard Woolley, der in Ur Ausgrabungen durchführte, fand dort eine runde Plakette, auf der Encheduana
dargestellt ist, wie sie ein Trankopfer vollzieht.) Wir wissen
auch, daß Gudeas Mutter, Gatumdu, Hohepriesterin im Girsu
von Lagasch war. In der ganzen sumerischen Geschichte
nahmen Frauen in den Tempeln und in der priesterlichen
Hierarchie eine hohe Stellung ein. Es gibt keine Aufzeichnungen über ähnliche Verhältnisse in Babylon.

Nicht anders verhielt es sich mit der Rolle und Stellung der Frauen am Königshof. Hier müssen wir auf griechische Quellen zurückgreifen, um in der babylonischen Geschichte eine regierende Königin (nicht als Gemahlin eines Königs) erwähnt zu finden – auf die Geschichte von der sagenhaften Semiramis, die laut Herodot (I, 184) in früherer Zeit »den Thron von Babylon innehatte«. Die Forscher konnten beweisen, daß es sich dabei um eine historische Gestalt namens Sammuramat handelte. Sie regiert in Babylon, aber nur, weil ihr Gemahl, der *assyrische* König Schamschi-Adad, die Stadt im Jahr 811 v. Chr. erobert hatte. Nach seinem Tod regierte sie fünf Jahre lang, bis ihr Sohn Adad-Nirari III. den Thron besteigen konnte. »Diese Frau war offenbar sehr bedeutend«, schreibt H. W. F. Saggs in seinem Buch »The Greatness That Was Babylon«, denn »sie wird, was bei einer Frau recht außergewöhnlich ist, zusammen mit dem König in einer Widmungsinschrift erwähnt« (!).

Die Gemahlinnen von Königen und Königinmütter wurden in Sumer sogar noch häufiger erwähnt; doch Sumer kann sich auch rühmen, die erste Königin aus eigenem Recht, d. h. nicht durch Heirat, gehabt zu haben; sie trug den Titel LU.GAL (»Großer Mann«), was »König« bedeutete. Sie hieß Kubaba und ist in den sumerischen Königslisten als diejenige verzeichnet, »die Kisch befestigte« und die dritte Dynastie von Kisch begründete. Möglicherweise gab es in der sumerischen Ära noch mehr Königinnen wie sie, aber die Gelehrten sind sich nicht sicher über ihre Stellung, d. h., ob sie nur Königsgattinnen oder Regentinnen für einen minderjährigen Sohn waren.

Es ist bemerkenswert, daß selbst in den archaischsten sumerischen Darstellungen, in denen Männer nackt gezeigt wurden, die Frauen bekleidet waren (Abb. 163a); nur bei Darstellungen des Geschlechtsverkehrs waren beide nackt zu sehen. Mit der Zeit wurden die Kleider und Frisuren der Frauen immer kunstvoller und eleganter (Abb. 163b und 163c), was auch ihre Stellung, ihre Bildung und ihr vorneh-

Abb. 163a, 163b und 163c

mes Auftreten widerspiegelte. Den Forschern, die sich mit dieser Seite der Kultur im alten Vorderen Orient beschäftigt haben, ist aufgefallen, daß Frauen in den zwei Jahrtausenden der sumerischen Vorherrschaft in Zeichnungen und Plastiken *allein* dargestellt wurden (man hat Hunderte von Statuen und Statuetten gefunden, die eigentlich Porträts einzelner Frauen sind), aber danach, im Babylonischen Reich, fehlen solche Darstellungen fast völlig.

W. G. Lambert hat beim Kongreß der Assyriologen einen Vortrag gehalten, den er »Göttinnen im Pantheon: eine Widerspiegelung der Frauen in der Gesellschaft?« nannte. Ich glaube, daß die Situation durchaus auch umgekehrt gewesen sein könnte: Die Stellung der Frauen in der Gesellschaft spiegelte den Status der Göttinnen im Pantheon wider.

Im sumerischen Pantheon spielten weibliche Anunnaki von Anfang an neben den männlichen Anunnaki führende Rollen. Wenn EN.LIL der »Herr des Befehls« war, dann war seine Gemahlin NIN.LIL die »Herrin des Befehls«. EN.KI war der »Herr der Erde«, demnach war seine Gattin NIN.KI die »Herrin der Erde«. Als Enki mittels Gentechnologie den primitiven Arbeiter schuf, war Nincharsag die Mitschöpferin. Man braucht nur Gudeas Inschriften nachzulesen, um zu erkennen, wie viele wichtige Funktionen Göttinnen beim Bau der neuen Zikkurat innehatten. Außerdem muß man nur darauf hinweisen, daß eine der ersten Handlungen Marduks darin bestand, Nisabas Funktionen als Göttin der Schreibkunst auf den männlichen Nabu zu übertragen. Tatsächlich gerieten all jene Göttinnen, die im sumerischen Pantheon spezielle Kenntnisse oder Funktionen besessen hatten, im babylonischen Pantheon überwiegend in Vergessenheit. Wenn Göttinnen erwähnt wurden, dann nur noch als Gattin einer männlichen Gottheit. Das gleiche galt für die Menschen: Frauen wurden als Gattin oder Tochter erwähnt, zumeist dann, wenn sie »verheiratet« wurden.

Vermutlich spiegelten diese Verhältnisse Marduks eigene Neigungen wider. Nincharsag, »die Mutter der Götter und der Menschen«, war ja die Mutter Ninurtas, seines Hauptkonkurrenten im Kampf um die Herrschaft auf der Erde. Inanna bzw. Ischtar hatte veranlaßt, daß Marduk in der Großen Pyramide lebendig begraben worden war. Die vielen Göttinnen der Künste und Wissenschaften hatten beim Bau des Eninnu in Lagasch mitgewirkt, der ein Symbol dafür war, daß man Marduks Behauptung, seine Zeit sei gekommen, trotzte. Gab es für ihn irgendeinen Grund, die hohe Stellung und Verehrung all dieser Göttinnen zu bewahren? Ihre »Degradierung« in der Religion und Verehrung spiegelte sich meines Erachtens in einer allgemeinen Herabsetzung der Stellung der Frauen in der nachsumerischen Gesellschaft.

Interessant dabei war auch die offensichtliche Veränderung

der Erbfolgebestimmungen. Der Konflikt zwischen Enki und Enlil hatte seinen Ursprung in der Tatsache, daß Enki zwar Anus erstgeborener Sohn war, Enlil aber der gesetzmäßige Erbe war, weil seine Mutter eine Halbschwester Anus war. Auf der Erde versuchte Enki mehrmals, einen Sohn von Nincharsag, einer Halbschwester von ihm und Enlil, zu bekommen, aber sie gebar ihm nur weibliche Nachkommen. Gemäß diesen Erbfolgeregeln wurde Isaak, der Abraham von seiner Halbschwester Sara geboren worden war, und nicht der Erstgeborene Ismael (der Sohn von seiner Magd Hagar) der gesetzliche Erbe des Patriarchen. Gilgamesch, der König von Erech, war zu zwei Dritteln (nicht nur zur Hälfte) »göttlich«, weil seine Mutter eine Göttin war. Andere sumerische Könige versuchten ihre Stellung zu stärken, indem sie behaupteten, eine Göttin habe sie mit ihrer Muttermilch genährt. Alle derartigen matriarchalischen Abstammungslinien verloren ihre Bedeutung, als Marduk an die Macht kam. (Die mütterliche Abstammung wurde erst wieder unter den Juden zur Zeit des zweiten Tempels bedeutsam.)

Was erlebte die antike Welt zu Beginn des neuen Zeitalters im 20. Jahrhundert v. Chr. als Nachwirkungen internationaler Kriege, des Einsatzes von Kernwaffen, der Auflösung eines großen einigenden politischen und kulturellen Systems, der Verdrängung einer nicht durch Grenzen bestimmten Religion durch eine Religion von nationalen Gottheiten? Wir können es uns heute, am Ende des 20. Jahrhunderts n. Chr., vorstellen, denn wir haben die Nachwirkungen zweier Weltkriege, den Einsatz von Nuklearwaffen, die Auflösung eines riesigen politischen und ideologischen Systems und die Verdrängung von zentralgelenkten Reichen ohne innere Grenzen durch religiös bestimmten Nationalismus selbst erlebt.
Die Phänomene von Millionen Kriegsflüchtlingen einerseits und der Neuordnung der Bevölkerungskarte andererseits, die für die Geschehnisse im 20. Jahrhundert n. Chr. so

symptomatisch sind, hatte ihre Entsprechungen im 20. Jahr-
hundert v. Chr.
Zum erstenmal erscheint in den mesopotamischen Inschriften der Ausdruck *Munnabtutu,* was wörtlich »Flüchtlinge
vor einer Zerstörung« bedeutet. Es handelte sich dabei um
»entwurzelte« Menschen, die nicht nur ihr Zuhause, ihren
Besitz und ihren Lebensunterhalt, sondern auch ihre Heimat
und ihre Nationalität verloren hatten und dadurch »staaten-
lose Flüchtlinge« geworden waren, die in den Ländern
anderer Völker ein religiöses Asyl und ihre persönliche
Sicherheit suchten.
Als Sumer zugrunde gerichtet und verwüstet war, verstreuten
sich die Überreste seines Volkes in alle Richtungen. Oder
wie es Hans Baumann (»Das Land Ur«) formulierte: »Sumerische Ärzte und Astronomen, Architekten und Bildhauer,
Siegelschneider und Schreiber wurden Lehrer in anderen
Ländern.«
Zu den vielen Errungenschaften, die zuerst von den Sumerern erfunden oder entdeckt wurden, kam eine weitere hinzu,
als Sumer und seine Zivilisation ein bitteres Ende fanden:
die erste Diaspora ...
Ihre Emigration führte sie – das steht fest – dorthin, wohin
schon frühere Gruppen gegangen waren, wie etwa nach
Haran, wo Mesopotamien an Anatolien grenzt, der Stadt, in
die Terach mit seiner Familie ausgewandert war und die
schon damals »Ur fern von Ur« genannt wurde. Zweifellos
blieben sie dort in den nächsten Jahrhunderten (und hatten
auch viel Erfolg), denn Abraham suchte dort unter den
früheren Verwandten eine Frau für seinen Sohn Isaak, was
später auch Isaaks Sohn Jakob tat. Auf ihrer Wanderung
folgten sie auch dem Weg, den die berühmten Kaufleute von
Ur mit ihren vollbepackten Karawanen und schwer belade-
nen Schiffen zu Land und zu Wasser zu nahen und fernen
Orten gebahnt hatten. Tatsächlich kann man feststellen,
wohin die heimatlosen Flüchtlinge aus Sumer zogen, wenn
man sich die fremdländischen Kulturen anschaut, die eine

nach der anderen in fremden Ländern entstanden: Kulturen,
die als Schrift die Keilschrift verwendeten, deren Sprache
zahllose sumerische »Lehnwörter« (vor allem im Bereich der
Wissenschaften) enthielt, deren Pantheon – auch wenn die
Götter mit einheimischen Namen bezeichnet wurden – dem
sumerischen Pantheon entsprach, deren »Mythen« die sumerischen »Mythen« waren und deren Heldengeschichten (wie
etwa die von Gilgamesch) von sumerischen Helden handel-
ten.

Wie weit kamen die Wanderer aus Sumer?

Man weiß, daß sie bestimmt in die Länder gingen, wo sich
innerhalb von zwei bis drei Jahrhunderten nach dem Untergang von Sumer neue Nationalstaaten bildeten. Während die
Amurru, (die »Menschen aus dem Westen«), Anhänger von
Marduk und Nabu, nach Mesopotamien strömten und die
Herrscher stellten, die in Marduks Babylon die erste Dynastie bildeten, waren andere Stämme und zukünftige Nationen
an gewaltigen Bevölkerungsbewegungen beteiligt, die den
Vorderen Orient, Asien und Europa für immer veränderten.
So entstanden Assyrien nördlich von Babylon, das hethitische Königreich nordwestlich davon, Churri-Mitanni westlich davon, die indoarischen Königreiche, die sich vom
Kaukasus bis nordöstlich und östlich von Babylon ausbreiteten, sowie die Reiche der »Wüstenvölker« südlich und der
»Küstenvölker« südöstlich davon. Aus den späteren Aufzeichnungen Assyriens, des Hethiterreichs, Elams und Babylons sowie aus ihren Verträgen mit anderen Ländern (in
denen die nationalen Gottheiten jedes Landes angerufen
wurden) wissen wir, daß die großen Götter Sumers die
»Einladung« Marduks ausschlugen, nach Babylon zu kommen und innerhalb der Grenzen seines heiligen Bezirks zu
wohnen; statt dessen wurden sie größtenteils nationale Götter der neuen oder erneuerten Nationen.

In solchen Ländern fanden die sumerischen Flüchtlinge rund
um Mesopotamien ein Asyl und fungierten gleichzeitig als
Katalysatoren für die Umwandlung ihrer Gastgeberländer in

moderne, blühende Staaten. Aber einige müssen sich in weiter entfernte Länder gewagt haben, entweder selbständig oder, was wahrscheinlicher ist, als Begleiter ihrer abgesetzten Götter.

Nach Osten hin erstreckten sich die grenzenlosen Weiten Asiens. Über die Wanderungsbewegung der Arier (oder Indoarier, wie einige sie lieber nennen) ist viel diskutiert worden. Sie hatten ihren Ursprung irgendwo südwestlich vom Kaspischen Meer und wanderten in das Industal, das die »dritte Region« Ischtars gewesen war, um es wiederzubesiedeln und zu neuem Leben zu erwecken. Die vedischen Götter- und Heldenerzählungen, die sie mitbrachten, waren Neufassungen der sumerischen »Mythen«; der Zeitbegriff, sowie die Zeitmessung und die Zeitzyklen waren sumerischen Ursprungs. Man kann wohl mit Sicherheit annehmen, daß unter den Einwanderern sumerische Flüchtlinge waren, denn die Sumerer mußten diesen Weg nehmen, um die Länder zu erreichen, die wir als Fernen Osten bezeichnen.

Allgemein akzeptiert wird heute die Auffassung, daß sich in China nach 2000 v. Chr. innerhalb von etwa zwei Jahrhunderten eine »rätselhafte plötzliche Veränderung« vollzog (wie es William Watson in seinem Buch »China« formulierte). Ohne allmähliche Entwicklung wurde das Land, das bis dahin aus primitiven Dörfern bestand, zu einem Land »mit befestigten Städten, deren Herrscher Bronzewaffen, Streitwagen und die Kenntnis des Schreibens besaßen«. Die Ursache war nach übereinstimmender Ansicht die Ankunft von Einwanderern aus dem Westen. Es waren die »gleichen zivilisierenden Einflüsse« Sumers, »die sich letztlich auf kulturelle Wanderungen zurückverfolgen lassen, vergleichbar denen, die im Westen vom Vorderen Orient ausgingen« – die Wanderungsbewegungen nach dem Untergang von Sumer.

Die »rätselhaft plötzliche« neue Zivilisation entstand in China laut der meisten Gelehrten um 1800 v. Chr. Die Größe des Landes und die spärlichen Zeugnisse aus seiner Frühzeit

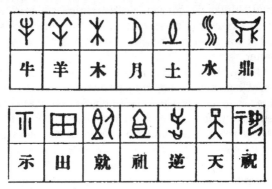

Abb. 164

begünstigen gegensätzliche Auffassungen unter den Wissenschaftlern, aber nach überwiegender Ansicht wurde die
Schrift zusammen mit dem Königtum von der Schang-Dyna-
stie eingeführt. Der Zweck spricht für sich: um *Omen* auf
Tierknochen aufzeichnen zu können. Die Vorzeichen betrafen zumeist Fragen nach Anleitung von rätselhaften Ahnen.
Die Schrift war piktographisch, wobei jedes Zeichen einer
Silbe bzw. einem Wort entsprach; aus diesen Bildzeichen
entwickelten sich die vertrauten chinesischen Schriftzeichen
zu einer Art von »Keilschrift« (Abb. 164) – beides Kennzeichen der sumerischen Schreibweise. Im 19. Jahrhundert
gemachte Beobachtungen hinsichtlich der Ähnlichkeit zwischen der chinesischen und der sumerischen Schrift waren
das Thema einer größeren Studie von C. J. Ball (»Chinese
and Sumerian«), die 1913 unter der Schirmherrschaft der
Universität Oxford veröffentlicht wurde. Sie bewies überzeugend die Ähnlichkeit zwischen den sumerischen Pikto-
grammen (aus denen sich die Zeichen der Keilschrift entwickelten) und den Zeichen der alten chinesischen Schrift
(Ku-Wen).
Ball befaßte sich auch mit dem Problem, ob dies eine

Ähnlichkeit war, die davon herrührte, daß ein Mensch oder ein Fisch sogar von nicht miteinander verwandten Kulturen bildlich auf ähnliche Weise dargestellt wurde. Seine Untersuchung zeigte, daß nicht nur die Piktogramme gleich aussahen, sondern daß sie auch (bei einer erheblichen Zahl von Beispielen) genauso ausgesprochen wurden. Dazu gehörten Schlüsselbegriffe wie *An* für »Himmel« und »Gott«, *En* für »Herr« oder »Oberhaupt«, *Ki* für »Erde« oder »Land«, *Itu* für »Monat« und *Mul* für »hell, leuchtend« (in bezug auf einen Planeten oder Stern). Wenn außerdem ein sumerisches Silbenwort mehr als eine Bedeutung hatte, dann besaß das entsprechende chinesische Piktogramm eine ähnliche Anzahl verschiedener Bedeutungen. Abb. 165 gibt einige der mehr als 100 von Ball aufgeführten Beispiele wieder.

Linguistische Studien neueren Datums, bei denen sich Wis-

Abb. 165

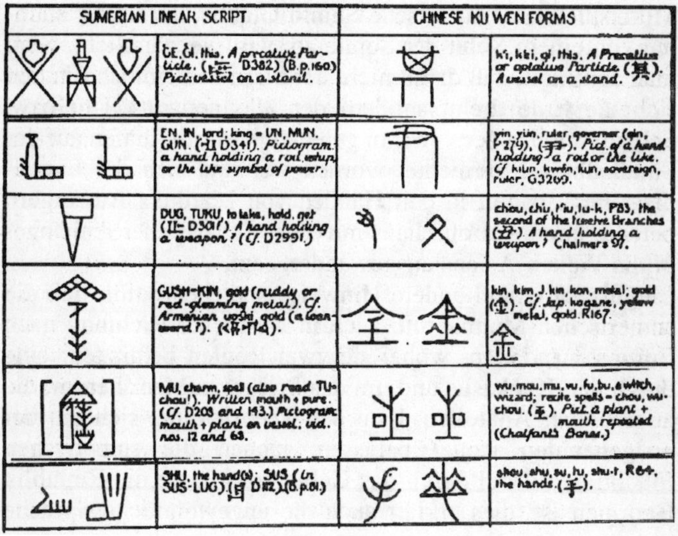

SUMERIAN LINEAR SCRIPT		CHINESE KU WEN FORMS	
	ĜE, Ĝi, this. *A proclative Particle.* (D382) (B.p.160) *Pict. vessel on a stand.*		ki, kki, gi, this. *A Proclative or optative Particle.* *A vessel on a stand.*
	EN, IN, lord; king = UN, MUN, GUN. (D341). *Pictogram: a hand holding a rod, whip, or the like symbol of power.*		yin, yün, ruler, governor (yin, P279), *Pict. of a hand holding a rod or the like. Cf. kiun, kwên, kun, sovereign, ruler,* G3269.
	DUĜ, TUKU, to take, hold, get (D301) *A hand holding a weapon?* (Cf. D299)		chou, chü, t'au, lu-k, P83, *the second of the twelve Branches. A hand holding a weapon?* Chalmers 97.
	GUSH-KIN, gold (ruddy or red-gleaming metal). Cf. Armenian voski gold (a loanword?).		kin, kim, J. km, kon, metal; gold. Cf. kup hagane, yellow metal, gold. R167.
	MU, charm, spell (also read TU-chou!). *Written mouth + pure.* (Cf. D203 and 143.) *Pictogram: mouth + plant on vessel; vid. nos. 12 and 63.*		wu, mau, mu, vu, fu, bu, a witch, wizard; recite spells = chou, wu-chou. *Pict. a plant + mouth repeated* (Chalfant's Bones.)
	SHU, the hand(s); SUS (in SUS-LUG) (D82) (B.p.81)		shou, shu, su, tu, shu-t, R64, the hands.

Linguistische Studien neueren Datums, bei denen sich Wis-

senschaftler der ehemaligen Sowjetunion hervorgetan haben,
erweiterten die Verbindung zu Sumer auf die gesamte Familie der zentral- und ostasiatischen, d. h. der tibetisch-chinesi-
schen Sprachen. Solche Verbindungen sind nur ein Aspekt
aus der Vielzahl der wissenschaftlichen und »mythologischen« Bezüge, die an Sumer erinnern. Erstere sind besonders stark: Der zwölfmonatige Kalender, die Zeitmessung
durch die Einteilung des Tages in zwölf Doppelstunden, die
Übernahme des völlig willkürlichen Tierkreises und die
Tradition astronomischer Beobachtung sind ganz und gar
sumerischen Ursprungs.

Die »mythologischen« Verbindungen sind weiter verbreitet.
Überall in den Steppen Mittelasiens und im gesamten Gebiet
von Indien bis China und Japan kannten die Religionen
Götter des Himmels und der Erde sowie eines Ortes namens
Sumeru, wo es am Nabel der Erde ein Band gab, das den
Himmel und die Erde verband, als wären die beiden zwei mit
der Spitze aufeinander gestellte Pyramiden, miteinander verbunden wie ein Stundenglas mit einem langen, schmalen
Mittelstück. Der japanische Shinto-Glaube, ihr Kaiser stamme von einem Sohn der Sonne ab, wird verständlich, wenn
man annimmt, daß damit nicht der Stern gemeint ist, um den
sich die Erde dreht, sondern der »Sonnengott« Utu bzw.
Schamasch. Da der von ihm geleitete Raumflughafen auf der
Sinaihalbinsel vernichtet worden war und sich der Landeplatz im Libanon in den Händen von Marduks Anhängern
befand, könnte er durchaus mit einer Schar seiner Anhänger
in die Weiten Asiens ausgewandert sein.

Linguistische und andere Hinweise sprechen dafür, daß die
sumerischen Munnabtutu auch in westlicher Richtung nach
Europa wanderten, wobei sie zwei Routen benutzten: eine
durch den Kaukasus und um das Schwarze Meer herum, die
andere über Anatolien. Laut den Theorien, die sich mit der
erstgenannten Route befassen, kamen die sumerischen
Flüchtlinge dabei durch das Gebiet, das heute die Republik
Georgien ist; dies erklärt auch die ungewöhnliche Sprache

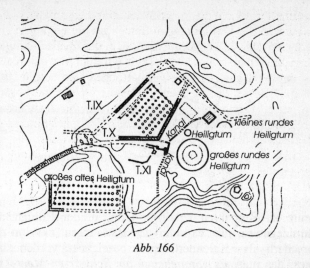

Abb. 166

der Georgier, die eine Verwandtschaft mit dem Sumerischen
zeigt. Sie zogen dann an der Wolga entlang weiter, gründeten
die Stadt Samara (die als sowjetische Gebietshauptstadt
Kuibyschew hieß) und gelangten schließlich – nach Ansicht
einiger Forscher – zur Ostsee. Das würde erklären, wieso die
ungewöhnliche finnische Sprache keiner anderen Sprache
als der sumerischen ähnlich ist. (Manche schreiben einen
solchen Ursprung auch der estnischen Sprache zu.)
Die andere Route, bei der einige archäologische Hinweise
die linguistischen Daten unterstützen, führte an der Donau
entlang. Das paßt zu der tiefverwurzelten und hartnäckigen
Überzeugung der Ungarn, ihre einzigartige Sprache könne
nur einen Ursprung haben: das Sumerische.
Sind die Sumerer wirklich auf diesem Weg nach Europa
gekommen? Die Antwort darauf findet sich vielleicht in
einem der verwirrendsten Relikte aus dem Altertum, das
man dort sehen kann, wo die Donau ins Schwarze Meer
mündet, in der einstigen keltisch-römischen Provinz Dakien

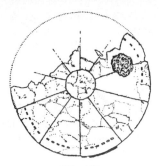

Abb. 167

(heute zu Rumänien gehörig). Dort, in der Ruinenstätte
Sarmizegetusa, gibt es unter den Bauwerken, die von den
Forschern als »Kalendertempel« bezeichnet worden sind,
eines, das man als *»Stonehenge am Schwarzen Meer«* beschreiben könnte.
Auf mehreren von Menschenhand geschaffenen Terrassen
sind verschiedene Bauwerke so angeordnet, daß sie die
zusammengehörigen Bestandteile eines wunderbaren »Zeit-
computers« aus Stein und Holz bilden (Abb. 166). Die
Archäologen haben fünf Bauwerke identifiziert, die in Wirklichkeit Reihen von runden Steinplatten waren, die so geformt waren, daß sie niedrige Zylinder bildeten. Sie waren
sorgfältig innerhalb von Rechtecken angeordnet, die aus
kleinen, genau zugeschnittenen Steinen bestanden. Die beiden größeren dieser rechteckigen Bauten enthielten jeder
sechzig Steinplatten, der eine (das »große alte Heiligtum«)
in vier Reihen zu je fünfzehn, der andere (das »große neue
Heiligtum«) sechs Reihen zu je zehn.
Drei Bestandteile dieser alten »Kalenderstadt« waren rund.
Der kleinste ist eine Steinscheibe aus zehn Segmenten (Abb.
167), in die kleine Steine eingebettet waren, um einen Kreis
zu bilden, sechs Steine in jedem Abschnitt, was insgesamt
sechzig Steine ausmacht. Der zweite Rundbau, der manch-

mal als »kleines rundes Heiligtum« bezeichnet wird, besteht aus einem vollkommenen Kreis von Steinen, die alle präzis und identisch geformt sind, angeordnet in elf Gruppen zu acht, einer mit sieben und einer mit sechs Steinen. Größere und unterschiedlich geformte Steine, dreizehn an der Zahl, waren so plaziert, daß sie die Steingruppen zu trennen schienen. Es muß für Beobachtungen und Berechnungen noch andere Pfosten oder Säulen innerhalb des Kreises gegeben haben, aber sie lassen sich nicht mit Sicherheit nachweisen. Untersuchungen wie etwa »Il Templo-Calendario Dacico di Sarmizegetusa« von Hadrian Daicoviciu vertreten die Theorie, daß diese Anlage als Lunisolarkalender fungierte, der eine Vielzahl von Berechnungen und Voraussagen ermöglichte, darunter die richtige Einschaltung zwischen den Sonnen- und Mondjahren durch periodische Hinzufügung eines dreizehnten Monats. Dies und das häufige Vorkommen der Zahl Sechzig, der Grundzahl des sumerischen Sexagesimalsystems, ließen die Forscher auf deutliche Verbindungen zum alten Mesopotamien schließen. Die Ähnlichkeiten, schrieb Daicoviciu, »können kein Zufall sein«.

Abb. 168

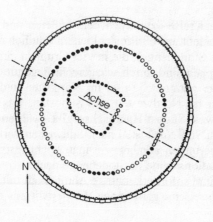

Archäologische und ethnographische Studien über die Geschichte und Vorgeschichte des Gebiets deuten generell darauf hin, daß zu Beginn des 2. Jahrtausends v. Chr. eine bronzezeitliche Kultur »nomadischer Schafhirten mit einer höherstehenden sozialen Organisation« (wie es in einem offiziellen Reiseführer über Rumänien heißt) in das Gebiet kam, das bis dahin von einfachen Ackerbauern bevölkert war. Der Zeitpunkt und die Beschreibung passen auf die sumerischen Auswanderer.

Das eindrucksvollste und interessanteste Bauwerk dieser Kalenderstadt ist der dritte runde »Tempel«. Er besteht aus zwei konzentrischen Kreisen, die ein »Hufeisen« in der Mitte umgeben (Abb. 168), und besitzt eine geradezu unheimliche Ähnlichkeit mit Stonehenge in Großbritannien. Den äußeren Kreis, der einen Durchmesser von etwa 29 m hat, bilden 104 bearbeitete Andesitblöcke. Dieser Ring umgibt 180 perfekt geformte, längliche Andesitblöcke, von denen jeder oben einen quadratischen Zapfen besitzt, als wären sie dazu bestimmt gewesen, einen beweglichen Markierungsstein zu tragen. Diese aufrecht stehenden Steine sind in Sechsergruppen angeordnet, die durch perfekt geformte, waagerecht liegenden Steine, insgesamt dreißig, voneinander getrennt sind. Dieser Innenring enthält somit 210 Steine (180 + 30).

Der zweite Kreis – zwischen dem äußeren und dem »Hufeisen« – besteht aus 68 Pfostenlöchern (ähnlich den Aubrey-Löchern in Stonehenge), die in vier Gruppen eingeteilt sind. Diese Gruppen sind durch waagerecht liegende Steinblöcke voneinander getrennt: je drei im Nordosten und Südwesten und je vier im Nordwesten und Südosten, was der Anlage ihre Nordwest-Südost-Hauptachse gibt (während die Senkrechte dazu von Nordosten nach Südwesten verläuft). Diese vier Markierungen ahmen, wie man leicht feststellen kann, die vier Stationssteine in Stonehenge nach.

Die letzte und sofort erkennbare Ähnlichkeit mit Stonehenge ist das »Hufeisen« ganz innen. Es besteht aus einer ellipti-

schen Anordnung von 21 Pfostenlöchern, die durch zwei
waagerechte Steine auf jeder Seite voneinander getrennt
sind. Auf diese Weise werden dreizehn Pfostenlöcher abgetrennt, die nach Südosten weisen, was keinen Zweifel daran
läßt, daß hauptsächlich die Wintersonnenwende beobachtet
wurde. Daicoviciu, der zur besseren Veranschaulichung einige der Holzpfosten weggelassen hatte, bietet eine Zeichnung, wie der »Tempel« möglicherweise ausgesehen hat
(Abb. 169). Er merkte dazu an, daß die Holzpfosten mit
einem Terrakottaüberzug bedeckt waren. Serban Bobancu
und andere Forscher von der rumänischen Nationalakademie
(»Calendrul de la Sarmizegetusa Regia«) erklärten, daß jeder
dieser Pfosten einen massiven Kalksteinblock als Fundament
hatte, eine Tatsache, die zweifellos die numerische Struktur
des Heiligtums enthüllt und beweist – wie es tatsächlich alle
anderen Bauten tun –, »daß diese Bauwerke nach dem
Willen ihrer Erbauer Jahrhunderte und Jahrtausende bestehen sollten«.
Laut dieser Forscher bestand der »alte Tempel« ursprünglich
nur aus 52 runden Platten (die eher in Gruppen zu 4 × 13 als
in solchen zu 4 × 15 angeordnet waren), so daß es in Sarmizegetusa in Wirklichkeit zwei miteinander verzahnte Kalender-

Abb. 169

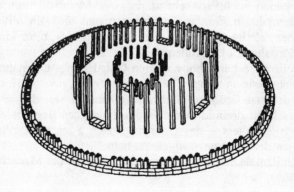

systeme gab: einen in Mesopotamien wurzelnden Mondkalender sowie einen »Ritualkalender«, der ähnlich dem heiligen Zyklus in Mesoamerika auf die Zahl 52 abgestimmt war
und eher Bezüge zu den Sternen als zum Mond und zur Sonne
hatte. Die Gelehrten kamen zu dem Ergebnis, daß die »stellare
Ära« aus vier Perioden zu je 520 Jahren bestand (doppelt so
viele Jahre wie die 260 des mesoamerikanischen Heiligen
Kalenders) und daß der kalendarische Komplex letztlich ein
»Zeitalter« von 2080 Jahren (4 x 520) – die ungefähre Dauer
des Zeitalters des Widders – messen sollte.

Wer war das mathematisch-astronomische Genie, das all dies
ersonnen hatte? Und zu welchem Zweck geschah dies?

Die faszinierende Antwort führt, wie ich glaube, auch zu einer
Lösung der Rätsel um Quetzalcoatl und die von ihm errichteten runden Observatorien, um den Gott, der laut der mesoamerikanischen Sagen zu einem bestimmten Zeitpunkt fort-
ging, um in östlicher Richtung über das Meer zurückzukehren
(wobei er versprach, er werde zurückkommen). Waren es
nicht nur die enlilitischen Götter, die die auswandernden Sumerer führten und leiteten, sondern auch Thot bzw. Ningischzida (alias Quetzalcoatl), der Gott des Spieles Zweiundfünfzig, der selbst aus seiner Heimat vertrieben worden war?

Und bestand die Funktion aller »Stonehenges« in Sumer,
Südamerika, Mesoamerika, am Schwarzen Meer und in
Britannien nicht so sehr darin, das Mondjahr mit dem
Sonnenjahr in Einklang zu bringen und die »Erdzeit« zu
messen, als letztlich darin, die »Himmelszeit«, die zodiaka-
len Zeitalter zu berechnen?

Als die Griechen Thot als ihren Gott Hermes übernahmen,
verliehen sie ihm den Titel *Hermes Trismegistos,* »Hermes
der dreimal Größte«. Vielleicht erkannten sie, daß er die
Menschheit dreimal in der Beobachtung des Beginns eines
neuen Zeitalters – des Übergangs zum Stier, zum Widder
und zu den Fischen – angeleitet hatte.

Denn damals begann für diese Generationen der Menschheit
die Zeit.

Anhang

Quellen

Zusätzlich zu den im Text erwähnten Werken wurden die folgenden Zeitschriften, wissenschaftlichen Reihen und Einzelwerke als Quellen herangezogen:

I. Untersuchungen, Artikel und Berichte in Ausgaben folgender Zeitschriften und wissenschaftlicher Reihen

Abhandlungen für die Kunde des Morgenlandes (Berlin)
Acta Orientalia (Copenhagen and Oslo)
Der alte Orient (Leipzig)
Alter Orient und Altes Testament (Neukirchen-Vluyn)
American Antiquity (Salt Lake City)
American Journal of Semitic Languages und Literature (Chicago)
American Oriental Series (New Haven)
Analecta Orientalia (Rom)
Anatolian Studies (London)
Annual of the American Schools of Oriental Research (New Haven)
Antiguedades de Mexico (Mexico City)
Archaeology (New York)
Architectura (München)
Archiv für Keilschriftforschung (Berlin)
Archiv für Orientforschung (Berlin)
Archiv Orientalni (Prag)
Archives des sciences physique et naturelles (Paris)
The Assyrian Dictionary (Chicago)
Assyriological Studies (Chicago)
Assyriologische Bibliothek (Leipzig)
Astronomy (Milwaukee)
Babyloniaca (Paris)
Beiträge zur Assyriologie und semitischen Sprachwissenschaft (Leipzig)
Biblica et Orientalia (Rom)
Bibliotheca Mesopotamica (Malibu)
Bibliotheca Orientalis (Leiden)

Biblische Studien (Freiburg)
Bulletin of the American Schools of Oriental Research (Jerusalem und Bagdad)
Centaurus (Kopenhagen)
Cuneiform Texts from Babylonian Tablets (London)
Deutsche Akademie der Wissenschaften: *Mitteilungen des Instituts für Orientforschung* (Berlin)
Deutsche Morgenländische Gesellschaft: *Abhandlungen* (Leipzig)
Ex Oriente Lux (Leipzig)
Grundriß der theologischen Wissenschaft (Freiburg und Leipzig)
Harvard Semitic Series (Cambridge, Mass.)
Hebrew Union College Annual (Cincinnati)
Icarus (San Diego)
Inca (Lima)
Institut Français d'Archéologie Orientale: *Bulletin* (Paris)
Iranica Antiqua (Leiden)
Iraq (London)
Isis (London)
Journal of the American Oriental Society (New Haven)
Journal Asiatique (Paris)
Journal of Biblical Literature and Exegesis (Middletown)
Journal of the British Astronomical Association (London)
Journal of Cuneiform Studies (New Haven)
Journal of Egyptian Archaeology (London)
Journal of Jewish Studies (Chichester, Sussex)
Journal of Near Eastern Studies (Chicago)
Journal of the Manchester Egyptian and Oriental Society (Manchester)
Journal of the Royal Asiatic Society (London)
Journal of Semitic Studies (Manchester)
Journal of the Society of Oriental Research (Chicago)
Keilinschriftliche Bibliothek (Berlin)
Klio (Leipzig)
Königliche Gesellschaft der Wissenschaften zu Göttingen: *Abhandlungen* (Göttingen)
Leipziger semitische Studien (Leipzig)
Mesopotamia: Copenhagen Studies in Assyriology (Copenhagen)
El Mexico Antiguo (Mexico City)
Mitteilungen der altorientalischen Gesellschaft (Leipzig)
Mitteilungen der Deutschen Orient-Gesellschaft (Berlin)
Mitteilungen der vorderasiatisch-ägyptischen Gesellschaft (Berlin)
Mitteilungen des Instituts für Orientforschung (Berlin)
Musée du Louvre: Textes Cunéiformes (Paris)
Musée Guimet: Annales (Paris)
The Museum Journal (Philadelphia)

New Word Archaeological Foundation: *Papers* (Provo)
Occasional Papers on the Near East (Malibu)
Oriens Antiquus (Rom)
Oriental Studies (Baltimore)
Orientalia (Rom)
Orientalische Literaturzeitung (Berlin)
Oxford Editions of Cuneiform Inscriptions (Oxford)
Proceedings of the Society of Biblical Archaeology (London)
Publications of the Babylonian Section, University Museum (Philadelphia)
Quellen und Studien zur Geschichte der Mathematik, Astronomie und Physik (Berlin)
Reallexikon der Assyriologie (Berlin)
Recherches d' archéologie, de philosophie et d' histoire (Cairo)
Records of the Past (London)
Revista del Museo Nacional (Lima)
Revista do Instituto Historico e Geografico Brasiliero (Rio de Janeiro)
Revue Archéologique (Paris)
Revue biblique (Paris)
Revue d' Assyriologie et d' archéologie orientale (Paris)
Revue des Etudes Semitique (Paris)
Scientific American (New York)
Service des Antiquités: *Annales de L' Egypte* (Kairo)
Society of Biblical Archaeology: *Transactions* (London)
Studi Semitici (Rom)
Studia Orientalia (Helsinki)
Studien zur Bauforschung (Berlin)
Studies in Ancient Oriental Civilizations (Chicago)
Studies in Pre-Columbian Art and Archaeology (Dumbarton Oaks)
Sumer (Bagdad)
Syria (Paris)
Texts from Cuneiform Sources (Locust Valley, N.Y.)
University Museum Bulletin, University of Pennsylvania (Philadelphia)
Vorderasiatische Bibliothek (Leipzig)
Die Welt des Orients (Göttingen)
Wiener Zeitschrift für die Kunde des Morgenlandes (Wien)
Yale Oriental Series (New Haven)
Zeitschrift der deutschen morgenländischen Gesellschaft (Leipzig)
Zeitschrift für Assyriologie und verwandte Gebiete (Leipzig)
Zeitschrift für die alttestamentliche Wissenschaft (Berlin, Gießen)
Zeitschrift für die Keilschriftforschung (Leipzig)
Zenit (Utrecht)

II. Einzelne Werke und Untersuchungen

Abetti, G.: *The History of Astronomy*. 1954.
Antoniadi, E.-M.: *L'Astronomie Égyptienne*. 1934.
Armour, R. A.: *Gods and Myths of Ancient Egypt*. 1986.
Asher-Greve, J. M.: *Frauen in altsumerischer Zeit*. 1985.
Aubier, C.: *Astrologie Chinoise*. 1985.
Aveni, A. F.: *Skywatchers of Ancient Mexico*. 1980
– *Empires of Time: Calendars, Clocks and Cultures*. 1989.
Aveni, A. F. (Hg.): *Archaeoastronomy in Pre-Columbian America*. 1975.
– *Native American Astronomy*. 1977.
– *Archaeoastronomy in the New Word*. 1982.
– *World Archaeoastronomy*. 1989.
Babylonian Talmud
Balfour, M. D.: *Stonehenge and its Mysteries*. 1980.
Barklay, E.: *Stonehenge and its Earthworks*. 1895.
Barrois, A.-G.: *Manuel d'Archéologie Biblique*. 1939.
Barton, G. A.: *The Royal Inscriptions of Sumer and Akkad*, 1929.
Benzinger, I.: *Hebräische Archäologie*. 1927.
Bittel, K. (Hg.): *Anatolian Studies Presented to Hans Gustav Güterbock*. 1974.
Bobula, I.: *Sumerian Affiliations*. 1951.
– *The Origin of the Hungarian Nation*. 1966.
Boissier, A.: *Choix de Textes*. 1905–6.
Boll, F. und Bezold, C.: *Sternglaube und Sternbedeutung*. 1926.
Boll, F., Bezold, C. und Gundel, W.: *Sternglaube, Sternreligion und Sternorakel*. 1927.
Bolton, L.: *Time Measurement*. 1924.
Borchardt, L.: *Beiträge zur ägyptischen Bauforschung und Altertumskunde*. 1937–1950.
Bottero, J. und Kramer, S. N.: *Lorsque les dieux faisaient l'Homme*. 1989.
Brown, P. L.: *Megaliths, Myths and Men*. 1976.
Brugsch, H. K.: *Nouvelle Recherches sur la Division de L'Anneé des Anciens Egyptiens*. 1856.
– *Thesaurus Inscriptionum Aegyptiacarum*. 1883.
– *Religion und Mythologie der alten Ägypter*. 1891.
Budge, E. A. W.: *The Gods of the Egyptians*. 1904.
Burl, A.: *The Stone Circles of the British Isles*. 1976.
– *Prehistoric Avebury*. 1979.
Canby, C. A.: *A Guide to the Archaeological Sites of the British Isles*. 1988.
Caso, A.: *Calendario y Escritura de las Antiguas Culturas de Monte Alban*. 1947.
– *Los Calendarios Prehispanicos*. 1967.

Charles, R. H.: *The Apocrypha and Pseudoepigrapha of the Old Testament.* 1976 edition.

Chassinat, E. G.: *Le Temple de Dendera.* 1934.

Chiera, E.: *Sumerian Religious Texts.* 1924.

Childe, V. G.: *The Dawn of European Civilization.* 1957.

Chippindale, C.: *Stonehenge Complete.* 1983.

Clay, A. T.: *Babylonian Records in the Library of J. Pierpont Morgan.* 1912–1923.

Cornell, J.: *The First Stargazers.* 1981.

Cottrell, A. (Hg.): *The Encyclopedia of Ancient Civilizations.* 1980.

Craig, J. A.: *Astrological-Astronomical Texts in the British Museum.* 1899.

Dalley, S.: *Myths from Mesopotamia.* 1989.

Dames, M.: *The Silbury Treasure.* 1976.

– *The Avebury Cycle.* 1977.

Daniel, G.: *The Megalithic Builders of Western Europe.* 1962.

Dhorme, P.: *La Religion Assyro-babylonienne.* 1910.

Dubelaar, C. N.: *The Petroglyphs in the Guianas and Ancient Areas of Brazil and Venezuela.* 1986.

Dumas, F.: *Dendera et le temple d'Hathor.* 1969.

Dunand, M.: *Fouilles de Byblos.* 1939–1954.

Durand, J.-M. (Hg.): *La femme dans le Proche-Orient antique.* 1986.

Eichhorn, W.: *Chinese Civilization.* 1980.

Eichler, B. L.: *(Hg.) Kramer Anniversary Volume.* 1976.

Eisler, R.: *Weltenmantel und Himmelszeit.* 1910.

– *The Royal Art of Astronomy.* 1946.

Emery, W. B.: *Archaic Egypt.* 1961.

Endrey, A.: *Sons of Nimrod.* 1975.

Epping, J.: *Astronomisches aus Babylon.* 1889.

Falkenstein, A.: *Archaische Texte aus Uruk.* 1936.

– *Sumerische Götterlieder.* 1959.

Falkenstein, A. und Soden, W. von: *Sumerische und akkadische Hymnen und Gebete.* 1953.

Fischer, H. G.: *Dendera in the Third Millenium B.C.* 1968.

Flornoy, B.: *Amazone-Terres et Homme.* 1969.

Fowles, J. und Brukoff, B.: *The Enigma of Stonehenge.* 1980.

Frankfort, H.: *The Problem of Similarity in Ancient Near Eastern Religions.* 1951.

– *The Art and Architecture of the Ancient Orient.* 1969.

Gaster, T. H.: *Myth, Legend and Custom in the Old Testament.* 1969.

Gauquelin, M.: *The Scientific Basis of Astrology.* 1969.

Gibson, Mc. und Biggs, R. D. (Hg.): *Seals and Sealing in the Ancient Near East.* 1977.

Gimbutas, M.: *The Prehistory of Eastern Europe.* 1956.

Girshman, R.: *L'Iran et la migration des indo-aryens et des iraniens.* 1977.

Grayson, A. K.: *Assyrian and Babylonian Chronicles.* 1975.
– *Babylonian Historical Literary Texts.* 1975.
Gressmann, H. (Hg.): *Altorientalische Texte zum Alten Testament.* 1926.
Grimm, J.: *Teutonic Mythology.* 1900.
Haddingham, E.: *Early Man and the Cosmos.* 1984.
Hallo, W. W. und Simpson, W. K.: *The Ancient Near East: A History.* 1971.
Hartmann, J. (Hg.): *Astronomie.* 1921.
Heggie, D. C.: *Megalithic Science.* 1981.
Heggie, D. C. (Hg.): *Archaeoastronomy in the Old World.* 1982.
Higgins, R.: *Monoan and Mycenaean Art.* 1967.
Hilprecht, H. V.: *Old Babylonian Inscriptions.* 1896.
Hilprecht Anniversary Volume. 1909.
Hodson, F. R. (Hg.): *The Place of Astronomy in the Ancient World.* 1974.
Holman, J. B.: *The Zodiac: The Constellations and the Heavens.* 1924.
Hommel, F.: *Die Astronomie der alten Chaldäer.* 1891.
– *Aufsätze und Abhandlungen.* 1892–1901.
Hooke, S. H.: *Myth and Ritual.* 1933.
– *The Origins of Early Semitic Ritual.* 1935.
– *Babylonian and Assyrian Religion.* 1962.
Hoppe, E.: *Mathematik and Astronomie im klassischen Altertum.* 1911.
Ibarra Grasso, D. E.: *Ciencia Astronomica y Sociologia.* 1984.
Jastrow. M.: *Die Religion Babyloniens und Assyriens.* 1905–1912.
Jean, C.-F.: *La religion sumerienne.* 1931.
Jensen, P.: *Die Kosmologie der Babylonier.* 1890.
– *Texte zur assyrisch-babylonischen Religion.* 1915.
Jeremias, A.: *Das Alter der babylonischen Astronomie.* 1908.
Joussaume, R.: *Dolmens for the Dead.* 1988.
Kees, H.: *Der Götterglaube im alten Ägypten.* 1941.
Keightly, D.: *Sources of Shang History.* 1978.
Keightly, D. (Hg.): *The Origins of Chinese Civilization.* 1983.
Kelly-Buccellati, M. (Hg.): *Studies in Honor of Edith Porada.* 1986.
King, L. W.: *Babylonian Magic and Sorcery.* 1896.
– *Babylonian Religion and Mythology.* 1899.
– *Cuneiform Texts from Babylonian Tablets.* 1912.
Koldeweg, R.: *The Excavations at Babylon.* 1914.
Komoroczy, G.: *Sumer es Magyar?* 1976.
Kramer, S. N.: *Sumerian Mythology.* 1961.
– *The Sacred Marriage Rite.* 1980.
– *In the World of Sumer.* 1986.
Kramer, S. N. und Maier, J. (Hg.): *Myths of Enki, the Crafty God.* 1989.
Krickberg, W.: *Felsplastik und Felsbilder bei den Kulturvölkern Altamerikas.* 1969.
Krupp, E. C.: *Echoes of Ancient Skies: The Astronomies of Lost Civilizations.* 1983.

Krupp, E. C. (Hg.): *In Search of Ancient Astronomies*. 1978.
– *Archaeoastronomy and the Roots of Science*. 1983.
Kugler, F. X.: *Die babylonische Mondrechnung*. 1900.
– *Sternkunde und Sterndienst in Babylon*. 1907–1913.
– *Im Bannkreis Babels*. 1910.
– *Alter und Bedeutung der babylonischen Astronomie und Astrallehre*. 1914.
Lambert, B. W. L.: *Babylonian Wisdom Literature*. 1960.
Langdon, S.: *Sumerian and Babylonian Psalms*. 1909.
– *Tablets from the Archives of Drehem*. 1911.
– *Die neubabylonischen Königsinschriften*. 1912.
– *Babylonian Wisdom*. 1923.
– *Babylonian Penitential Psalms*. 1927.
Langdon, S. (Hg.): *Oxford Editions of Cuneiform Texts*. 1923.
Lange, K. und Hirmer, M.: *Egypt: Architecture, Sculpture, Painting*. 1968.
Lathrap, D. W.: *The Upper Amazon*. 1970.
Lehmann, W.: *Einige Probleme des zentralamerikanischen Kalenders*. 1912.
Leichty, E., Ellis, M. de J. und Gerardi, P. (Eds.): *A Scientific Humanist: Studies in Memory of Abraham Sachs*. 1988.
Lenzen, H. J.: *Die Entwicklung der Zikkurat*. 1942.
Lesko, B. S. (Hg.): *Women's Earliest Records from Ancient Egypt and Western Asia*. 1989.
Lidzbarski, M.: *Ephemeris für Semitische Egigraphik*. 1902.
Luckenbill, D. D.: *Ancient Records of Assyria and Babylonia*. 1926–7.
Ludendorff, H.: *Über die Entstehung der Tzolkin-Periode im Kalender der Maya*. 1930.
– *Das Mondalter in den Inschriften der Maya*. 1931.
Lutz, H. F.: *Sumerian Temple Records of the Late Ur Dynasty*. 1912.
Mahler, E.: *Biblische Chronologie*. 1887.
– *Handbuch der jüdischen Chronologie*. 1916.
Maspero, H.: *L'Astronomie dans la Chine ancienne*. 1950.
Menon, C. P. S.: *Early Astronomy and Cosmology*. 1932.
Mosley, M.: *The Maritime Foundations of Andean Civilization*. 1975.
Needham, J.: *Science and Civilization in China*. 1959.
Neugebauer, O.: *Astronomical Cuneiform Texts*. 1955.
– *A History of Ancient Mathematical Astronomy*. 1975.
Neugebauer, P. V.: *Astronomische Chronologie*. 1929.
Newham, C. A.: *The Astronomical Significance of Stonehenge*. 1972.
Niel, F.: *Stonehenge – Le Temple mystérieux de la préhistoire*. 1974.
Nissen, H. J.: *Grundzüge einer Geschichte der Frühzeit des Vorderen Orients*. 1983.
Oates, J.: *Babylon*. 1979.
O'Neil, W. M.: *Time and the Calendars*. 1975.

Oppenheim, A. L.: *Ancient Mesopotamia* (1964; rev. 1977).
Pardo, L. A.: *Historia y Arqueologia del Cuzco*. 1957.
Parrot, A.: *Tello*. 1948.
– *Ziggurats et Tour de Babel*. 1949.
Petrie, W. M. F.: *Stonehenge: Plans, Description and Theories*. 1880.
Piggot, S.: *Ancient Europe*. 1966.
Ponce-Sanguines, C.: *Tiwanaku: Espacio, Tiempo y Cultura*. 1977.
Porada, E.: *Mesopotamian Art in Cylinder Seals*. 1947.
Pritchard, J. B. (Hg.): *Ancient Near Eastern Texts Relating to the Old Testament*. 1969.
Proceedings of the 18th Rencontre Assyriologique Internationale. 1972.
Radau, H.: *Early Babylonian History*. 1900.
Rawlinson, H. C.: *The Cuneiform Inscriptions of Western Asia*. 1861–84.
Rawson, J.: *Ancient China*. 1980.
Rice, C.: *La Civilizacion Preincaica y el Problema Sumerologico*. 1926.
Rivet, P.: *Los origines del hombre americano*. 1943.
Rochberg-Halton, F. (Hg.): *Language, Literature and History*. 1987.
Roeder, G.: *Altägyptische Erzählungen und Märchen*. 1927.
Rolleston, F.: *Mazzaroth, or the Constellations*. 1875.
Ruggles, C. L. N.: *Megalithic Astronomy*. 1984.
Ruggles, C. L. N. (ed.): *Records in Stone*. 1988.
Ruggles, C. L. N. und Whittle, A. W. R. (Hg.): *Astronomy and Society in Britain During the Period 4000–1500 B.C.* 1981.
Sasson, J. M. (Hg.): *Studies in Literature from the Ancient Near East Dedicated to Samuel Noah Kramer*. 1984.
Saussure, L.: *Les Origines de l'Astronomie Chinoise*. 1930.
Sayce, A. H.: *Astronomy and Astrology of the Babylonians*. 1874.
– *The Religion of the Babylonians*. 1888.
Schiaparelli, G.: *L'Astronomia nell'Antico Testamento*. 1903.
Schwabe, J.: *Archetyp und Tierkreis*. 1951.
Sertima, I. V.: *They Came Before Columbus*. 1976.
Shamasashtry, R.: *The Vedic Calendar*. 1979.
Sivapriyananda, S.: *Astrology and Religion in Indian Art*. 1990.
Sjöberg, A. W. und Bergmann, E.: *The Collection of Sumerian Temple Hymns*. 1969.
Slosman, A.: *Le zodiaque de Denderah*. 1980.
Smith, G. E.: *Ships as Evidence of the Migrations of Early Cultures*. 1917.
Spinden, H. J.: *Origin of Civilizations in Central America and Mexico*. 1933.
Sprockhoff, E.: *Die nordische Megalithkultur*. 1938.
Starr, I.: *The Rituals of the Diviner*. 1983.
Steward, J. H. (Hg.): *Handbook of South American Indians*. 1946.
Stobart, C.: *The Glory that was Greece*. 1964.

Stoepel, K. T.: *Südamerikanische prähistorische Tempel und Gottheiten.* 1912.

Stücken, E.: *Beiträge zur orientalischen Mythologie.* 1902.

The Sumerian Dictionary of the University Museum, University of Pennsylvania. 1984 ff.

Tadmor, H. und Weinfeld, M. (Hg.): *History, Historiography and Interpretation.* 1983.

Talmon, Sh.: *King, Cult and Calendar in Ancient Israel.* 1986.

Taylor, L. W.: *The Mycenaeans.* 1966.

Tello, J. C.: *Origen y Desarrollo de las Civilizaciones Prehistoricas Andinas.* 1942.

Temple, J. E.: *Maya Astronomy.* 1930.

Thom, A.: *Megalithic Sites in Britain.* 1967.

Thomas, D. W. (ed.): *Documents from Old Testament Times.* 1961.

Thompson, J. E. S.: *Maya History and Religion.* 1970.

Trimborn, H.: *Die indianischen Hochkulturen des alten Amerika.* 1963.

Van Buren, E. D.: *Clay Figurines of Babylonia and Assyria.* 1930.

– *Religious Rites and a Ritual in the Time of Uruk IV-III.* 1938.

Vandier, J.: *Manuel d'Archéologie Egyptienne.* 1952–58.

Virolleaud, Ch.: *L'Astronomie Chaldéenne.* 1903–8.

Ward, W. A.: *Essays on the Feminine Titles of the Middle Kingdom.* 1986.

Weidner, E. F.: *Alter und Bedeutung der babylonischen Astronomie und Astrallehre.* 1914.

– *Handbuch der babylonischen Astronomie.* 1915.

Wiener, L.: *Africa and the Discovery of America.* 1920.

– *Mayan and Mexican Origins.* 1926.

Wilford, J. N.: *The Mapmakers.* 1982.

Williamson, R. A. (Hg.): *Archaeoastronomy in the Americas.* 1978.

Winckler, H.: *Himmels- und Weltenbilder der Babylonier.* 1901.

Wolkstein, D. und Kramer, S. N.: *Inanna, Queen of Heaven and Earth.* 1983.

Wuthenau, A. von: *Unexpected Faces in Ancient America.* 1980.

Ziolkowsky, M. S. und Sadowsky, R. M. (Hg.): *Time and Calendars in the Inca Empire.* 1989.

Register